Die eigenen
Stärken
entwickeln

Postfach 101849, D-33518 Bielefeld
Tel. 0521/17 28 75, Fax 0521/6 87 71

1. Auflage, 1998

Die Deutsche Bibliothek – CIP-Einheitsaufnahme
Michel, Kirti P. – Wellmann, Wolfgang:
Die eigenen Stärken entwickeln /
Kirti P. Michel - Wolfgang Wellmann
- 1. Aufl. - Bielefeld : J. Kamphausen, 1998
ISBN 3-933496-38-1

Umschlag: Angelika Trümper/Wilfried Klei
Layout/Satz: Wilfried Klei
Herstellung: Fuldaer Verlagsanstalt

ISBN 3-933496-38-1

Kirti P. Michel
Wolfgang Wellmann

Die eigenen Stärken entwickeln

Das große Handbuch
ganzheitlicher Methoden der
persönlichen Entwicklung,
Harmonisierung und Heilung

Die Autoren

Beide Autoren haben seit über 25 Jahren vielfältige Erfahrungen in den Bereichen Yoga, Zen, Buddhismus, Hinduismus und Sufismus gesammelt. Während mehrjähriger Aufenthalte in Indien und u.a. in Japan und Nepal haben sie die Gemeinsamkeiten mystischen Erlebens mit alten und neuzeitlichen religiösen Traditionen des Abendlandes erforscht.

Kirti Peter Michel, Jahrgang 1950, ist Yogalehrer, Pädagoge für Psychosomatische Gesundheitsbildung, Reiki-Lehrer, Künstler und Autor des Buches „Der Schweifende Blick“ (MA-Verlag) sowie zahlreicher Artikel im Bereich bewußter Lebensführung.

Wolfgang Wellmann, Jahrgang 1950, ist Co-Autor der Bücher „Das Herz des Reiki“, „Der Geist des Reiki“ und „Die Praxis des Reiki“ (Wolfgang Distel/Wolfgang Wellmann, Goldmann Verlag) und ist heute als Reiki-Lehrer und ganzheitlicher Lebensberater tätig.

In Dankbarkeit
widmen wir dieses Buch
unseren Lehrern
und Meistern.

Suchwort-
register

~ VORSPANN ~

INHALTSVERZEICHNIS, VORWORT, EINLEITUNG UND HINWEISE

Teil IV TEXTBEITRÄGE

ANHANG

Vorwort

„Weil du unglücklich bist, strebst du.
Weil du Angst hast, denkst du.
Doch dein Streben wird kein Glück.
Dein Denken wird keine Ruhe."
Schade: „Lyrik eines Landstreichers"

Der Mensch denkt und erkennt dabei Probleme. Diese versucht er in der Regel über den Weg des Denkens zu lösen. Doch das Denken bringt nicht die ersehnte Befreiung von Ängsten und löst nicht wirklich die erkannten Probleme – „das Denken wird keine Ruhe". Unruhe, Angst und Denken sind in einem Teufelskreis gefangen.

Noch nie zuvor wurde so viel wie in den letzten Jahrzehnten geforscht und darüber nachgedacht, wie die Welt funktioniert und wie die Dinge miteinander zusammenhängen. Mit dem Anwachsen der Daten- und Informationsströme wurden aber die „Probleme", die der denkende Verstand erkennt, nicht weniger, und obwohl das Wissen umfangreicher geworden ist, sind sie keineswegs leichter zu bewältigen. Täglich werden unzählige Schriften – Zeitungen, Magazine und Bücher – veröffentlicht, die dem problemorientierten Denken neue Nahrung geben – **ein Ende der Informationsüberlastung ist nicht in Sicht**. Somit ist eine Befreiung von der geradezu erschreckenden Fülle des *Wissens um Probleme* durch den Verstand nicht zu erwarten!

Wie aber kann die Klarheit der Wahrnehmung erlangt werden, die zwischen echten Lösungen und Scheinlösungen, die in die Irre führen, zu unterscheiden weiß? Und kann die Überfülle an nützlichem Wissen die allgemeine Verwirrung und verstandesbedingte Ratlosigkeit wirklich beseitigen helfen? Auch die Informationen in diesem Buch – so mag der Verstand vielleicht einwenden – können Täuschung, Illusion und Rastlosigkeit nicht überwinden.

Sofern Sie nur **das Lesen** dieses Buches im Sinne haben, mag dies zutreffend sein. Doch dieser **Wegweiser für Ratsu-**

chende ist in erster Linie ein Praxis-Buch, dessen Werkzeuge – die Übungen – vorwiegend auf der Ebene des Körpers und der wahrnehmenden Sinne ansetzen und nur zu einem kleinen Teil mit dem Verstand, dem begrifflichen Denken, arbeiten. Bei der Ausübung von Methoden mit dem Ziel der Aktivierung, Harmonisierung und Entspannung geht es um sinnliches Erfühlen und Verstehen und nicht um intellektuelles Begreifen! Angesichts der geradezu unüberschaubaren Vielfalt vorhandener Anschauungen und Meinungen, die sich dem Ratsuchenden fast immer wie ein undurchdringliches Dickicht präsentieren, ist eine leicht verständliche Übersicht der bewährten Übungen und Übungswege, die die Leser direkt und praktisch nutzen können, eine große Hilfe, um persönliche Schwierigkeiten zu überwinden und mehr Lebendigkeit und Vitalität zu entwickeln.

So verschieden die Menschen und ihre Bedürfnisse auch sind, gibt es doch nur wenige Grundregeln oder Gesetzmäßigkeiten, nach denen ein harmonisches und erfülltes Leben funktionieren kann. Unser Anliegen ist es, Methoden zu beschreiben, die das Erkennen dieser „Regeln" möglich machen. Dabei geht es nicht um die Darstellung von Theorien und Philosophien, sondern um die Beschreibung von Verfahren, die von Menschen unterschiedlicher Kulturen entdeckt wurden und die sich seit Jahrhunderten bewährt haben.

Wir haben uns gefragt, welche Übungen es gibt, und wie sich interessierte und suchende Menschen im Labyrinth vorhandener Methoden und bekannter Bewußtseinstechniken zurechtfinden können.

Zur Orientierung haben wir aus der Vielfalt zum Teil uralter spiritueller Wege die u.E. bedeutendsten Übungen herausgefiltert. Auf wirksame, sogenannte *New Age*-Methoden möchten wir ebenfalls an passender Stelle eingehen; einige dieser Methoden präsentieren sich dem Sucher in einem „neumodischen Kleid", doch zumeist handelt es sich um eine Kombination überlieferter Bewußtseinstechniken, die auf den praktischen Erfahrungen der Vergangenheit aufbauen.

Alle Übungen in diesem Buch sind leicht verständlich und so dargestellt, daß sie sofort von jedermann praktisch umgesetzt werden können. Durch einfache Techniken der Entspannung und der Aktivierung kann ein grundlegendes Gefühl des Wohlbefindens und der Klarheit entstehen, und vielleicht ist damit auch ein Interesse geweckt, den unermeßlichen Schatz an wirksamen Körper- und Geistesübungen überlieferter Traditionen eingehender kennenzulernen.

Dieses Buch will keine Problemlösungen aus den Bereichen der (Fach)Medizin, der alternativen Medizin und der Psychologie anbieten. Informationen aus diesen Wissensgebieten lassen sich jedoch nicht aussparen, wenn sie gerade dem besseren Verständnis der Wirkungsweise der Übungen dienen. Selbstverständlich können die in diesem Buch enthaltenen Angebote zur Entspannung, zur Zentrierung und zum spirituellen Wachstum jederzeit begleitend angewandt werden, sofern es der verantwortliche Psychologe oder Arzt befürwortet.

Wem also kann dieses Buch eine wirksame Hilfe bieten? Es wurde für Menschen geschrieben, die sich aus Ängsten und Abhängigkeiten befreien wollen und die sich trotz aller Widrigkeiten des alltäglichen Lebens ihre Kraft und ihren Optimismus bewahren und darüber hinaus ihr Lebensgefühl auf ein höheres Niveau heben möchten. Dieses Buch wendet sich auch an Menschen, die ahnen, daß **regelmäßige Übung** notwendig ist, um die vielen einschränkenden Muster von Trägheit, Selbstzweifel, falschem Stolz, Konkurrenz- und Leistungsdenken zu überwinden. Wer den Wunsch nach einem erfüllten Leben hegt, hat eigentlich zunächst nur ein erstrebenswertes Ziel vor Augen: ...nämlich, mehr Energie und Lebensfreude freizusetzen und die Sinne voll zu entfalten.

In ursprünglicher Gedankenstille zu ruhen, aus dieser Klarheit heraus zu handeln und erfüllt zu leben – dies wünschen wir unseren Leserinnen und Lesern!

Kirti Peter Michel
Wolfgang Wellmann

Einleitung

Viele Menschen glauben, sie hätten nicht genügend Zeit. Sie erklären diesen Umstand zum Problem und leiden dann unter „Zeitmangel“. Aber was ihnen fehlt, ist nicht die Zeit an sich, denn die ist seit Anbeginn der Schöpfung in Überfülle vorhanden. Worum sich in Wirklichkeit alles dreht, ist *Zeit für das Wesentliche* – die Zeit für Muße, Entspannung und Liebe. Wie es ***René Egli*** in ***„Das LOL²A-Prinzip“*** so treffend ausdrückte, befinden sich die meisten Menschen in einer Situation, die sie mit den Worten beschreiben: *„Ich habe keine Zeit für das Wesentliche, denn ich muß mich auf das Unwesentliche konzentrieren.“*

Je stärker der Mensch von künstlich erzeugten Bedürfnissen abhängig ist und sich durch entsprechende Wünsche und Hoffnungen getrieben fühlt, desto „kopfloser“ eilt er von einer Sache zur nächsten, von einem Tag zum anderen, ohne auch nur einen Moment innezuhalten und zur Ruhe zu kommen. Das Laufen in der Tretmühle der eingefahrenen alltäglichen Abläufe läßt die Zeit mit all ihren Möglichkeiten dahinschwinden, führt zu zerstörerischer Hektik, schmälert die Lebensfreude und bedroht die Gesundheit.

Hast und Eile auf der Suche nach irdischem Glück und materiellem Wohlstand sind für viele Menschen zu einem bestimmenden Faktor in ihrem Leben geworden. Und daneben häufen sich deutliche Zeichen, die uns eindrucksvoll mahnen, die Vergänglichkeit des *grenzenlosen Fortschritts* zu bedenken. Umweltkatastrophen, Hungersnöte und Kriege sind der Ausdruck einer grundlegenden Fehleinschätzung von ***Zeit***. Die zunehmende Geschwindigkeit, die aus der Fehlannahme eines *Mangels von Zeit* herrührt, bedroht das Leben an sich. Auch in unserer hochtechnisierten und abgesicherten Zeit ist der Tod allgegenwärtig, auch wenn wir dies und all die negativen Begleiterscheinungen nicht sehen wollen.

In den Schlagzeilen von gestern, die heute fast schon wieder bedeutungslos geworden sind, spiegelt sich die Flüchtigkeit der Ereignisse. Es entsteht der Eindruck, das Rad der Zeit drehe sich in einem irrwitzigen Tempo.

Tagtäglich sammelt sich Wissenswertes in bisher nie geahntem Ausmaß an, und so sind Rat und Hilfe tatsächlich sogar im Überfluß vorhanden. Aber das Paradoxe ist: Der Suchende steht zumeist ratlos vor dem unüberschaubaren Berg des Wissens und weiß nicht mehr zu unterscheiden zwischen Überflüssigem und Nützlichem.

Auch das einstmals so streng gehütete esoterische Geheimwissen ist heutzutage schon für den Normalbürger über die Lebenshilfe-Angebote der Bahnhofsbuchläden zugänglich geworden. Doch gerade die Beliebigkeit jeglicher Information und ihre Überfülle verurteilt sie zur Nutzlosigkeit: Der Mensch kann den Wald vor lauter Bäumen nicht mehr sehen! Nicht wenige resignieren und geben ihre Bemühungen auf, bevor sie überhaupt einen nennenswerten Schritt tun konnten.

Das reichhaltige Angebot an interessanten Buchtiteln spiegelt die Vielfalt der individuellen Bedürfnisse, der unterschiedlichsten Ausgangssituationen und möglicher Problemstellungen wieder. Wir sehen dies als ein unübersehbares Zeichen an für einen dringenden Bedarf nach Einfachheit und Übersicht. Folgende Fragen sollen geklärt werden:

- Wer sucht was und was paßt zu wem?
- Wie kann das Auswählen geeigneter Übungen möglichst leicht geschehen?

In diesem Buch werden grundlegende Bedürfnislagen und Zielvorstellungen skizziert und die unterschiedlichen Wege der Selbstfindung, die entstanden sind, um zu einem Leben in größerer Harmonie zu führen, werden in kurzer Form dargestellt.

Seit jeher existieren zahllose Glaubensbilder, es gibt die widersprüchlichsten Antworten auf die Frage nach dem Sinn des Lebens, und entsprechend ratlos stehen die meisten Suchenden vor den gut bestückten Regalen der Buchläden!

Es ist das Anliegen dieses Buches, erste Schritte aufzuzeigen und Hilfe anzubieten, die mehr Licht in das Dickicht der inneren Einstellungen und der äußeren Haltungen bringen kann. Die Autoren erheben dabei nicht den Anspruch, völlig Neues zu beschreiben, sondern schöpfen vielmehr aus dem Fundus frei zugänglicher Methoden, die zum Teil schon seit Jahrtausenden zum Erbe der Menschheit gehören.

Hinweise zum Umgang mit diesem Buch:

Wir möchten mit diesem Buch einen ***Wegweiser*** *durch das Reich bewährter Übungen* in Form eines **Nachschlagewerkes** vorstellen. Vielfältige Angebote zur Lebenshilfe sind nach unterschiedlichen Gesichtspunkten folgendermaßen geordnet:

Erste-Hilfe-Angebote

zur Lösung akuter Probleme in **Teil I**

Grundlegende Soforthilfe-Tips 22

Übungen zur Entspannung,
Aktivierung und Ansammlung von Kraft 37

Hilfe zur Selbsterkenntnis in Teil II

1. **Beschreibung typischer Persönlichkeitsmerkmale** von 6 Prototypen menschlichen Strebens 78
2. **Einfache Testmethoden** zum Erkennen der eigenen Bedürfnislage und der Zielvorstellung 88

Darstellung von bewährten Übungen und Übungswegen in Teil III

Ausführliche **Übungsbeschreibungen** mit Hilfe von

Wegweiser-Symbolen (Erläuterung siehe **Anhang**) 107

Im Anhang finden Sie:

1. Verzeichnis übergeordneter Themen

Themen-kreise

Hier finden Sie eine ...

A. Themenbezogene Übersicht
aller Übungen des Hauptteiles 430

gegliedert nach den Bereichen:

- Atem und Stimme
- Haltung, Bewegung und körperbezogene Atmung
- Ausdruck
- Sehen
- Visualisation, Kontemplation, Meditation

sowie eine ...

B. Persönlichkeitsbezogene Übersicht,
in der jedem Persönlichkeitstypus die Übungen zugeordnet wurden, die für ihn besonders geeignet sind 433

2. Kurzbeschreibung aller verwendeten Symbole 440

Die **Kenntnis der Symbole** wird Ihnen das Auffinden der Übungen, die für Sie besonders geeignet sind, erleichtern. Darüber hinaus kennzeichnen die Symbole spezielle Angaben zur Übung. So können Sie optimalen Nutzen aus diesem Nachschlagewerk ziehen!

3. Alphabetisches Suchwortregister 444

Suchwort-register

Dieses Stichwortverzeichnis gibt Ihnen einen umfassenden Überblick. Die hier angegebenen Seitenzahlen weisen hin auf entsprechende Abschnitte in **Teil III**, wo Sie lesen können, was Sie besonders interessiert.

~ Teil I ~

ERSTE HILFE

1. GRUNDLEGENDE SOFORTHILFE-TIPS

Auf den folgenden Seiten haben wir aus verschiedenen Gebieten eine bunte Mischung von ***Soforthilfe-Tips*** für Sie zusammengestellt. Wenn Ihnen diese Empfehlungen wie *Großmutters Geheimnisse aus der guten alten Zeit* erscheinen und für Sie allzu selbstverständlich oder trivial sind, dann befinden Sie sich wahrscheinlich in einer wirklich guten Gesamtverfassung und können beruhigt die folgenden Seiten überblättern und direkt in den Hauptteil dieses Buches (ab Seite 102) einsteigen.

Diejenigen Leserinnen und Leser, die sich jetzt für die Alltagstips auf den nächsten Seiten interessieren, bitten wir, diese nicht zu ernsthaft oder gar angespannt zu befolgen. Blättern Sie, lesen Sie und wählen Sie das aus, wovon Sie sich angesprochen fühlen. Lassen Sie sich von den „alltäglich" erscheinenden Hinweisen zur Entspannung und Zentrierung, zum Wiederfinden von Lebensfreude, Kraft und Lebensmut anregen und experimentieren Sie, wie es Ihren momentanen Bedürfnissen entspricht. Seien Sie dabei erfinderisch und tun Sie auf jeden Fall nur das, wozu Sie Lust verspüren und was Ihnen gut tut! Nur darum geht es im ersten Teil dieses Buches!

Die zahlreichen ***Soforthilfe-Tips*** sind für die Menschen gedacht, die in ihrer augenblicklichen Situation – inmitten von Hektik und Stress – etwas unternehmen möchten, um Entspannung und neue Kraft zu finden.

Vom Rande des Geschehens aus kann man leicht erkennen, daß die allgemeine Überbeanspruchung häufig den Blick für die so naheliegenden, schier unüberschaubar vorhandenen Möglichkeiten des Alltags versperrt. Das heißt, daß wir nicht erst ins Hochgebirge oder auf eine einsame Insel flüchten müssen, um uns selbst zu finden, um das Leben besser gestalten und die Dinge klarer erleben zu können. Bevor wir uns an hochwirksame Methoden der Transformation heranwagen und uns auf philosophisch anspruchsvolle Wege begeben, die regelmäßige Ausübung erfordern, wollen wir erst einmal das Einfache, Naheliegende und Offensichtliche wiederentdecken!

Wenn Sie nun eine Seite in diesem Kapitel aufschlagen und auf Tips stoßen, die Sie ansprechen, dann schieben Sie es nicht lange hinaus! Fassen Sie den Entschluß und setzen Sie ihn einfach in die Tat um. Allein dadurch, daß Sie nicht zögern und lange hin und her überlegen, bleibt die entstehende Energie auch erhalten. Diese Energie wartet nur darauf, von Ihnen eingesetzt zu werden. Wenn Sie dabei eine klare, innere Ausrichtung aufrecht erhalten und für die effektive Umsetzung im Äußeren sorgen, kommen aufgewühlte Emotionen schon bald zur Ruhe. Handeln bringt in jedem Fall mehr Klarheit, während Unentschlossenheit nur an Ihren Kräften zehrt.

Wie wäre es zunächst einmal mit einem ***Entspannungsbad!*** Legen Sie sich ins wohltemperierte Badewasser und zünden Sie Kerzen oder Teelichte an. Lauschen Sie Ihrer Lieblingsmusik oder bleiben Sie in größtmöglicher Stille! Schaffen Sie eine behagliche Atmosphäre und nehmen Sie sich die Zeit, sie bewußt auszukosten. Wenn Sie umlagert sind von Problemen, versuchen Sie nicht, sie ausgerechnet jetzt zu lösen. In diesem Moment genießen Sie nur Ihr Bad und schöpfen Kraft. Stellen Sie sich etwas Schönes vor – eine Landschaft, eine Reise, eine erfüllende Begegnung, die Sie glücklich gemacht hat. Denken Sie an einen Menschen, der Ihnen nahe ist. Senden Sie diesem Menschen liebevolle Gedanken, liebevolle Gefühle. Verbinden Sie diese Gefühle mit der Wärme und der Weichheit des Wassers, das alle Verspannungen von Ihnen nimmt und hinwegträgt. Wählen Sie ein passendes Badeöl, einen angenehmen Duft zum Entspannen oder zur Anregung. Nehmen Sie sich die Zeit, die Sie brauchen. In diesem Moment gibt es nichts, was Sie abhalten könnte, wirklich gut zu sich selbst zu sein! – Wenn Sie aber zuerst weiterlesen wollen.....

Stellen Sie sich vor, daß Sie unter einem Wasserfall stehen. Schließen Sie die Augen und atmen Sie entspannt aus. Lassen Sie vor ihrem inneren Auge Fontänen sprühenden, tanzenden Wassers erscheinen – Myriaden von Tropfen funkelnden Lichtes. Spüren Sie die Frische und die Freude dieses Fließens, das alle Spannungen des Tages mit sich fort trägt.

Sie können die Vorstellung auch gleich in die Tat umsetzen: ***Stellen Sie sich unter die Dusche.*** Genießen Sie das heiße oder kalte Wasser, das Müdigkeit, Verspannung , Ärger und Unruhe hinwegspült. Lassen Sie alles Belastende los und fühlen Sie sich äußerlich und innerlich gereinigt und wie neugeboren. – Duschen Sie morgen wieder auf eine Weise, daß es zu einem Ritual ganzheitlicher Reinigung wird.

Gegen Ermattungs- und Erschöpfungszustände helfen im allgemeinen kurze, warme und kalte ***Wechselduschen***. Treten Sie danach für einige Minuten kaltes Wasser (nach Pfarrer Kneipp).

Beleben Sie die Energiebahnen Ihres Körpers (die *Meridiane*) durch ***Trockenbürsten***, ausgehend von den Füßen und den Händen zum Herzen hin. Regen Sie die *Akupressur-Punkte* durch ***Fingerkneifen*** (beim Nagelbett) oder durch ***Ohrläppchen-Ziehen*** an.

Trinken Sie genug? Der Verlust von Körperflüssigkeit in trockener Heizungsluft wird oft kaum bemerkt, ist aber vielfach sehr hoch und sollte deshalb möglichst kontinuierlich ausgeglichen werden. Stress im Alltag führt zu innerer Überhitzung und zu Austrocknungserscheinungen. Zwei Flaschen Mineralwasser täglich werden ausdrücklich empfohlen! Schränken Sie den Kaffee- und Alkoholgenuß weitgehendst ein! Verzichten Sie nach Möglichkeit ganz auf Süßigkeiten und Nikotin! Essen Sie viel frisches Obst und Gemüse und wenig Fett!

Sorgen Sie für ausreichende Bewegung! Sie müssen nicht unbedingt joggen (obwohl es sehr gut tut, ab und zu einmal nach Herzenslust zu laufen!). Gehen Sie zu Fuß und lassen Sie nach Möglichkeit das Auto stehen. Vermeiden Sie Rolltreppen - lassen Sie sich nicht ständig von den „kleinen, alltäglichen Bequemlichkeiten" verführen. Genießen Sie es, kraftvoll und bewußt jede einzelne Treppenstufe zu steigen. Es ist für Ihren Kreislauf und den gesamten Organismus wichtig, ab und zu in einer Weise belastet zu werden, wie es die Natur vorgesehen hat.

Wenn Sie müde und erschöpft sind, ***legen Sie die Beine hoch***. Legen Sie sich vor einer freien Wand auf den Rücken, gehen Sie mit dem Becken dicht heran und stellen Sie die Füße gegen die Wand. Die Arme können Sie im Kreis um den Kopf herum legen. Genießen Sie das Gefühl, wie die Beine entlastet werden und wie sich der Brustkorb öffnet und entspannt.

Wenn Sie sich gerade einsam fühlen: Nicht abkapseln! Wagen Sie den Sprung aus Ihrer Isolierung. Suchen Sie den aufbauenden Kontakt mit Menschen. Und vor allen Dingen: Spalten Sie sich nicht von Ihren eigenen Gefühlen ab. Setzen Sie sich öfters hin, schließen Sie die Augen (auch wenn es nur für wenige Momente ist) und stellen Sie so immer wieder den Kontakt zu sich selbst her!

Wenn Sie sich gerade überlastet fühlen: Nehmen Sie für sich das Recht in Anspruch, sich zurückzuziehen, wie Sie es jetzt gerade brauchen (und soweit, wie Sie es in der gegebenen Situation verantworten können). Und: Warum nicht auch einmal mit einer Wärmflasche ins Bett gehen?!

Rollen Sie auf den Zehen ab. Genauso wie die Fingerspitzen sind auch die Zehen hochsensible Endpunkte, an denen die Energiebahnen (die *Meridiane*) ihren Anfang nehmen bzw. ihr Ende finden. Viele Reflexzonen werden stimuliert, wenn Sie in die Hocke gehen, sich mit den Händen nach vorne abstützen und auf den Zehen vor- und zurückrollen. Anschließend können Sie spüren, wie sich ein Gefühl lebendiger Frische von den Füßen über die Beine zum Becken und zum Oberkörper hin ausbreitet.

Atmen Sie bewußt in den Unterbauch. Beim Gehen, Stehen oder Sitzen – wann immer Sie sich daran erinnern – lassen Sie mit einer langsamen, tiefen Ausatmung die Aufmerksamkeit in den Unterbauch sinken. In dem Moment, wo der letzte Rest aus den Lungen ausgeatmet wird, legen Sie ein klein wenig Druck in den Unterbauch (aber nicht anspannen!). Mit der Zeit verlagert sich der Schwerpunkt des Körpers vom Kopf merklich in den Unterbauch, das heißt, Ihr Kopf wird frei, Sie sind viel besser geerdet und spüren eine klare Zentrierung, und mehr Stabilität und Kraft.

Gehen Sie ab und zu für zwei, drei Minuten ins Freie. Legen Sie kleine Pausen ein und machen Sie sich immer wieder frei von dem, was Sie gerade beschäftigt. So bekommen sie etwas Abstand und größere Klarsicht, um Ihre jeweilige Arbeit mit mehr Elan wieder aufnehmen zu können! – Spüren Sie den Wind, blicken Sie zum Himmel und nehmen Sie das Wechselspiel von Licht und Farbe über Ihnen bewußt in sich auf. Beobachten Sie für einige Augenblicke die Wolken – wie sie sich auftürmen, wie sie von einer Form in die nächste übergehen. Genießen Sie die Wärme der Sonne oder die Frische des Regens.

Legen Sie sich vor der Nachtruhe in die Badewanne. Lassen Sie dort alle Eindrücke des Tages los. Achten Sie auf den Duft der Badezusätze (*Aromaöle*; siehe auch Seite 376), und nehmen Sie den Schein der Kerze im Badezimmer wahr. Genießen Sie eine Tasse beruhigenden Kräutertee oder ein anderes Getränk. (Möglichst kein Alkohol mehr vor dem Schlafengehen!). Schließen Sie die Augen. Tauchen Sie einige Male unter Wasser und hören Sie, wie die gewohnten Geräusche der Welt plötzlich weit entfernt sind. Genießen Sie die Stille, die Geborgenheit und die Wärme des Wassers – wie im Mutterleib.

Verwenden Sie Duftöle, die sie besonders mögen, oder zünden Sie ein Räucherstäbchen an. – Bleiben Sie für einige Minuten bei dieser Sinneswahrnehmung: dem Riechen.

Gesichtsentspannung: Schließen Sie die Augen und fühlen Sie, wie die Lippen einander berühren. Atmen Sie einmal tief ein und aus und versuchen sie ein Lächeln. Spüren Sie dabei das Kinn, die Wangen, die Ohren, die Nase. Achten Sie während dieser Gesichtsentspannung noch eine Weile auf den sanften Atemstrom entlang der Nasenkanäle. Lassen Sie sich vom Atem innerlich berühren und sanft massieren! – Streichen Sie mit den Händen das Gesicht zu den Ohren hin aus. Öffnen Sie nun die Augen und fühlen Sie die Veränderung in Ihrem Gesicht.

Setzen Sie sich bequem in einen Sessel und ***kneten Sie für einige Minuten Ihre Füße:*** die Zehen, die Häutchen zwischen den Zehen und jeden Bereich der Fußsohlen.

Bei akuten Herzschmerzen: Nehmen Sie den linken kleinen Finger zwischen Daumen und Zeigefinger der rechten Hand und massieren Sie die Fingerkuppe. Dann streichen Sie an der Innenseite des Fingergliedes entlang. Wenn Sie es noch nicht wissen sollten – dies ist der Anfang des *Herz-Meridians,* und durch diese Massage können Sie anregende und ausgleichende Impulse zum Herzen senden. Es ist absolut ungefährlich und die beste Soforthilfe-Maßnahme, die sie treffen können (Selbstverständlich sollten Sie bei häufiger auftretenden Herzschmerzen Ihren Arzt aufsuchen!).

Einfache Tips zum Wohlfühlen: Achten Sie darauf, daß Ihre Füße stets warm sind. Tragen Sie bequemes Schuhwerk.

Bevorzugen Sie bequeme, nicht einengende Kleidung und verzichten Sie, wenn möglich, auf Krawatte, Gürtel, Büstenhalter und Make-up.

Versuchen Sie, in Ihrer Freizeit und im Urlaub weitgehend ***ohne Uhr zu leben***. Gehen Sie des öfteren einmal durch die Straßen oder eine Landschaft, ohne sich *in Zeit und Raum* orientieren zu wollen. Lassen Sie sich ca. eine Stunde lang ziellos treiben. Sie werden überrascht sein, wo Sie hingelangen und was Sie alles auf Ihrem Weg entdecken werden. Geben Sie dem ***Zufall*** eine Chance!

Wenn der Kopf zu voll ist: Schließen Sie sich für einige Minuten ein (im Badezimmer oder im Keller) und ***quasseln Sie wild drauf los*** in einer unverständlichen Phantasiesprache. ***Schneiden Sie Grimassen***, wenn Ihnen danach zumute ist. Lassen Sie für einige Augenblicke den größten Blödsinn raus! Scheuen Sie sich nicht, in Ihrem Raum oder auch unter freiem Himmel „verrückt zu spielen", denn niemand sieht Ihnen zu! Sie werden sich anschließend freier fühlen.

Wenn Sie „eine Wut im Bauch haben", die Sie am liebsten laut herausschreien möchten: Tun Sie es im Auto! Sie können auch in den Keller oder auf den Speicher gehen. Wüten Sie, toben Sie, bis Sie sich vom inneren Druck befreit haben.

Hören Sie sich ***zur Entspannung*** Ihre Lieblingsmusik an oder lauschen Sie einem romantischen Konzert. Was spricht dagegen, sich dazu auf das Sofa zu legen oder in den Sessel zu kuscheln?! – (Erinnern Sie sich noch an diese alten, unglaublich behaglichen *Opa-Sessel*, in denen man so wunderbar entspannen kann? Wenn Sie keinen haben, dann stellen Sie sich einfach vor, Sie sitzen jetzt in einem.)

- Tun Sie das, ***wozu Sie jetzt gerade am meisten Lust haben***.

Haben Sie ein Hobby? Haben Sie immer schon davon geträumt, etwas selbst zu bauen, zu basteln, ein Instrument zu spielen oder sich mit einem bestimmten Wissensgebiet zu befassen? Tun Sie es und lassen Sie sich nicht davon abhalten, weil Sie angeblich *kein Talent* haben! Es ist unwichtig, ob etwas *vollendet* ist oder nicht. Die Hauptsache ist, daß Sie Spaß und Erfüllung darin finden!

Machen Sie es sich jetzt richtig gemütlich zu Hause. Sie tun das sowieso immer schon?! Wenn das so ist, können Sie diese Zeilen überfliegen und vielleicht andere Tips finden, die Sie mehr inspirieren. Aber was glauben Sie? Fühlen sich nicht Millionen von Menschen so sehr vom Stress des Berufslebens angetrieben, daß sie Schwierigkeiten haben, zu Hause *abzuschalten? Gemütlich* heißt auch, die Reizüberflutung von Funk und Fernsehen auszuschalten. Es sich wirklich *gemütlich zu machen,* hat etwas mit der liebevollen Pflege der 5 Sinne zu tun nach dem Motto: „Weniger ist mehr!“

Liegt Ihnen eine Begebenheit mit einem anderen Menschen auf der Seele? Können Sie zur Klärung beitragen? Ja? – Dann tun Sie es – rufen Sie an! Oder: ***Schreiben Sie einen Brief.*** Und wenn es etwas gibt, was Sie irgendwie loswerden möchten, dann schreiben Sie es sich von der Seele! Nur so für sich selbst! Wenn es Ihnen gut tut, können Sie die Seiten verbrennen und ein Ritual der Loslösung daraus machen.

Haben Sie einen Hund oder eine Katze? ***Spielen Sie zehn Minuten mit Ihrem Haustier.*** Streicheln Sie auch Nachbars Katze oder beobachten Sie Pferde auf der Weide. Was immer sich Ihnen an Möglichkeiten anbietet, fühlen Sie einfach, daß auch noch andere Wesen mit Ihnen auf dieser Erde leben......

Stellen Sie die Beine auf Schulterbreite auseinander, heben Sie mit einer tiefen Einatmung die Arme hoch über den Kopf und lassen Sie Arme und Oberkörper mit der Ausatmung nach vorne fallen und locker zwischen den Beinen vor- und zurückpendeln. Schwingen Sie weich in den Knien. Wiederholen Sie diese Übung 5 -10 Mal. ***Lassen Sie in dieser Haltung alles los, was jetzt losgelassen werden möchte.*** Wenn Sie das Bedürfnis verspüren, diese Bewegung mit einem befreienden Ton zu verbinden (einem Schrei oder Seufzer) – tun Sie sich keinen Zwang an.

Lockern Sie die Beckenbodenmuskulatur. Spannen Sie rhythmisch die Muskelringe um After und Genitalien (die Schließmuskel) an (mindestens 10 - 20 Mal). Es hat eine kräftigende und belebende Wirkung. (Man kann es überall tun und niemand bemerkt es.)

Schütteln Sie kräftig die Hände aus, und lassen Sie dabei die Lippen beim Ausatmen *schlottern.* (Kleine Kinder machen das, wenn Sie vom Baden aus dem Wasser kommen.)

Bleiben Sie, wenn Sie das nächste Mal außer Haus gehen, für einige Momente abrupt stehen und sagen Sie sich einfach: ***Stop!*** – Was auch immer gerade um Sie herum abläuft, ***verharren Sie absolut bewegungslos*** und *sehen, hören, fühlen, riechen und schmecken Sie die Situation.* Wollen Sie es gleich einmal versuchen, oder geht es jetzt auch im Sitzen...?

Sind Sie wach oder müde, unausgeschlafen – schlafbedürftig? In einem gut ausgeruhten Zustand sehen viele Dinge oftmals schon ganz anders aus. Also – ganz einfach: ***Schlafen Sie sich erst einmal richtig aus!*** – Finden Sie das zu trivial für einen Tip in einem Buch? – Wirklich?!

Langsam und tief Durchatmen an einem ruhigen Ort – ohne Zeitdruck im Nacken – scheint ein Luxus zu sein, von dem viele Menschen glauben, daß sie ihn sich nicht mehr leisten können. Trotzdem, stellen Sie sich morgens für einige Minuten auf den Balkon – ***atmen Sie langsam und ruhig, aber so tief wie Sie können, ein und aus.*** Tun Sie das Gleiche mittags im Garten oder in einer Parkanlage. Und abends nach dem Essen gehen Sie (entsprechend gekleidet) an die frische Luft. Lassen Sie die Eindrücke des Tages los. Atmen Sie frische Energie ein, und atmen Sie alle Müdigkeit und Abgespanntheit, alle Unruhe, aus.

Suchen Sie das Gespräch, die Begegnung, den Austausch mit einem anderen Menschen. Mit einem (Lebens-/Liebes-) Partner innige Stunden der Nähe und in liebevoller Zweisamkeit zu verbringen, kann heilsamer sein als alle Medizin und Therapie der Welt. Wenn Sie die Gelegenheit dazu haben, dann nutzen Sie sie.

Falls Sie den Eindruck haben, daß sich in Ihren Räumen etwas Dunkles, Bedrückendes, eine disharmonische Energie aufhält, dann ***stellen Sie sich ein machtvolles, weißes oder goldenes Licht vor,*** das Ihr ganzes Haus schützend umhüllt und durchflutet. – Vielleicht sollten Sie auch alte Bilder von der Wand nehmen oder Gegenstände (Möbel) entfernen, die mit alten Erinnerungen behaftet sind. Erschaffen Sie sich eine neue Atmosphäre! Verändern Sie den Raum, indem Sie ihn in freundlichen Farben streichen und neue Bilder aufhängen, mit denen Sie ein positives Gefühl verbindet. Auch kleine Veränderungen, die noch nicht einmal eine Mark (einen Euro) kosten, können einen Umschwung in Ihrer Stimmung bewirken und sind jederzeit möglich!

Machen Sie ab und zu einen ***Spaziergang in der Natur.*** Lassen Sie sich von der Schönheit und Vielfalt ihrer Formen anregen. Öffnen Sie sich für das, was direkt vor Ihnen ist – in seiner Unschuld, in seiner Zartheit und Größe.

Wenn Sie sich so entspannt und zentriert fühlen, daß Sie über all diese Empfehlungen lächeln können, dann seien Sie froh und dankbar, daß es Ihnen offensichtlich besser geht als sehr vielen anderen Menschen! Aber halten Sie trotzdem einmal für einige Augenblicke inne und fragen Sie sich, ob diese Tips für Sie wirklich so überflüssig sind? Sind uns alle diese Hinweise tatsächlich so selbstverständlich? Leben wir denn so bewußt, daß wir sie gar nicht mehr brauchen?

Machen Sie bei Gelegenheit ***einen Spaziergang im Regen*** – warm angezogen und passend gekleidet (mit Regenschirm oder Regencape). Hören Sie die Tropfen und sehen Sie die Lichtspiegelungen und konzentrischen Ringe in den Pfützen. Atmen Sie den Duft der Frische der vom Wasser gereinigten Atmosphäre ein. Nach einem Regen können Sie die Erde, die Pflanzen, Gräser und Bäume besonders intensiv riechen. - Spüren Sie sich selbst, wie Sie jeden Fuß achtsam auf festen Grund setzen. Beobachten Sie........

Sorgen Sie für sich selbst. Gönnen Sie sich öfters Ruhe! Bleiben Sie in einer heiteren Stimmung und lächeln Sie sich selbst zu – wohlwollend und großherzig. ***Klopfen Sie immer wieder im Laufe des Tages mit den Fingerkuppen auf das Brustbein.*** Das regt die Thymusdrüse an und stärkt die Abwehrkräfte – und das nicht nur im medizinischen Sinne.

Und wenn Sie an Ihrer Kraft zweifeln sollten, denken Sie immer über den Ausspruch von ***Nelson Mandela*** nach:

„Unsere tiefste Angst ist nicht,

daß wir der Sache nicht gewachsen sind.

Unsere tiefste Angst ist, daß wir unermeßlich mächtig sind.

Es ist unser Licht, das wir fürchten, nicht unsere Dunkelheit.

Wir fragen uns: Wer bin ich denn eigentlich,

daß ich leuchtend, hinreißend, begnadet und phantastisch sein darf?

Aber wer sind Sie denn,
daß Sie das nicht sein dürfen?“

2.
Vorbemerkungen zu den Soforthilfe-Übungen

Schon die ***Soforthilfe-Tips*** konnten Ihnen zeigen, worauf es in allererster Linie ankommt: ..... daß Sie sich selbst mehr Aufmerksamkeit schenken und Sorge tragen für Ihr Gesundsein. Das Leben hat ganz gewiß nichts dagegen einzuwenden, daß es Ihnen wirklich gutgeht! Lassen Sie es darum nicht nur mit der Befolgung einiger Tips bewenden! Entscheidend ist, ob Sie das Gefühl des Wohlbefindens relativ konstant halten können. Geben Sie sich also nicht zu schnell mit einer vorübergehenden Besserung Ihrer Befindlichkeit zufrieden! Jeder Mensch sehnt sich nach einem Zustand ***dauerhafter*** Klarheit und Zufriedenheit. Dafür ist es aber notwendig, die Muster der inneren Einstellungen zu verändern, um Freude und Zufriedenheit kontinuierlich werden zu lassen. Die Menschen, die von sich sagen können, dies für sich verwirklicht zu haben, verblüffen den Rat- und Hilfesuchenden gewöhnlich mit allzu simpel erscheinenden Weisheiten wie ..... ***der einzige Weg zur Ruhe ist, ruhig zu sein; der einzige Weg zum Glück ist, glücklich zu sein*** .... Doch solchen Erkenntnissen sind mit Sicherheit viele Jahre des Übens vorausgegangen.

Wir haben eine Reihe von Übungen in ***Teil III*** dieses Buches für Sie zusammengestellt. Dort finden Sie einige Methoden, die eine längerfristige und regelmäßige Ausübung erfordern. Ihre volle Wirkung können sie entfalten, wenn die/der Übende die Fähigkeit zu einer stetigen Konzentration und zu tiefer Entspannung entwickelt hat.

Für einen ersten Einstieg haben wir aber auch eine Reihe von leichten ***Soforthilfe-Übungen*** zusammengefaßt, die ohne Vorwissen und Vorbereitung ausgeführt werden können. Sie wurden nach dem Gesichtspunkt ausgesucht, ob sie in schwierigen Situationen und auch für unterschiedliche Personen geeignet sind. Die folgenden Übungen können unabhängig von der Tagesform und der speziellen Persönlichkeitsstruktur des Einzelnen ausgeübt und in unterschiedlichen Problemsituationen angewandt werden.

Geeignete Maßnahmen als Hilfe in schwierigen Situationen lassen sich nicht immer scharf voneinander abgrenzen, ebensowenig wie vielschichtige Probleme nicht für alle Menschen gleichermaßen gültig formuliert werden können. Wir haben deshalb die ***Soforthilfe-Übungen*** nach *groben Themen* zusammengestellt, wobei die Leser selbstverständlich nach eigenem Ermessen wählen können. – Lassen Sie sich bei der Auswahl von Ihrem Gefühl leiten!

Bevor Sie mit diesen Übungen beginnen, möchten wir Sie bitten, noch einige Gedanken auf die *Einstellung* oder die *innere Haltung* beim Üben zu verwenden, denn der Erfolg Ihrer Bemühungen hängt im wesentlichen davon ab, ***was*** Sie denken und ***wie*** Sie fühlen. Positive Veränderungen werden nämlich erst durch eine Veränderung der inneren Einstellung bewirkt – genauso wie umgekehrt eine bestimmte innere Haltung allen Problemen und Krankheiten als auslösende Ursache zugrundeliegt.

Jeder Gedanke ist wie ein hauchdünner Faden, und wenn der gleiche Gedanke häufig wiederholt wird, formt sich daraus ein Gewebe. Am Ende ist ein dichtes, scheinbar unzerstörbares Muster von Gefühlshaltungen entstanden, dessen Impulse unsere augenblickliche Lebenssituation gestalten – sie werden sichtbar entweder als Liebe, Freude, Gesundsein, Selbstsicherheit und Wohlbefinden oder als Kummer, Sorgen, Unsicherheit, Kranksein und Unwohlsein.

Körper, Seele und Geist des Menschen bilden eine Einheit. Das Bewußtsein formt den Körper. Die Art und Qualität der Gedanken und Emotionen – unsere grundlegende Einstellung – sind von ausschlaggebender Bedeutung, ob wir uns wohlfühlen oder nicht. Unausgedrückte Gefühle, die schnell zu unbewältigten Problemen anwachsen, wirken häufig wie Zeitbomben in unserem Körper und können Auslöser für Krankheiten sein. Wir müssen uns darum eingehender fragen, welche Art von Gedanken und Gefühlen uns von Moment zu Moment bestimmen und wie wir mit unseren Emotionen umgehen:

- Unterdrücken wir Ärger? Versuchen wir, Eifersucht zu überspielen?
- Schieben wir unangenehme Gefühle achtlos oder unwirsch zur Seite?

- Sind unsere Entscheidungen und Pläne häufig von Angst geprägt?

Wenn wir erkennen, daß dies oder ähnliches zutrifft, stellt sich die nächste Frage:

- Wie können wir aus den festgefahrenen Bahnen unserer Gefühlsmuster ausscheren?
- Ist es möglich, die augenblickliche Situation weitgehendst frei von Bewertung wahrzunehmen und die eigenen Grenzen und Möglichkeiten richtig einzuschätzen?

Wenn Sie auf diese Weise Ihre Situation überdenken, tun Sie den ersten Schritt, der zu etwas mehr ***Abstand*** gegenüber der eigenen Person führt. Dann können Sie klarer erkennen, welche der zahlreichen Methoden für Sie am geeignetsten sind.

Bewußtsein für Raum und Zeit

Eine wichtige Voraussetzung für eine langfristig positive Wirkung von Übungen im täglichen Leben ist ein Bewußtsein für ***Raum*** und ***Zeit***. Bevor Sie mit einer Übung beginnen, beanspruchen Sie für sich Zeit! Und dann richten Sie sich einen Ort der Ruhe her! Gehen Sie künftig davon aus, daß Sie etwas Wichtiges für sich tun wollen und dürfen, das auch anderen Menschen in Ihrem Umkreis zugute kommen wird. Dazu wählen Sie sich einen Ort aus, an dem Sie während Ihrer Übungen ungestört sein können. Und lassen Sie sich nicht von äußeren Umständen davon abhalten, die Übungen zu praktizieren. „*Raum ist auch in der kleinsten Hütte.*“, sagt ein Sprichwort, und es ist tatsächlich so: *Raum muß man* ***wahrnehmen wollen,*** um ihn überhaupt sehen zu können.......

Auch Zeit ***ist*** vorhanden, selbst wenn Sie meinen, daß Sie „den ganzen Tag eingespannt sind“ – gerade deshalb dürfen und sollen Sie sich die *Zeit* nehmen, um sich wieder zu regenerieren. Tun Sie dies ohne Ärger, ohne Groll, aber mit Bestimmtheit. Sie brauchen sich vor niemandem dafür zu rechtfertigen, daß Sie für Ihr Wohlergehen sorgen! Dies sollte eine Selbstverständlichkeit sein.

Wenn Ihnen bewußt ist, daß Sie unbedingt *Zeit* und *Raum* für sich beanspruchen müssen, dann erinnern Sie sich bitte noch an eine weitere wichtige Voraussetzung beim Üben, die für Ihr ganzes Leben von größtem Nutzen ist:

Es ist das ***Atmen***. Atmen Sie so bewußt wie möglich.

Ohne das Atmen könnten Sie nur wenige Minuten überleben! Da der Atem aber von selbst geschieht – wie im Schlaf –, ohne daß wir uns darum bemühen müssen, „verschwenden" wir gewöhnlich keinen weiteren Gedanken daran, daß der Atem jedem Lebewesen das Wichtigste schenkt: .....die eigentliche Kraft zu leben!

Also, atmen Sie so bewußt wie möglich! Wann auch immer Sie sich daran erinnern: Nehmen Sie einen ruhigen, tiefen Atemzug. Lassen Sie den Atem ganz weich, ohne Anstrengung durch die Nase einströmen. Spüren Sie, wie der Atem Sie innerlich mit seiner Kraft berührt. Mit jeder Einatmung laden Sie sich auf mit neuer Lebensenergie. Sie brauchen dazu nichts zu tun – es geschieht ganz von selbst. Allein Ihre Aufmerksamkeit genügt, um dem Atem zu gestatten, tief einzuströmen bis zu den Lungenspitzen. Und alles, was Sie belastet, was Ihnen inneren Druck bereitet, können Sie vom Strom der Ausatmung hinwegtragen lassen. So bewirkt jede Ausatmung eine tiefe Entspannung!

Atmen Sie so bewußt wie möglich

Tun Sie es jetzt – in diesem Moment. Und es ist so einfach, ganz bewußt und in Ruhe für ein paar Minuten wieder einmal Luft zu holen...........

Sie haben es soeben erlebt. Und es ist gut, sich von Zeit zu Zeit wieder daran zu erinnern, daß ***Atmen*** die ursprünglichste Freude und das natürlichste Heilmittel ist! Nun können Sie sich vornehmen, auch in Zukunft das bewußte und ungestörte Atmen zu intensivieren! Bleiben Sie dabei in Ihrem eigenen Rhythmus. In der Bewegung der Einatmung und der Ausatmung gibt es kein Ziel zu erreichen. Der Atemstrom ist endlos, und Zeit- und Leistungsdruck sind für diesen elementaren Vorgang des Lebens ganz und gar ohne Bedeutung! Denken Sie einen Moment darüber nach .... und versuchen Sie, diese Aussage nachzuempfinden: ***Beim Atmen gibt es kein Ziel zu erreichen.*** *Ich habe unendlich viel* ***Zeit****, den Atem auszudehnen und ihm* ***Raum*** *zu geben.*

Jede der folgenden Übungen wird Ihnen helfen, diese innere Haltung von Offenheit und Weite zu entwickeln. Und irgendwann – nach einigen Wochen oder Monaten – werden Sie bemerken, daß sich Ihr Leben unmerklich verändert hat. Erst nach einiger Zeit – in der Rückschau – wird Ihnen der Kontrast zwischen Ihrem früheren Zustand und Ihrer momentanen Situation auffallen. Kümmern Sie sich also nicht so sehr um Anzeichen schneller Veränderungen. Wenn Sie eine Beständigkeit in Ihr Üben bringen, kann es gar nicht ausbleiben, daß sich Ihr inneres und äußeres Leben verwandeln wird!

Zur besseren Orientierung haben wir in diesem Buch eine Reihe von Symbolen verwendet. Wir möchten Sie in diesem Kapitel mit dem ersten Symbol bekannt machen, das für Ihre weitere Arbeit mit diesem Buch relevant ist:

Dieses Symbol ist ein Hinweis darauf, daß eine der folgenden **Soforthilfe**-Übungen in **Teil III** dieses Buches ab Seite 107 ausführlicher beschrieben wird.

3. Einfache Übungen als Soforthilfe für jedermann

1. Das leere Boot

(Bei Unausgeglichenheit, Unruhe, innerem Leistungsdruck und Verspannungen)

Setze dich für diese Übung auf den Boden und lege zur Polsterung ein flaches Kissen oder eine Decke unter das Gesäß. Hebe die Fußsohlen einige Zentimeter vom Boden ab, umschließe die Beine mit beiden Armen und balanciere in dieser Sitzhaltung aus. Du kannst dabei die Augen schließen und Dir vorstellen, daß der Körper wie ein leeres Boot auf einem Teich dahintreibt und von den leichten Wellen sanft hin- und hergewiegt wird.

Verlagere das Gewicht ein klein wenig nach hinten, daß der Auflagedruck nicht direkt bei den Gesäßknochen zu spüren ist. Der Körper schwingt dann von einer Gesäßhälfte zur anderen. Der Kopf braucht nicht mehr festgehalten zu werden und geht jedes Mal, wenn die Schultern in die eine Richtung schwingen, zur anderen Seite.

Vergegenwärtige dir das Bild von einem ***leeren Boot*** – es ist niemand da, der versucht, das Boot zu lenken, zu kontrollieren.

Diese Übung kann dir deutlich zeigen, wie eine vom Willen gesteuerte Bewegung automatisch eine subtile Anspannung im Körper hervorruft. Wenn hingegen der Körper – *das Boot* – sich bereitwillig dem Spiel der Wellen hingibt, entstehen Empfindungen von Weichheit, wohliger Trägheit und Passivität. Die fließenden Eigenschaften charakterisieren die typische Erfahrung des Elementes Wasser. Es entsteht die Fähigkeit vertrauensvoller Hingabe an den Augenblick. Die Muskeln des Gesichtes, des Halses, der Schultern, des Rückens, der Brust, des Bauches, des Beckens und der Beine und tieferliegende Muskelschichten um die Wirbelsäule herum können weicher und geschmeidiger werden. Spannungen lösen sich ganz unmerklich, ohne unser Zutun auf.

Lege dich anschließend für einige Minuten auf den Rücken und lege beide Hände auf das Herz. Spüre dich selbst. Du kannst beobachten, wie die Körperflüssigkeiten wieder zurückfinden in einen Zustand der Ruhe und der Ausgeglichenheit. Bleibe noch eine Weile in dieser Berührung mit deinem eigenen Wesen.

2.
Drei lockernde Bewegungen im Liegen

(Bei Ruhelosigkeit, Konzentrationsschwäche, Verspannungen und Inflexibilität)

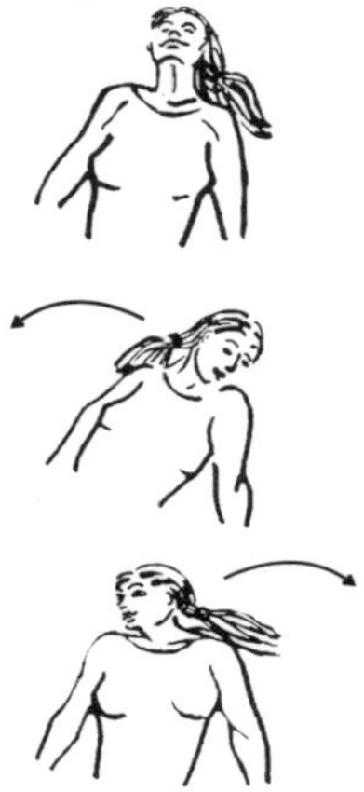

a) Lege dich auf eine Decke oder eine Übungsmatte und finde auf ihr eine bequeme, symmetrische Rückenlage. Fühle, wie der Körper überall mit dem Boden Kontakt hat und lasse dich in die Berührung hineinsinken wie in ein weiches Kissen.

Fange an, den Kopf ganz langsam wie in Zeitlupe ***mit geschlossenen Augen*** nach links und nach rechts zu drehen. Stelle dir vor, daß jemand deinen Kopf in den Händen hält und ihn ganz sanft hin- und herwiegt. Genieße die Ruhe und Weichheit dieser Bewegung.

b) Diese Bewegung kannst du nun erweitern, indem du die Beine in den Bewegungsablauf einbeziehst. Setze die Füße vor das Becken und lasse die Beine entgegengesetzt zum Kopf pendeln. So wird die Wirbelsäule in sich gedreht wie eine Spirale. Mit der Ausatmung gehen Kopf und Beine zu den Seiten – beim Einatmen bewegen sie sich wieder zur Mitte zurück. Führe die Bewegung langsam und bewußt im Einklang mit der Atmung aus, bis du ein Gefühl der Ruhe, der Ausgeglichenheit und einer größeren Lockerheit und Geschmeidigkeit gewonnen hast. Genieße das Wohlgefühl einer schwebenden, passiven Bewegung, so als ob du in einer Hängematte hin- und hergewiegt wirst.

c) Die dritte Übung gleicht der soeben beschriebenen Übung. Der Unterschied ist, daß nun die Beine angehoben werden – die Oberschenkel sind senkrecht, die Unterschenkel waagerecht. Die Arme werden so über den Kopf gestreckt, als ob du dich an einer Reckstange festhältst. Der Zug der Dehnung in den Muskeln und die Kompression der Bauch- und Brustorgane wirkt dadurch intensiver. Bewege dich langsam, behutsam und aufmerksam, damit kein Muskel überdehnt wird. Schmerzen oder unangenehme Spannungen sind das Signal dafür, die Übung zu unterbrechen.

Der innere Druck kann noch ein wenig verstärkt werden, wenn du die Drehung zur Seite während der ***Einatmung*** ausführst. Dies bewirkt eine intensivere, innere und äußere Massage, erzeugt mehr Spannkraft und erhöht die Belastbarkeit. Sei jedoch vorsichtig, damit es nicht im Innern des Kopfes zu einer unangenehmen Anspannung kommt!

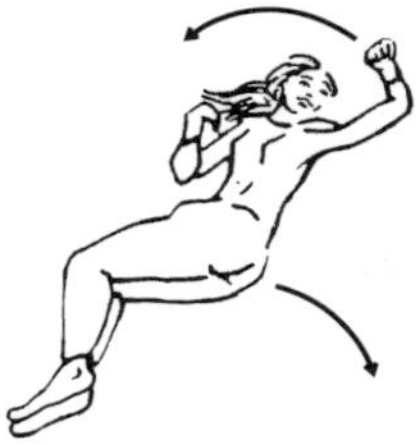

Bewährte Übungswege

Eine ausführliche Beschreibung dieser Übung finden Sie im Hauptteil dieses Buches ab Seite 107.

3. *Positive Suggestion*

(Bei Unsicherheit, mangelnder Stabilität und depressiver Verstimmung)

Stellen Sie sich aufrecht hin, schließen Sie die Augen und fühlen Sie, wie die Fußsohlen Kontakt zum Erdboden haben (am besten barfuß). Atmen Sie einmal tief und bewußt ein und atmen Sie langsam und bewußt aus. Sprechen Sie während der folgenden normalen Atemzüge eine ***positive Suggestion***:

„Ich genieße es, meinen Körper zu empfinden.
Ich fühle an diesem Tag mein Leben intensiv und voller Freude.
Neue Kraft durchströmt mich, und ich bin gestärkt für den ganzen Tag."

Beschließen Sie in diesem Moment ganz bewußt, an diesem Tag kraftvoll und mit Enthusiasmus alle notwendigen Arbeiten anzugehen. Behandeln Sie sich selbst wie einen Ihrer liebsten Freunde und seien Sie wohlwollend und großzügig sich selbst gegenüber.

Nehmen Sie sich vor, nötigenfalls auch einmal klar und bewußt „Nein!" zu sagen. – Legen Sie beide Hände für einige Atemzüge auf den Unterbauch und fühlen Sie dort die Kraft des Atems und die Mitte Ihres Wesens. (Dies ist hilfreich bei übertriebenen Anforderungen von außen.) Viele existentiell schwierige Situationen lassen sich so besser *durchstehen.*

4. *Eine Balance-Übung* *(Die Baumstellung)*

(Bei Unausgeglichenheit, mangelnder Stabilität, Konzentrationsschwäche und Inflexibilität)

Stelle dich aufrecht hin und lasse den Atem zur Ruhe kommen. Verlagere das Gewicht auf einen Fuß und hebe den anderen ein wenig vom Boden ab. Schwinge etwas im Kniegelenk und neige den Oberkörper leicht in alle Richtungen. Bleibe dabei weich in der Wade und passe deine Haltung immer wieder flexibel dem veränderten Zug der Schwerkraft an, so daß du jeden Moment von neuem die entspannte Mitte findest. Wechsel anschließend die Seite.

Berühre nun mit dem angehobenen Fuß den anderen Fußknöchel, dann etwas höher die Wade. Setze daraufhin den Fuß gegen das Knie oder drükke ihn gegen den Oberschenkel. Balanciere aus und lege die Handflächen aneinander wie in Gebetshaltung.

Stelle dir vor: ... du bist ein Baum, der gut in der Erde verwurzelt ist und der nun langsam mit seinen Ästen und Zweigen gen Himmel wächst. Strekke die Arme hinter den Ohren ganz nach oben. Bleibe eine Weile in der Haltung und schau, ob du zur Ruhe kommen kannst. Wenn dir dies schwer fällt, weil du zu stark hin- und herschwankst, dann lege zwischendurch eine kurze Ruhepause ein und versuche es erneut. Mit jedem Versuch lernt das Gehirn, die Muskelspannungen besser auszuregulieren. Wechsel dann die Seiten.

Bewährte Übungswege

Die ausführliche Beschreibung dieser Übung finden Sie auf Seite 117.

Ein gutes Gleichgewicht ist das Ergebnis eines bewußt vollzogenen Lernprozesses, der über den Körper stattfindet. Eine gute Balance bewirkt eine größere, innere Ausgeglichenheit!

5.
Inneres Lächeln

(Gegen Unausgeglichenheit und Disharmonie, bei depressiver Verstimmung und Verspannungen)

Wo du dich auch befinden magst – diese Übung kannst du überall ausführen, wenn du ungestört bist. Entspanne deinen Unterkiefer und halte den Mund leicht geöffnet. Lasse ein leichtes, weiches Lächeln um deine Lippen spielen. Sollte dir das gerade schwerfallen, weil du vielleicht traurig oder ärgerlich bist, so erinnere dich an einen wunderschönen Moment in deinem Leben, als du glücklich warst. – Ziehe die Mundwinkel ein wenig nach oben, so wie es sich anfühlt, wenn du tatsächlich lächelst. Auch wenn du es noch nicht gleich fühlst, so erinnert sich doch dein Körper an unzählige Situationen, in denen dein Gesicht diesen Ausdruck annahm. Nach einigen Sekunden tauchen entsprechende Empfindungen auf, und im Innern des Körpers breitet sich ein Lächeln aus. Schließe nun die Augen und lächle den inneren Organen und den Sinnesorganen zu. Dieses bewußte Lächeln drückt deine Dankbarkeit aus für den reibungslosen Ablauf aller lebenswichtigen Funktionen des Körpers, die jahrein, jahraus unermüdlich dafür sorgen, daß sich dein gesamter Organismus in größtmöglicher Harmonie befindet.

Ein ***inneres Lächeln*** entspannt und es befreit dich von trübsinnigen Stimmungen und belastenden Emotionen. Es öffnet auch die körperlichen Empfindungswege, damit alle Bereiche optimal mit Lebensenergie versorgt werden können.

Nimm dir so oft wie möglich Zeit für jedes einzelne Organ und sende ein freudiges, dankbares Lächeln an

- dein Gehirn
- deine Augen, deine Ohren, deine Nase und deine Zunge
- deine Lungen und dein Herz
- deine Schilddrüse, deine Speiseröhre, deinen Magen und deine Milz
- deine Bauchspeicheldrüse und deine Gedärme
- deine Gallenblase und deine Leber
- deine Nieren, deine Blase und deine Geschlechtsorgane
- deine Drüsen und dein Nervensystem
- deine Haut, deine Muskeln, Sehnen und Bänder und deine Knochen.........

Dein Körper wird mit Harmonie und Wohlbefinden auf diese persönliche Ansprache antworten. Lächele auch deinem Verstand, deiner Seele, deinem Bewußtsein zu. Dieses Wunderwerk der Schöpfung – die Einheit von Körper, Geist und Seele – verdient tatsächlich die größte Aufmerksamkeit!

6.
Der Gruß an die Sonne

(Bei Trägheit, Energiemangel und Inflexibilität (Vorsicht bei Schilddrüsenüberfunktion! Keine Dehnung des Halses!)

1. Das Gebet
– Bergstellung –
Tadasana in Namaskar-Haltung

2. Die Aufrichtung
– Bergstellung –
Tadasana mit Streckung

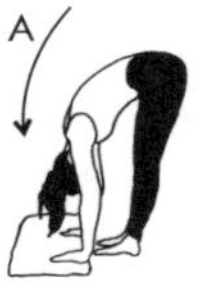

3. Die Verbeugung
– Streckhaltung –
Uttanasana

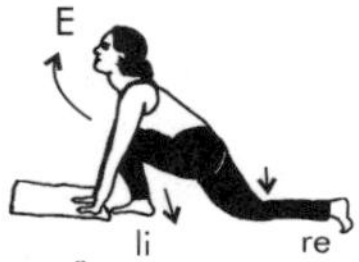

4. Die Öffnung
– Variation einer Kriegerstellung –
Virabhadrasana

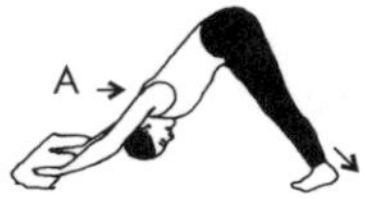

5. Der Blick zur Erde
– Hundestellung 2 –
Adho-mukha-svanasana

5a. Das Sammeln der Kraft
– angedeuteter Diamantsitz –
Vajrasana überleitend in...

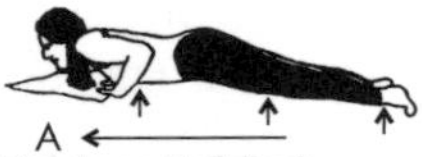

6. Hingabe an die Erdkraft
– Viergliedrige Stockhaltung –
Chaturanga-dandasana

Bewährte Übungswege

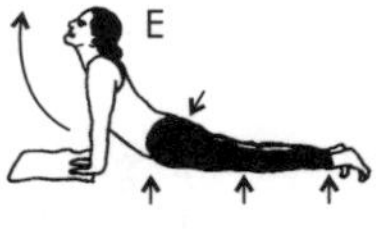

7. Der Blick zum Himmel
– Hundestellung 1 –
Urdhva-mukha-svanasana

8. Der Blick zur Erde
– Hundestellung 2 –
Gesicht gebeugt
Adho-mukha- svavasana

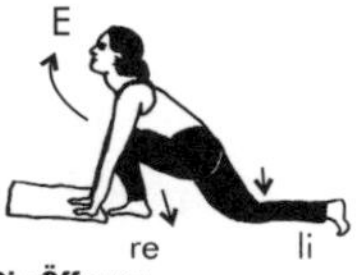

9. Die Öffnung
– Variation einer Kriegerstellung –
Virabhadrasana

Die ausführliche Beschreibung des Sonnengrußes finden Sie ab Seite 130 im Hauptteil dieses Buches.

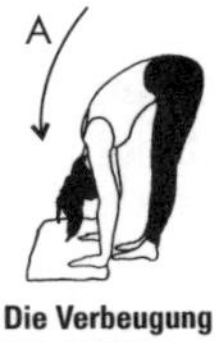

10. Die Verbeugung
– Streckhaltung –
Uttanasana

11. Die Aufrichtung
– Bergstellung –
Tadasana mit Streckung

12. Das Gebet
– Bergstellung –
Tadasana in Namaskar-Haltung

7.
Bewußt wahrnehmen und genießen

(Bei Ruhelosigkeit, Konzentrationsschwäche und Energiemangel)

Setzen Sie sich an einen Tisch und stellen Sie einen Teller mit einer Orange vor sich hin. Lassen Sie Ihren Blick auf der reifen Frucht ruhen, und nehmen Sie ihre Form und ganz besonders ihre Farbe in sich auf. Schauen Sie wach und mit ungeteilter Aufmerksamkeit auf das wunderschöne Gebilde, bis Sie alle Worte, Namen und Umschreibungen für dieses Objekt der „Betrachtung“ vergessen haben und bis nur noch Form und Farbe der Orange Ihr Bewußtsein erfüllen.

Nun schließen Sie für ca. eine Minute die Augen und lassen Sie ihre Farbe vor Ihrem geistigen Auge erstrahlen. –

Öffnen Sie wieder die Augen und schälen Sie die Orange (tun Sie es diesmal – anders als sonst – etwas bewußter!). Zerteilen Sie die Orange Stück für Stück in ihre einzelnen Scheiben. Nachdem Sie die Schalen beiseitegelegt haben, breiten Sie die Einzelteile wie eine sternförmige Rosette auf dem Teller aus. Lassen Sie dieses *ornamentartige Sternengebilde* einige Minuten auf sich wirken und atmen Sie dabei bewußt den frischen Duft der Orange ein. Genießen Sie die sinnliche Erfahrung, ohne sie mit Worten zu kommentieren. –

Nun nehmen Sie langsam und bewußt ein Stück und genießen Sie den süß-sauren Geschmack. Kauen Sie das Orangestückchen langsam und bewußt, und spüren Sie die Empfindungen auf der Zunge und im Mundraum. Kauen Sie bewußt lange, und nachdem die Orangenscheibe zu einer einheitlichen Masse geworden ist, schlucken Sie sie langsam herunter. Beobachten Sie, wie *diese Nahrung* die Speiseröhre entlang bis in den Magen gleitet. Nun können Sie die nächsten Scheiben in der gleichen Weise essen. – Machen Sie aus dem Essen einer Orange eine Meditation. – Sie können dies jederzeit bei jeder anderen *Nahrungsaufnahme* wiederholen.......

8.
Verbundenes Atmen

(Bei depressiver Verstimmung, Verspannungen und Stress)

Diese einfache Übung besteht aus ***zwanzig verbundenen Atemzügen***. Sie dauert nur dreißig Sekunden und man kann sie ***immer und überall*** ausführen. Es handelt sich um vier mal fünf Atemzüge:

1. Atme viermal kurz ein und aus.
2. Nach den vier kurzen Atemzügen atme einmal ganz lang und tief ein und aus.
3. Atme nur durch die Nase.
4. Vier kurze und ein langer Atemzug folgen viermal hintereinander, ohne anzuhalten.

Das Einatmen und das Ausatmen geschieht in einem ununterbrochenen Kreis – vier kurze und ein langer Atemzug sind in einem Atemzug hintereinander verbunden. Die kurzen Atemzüge verschmelzen das Ein- und das Ausatmen miteinander in einem ungebrochenen Kreis. Fülle die Lungen während der langen Atemzüge so weit, wie du kannst und lasse beim Ausatmen völlig los.

Bewährte Übungswege

Eine ausführliche Beschreibung dieser Übung ist ab Seite 151 im Hauptteil dieses Buches zu finden.

Das Tempo ist ruhig und gelassen. Ziehe und drücke nicht den Atem, sondern beobachte, wie er von selbst kommt und geht.

Bleibe in einem gleichmäßigen Rhythmus.

Wenn du richtig atmest, fühlst du, wie mit der Atemluft mehr Energie in deinen Körper dringt.

Führe diese Übung ***täglich*** aus. Steigere sie im Laufe der Wochen, so daß du mehrere Zyklen von jeweils ***zwanzig verbundenen Atemzügen*** hintereinander ausführen kannst.

9. Grimassen schneiden

(Bei Angespanntheit, Aggressionen und Stress)

Gehe für einige Minuten an einen Ort, an dem du unbeobachtet sein kannst. Verziehe dein Gesicht in sämtliche Himmelsrichtungen und schneide die unmöglichsten Fratzen. Du kannst das vor einem Spiegel machen und dir dabei zuschauen. Du kannst *das Theater* auch durch komische Gesten der Arme und Hände intensivieren. Spanne dabei ruhig einmal alle Muskeln des Gesichtes an und bringe auf diese Weise alle deine inneren Spannungen zum Ausdruck. Du wirst dich anschließend erleichtert und entspannt fühlen und zu deinem Äußeren (vor allem dem Aussehen deines Gesichtes) etwas Abstand bekommen. Diese Übung wird dir helfen, weniger auf die Meinung anderer zu achten, allgemein gelöster zu sein und in deiner augenblicklichen Situation spielerischer, lockerer und spontaner zu reagieren.......

10. Viloma Pranayama – eine Atemübung

(Bei Unruhe, depressiver Verstimmung und Stress)

Lege dich auf den Rücken und hebe die gestreckten Arme mit einer langsamen, ruhigen ***Einatmung (E)*** durch die Nase nach oben und gehe im weiten Bogen ***nach hinten***, bis die Hände den Boden berühren. Gehe dann mit einer langsamen ***Ausatmung (A)*** im weiten Bogen **nach vorne**. Atme nur durch die Nase, weich, sanft und so geräuschlos wie möglich.

Dies ist der einfache Grundrhythmus. Atme ***ca. 3 Minuten*** in dieser Weise. Folge mit der Aufmerksamkeit kontinuierlich der Bewegung der Arme. Lasse die Druckempfindungen aus dem Bauch- und Brustbereich nicht in den Kopf steigen! Lasse dich nicht zur schnelleren Bewegung antreiben!

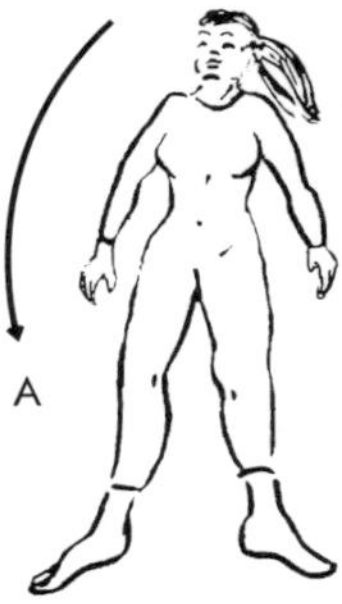

Nun kannst du die ***Einatmung*** in zwei gleich große Abschnitte unterteilen:

- ***Einatmen*** bis zur Mitte (erlebe den Weg bewußt)
- ***Anhalten*** (laß dir Zeit, komme zur Ruhe und spüre!)
- ***Einatmen*** bis zum Ende (erlebe den Druckanstieg)
- ***Anhalten*** (genieße die Atempause)

Das Anhalten des Atems ist nicht so sehr ein Festhalten, sondern eher ein ***Innehalten***, ein ***Ausruhen***! Erlebe diese vier Zeit-Räume ganz bewußt in ihrer besonderen Qualität von Druck und Spannung. Mit einer einzigen Ausatmung kommen die gestreckten Arme wieder nach vorne. Übe diese ***unterteilte Einatmung*** für 3 Minuten.

Anschließend kannst du das gleiche Schema der Unterteilung 3 Minuten lang nur auf die ***Ausatmung*** anwenden:

Ausatmen – Anhalten – Ausatmen – Anhalten – dann eine lange, ungebrochene ***Einatmung*** usw..

Nun folgt für 3 Minuten die ***Kombination*** von ***unterteilter Einatmung*** und ***unterteilter Ausatmung:***

Einatmen – Anhalten – Einatmen – Anhalten
Ausatmen – Anhalten – Ausatmen – Anhalten

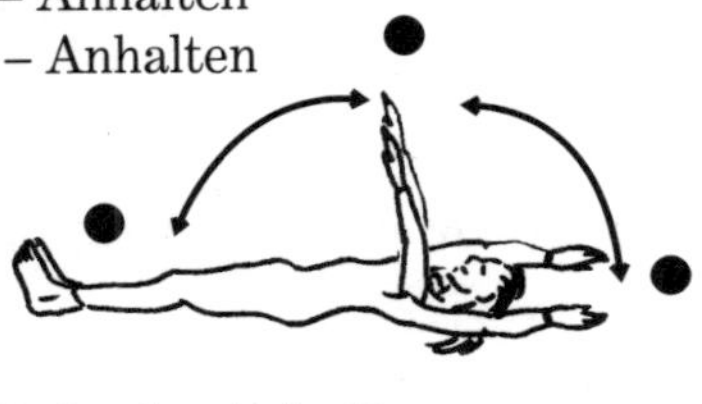

Nun kannst du die Zahl der Unterbrechungen steigern:

- **Einatmen** bis zum ersten Drittel – ***Anhalten***
- ***Einatmen*** bis zum zweiten Drittel – ***Anhalten***
- ***Einatmen*** bis zum Ende – ***Anhalten***

Das Gleiche gilt – wie beschrieben für die ***Ausatmung*** und für die ***Kombination*** von Einatmung und Ausatmung.

Stelle dir vor, daß du eine Leiter mit drei Sprossen heraufsteigst und auf jeder Sprosse einen Moment ausruhst. Dann steigst du die Leiter wieder hinunter und ruhst dabei auch auf jeder Sprosse aus.

Nun wird die Einatmung und die Ausatmung noch weiter aufgefächert in jeweils **vier** gleich große Abschnitte:

- Einatmen – Anhalten – Einatmen – Anhalten – Einatmen – Anhalten – Einatmen – Anhalten
- Ausatmen – Anhalten – Ausatmen – Anhalten – Ausatmen – Anhalten – Ausatmen – Anhalten

Bewährte Übungswege

Die ausführliche Beschreibung dieser Übung finden Sie ab Seite 159.

Wenn du dies schließlich in der ***Kombination*** ausführst, dehnt sich der Atem in die Länge. Jeder Schritt auf der „Leiter" bedeutet ***bewußtes Aufnehmen von Prana (feinstofflicher Lebensenergie).*** Jedes Ausruhen auf den „Sprossen", jedes Verweilen in der Atempause, bedeutet ***vollständigere Assimilation*** der Energie und das Anwachsen der Fähigkeit, die Intensität des Augenblickes entspannt zu erfahren.

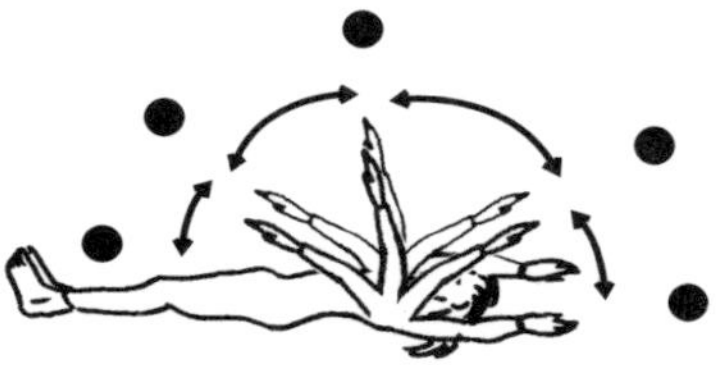

11.
Die Öl-Reinigungsübung

(Zur Anregung der Abwehrkräfte und zur Befreiung von Toxinen und Schadstoffen)

Nehmen Sie (am besten morgens vor dem Frühstück) einen Eßlöffel ***kaltgepreßtes Sonnenblumenöl*** (bitte kein anderes!) in den Mund und *kauen und saugen* Sie es, ohne Hast und Anstrengung 15 - 20 Minuten lang, bis es durch die Beimengung des Speichels *dünnflüssig* und *milchig weiß* geworden ist. ***Dann müssen Sie es unbedingt ausspucken, den Mundraum mehrere Male ausspülen und die Zähne gründlich putzen!*** Die Mischung aus Öl und Speichel darf nicht heruntergeschluckt werden, da sie mit Schadstoffen und Toxinen aus den

Schleimhäuten und Geweben des Körpers angereichert ist.

Bei einer 4 - 6-wöchigen ***Sonnenblumenöl-Kur*** kommt es laut ***Dr. F. Karach***, einem ukrainischen Bakteriologen, zu einer deutlichen Besserung des allgemeinen Gesundheitszustandes und zur Ausheilung bei verschiedenen Krankheitsbildern. Gelegentliche Heilreaktionen, die als kurzzeitige Verschlechterung des allgemeinen Gesundheitsgefühles auftreten können, sollten kein Grund zur Besorgnis sein. Führen Sie die einmal begonnene Kur konsequent zuende.

12.
Die Dynamische Meditation

(Bei Aggressionen, depressiver Verstimmung, Verspannungen, Trägheit und Unruhe)

Diese Meditation wird in fünf Phasen ausgeführt. Die Augen bleiben dabei geschlossen; es empfiehlt sich, sie mit einem Tuch zu verbinden, um sich von allen äußeren Eindrücken lösen zu können.

→ **Die 1. Phase: 10 Minuten chaotisches Atmen durch die Nase.**

Atme schnell und heftig und lasse den Rhythmus chaotisch werden. Atme tief in den Brustraum und lasse mit der Ausatmung den Atem in den Unterbauch hämmern. Wechsele den Rhythmus spontan. So kann sich der Verstand nicht auf ein bekanntes Muster einstellen. ***Habe keine Angst, die Kontrolle zu verlieren.*** Du kannst deine Atmung durch Bewegungen von Rumpf und Gliedern kraftvoll unterstützen. Halte nicht inne, sondern gehe total im Atmen auf. – Genieße es, einmal so wild und unkontrolliert sein zu dürfen!

→ **Die 2. Phase: 10 Minuten Katharsis: Die Entladung unterdrückter Emotionen.**

Das chaotische Atmen bringt alles an die Oberfläche des Bewußtseins. Lasse alle unterdrückten Impulse spielerisch übersteigert zum Ausdruck kommen – durch Lachen, Weinen, Schreien, Schütteln, Hüpfen, Springen. Habe keine Angst, *ver-*

rückt zu spielen, denn durch den bewußt initiierten Impuls hast du genügend Abstand, um beobachten zu können, daß die *Verrücktheit* sich nur an der Oberfläche abspielt. Wenn du nichts unterdrückst, kann kein Konflikt, keine Spaltung entstehen – nur Befreiung.

→ Die 3. Phase: 10 Minuten Springen mit dem Mantra *„HUH“*

Nachdem durch die Katharsis ein leerer Raum im Geiste entstanden ist, kann das Mantra *„HUH“* die Energie in den Unterbauch bringen – vom Herzzentrum zum vitalen Zentrum. Springe mit erhobenen Armen auf und ab und hämmere jedes Mal, wenn die Fußsohlen auf dem Boden landen, den Ton *HUH – HUH – HUH.....*, so daß du die Vibration im Unterbauch und im Beckenboden spürst. *„HUH“* aktiviert die Energie des ***2. Chakras***, des Zentrums der Sexualität und der Lebensfreude, und verändert ihre gewöhnliche Bewegungsrichtung von außen nach innen. Halte nichts zurück, sei total, gib alle Energie, die du hast, in diese aufrüttelnde Bewegung und das Hämmern des Mantras *„HUH“*.

→ Die 4. Phase: 15 Minuten absolut still halten

Zum Ende der *HUH-Phase* ertönt ein *Stop*-Ruf (Audiokassetten bzw. CD´s der ***Dynamischen Meditation*** sind in Osho-Meditationszentren erhältlich). Im gleichen Moment mußt du in der Position einfrieren, in der du dich gerade befindest! Reagiere nicht auf den Reflex, es dir nach dem plötzlichen Stillstand bequemer zu machen! Auch ein Husten, Räuspern oder Herunterschlucken von Speichel sollte unbedingt vermieden werden, da es die ganze vorhergehende Mühe zunichte machen kann! Die kleinste Korrekturbewegung – und die angesammelte Energie verpufft. Halte deshalb ganz still und beobachte, was geschieht. Sei wie ein Spiegel, der für die nächsten 15 Minuten nur reflektiert, was gerade erscheint.

Bewährte Übungswege

Eine ausführlichere Beschreibung dieser Übung ist ab Seite 166 in diesem Buch zu finden.

→ Die 5. Phase: 15 Minuten spontaner Ausdruck der Freude und Erfüllung

Für die fünfte Phase empfiehlt ***Osho***, die in Stille angesammelte Energie nicht zu horten, sondern sie in Umlauf zu bringen, damit sie nicht stagniert und schwer wird oder gar belastend wirkt. Deshalb: Lasse dich von der Musik durchdringen und gestatte der Energie einen kreativen Ausdruck durch Tanzen, durch spontane Bewegung. – Und nimm dann diese Fülle und die freudig beschwingte Stimmung voller Dankbarkeit mit in den Tag.

13.
Unzensiertes Schreiben

(Bei Unausgeglichenheit, Verspannungen, Trägheit und Unklarheit)

Wenn Sie einmal Ihre Aufmerksamkeit auf Ihre Gedanken richten, können Sie erkennen, wie häufig zusammenhanglose Fragmente durch Ihren Geist irren. Der *Kopf* ist voller unzensierter *Verrücktheiten*, doch im *zivilisierten*, sozialen Leben, in der Begegnung mit anderen, muß der Verstand die Gedanken ordnen und eine Logik in das Ganze bringen. Die folgende Übung zeigt Ihnen ungeschminkt das gewöhnliche *Chaos* des Unbewußten, das als Unterströmung immer anwesend ist. Betrachten Sie auch dies als Ihr Potential – als Quelle kreativer Möglichkeiten. In einem Sprichwort heißt es: „Aus dem Chaos werden Sterne geboren...." Nach einer kurzen Begegnung mit den unbewußten Bereichen des Geistes kann eine größere Ordnung und mehr Klarheit entstehen. Wenn Sie Zeit haben und ungestört sind, machen Sie folgendes:

Setzen Sie sich hin, nehmen Sie ein Blatt Papier und einen Schreibstift und schreiben Sie, ohne nachzudenken, was Ihnen gerade in den Sinn kommt. Schreiben Sie 5 - 10 Minuten lang und lesen Sie es erst dann. Es ist kein Hausaufsatz, der zensiert wird – Sie brauchen ihn keinem Deutschlehrer zu zeigen. Dies ist nur die exakte Widerspiegelung des ungebrochenen Stromes des normalen, ungesteuerten Denkvorganges. Es zeigt Ihnen unverblümt, was Sie gerade denken. Wenn Sie das für verrückt halten, dann trösten Sie sich damit, daß sich das Ergebnis der Form nach kaum unterscheidet von dem anderer Menschen.

Vielleicht erkennen Sie darin nicht nur *Verrücktheit* – manchmal kann es auch inspirierte Dichtung sein. Anfang des Jahrhunderts ist daraus sogar eine Kunstrichtung entstanden

– der *Dadaismus*. Wie dem auch sei – in jedem Falle wirkt diese Übung reinigend und klärend für den Geist. Sie können hier symbolisch viel Unausgedrücktes freisetzen und so Ihr Unterbewußtsein entlasten!

14.
Tonglen – die Herzmeditation

(Bei Trauer, Aggressionen, Ärger, Konflikten, Isolation und depressiver Verstimmung)

Das Einatmen: Atme deinen Schmerz ein, deine Ängste, alle angehäuften Schuldgefühle. Stelle dir all dies vor wie beißenden, schwarzen Rauch, den du in dein Herz hinein nimmst.

Die Umwandlung: Dort verwandelt sich der schwarze Rauch in ein weiß-goldenes, strahlendes Licht.

Die Ausatmung: Atme dieses Licht des Verstehens, der Geduld und des liebevollen Mitgefühls für dich selbst wieder aus. Atme einfühlsam in die Bereiche, wo du ein Problem spürst. Fühle es mit der Einatmung ganz intensiv – lasse es nicht nur theoretisch und abstrakt sein. Das konkrete Fühlen von Schmerz kann ohne Schwierigkeit als schwarzer, beißender Rauch visualisiert werden. Nimm ihn an und verwandle ihn. Erinnere dich im nächsten Moment an das strahlende Licht, an einen wolkenlosen, blauen Himmel, an Freude und Beschwingtheit. Visualisiere das blendend weiß-goldene Licht der Sonne und schaue, wie es sich während der Ausatmung über dich ergießt und Körper und Geist durchdringt.

Die gleiche Vorgehensweise können wir übertragen auf

- **Tonglen für problematische Situationen**
- **Tonglen für Familienangehörige**
- **Tonglen für Freunde**
- **Tonglen für Menschen, vor denen wir Angst haben**
- **Tonglen für Menschen, die wir hassen**

Diese Übung wirkt Wunder – sie verändert die Seelenlandschaft auf magische Weise: Wenn Sie sich geärgert haben

Die Tafeln von Chartes

über den Nachbarn, die Arbeitskollegin oder den Freund und sich verletzt fühlen durch eine unbedachte Bemerkung, wenn *säuerliche* Gefühle sich einfach nicht auflösen wollen und Situationen festgefahren sind, hilft die Herz-Meditation, solche *Vergiftungserscheinungen* im Seelischen zu bereinigen. Sie können den eigenen Schmerz und das vermeintliche *Unrecht* des anderen überwinden, indem sie es in der Einatmung annehmen. Sich selbst und dem *Anderen* senden Sie weißes, strahlendes Licht mit der Ausatmung.

Bewährte Übungswege

Die ausführliche Beschreibung dieser Übung finden Sie ab Seite 179.

Allen Situationen und Menschen, vor denen Sie noch kurz zuvor Angst hatten oder denen gegenüber Sie in Rachegefühlen verstrickt waren, begegnen Sie in einer gereinigten Stimmung. Über kurz oder lang kann jede unliebsame Situation positiv verändert werden.

15.
Die Ja-Nein-Bewegung

(Bei Unausgeglichenheit, Ruhelosigkeit, Verspannungen und Unklarheit)

Setzen Sie sich gerade auf einen Stuhl oder mit verschränkten Beinen auf den Boden. Die Wirbelsäule ist aufgerichtet. Schließen Sie die Augen und bewegen Sie den Kopf extrem langsam – wie in Zeitlupe – nach hinten und nach vorne. Dies ist die sogenannte ***Ja-Bewegung***.

In unserem Kulturkreis nicken wir gewöhnlich mit dem Kopf in dieser Richtung, wenn wir *Ja* sagen. Aber diese Bewegung ist ein von frühester Kindheit an erlernter Reflex. Seine Bedeutung ist tief in unser Nervensystem *eingebrannt*. Wenn Sie nun diese Bewegung aufs Äußerste verlangsamen, kommen tieferliegende Gefühle, die mit *Ja*-Sagen verknüpft sind, zum Vorschein. Können Sie wohlüberlegt, klar und eindeutig eine Sache bejahen oder tun Sie es gezwungenermaßen?

Ähnliches gilt für die sogenannte ***Nein-Bewegung***. Drehen Sie den Kopf wie in Zeitlupe langsam nach links und nach rechts, als wollten Sie über die Schulter schauen. Überwinden Sie ganz bewußt alles Reflexhafte, und spüren Sie, welche Empfindungen bei der Bewegung des *Nein* auftauchen. Fühlen Sie dabei Ansätze von Schuld oder spüren Sie Ihre Kraft?

Durch bewußt ausgeführte, extrem langsame Bewegungen (wie hier beschrieben) können Persönlichkeitsmuster auf ganz einfache Weise deutlich werden. Darüber hinaus vermitteln uns diese Bewegungen ein Gefühl der Weichheit und der Ruhe im Innern des Kopfes. Das Gleichgewichtsorgan im Innenohr, das nicht nur für die Aufrechterhaltung des äußeren Gleichgewichtes verantwortlich ist, sondern das auch die innere Ausgeglichenheit mitsteuert, wird in der extrem langsamen Bewegung angesprochen. Die Qualität des Empfindens wird gesteigert und Ruhe und Weichheit breiten sich schließlich vom Kopf her im ganzen Körper aus.

16.
2 Erdungs-Übungen

(Bei mangelnder Stabilität, Verspannungen, Unausgeglichenheit, Inflexibilität, Stress und Trägheit)

1. Die „Elefanten-Haltung":

Stelle die Füße im Abstand von ca. 30 Zentimetern auseinander und drehe die Zehen ein klein wenig nach innen, um einen guten Stand zu haben. Achte bei dieser Einwärtsdrehung auf die fühlbare Streckung der Muskeln in der Rückseite der Oberschenkel und im Gesäß. Neige den Oberkörper langsam nach vorne. Halte dabei die Knie leicht gebeugt. Lasse den Oberkörper, die Schultern, den Kopf und die Arme *aushängen*. Die Fingerspitzen berühren den Boden. Halte das Gewicht vollständig auf den Fußsohlen. Beobachte dabei, wie sich dein Körper anfühlt, an welchen Stellen Spannungen auftauchen und wie deine Stimmung gerade durch die Haltung beeinflußt wird. Während Kopf, Oberkörper, Schultern und Arme locker

hängen, atme leicht, tief und gleichmäßig durch den Mund (nicht durch die Nase!). Verlagere dann das Gewicht auf die Fußballen und hebe ein wenig die Fersen an.

Drücke nun die Fersen wieder leicht gegen den Boden und richte die Knie auf, so daß die Rückseite der Beine gedehnt wird. Bleibe trotzdem locker und flexibel in den Kniegelenken.

Versuche eine Minute lang, in dieser gestreckten Haltung zu bleiben, und beobachte die Reaktionen des Körpers. Achte darauf, daß der Atem ungehindert fließen kann. Lasse alle inneren Spannungen zum Vorschein kommen. Wenn die Beine ein wenig zittern, lasse es geschehen. Werde nicht hart in der Haltung. Um die Muskeln immer wieder zu entspannen, kannst du einige Male die Knie ein wenig beugen und wieder strecken.

Wenn du beim Hochkommen zuviel Spannung im Rücken verspürst, halte die Knie etwas gebeugt. Wenn du den Oberkörper aufrichtest, mache die Oberschenkel- und Gesäßmuskeln solange fest, bis der Rücken im aufrechten Stand entlastet ist.

Einer *Vorwärtsbeuge-Übung* sollte in der Regel zum Ausgleich eine *Rückwärtsbeuge-Übung* folgen und umgekehrt. Es entlastet und erhöht die Flexibilität.

2. Der Bogen:

Stelle die Füße ca. 50 Zentimeter auseinander. Lege die Fäuste, mit den Knöcheln nach oben gerichtet, auf die Hüftknochen und neige den Oberkörper nach hinten, so daß der Brustkorb wie ein Bogen gespannt wird. Beuge die Knie soweit wie möglich, ohne mit den Fersen vom Boden abzuheben. Atme dabei tief in den Bauch. Achte auch hier auf Spannungen: ... im Bereich der Oberschenkel und des unteren Rückens. Lasse den Körper vibrieren, während du einen vollendeten Bogen aufrecht hältst. Diese Haltung bewirkt eine Öffnung für die Atmung; sie fördert Stabilität und Standfestigkeit und löst Verspannungen im Bereich von Bauch und Becken.

Bewährte Übungswege

Eine ausführlichere Beschreibung finden Sie auf Seite 183.

Wenn du Zeit hast, kannst du beide beschriebenen Haltungen mehrmals wiederholen.

17.
Brainstorming und Wunscherfüllung

(Bei Unklarheit, Konzentrationsschwäche, Konflikten, mangelnder Antriebskraft und depressiver Verstimmung)

Brainstorming bedeutet soviel wie ..... *im Sturmwind alle Räume und Winkel des Gehirns durchzufegen.* In diesem Sinne: Machen Sie von Zeit zu Zeit eine umfassende Bestandsaufnahme. Es geht dabei jeweils um das spontane, blitzartige Erfassen Ihrer momentanen Situation. Sie stellen sich selbst einige grundlegende Fragen, durch deren Beantwortung Sie erkennen, welcher Art Ihre Wünsche und Hoffnungen sind und welche Schwierigkeiten dem Erreichen Ihrer kurz- und mittelfristigen Ziele im Wege stehen. Viele Menschen wagen es nicht, grundsätzliche und entscheidende Fragen zu stellen. Sie ahnen, wie schmerzlich es ist, fühlen zu müssen, wieviele ihrer Herzenswünsche noch unerfüllt geblieben sind. Aber solange Schwierigkeiten nicht erkannt, exakt definiert und entschlossen angegangen werden, kann es keine wirklichen Lösungen geben!

Wenn z.B. ein Fahrzeug nicht regelmäßig auf mögliche Schäden überprüft wird, bleibt ungewiß, welche Maßnahmen als nächstes erforderlich sind. Einer regelmäßigen Inspektion vergleichbar sollten Sie Ihre Situation überprüfen, indem Sie für sich bestimmte Fragen immer wieder spontan beantworten. Dann werden die notwendigen Schritte auf Ihrem weiteren Weg klarer ersichtlich, und Sie müssen es nicht mehr dem Zufall oder dem *Schicksal* überlassen.

Erstellen Sie für sich eine Liste mit eindeutigen Fragen zu den Bereichen, die Ihnen am wichtigsten erscheinen. Gehen Sie diese Fragen in einer ruhigen Stunde (am Wochenende) einmal wöchentlich oder monatlich durch und vergleichen Sie, was sich schon verändert hat und welche Probleme sich immer noch hartnäckig behaupten. Machen Sie sich auch Ihre besonderen Stärken klar! Die folgenden Fragen oder Tests sollen Ihnen nur eine Orientierung geben. Sie können auf dieser Grundlage kreativ werden und Ihre eigenen Fragebögen entwickeln:

1) Schreiben Sie zu jedem Punkt auf, was Ihnen ganz spontan einfällt:

- Meine größte Freude:
- Das ist mir angenehm:
- Das ist mir unangenehm:
- Meine größte Angst:

2) Differenzieren Sie nun die Fragen und grenzen Sie dabei den betreffenden Komplex soweit wie möglich ein:

- Was liebe ich am meisten? Was ist mein größter Wunsch?
- Warum wünsche ich mir das?
- Kann ich mir vorstellen, daß es bald eintritt?
- Was steht dem entgegen?
- Was fehlt mir?
- Was behindert mich am meisten?
- Was sind meine negativsten Eigenschaften?
- Was kann ich verändern?
- Welches sind meine Probleme und in welchem Zusammenhang stehen diese mit unerfüllten Wünschen?
- Wo liegen meine größten Stärken?
- Was sind meine positivsten Eigenschaften?
- Was habe ich schon alles an Wünschen bisher verwirklicht?
- Konnte ich mir das vor 5 Jahren schon vorstellen?

Was auch immer Sie sich wünschen und alles, was Sie bisher noch nicht verwirklichen konnten – stellen Sie es sich immer wieder vor und malen Sie sich aus, wie groß die Freude ist, wenn es ***jetzt*** eintrifft! Egal, wie illusorisch es Ihnen im Moment erscheinen mag, versetzen Sie sich jedes Mal von neuem mit großer ***Emotionalität*** in die Situation, in der sich Ihre Wünsche erfüllen. Malen Sie sich das Ganze in allen Einzelheiten aus und schwelgen Sie in dem Gefühl der Erfüllung! Diese Übung wird Sie innerlich vorbereiten, das Unmögliche möglich zu machen!

18. Tensegrity

(Bei Energiemangel, Unklarheit und Aggressionen)

Es erscheint zwar zunächst nicht sinnvoll, eine einzelne Methode dieses weiten Übungsfeldes herauszugreifen und als repräsentativ vorzustellen. Wir möchten jedoch auf die große Wirkungskraft dieser modernisierten Form eines jahrtausendealten Bewegungssystems hinweisen, indem wir eine Übung beschreiben, deren *bioenergetischer* Nutzen nach jeder Ausführung unmittelbar ersichtlich ist.

Stellen Sie die Füße auf Schulterbreite auseinander und bleiben Sie locker in den Kniegelenken. Während der heftigen Schläge, die Sie gleich ausführen werden, federn Sie in den Knien, um die Erschütterungen weich aufzufangen. Mit geballten Fäusten schlagen die Außenkanten der Hände nach vorne wie auf eine Energieblase in Nabelhöhe. Stellen Sie sich im Geiste vor dem Körper einen Halbkreis in Höhe des Bauchnabels vor. Unterteilen Sie die linke und die rechte Hälfte dieses Halbkreises in je einen 90 Grad-Winkel. In der Mitte vor Ihnen befindet sich die ***0 Grad-Position.***

Der erste Schlag findet vorne in der Mitte bei ***0 Grad*** statt. Die erhobenen Fäuste kommen mit der weichen Unterseite (Handkanten) nach vorne herunter bis auf Solarplexushöhe. ***Der zweite Schlag*** der Fäuste erfolgt um ***30 Grad*** weiter nach links. ***Der dritte Schlag*** geschieht im ***60 Grad***-Winkel – hier schlagen die Handflächen flach wie auf eine *Energieblase*. Der ***vierte und letzte Schlag*** zu dieser Seite endet bei ***90 Grad*** – diesmal wieder mit geballten Fäusten. Nach einem Schwenk zur Mitte hin wiederholt sich der Ablauf genauso nach rechts:

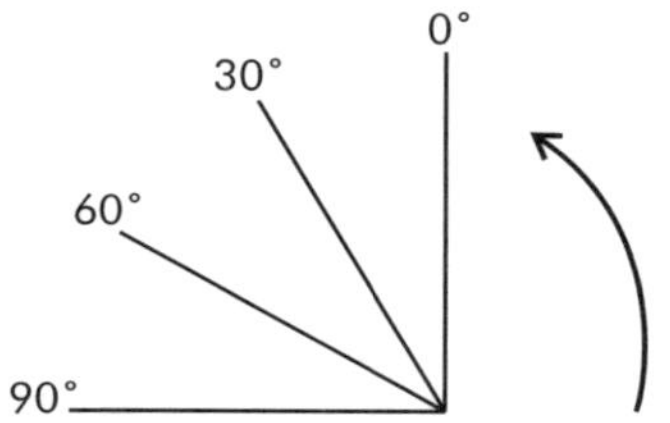

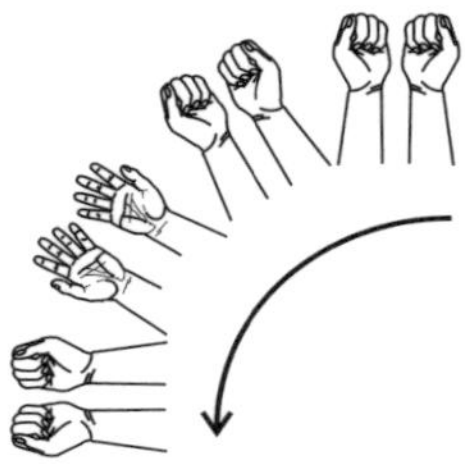

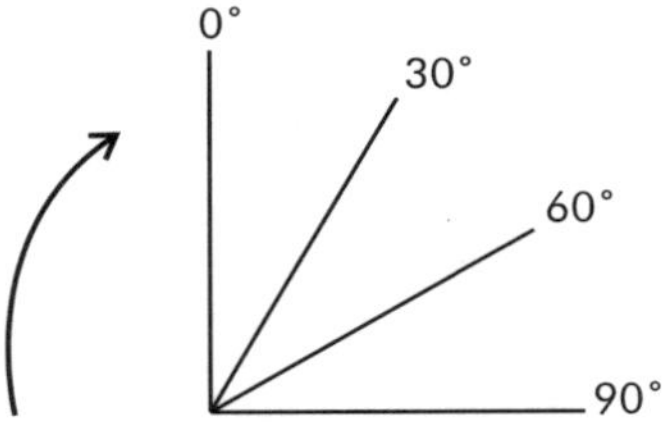

Beginn: < –nach links

0 Grad – 30 Grad – 60 Grad – 90 Grad
Fäuste – Fäuste – Handflächen – Fäuste

Sprung zur Mitte: – >nach rechts

0 Grad – 30 Grad – 60 Grad – 90 Grad
Fäuste – Fäuste – Handflächen – Fäuste

Sprung zur Mitte: < –nach links

0 Grad – 30 Grad – 60 Grad – 90 Grad
Fäuste – Fäuste – Handflächen – Fäuste

usw..........

Schlagen Sie abwechselnd 10 Mal nach links und 10 Mal nach rechts. Am Ende dieser Übung bringen Sie in einer weit ausholenden Bewegung der Arme und Hände die freigesetzte Energie vom äußeren Rand des *Energiekörpers* dicht zu sich heran. Streichen Sie mit den Handflächen zum Körper gerichtet die Energie an der Vorderseite herab – vom Kopf bis hinunter zum Becken. Fühlen Sie die Stimmung nicht nur im Körper, sondern vor allem im Raum, der Ihren Körper umgibt.

Bewährte Übungswege

Ausführliche Erläuterungen zu dieser Übung finden Sie ab Seite 191 im Hauptteil dieses Buches.

19.
Die Pyramiden-Schutzübung

(Bei Energiemangel, Unausgeglichenheit, Trägheit und Unsicherheit)

Setze dich aufrecht hin und visualisiere ein weiß-goldenes Licht, das wie durch einen Trichter über dem Kopf in dich einfließt und vom obersten *Chakra* (feinstofflicher Energiewirbel) zum 6., 5., 4., 3., 2. bis zum *Wurzelchakra* an der Basis der Wirbelsäule strömt.

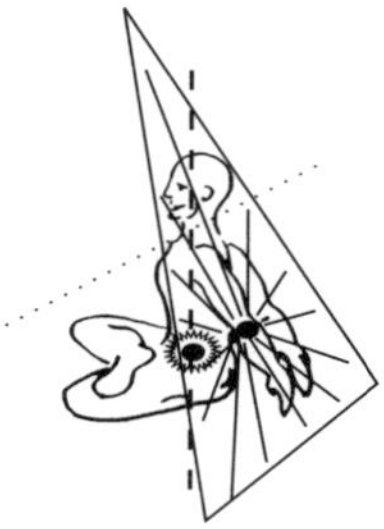

Strecke beide Arme seitwärts nach hinten aus und stelle dir vor, daß sie die beiden Schenkel einer dreieckigen Fläche hinter dir markieren. Verbinde die Energie des *2. Chakras* (2 - 3 Finger breit unterhalb des Nabels) mit dieser Pyramidenseite vom Boden bis zur Spitze. Konzentriere dich drei Minuten lang auf diese Energie und errichte so im Geiste die erste Seite einer Schutzpyramide.

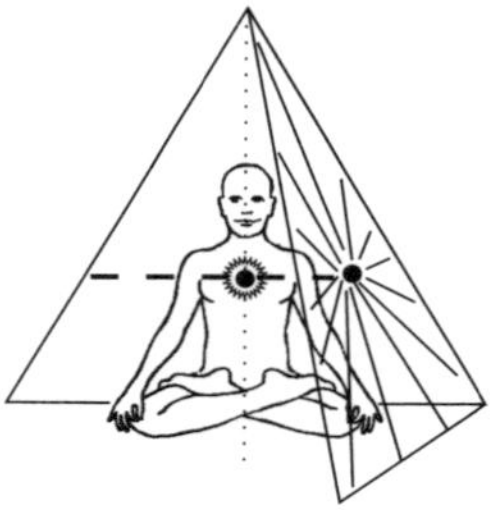

Strecke nun die Arme nach links und nach rechts zu den Seiten und visualisiere die zweite Pyramidenseite auf deiner Herzseite (links). Verbinde die Energie des *Herzchakras* mit der ganzen Fläche vom Boden bis zur Spitze. Halte dieses Energiefeld drei Minuten lang und spüre die ersten beiden Seiten deiner Schutzpyramide.

Halte beide Arme nach links und rechts im Winkel der Pyramidenseiten gestreckt und ziehe im Geiste eine dritte Seite rechts von dir vom Boden bis zur Spitze hoch. Stelle dir vor, daß die Energie des *6. Chakras* (Das Dritte Auge) die dritte Seite der Schutzpyramide manifestiert. Verbinde die rechte Fläche mit den ersten beiden Pyramidenseiten. Bleibe drei Minuten lang in dieser Konzentration.

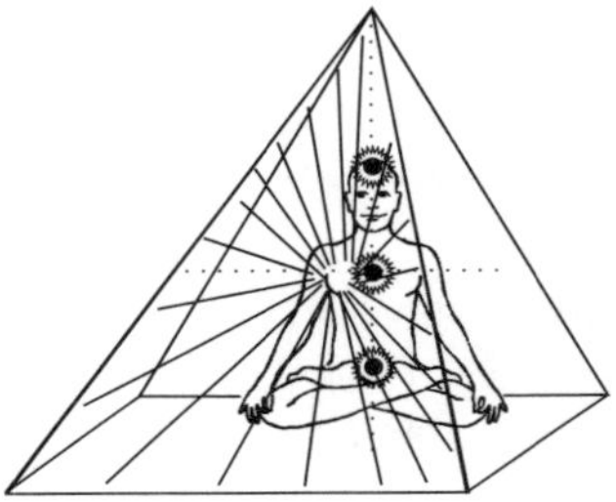

Strecke beide Arme nach vorne und ziehe die vierte und letzte Seite der Schutzpyramide vor dir hoch vom Boden bis zur Spitze. Verbinde nun die Energie des *2. Chakras* (Hara), des *4. Chakras* (Herz-Zentrum) und des *6. Chakras* (Das Dritte Auge) mit der vorderen Pyramidenfläche. Halte diese Energie für drei Minuten.

Lege nun die Handrücken auf die Knie und genieße die Energie und den Schutz dieser Pyramide um dich herum für fünf bis fünfzehn Minuten.

Im Laufe des Tages kannst du dich immer wieder durch das Erinnern an die *Pyramide* energetisch aufladen. Dies kann besonders hilfreich sein, wenn du in der Öffentlichkeit vielen energieraubenden Einflüssen ausgesetzt bist.

20.
Die Vokalraumübung

(Bei Unausgeglichenheit, Unruhe und Verspannungen)

Setze dich aufrecht hin oder liege entspannt auf dem Rükken. Lege sanft die Hände auf den Oberbauch zwischen Nabel und Rippenbogen. Die Mittelfingerspitzen berühren einander leicht in der Höhe des Solarplexus. Spüre dort das Heben und Senken der Bauchdecke. Stelle dir vor, daß der Atem wie eine riesige Welle langsam und leise in dir anwächst, bis sie schließlich den höchsten Punkt erreicht. Von dort lasse die Töne ganz von selbst kommen, ohne zu drücken, ohne zu pressen.

Mit der Ausatmung singe ***Aaaaaaaaaaaaaaaah.......***

Die Tonschwingung ***A*** wird von den meisten Menschen im Brustraum und im Hals empfunden. Es ist ein Laut, der die Offenheit des Herzens ausdrückt.

Singe mit der folgenden Ausatmung ***Eeeeeeeeeeeeeh.......***

Der Ton ***E*** strebt nach oben und wird vor allem oberhalb des Halses im Gesicht wahrgenommen – er drückt eine heitere Qualität aus. Im Rumpf breitet er sich zu den Seiten unterhalb der Achselhöhlen hin aus. Dieser Laut wird mit dem größten Druck in der Stimme ausgeführt und wirkt sich im Hinblick auf die *Ausdrucksfähigkeit* positiv aus. Singe mit der nächsten Ausatmung ***Iiiiiiiiiiiiiiiiiiiiiiiiiiih.......***

Mit dem Ton ***I*** verbinden die meisten Menschen das Bild einer spitz nach oben zustrebenden zylindrischen Energiebewegung. Es ist eine sehr helle, freudig belebende Schwingung.

Intoniere mit der folgenden Ausatmung ***Oooooooooooh.......***

Der Vokalraum des ***O*** wird als weit und umschließend empfunden. Der Ton hat eine größere Tiefe als die anderen Vokale; er geht aus der Körpermitte, aus dem Bauchraum hervor und breitet sich rundum aus.

Zum Abschluß singe den Vokal ***Uuuuuuuuuuuuuuh.......***

Der Ton ***U*** wird übereinstimmend als schwer und tief wahrgenommen. Er senkt sich hinab in den Unterbauch und in das Becken und läßt ein Gefühl von Stabilität und Ruhe aufkommen.

Bewährte Übungswege

Die ausführliche Beschreibung finden Sie ab Seite 201 im Teil III dieses Buches.

Du kannst nun die Töne beliebig oft wiederholen. Nach einiger Zeit wirst du spüren, wie die Stimme kraftvoller wird und das Volumen anwächst. Experimentiere damit, die Töne in verschiedene Körperteile zu lenken, wo sie lindernd und heilend wirken! Wenn du mit dieser Übung vertraut geworden bist, fange an, sie zu verfeinern, d.h. lasse den Ton nur noch im Innern vibrieren. Nun kann daraus eine Summ-Meditation entstehen, die zur inneren Stille hinleitet.

21.
Palming

(Bei Stress, Unausgeglichenheit, Konzentrationsschwäche und depressiver Verstimmung)

Setzen Sie sich bequem in einen Sessel, legen Sie sich entspannt auf den Rücken oder stützen Sie die Ellbogen auf die Tischplatte auf. ***Palming*** bedeutet, *mit den Handflächen* (Englisch: *palms) die Augen zu bedecken.* Schließen Sie die Augen und legen Sie die hohlen Hände über die Augen. Sie können auch zuvor die Handflächen eine Minute lang gegeneinander reiben, bis sie ganz warm sind. Spüren Sie die wohltuende Wärme und den Energiestrom, der von den Händen ausgeht. Lassen Sie die Augäpfel zurücksinken in die Augenhöhlen, so daß kein Druck mehr von den Augenlidern auf ihnen lastet. Der Blick ist innerlich ganz entspannt zur Mitte der Augenbrauen gerichtet, so als ob Sie von ganz weit aus dem Hinterkopf heraus schauen und den Raum im Innern des Kopfes durchdringen. Schauen Sie weich und mit empfänglichem Blick, was vor dem inneren Auge auftaucht und vorüberzieht. Greifen Sie nicht nach irgendwelchen Eindrücken. Wenn Bilder, Formen oder farbige Muster auftauchen, lassen Sie sie vorüberziehen wie Wolken am Himmel. Atmen Sie leicht und geräuschlos. In diesem Moment ist nichts von Bedeutung – lassen Sie alle Probleme hinter sich! Stellen Sie sich vor, Sie hätten tiefschwarze, samtene Vorhänge zugezogen,...... denn es ist gut, wenn der innere Raum verdunkelt bleibt. Gönnen Sie sich für 15 - 20 Minuten eine Abschaltpause, und genießen Sie die Ruhe und die wohltuende, heilende Wärme Ihrer Hände.

(Nach einer ***Reiki**-Einweihung* können Sie erleben, daß der Energiefluß beim ***Palming*** intensiver geworden ist. Lesen Sie hierzu Abschnitt 47.7.: ***Reiki***.)

22.
Mantra-Meditation

(Bei Unruhe, Disharmonie, Stress, Isolation und depressiver Verstimmung)

Bei dieser Übung geht es um die rhythmische Wiederholung eines einzelnen Tones, einer Silbe oder mehrerer Klangsilben, die keine offensichtliche Bedeutung vermitteln sollen. Wählen Sie deshalb zunächst für sich einen der folgenden *bedeutungslosen Laute* aus:

OM AH AUNG HUNG RAM

oder eine Verbindung dreier Silben, z.B.: **OM AH HUNG**

Da jeder Klang ein Träger psychischer Energien ist, beeinflußt er den menschlichen Organismus, ruft Stimmungen hervor und übermittelt dem Geist subtile Botschaften. Die obengenannten Laute sind für ein erstes Üben geeignet.

Nehmen Sie sich am frühen Morgen oder am späten Abend kurz vor dem Schlafengehen mindestens 15 - 20 Minuten Zeit. Sorgen Sie dafür, daß Sie ungestört bleiben!

Setzen Sie sich mit aufgerichteter Wirbelsäule in entspannter, gelöster Haltung auf ein Sitzkissen oder auf einen Stuhl. Schließen Sie die Augen und beginnen Sie, das gewählte ***Mantra*** leise zu singen. Versuchen Sie, eine möglichst gleichbleibende Schwingung aufrecht zu erhalten. Lassen Sie zum Ende das ***Mantra*** allmählich sanft ausklingen. Verharren Sie anschließend noch einige Minuten bewegungslos, um der inneren Stille zu lauschen...

Stellen Sie sich vor, daß Ihr Inneres wie ein tiefes Tal ist, in dem das Echo aller Ereignisse widerhallt.

Bewährte Übungswege

Eine ausführliche Beschreibung finden Sie ab Seite 206.

Nach einigen Tagen können Sie dazu übergehen, das ***Mantra*** nur noch zu summen. Lassen Sie den inneren Ton von Tag zu Tag leiser werden. Beobachten Sie, wie das Summen vom Hörbaren ins Unhörbare übergeht. Dann können Sie das ***Mantra*** nur noch denken. Lauschen Sie nach innen, ob der Klang, der nur im Geiste widerhallt, irgendwann so unhörbar werden kann, daß er sich gänzlich in der ***Stille*** auflöst.....

23.
Die „Ohne Kopf"-Übung

(Bei Unruhe, Disharmonie, Stress, Isolation und depressiver Verstimmung)

Diese Übung ist eine *Sonntagsübung* – du kannst sie am besten an einem arbeitsfreien Tag, in den Ferien oder auch bei einem Sonntagsspaziergang ausführen. Es ist ein Spiel, bei dem du die gewohnte Alltagswahrnehmung für eine Weile ausschaltest und so tust, als wandere da nur ein Körper durch die Landschaft – ohne Kopf. Schau vorne an dir hinunter..... – du siehst deine Füße, die Beine, die Arme, das Becken, den Oberkörper und gerade noch die Schultern. Doch in dem Bereich, in dem sich dein Kopf befindet, ist nur ein ovaler, leerer Raum. Du kannst deinen Körper sehen, aber dein Gesicht hast du noch nie gesehen – nur als Spiegelbild. Wenn du von *weit hinten heraus* durch das *ovale Fenster* schaust, siehst du alles wie in einem Zauberspiegel. Wo immer du das Fenster deiner Wahrnehmung hinbewegst, erscheint ein Ausschnitt der Welt in diesem Augenblick. Wenn du auf deinem Spaziergang immer weitergehst, strömen zahllose Formen als momentane Eindrücke hindurch. Schau, wie die Welt aussieht, wenn *kein Kopf mehr da ist!* Du bist in einer Weise aufmerksam und empfänglich, wie du es nicht erleben kannst, wenn du mit den alltäglichen Dingen beschäftigt bist, dich sorgst und Pläne machst und über die Vergangenheit und die Zukunft nachdenkst. *Ohne Kopf zu sein* ist ab und zu sehr erfrischend und entlastet dich vom Ballast des zwanghaften Denkens und Grübelns. Ist es nicht erstaunlich, was in einem ununterbrochenen Strom durch das weitgeöffnete Fenster der Wahrnehmung fließt! – Sei einfach nur Sehen, Sehen, Sehen..........

24.
Summen

(Bei Unruhe, Melancholie, depressiver Verstimmung, Isolation und Stress)

Sitze 30 Minuten lang mit geschlossenen Augen in entspannter, aufrechter Haltung, entweder mit verschränkten Beinen auf einem Sitzkissen oder auf einem Stuhl. Halte den Mund geschlossen und fange an zu summen.

Das Summen sollte nicht zu laut, aber auch nicht zu leise sein.

Laß die Vibrationen jede Zelle des Körpers durchdringen bis zu den Finger- und Zehenspitzen und bis zur Krone des Kopfes (Scheitel). In dem Maße, wie der Ton mit der Ausatmung länger wird, wird auch die Einatmung länger und tiefer. So wird der ganze Organismus mit mehr Sauerstoff versorgt. Während dieser Phase geschieht es häufig, daß sich das Summen verselbständigt. Plötzlich bist du nur noch ***Zuhörer – beobachtendes***

Bewußtsein. Das Summen geschieht, ohne ein ***Ich, das etwas tut.***

Bei dieser Übung ist keine besondere Atemtechnik zu beachten. Lasse dir Zeit, um vollständig und entspannt einzuatmen – der Ton kommt dann mit der Ausatmung ganz von selbst. Wenn du willst, kannst du die Tonlage auch verändern. Stelle dir deinen Körper *hohl* vor, als wäre er hohl wie eine Bambusflöte. Er wird zu einem Resonanzkörper, der von den Schwingungen der Summtöne (*Nada*) erfüllt ist. Diese Schwingungen können das Bedürfnis nach Bewegung wachrufen. Wenn es dir angenehm ist, kannst du langsam und sanft im Hüftbereich mitschwingen – wie ein Bambusrohr im Wind.

Bewährte Übungswege

Eine ausführliche Erläuterung dieser Übung ist ab Seite 215 dieses Buches zu finden.

Summen kannst du überall und jederzeit – unmittelbar nach dem Aufwachen, auf dem Weg zur Arbeit, im Auto oder während eines Spazierganges, während du eine manuelle Tätigkeit ausübst und vor dem Schlafengehen. Diese Übung bringt dir Entspannung, Wohlbefinden, Lebendigkeit und das Gefühl, geschützt zu sein.

25. Die Rollmassage der Schädeldecke

(Bei Konzentrationsschwäche, Verspannungen, Trägheit und Stress)

Breiten Sie eine oder mehrere Decken am Boden aus, damit Sie eine weiche Unterlage haben. Gehen Sie auf die Knie und legen Sie die Unterarme am Boden ab. Bringen Sie die Stirn zum Boden und rollen Sie vom Haaransatz bis zum Haarwirbel 2 - 3 Minuten lang auf der Schädeldecke vor und zurück.

Wenn Sie anschließend den Oberkörper wieder aufrichten, schwingen Sie bitte noch einige Male mit dem Kopf vor und zurück, bis Sie sich wieder auf den Fersen niedergelassen haben. Kommen Sie in der Bewegung langsam zur Ruhe, schließen Sie die Augen und spüren Sie noch eine Weile das belebende Gefühl unter der Schädeldecke und im Innern des Kopfes.

Diese Bewegung sorgt nicht nur für eine Massage der Kopfhaut und für eine bessere Durchblutung des Gehirns, dem auf diesem Wege auch mehr Sauerstoff zugeführt wird. Hierbei werden auch hochsensible, vitale Druckstellen angeregt. Sie können in dieser Übung deutlich spüren, wie druckempfindlich an manchen Tagen die Schädelnähte reagieren. Beim Neugeborenen sind diese Nahtstellen noch offen und sehr verletzlich. Auch im späteren Leben bleiben die Schädelnähte weiterhin äußerst empfindliche *Merkstellen*, die wie ein Barometer Auskunft darüber geben, wie stark sich das Leben des menschlichen Körpers durch Stress und Belastung bedroht fühlen kann. Dies wird im Alltag oftmals gar nicht deutlich wahrgenommen, bis u.a. Verspannungen im Kieferbereich auftreten, die sich über die Kaumuskeln, die mit der Schädeldecke verbunden sind, auf die Schädelnähte übertragen.

Sie besitzen mit dieser einfachen Übung also eine wirksame Methode zur Überprüfung des momentanen Spannungszustandes. Durch das langsame, bewußte Abrollen erkennen Sie zum einen, wie angespannt oder entspannt Sie tatsächlich sind, und zum anderen können Sie die Spannungen gezielt angehen und lösen.

26.
Übung zur Stärkung der Immunkraft

(Bei Energiemangel, Verspannungen und depressiver Verstimmung)

Die Übung beginnt im *Fersensitz*. Beugen Sie den Oberkörper nach vorne. Während das Gesäß mit den Fersen in Kontakt bleibt, sinkt der Brustkorb langsam auf die Oberschenkel. Die Hände ruhen neben den Füßen am Boden, und nach einiger Zeit, wenn Sie sich etwas an den Druck im Bauch- und im Brustraum gewöhnt haben, kann die Stirn ebenfalls den Boden berühren. Bleiben Sie eine Weile in dieser Haltung und spüren Sie die Dehnung der ganzen Rückseite vom Steißbein bis zum Hinterkopf. Trotz der Enge im Bauch- und Brustraum können Sie langsam und behutsam die Atmung entfalten. Die Druckwelle massiert die Gedärme und Organe und stimuliert die *Lymphknoten in der Leistengegend und den Brustlymphgang.*

Schieben Sie nun hinter dem Rücken die Finger ineinander wie in Gebetshaltung. Zur Lockerung des Schulter- und Nackenbereiches, der Arme, des Rückens und der Brust werden die gefalteten Hände 5 - 10 Mal mit der ***Einatmung*** angehoben und mit der ***Ausatmung*** wieder auf dem Becken oder dem unteren Rücken abgelegt. Langsam gewöhnen Sie sich an den Druck und die Spannung. Halten Sie nun für 10 - 30 Sekunden die Arme gestreckt und spüren Sie, wie mit jeder tiefen Einatmung ein Gefühl der Kraft zwischen den Schulterblättern entsteht. Der starke Druck stimuliert die *Lymphknoten im Halsbereich und in den Achselhöhlen.*

Bewährte Übungswege

Die ausführliche Beschreibung dieser Übung finden Sie ab Seite 244.

Aus der ***Akupunktur*** und der ***Akupressur*** sind einige Punkte des *Blasenmeridians* bekannt, deren Stimulierung bei der Behandlung von Grippe und Erkältungskrankheiten besonders wirkungsvoll ist. Außerdem wird z.B. der *Zustimmungspunkt zum Funktionskreis Lunge* {Erkältung B13} zwischen den Schulterblättern durch diese Übung besonders stark angeregt, was eine Stärkung der Abwehrkräfte bedeutet.

27.
Kundalini

(Bei Verspannungen, Stress, Trägheit und Energiemangel)

Die Übung besteht aus vier Phasen à 15 Minuten: Schütteln, ausdrucksvolles Tanzen, stilles Zeuge-Sein und Tiefenentspannung im Liegen. Stelle dir geeignete Musikstücke zusammen, die nach 15 Minuten einen deutlichen Wechsel der Stimmung andeuten. Es ist jedoch sehr empfehlenswert, die für diese Meditation vorgesehene Musik zu hören (siehe unter ***Hörenswertes*** auf Seite 256). Für die ***Kundalini-Meditation*** ist die Zeit des Sonnenunterganges besonders geeignet.

Die 1. Phase: Stehe locker und schwinge leicht in den Kniegelenken. Gestatte deinem Körper, im Einklang mit einer dazu geeigneten Musik zu schwingen. Lasse aus anfänglich feinen Vibrationen langsam ein Schütteln werden. Hilf allen unmerklichen Impulsen ein wenig nach, aber schüttele dich nicht willentlich. Alle Härte, alle Steifheit, alles Erstarrte kann sich lösen – es geschieht wie von selbst. Sei einfach eins mit dem Schütteln und spüre, wie die Energie von deinen Füßen hochsteigt. Während dieser ersten 15-Minuten-Phase kannst du die Augen geöffnet oder geschlossen halten.

Die 2. Phase: Wenn die Musik wechselt, ist dies das Zeichen, aus dem Schütteln einen Tanz werden zu lassen. Bewege dich so, wie es die Körperenergie spontan entscheidet. Gehe mit der Musik mit. Wiege dich im Rhythmus, wie es dir gefällt.

Die 3. Phase: Beim nächsten Wechsel der Musik halte inne. Bleibe entweder still stehen oder setze dich hin. Schließe die Augen und beobachte gleichzeitig, was sich in dir und außerhalb von dir abspielt. Sei wie ein unbeteiligter Beobachter.

Die 4. Phase: Das Ende der Musik ist auch der Beginn der letzten Phase. Lege dich hin und schließe die Augen. Während dieser 15-minütigen Tiefenentspannung bleibe wach und aufmerksam.

Bewährte Übungswege

Die ausführliche Übungsbeschreibung finden Sie ab Seite 254 im Teil III des Buches.

28.
Eine Mentastik-Übung nach M. Trager

(Bei Verspannungen und Stress)

Die folgende ***Mentastik-Übung*** ist kinderleicht und wohl gerade deshalb so wirkungsvoll bei Verspannungen körperlicher und geistiger Art. Denn – wie der amerikanische Arzt und Körpertherapeut ***Milton Trager*** sagt – „je verspannter der Körper ist, desto leichter muß die Bewegung sein... !“

Stehen Sie aufrecht und seien Sie locker in den Kniegelenken. Nun stellen Sie sich vor, daß Sie einen Ball in der rechten Hand halten, den Sie in einen Basketballkorb werfen wollen. Sie bereiten sich also innerlich vor, mit dem Ball auf den Korb zu zielen und gehen in Wurfstellung. Die Zielvorstellung erzeugt Spannkraft, und für einen Moment drückt der Körper diese Spannung aus. Aber kurz bevor Sie den Ball werfen, sagen Sie sich: „Ach nein, jetzt doch nicht“. – Der rechte Arm fällt locker herunter. – Spüren Sie augenblicklich den *Wechsel von Spannung zu Weichheit*, den das Loslassen der Absicht unmittelbar hervorruft. Beobachten Sie, wie der Arm langsam auspendelt und wie befreiend es sich anfühlt, kein Ziel und keinen Zweck mehr verfolgen zu müssen!.......

Führen Sie diese angedeutete Wurfbewegung und das plötzliche Loslassen nun ebenso auf der anderen Seite aus (wie ein Linkshänder). Wiederholen Sie die Übung für jede Seite mindestens fünfmal oder so oft Sie wollen. Führen Sie diese einfache Bewegung aus mit einer inneren Haltung, die durch folgende Frage gekennzeichnet ist: ***„Was könnte noch freier ..? noch weiter ..? und noch leichter sein als dies ...?.....***

Bewährte Übungswege

Die ausführliche Erläuterung dieser Übung finden Sie ab Seite 274.

Alle Spannungen im Innern des Kopfes, im Hals, in den Schultern und Armen, im Oberkörper, im Becken und in den Beinen schmelzen dahin, und Sie finden wieder zurück zu einem ursprünglich freien Fließen von Bewegung.

29.
Klärung der Vergangenheit

(Bei Energiemangel, Konzentrationsschwäche, Trägheit, Trauer und Unklarheit)

Fertigen Sie eine Liste an mit den Namen von Menschen, mit denen Sie sehr intensive Begegnungen hatten. Schon beim Aufstellen einer solchen Namensliste tauchen ganz automatisch viele Erinnerungen auf. Auch wenn belanglose Details nutzlos erscheinen mögen, sind sie doch ein Träger von Energie. Durch die anschließend beschriebene Übung können Sie diese verlorengeglaubte Energie wieder zurückgewinnen.

Wenn Sie wollen, können Sie die Liste nach bestimmten Gesichtspunkten ordnen: Nach ***Ort***, ***Lebensphase***, ***Thematik***, ***Personengruppe***. Ihre ***sexuellen Begegnungen*** und ***Beziehungen mit Liebespartnern*** werden wahrscheinlich dabei im Vordergrund stehen, denn in intimen, gefühlsmäßig aufgeladenen Begegnungen ist die größte Energie enthalten, die dort meist gebunden bleibt.

Setzen Sie sich mit aufgerichteter Wirbelsäule in den Schneidersitz oder den Fersensitz, so daß Sie 10 - 20 Minuten schmerzfrei sitzen können. Wählen Sie ein Ereignis oder eine Person von Ihrer Liste und tauchen Sie in die Situation ein, als ob Sie sich tatsächlich jetzt mitten in ihr befinden. Richten Sie auf jedes Detail, jede Anordnung von Gegenständen *am Ort des Geschehens* Ihre volle Aufmerksamkeit. Erinnern Sie sich z.B. an das Muster der Tapete und die Beschaffenheit des Fußbodens, an Türen und Wände, Fenster und Möbelstücke, vergegenwärtigen Sie sich den Gesichtsausdruck der beteiligten Personen, erinnern Sie sich an ihre Gestik und Mimik, achten Sie auf Formen und Farben von Kleidungsstücken etc. – sehen Sie alles, was in einem kurzen Augenblick wahrgenommen, aber wieder vergessen wurde. Gestatten Sie sich, jetzt noch einmal bewußter und intensiver hinzusehen! Alles ist geladen mit Energie. Sie werden vieles vergessen haben, aber das Gehirn ist in der Lage, alle *unwichtigen* Informationen zu speichern und wieder in Erinnerung zu rufen.

Das eigentliche ***Klären*** eines Ereignisses ***der Vergangenheit*** erfordert, daß Sie in einer bestimmten Weise atmen:

Bewegen Sie den Kopf ganz langsam mit der ***Einatmung*** von rechts nach links, während Sie alle Einzelheiten vor dem inneren Auge Revue passieren lassen. Atmen Sie so die mit einem bestimmten Gefühl verbundene Energie ein und lösen Sie sie von dem vergangenen Ereignis ab.

Während der ***Ausatmung*** bewegt sich der Kopf ***ganz langsam*** von links nach rechts, und alle unerwünschten Stimmungen und Gefühle, die unbewußt aus dieser Situation noch im Organismus verblieben waren (auch Energien von anderen Menschen, die versuchten, in irgendeiner Weise von Ihnen Besitz zu ergreifen), werden dabei aus Ihrem System hinausgeworfen. Diese fächernde Bewegung des Kopfes in Verbindung mit der beschriebenen Atemweise kann so lange ausgeführt werden, bis Sie sicher sind, daß *die bearbeitete Situation* von ihrem emotionalen Gehalt *entleert* wurde. Diese Übung der ***Klärung der Vergangenheit*** ist ein Akt der Befreiung. Spüren Sie es, und lassen Sie alle Gefühle und Empfindungen in diesem Moment zu!

Bewährte Übungswege

Eine ausführliche Beschreibung dieser Übung können Sie ab Seite 286 finden.

Da das Leben häufig von Emotionen, Erinnerungen, Hoffnungen und Ängsten belastet ist, fehlt es gewöhnlich an Entschlossenheit, behindernde Umstände konsequent zu verändern. Diese Übung macht Sie leicht, befreit Sie von der Last der Vergangenheit und Sie können die einstmals verlorengegangene Energie wieder einsammeln.

30.
Drei Akupressur-Übungen

(Bei Konzentrationsschwäche, Trägheit und Unausgeglichenheit)

Die folgenden drei Übungen können nach Bedarf mehrmals am Tag ausführt werden:

1. Das ***Kneifen des Nagelansatzes***: Nimm einen Finger nach dem anderen der linken Hand zwischen Daumen und Zeigefinger der rechten Hand und kneife die Seiten an dem Punkt, an dem der weiße *Halbmond* auf dem Nagelbett zu sehen ist. Beginne beim Daumen und kneife 10 Sekunden lang rhythmisch die Seiten. Dann wiederhole diese ***Akupressur*** in der gleichen Weise beim Zeigefinger, Mittelfinger, Ringfinger und beim kleinen Finger. Wechsele dann zur rechten Hand.

2. Das ***Ziehen aus dem Schraubstock:*** Lege alle vier Finger und den Daumen der rechten Hand um den Daumen der linken Hand herum und presse ihn wie in einem Schraubstock. Versuche nun den Daumen herauszuziehen. Umgreife die anderen Finger in der gleichen Weise und ziehe sie aus dem *Schraubstock* heraus. Dann wechsele über zur anderen Hand.

3. Bringe beide Hände hinter die Ohren, klappe die Ohrmuscheln nach vorne und streiche sie dann wieder fest gegen die Kopfseiten. *Bürste* sie auf diese Weise mehrmals langsam vor und zurück.

Dann nimm die Ohrläppchen zwischen Daumen und Zeigefinger und ziehe sie 5 - 10 Mal nach unten.

Fahre nun mit den Mittelfingern mehrere Male am spiralförmigen Kanal der Ohrmuscheln entlang hin und her.

Stecke dann die kleinen Finger gekrümmt in die Ohröffnung hinein und ziehe sie in alle möglichen Richtungen nach oben, nach vorne, nach unten und nach hinten. (Achte darauf, daß die Fingernägel nicht zu lang sind.) Zum Abschluß kannst du von hinten mit Daumen, Zeige- und Mittelfingern die Ohrmuscheln leicht zusammenknüllen und mehrere Male behutsam durchkneten.

Bewährte Übungswege

Diese letzte Soforthilfe-Übung können Sie ausführlicher ab Seite 302 nachlesen.

Schließe sanft die Augen und spüre, wie sich die Wahrnehmung des Raumes um den Kopf herum verändert hat. Ein angenehmes Gefühl der Frische und Lebendigkeit im Innern des Kopfes bleibt noch eine Weile erhalten.

Mit vierzig ***Soforthilfe-Tips*** und dreißig ***Soforthilfe-Übungen*** haben wir Ihnen sicher genügend Anregungen geben können, damit Sie künftig für die meisten schwierigen Situationen gut gewappnet sind. Lassen Sie sich bitte nicht von der Fülle verwirren – Sie müssen nicht alle Methoden ausprobieren und schon gar nicht alle auf einmal! Gehen Sie Schritt für Schritt voran. Eine einzige Übung – diejenige, die für Sie richtig ist – trägt alle anderen ebenfalls in sich. Wie in einem Hologramm ist das ganze Universum in jedem Teil enthalten.

Gehen Sie bei Dunkelheit für einige Minuten hinaus ins Freie – auf den Balkon, die Terrasse oder in den Garten – und spüren Sie die unermeßliche Weite, die sich über Ihnen auftut. So zahllos wie die Sterne sind auch die Übungsmöglichkeiten, und es ist klar, daß niemand sie ausschöpfen kann. Freuen Sie sich einfach über die Fülle der Möglichkeiten und lassen Sie in jeder klaren Nacht die Unendlichkeit des Sternenhimmels auf sich wirken. Und vielleicht fragen Sie sich sogar, wann Sie das letzte Mal in Stille die erhabene Weite dieses Raumes über sich betrachtet haben, ohne dem Drang nachzugeben, schnell wieder zurück ins Haus und vor den Fernsehapparat zu eilen.

Wenn wir der Gewohnheit widerstehen können, selbst beim Blick auf den Sternenhimmel *Probleme zu wälzen,* wird es unvermeidlich zu erkennen, wie unendlich groß das Leben in Wahrheit ist. Die Natur ist voller Überfluß und dennoch einfach und direkt. Für alles ist eine Lösung vorhanden – darauf soll dieses Buch mit seinen vielfältigen Übungen hinweisen.

Was bliebe nun noch zu bedenken? Mehr Möglichkeiten für Stille zu arrangieren.........

Wenn Sie genau wissen, daß Trubel Ihnen guttut, dann setzen Sie sich dem aus; wenn Sie fühlen, daß eine bestimmte Musik (egal welcher Richtung) Ihnen Kraft und Lebensfreude schenkt, dann hören Sie sie oder musizieren Sie selbst. Wenn Sie aber fühlen, daß Sie ganz einfach mehr Ruhe benötigen, auch um die innere Stille tiefer erleben zu können, dann sorgen Sie dafür! Schaffen Sie Ruhe in Ihren Räumen! Schalten Sie Radio und Fernseher aus!

Entscheiden Sie sich bewußt für mehr Lebensqualität und Lebensfreude. Dies sind Werte, die jedem Menschen zustehen! Ihre innere Zufriedenheit kann nur wachsen mit der Entfaltung Ihrer Individualität. Versuchen Sie, Ihr Leben mehr und mehr als eine Einheit zu sehen, in der Körperliches, Seelisches und Geistiges zusammenwirken. Achten Sie auf Zeichen, die in diese Richtung weisen, und nutzen Sie die Hinweise, die zu Ihnen gelangen.

Persönlichkeit & Bedürfnis

~ Teil II ~

Hilfen zur Selbsterkenntnis

1. Wer sucht was?

In diesem Kapitel wollen wir zunächst die am häufigsten anzutreffenden Persönlichkeitstypen und damit auch die markantesten Prototypen menschlichen Strebens darstellen – und dies ganz bewußt ein wenig überzeichnet. Wir sehen sie nicht als unveränderliche, festgeschriebene Charaktere, sondern eher als zeitweilige, vorübergehende Muster oder Tendenzen, die sich aufgrund ihres ganz speziellen Lebenssinnes herausgebildet haben.

In dieser hier beschriebenen ***Reinform*** gibt es sie wahrscheinlich gar nicht! Statt dessen existieren viele Mischtypen. In der einen oder anderen Gewichtung tragen wir alle Tendenzen bzw. Anteile der Grundcharaktere in uns. Darum können wir uns auch in diesen Beschreibungen so gut wiedererkennen.

Folgende sechs Persönlichkeitstypen möchten wir Ihnen vorstellen:

- Der Neugierige
- Der Perfektionist
- Der Gestresste
- Der Unzufriedene
- Der eifrig Suchende
- Der Ruhesuchende

Diese Typisierung beinhaltet kein Werturteil. Im Verlauf der Evolution der menschlichen Natur gibt es unterschiedliche Entwicklungs- und Reifeprozesse, die jeder Mensch durchlaufen muß. Einige Phasen überschneiden sich – alle sechs Eigenschaften können gleichzeitig existieren und haben ihre Berechtigung und Notwendigkeit. Es geht also nicht darum, ***Neugier*** oder ***Unzufriedenheit*** auszumerzen, denn in ihrem transformierten Zustand werden sie zu unverzichtbaren Antriebskräften eines integrierten, ganzheitlichen Lebens. Das, was den ***Perfektionisten***, den ***Unzufriedenen*** oder den ***Gestressten*** ausmacht, stellt sich am Anfang als Problem dar. Doch wenn sich jeder einzelne der sechs Typen mit seiner ganz besonderen Qualität des Wahrnehmens und Handelns auseinandersetzt, entdeckt er die Stärke seines momentan vorherrschenden Verhaltensmusters.

Wir machen es uns nur unnötig schwer, wenn wir glauben, daß wir *in diesem Augenblick* etwas anderes *werden* könnten als das, was wir gerade *sind*. Wir können nur unser Bestes geben – das heißt, ***total bewußt sein*** in dem, was wir tun - und so jede Lernstufe im Leben wissend integrieren. Jeder Moment kann zur Erfüllung werden, wenn wir jeden einzelnen Schritt auf dem Weg als das Erreichen eines Teilzieles ansehen, das uns mehr Befriedigung, Stille und inneren Frieden schenkt.

Bevor wir die einzelnen Persönlichkeitstypen und ihre besonderen Stärken und Schwächen etwas differenzierter betrachten, müssen wir noch eine grundlegende Polarität ansprechen:

Der Gruppentypus sucht die ***Gemeinschaft*** und schätzt die ***Geselligkeit.*** Er ist von seinem Wesen her extrovertiert. Einige Übungen sind speziell für ihn geeignet.

Der Einzelgänger ist in seiner ***Suche nach Unabhängigkeit und Freiheit*** stärker auf ***relative Zurückgezogenheit*** ausgerichtet und wirkt eher introvertiert.

Diese beiden tendenziellen Ausrichtungen finden wir mehr oder weniger bei allen sechs Persönlichkeitstypen. Das Leben selbst birgt die Möglichkeit der Erfahrung von ***Vereinzelung*** und von ***Gemeinschaft*** in sich. Geselligkeit ist nicht besser und erstrebenswerter als ***Für-sich-Sein*** in relativer Zurückgezogenheit. Es sind zwei gleichwertige Aspekte, die im Idealfall im Laufe unserer Entwicklung in ein harmonisches Gleichgewicht gebracht werden können. Glück und Erfüllung kann aber jeder Mensch letztlich nur aus sich selbst heraus finden.

Lesen Sie nun bitte die folgenden Beschreibungen der vorgestellten Persönlichkeitstypen ohne den Drang nach einer Zuordnung – zwanglos und ohne den Ehrgeiz, schon anhand dieser Begriffe erkennen zu wollen, welcher Typus des Suchenden Sie sind. Auch wenn Sie schon eine bestimmte Tendenz in sich selbst wahrnehmen, sollten Sie doch zunächst alle typischen Persönlichkeitsmerkmale kennenlernen, ohne sich schon vorher für das eine oder andere zu entscheiden. Um eine sichere Auswahl geeigneter Übungen treffen zu können, ist es wichtig, daß Sie sich nicht selbst durch vorschnelle Festlegung auf ein Ihnen gerade schmeichelndes ***Selbstbild*** täuschen.

Sechs Persönlichkeitstypen und ihre Zielvorstellungen

Der Neugierige

Neugier

Suche nach schnellen Ergebnissen bei relativ wenig Einsatz, Sensation und Selbstfindung

Der Mensch, bei dem diese Eigenschaft dominant ist, begegnet allem Neuen aufgeschlossen und erwartungsvoll. Er möchte gerne alles Mögliche ausprobieren, aber ohne sich allzu lange mit einer Sache aufhalten zu müssen. Er braucht die Sicherheit, sich jederzeit zurückziehen zu können. Wenn der Weg mehr Disziplin fordert, als er erwartet hat, kann das Interesse des ***Neugierigen*** schnell nachlassen.

Wahrscheinlich wird er sich schwer tun, einer organisierten Gemeinschaft von Übenden einer bestimmten Richtung dauerhaft beizutreten, denn er fühlt sich wohler, staunend und jedes Mal mit voller Anfangsbegeisterung unterschiedliche Angebote auf sich wirken zu lassen.

Sucht er nicht nur Ablenkung, oberflächliches Entertainment und das Sensationelle, ist seine natürliche Neugier eine positive Triebkraft, die langfristig seine Aufmerksamkeit und sein Engagement stetiger werden läßt. Zunehmend ahnt er, daß ohne eine gewisse Kontinuität seiner Bemühungen die angebotenen Übungsmethoden für ihn nutzlos sind. Es gibt jedoch einige attraktive und aufrüttelnde Techniken, die sein

Bewußtsein gleich zu Beginn so stark fesseln können, daß er mühelos Schritt für Schritt in eine für ihn förderliche Disziplin hineinwachsen kann.

Wenn Sie glauben, daß Sie ein betont neugieriger Mensch sind – sowohl im Sinne von *für alles Neue aufgeschlossen* als auch im Sinne von *ein kleines bißchen gierig* – dann merken Sie sich das Symbol für NEUGIER, oder notieren Sie es sich auf einem Blatt Papier. Es wird Ihnen helfen, sich in diesem Buch weiterhin zurechtzufinden.

DER PERFEKTIONIST

Perfektion

Suche nach Selbstverbesserung, Vollkommenheit, Harmonie und Selbstfindung

Der Typus des ***Perfektionisten*** ist vom Drang nach Selbstverbesserung bestimmt, aber er muß darum in seinem vordergründigen Anliegen, an einer perfekten Fassade zu arbeiten, nicht oberflächlich sein. Er sehnt sich bei all seinem Tun eigentlich nur nach Vollkommenheit und Harmonie, aber ohne zu wissen, daß Zustände der Erfüllung nur aus einer gelösten Geisteshaltung erwachsen. Ein übertriebener Perfektionsdrang muß dem entgegenwirken. – Der starke Wunsch, besser, schöner und makelloser zu werden, ist eine wertvolle Kraft, die genutzt werden sollte!

Der ***Perfektionist*** besitzt gewöhnlich genügend Energie, um sich für längere Zeit einer regelmäßigen Übungspraxis zu widmen, in der die Ecken und Kanten seiner Persönlichkeit abgeschliffen und poliert werden. Man trifft diesen Typus auf den unterschiedlichsten Übungswegen an, in Therapiegruppen und Wachstums-Workshops vom *Autogenen Training* bis hin zu *Yoga* und *Zen*. Sein größter Feind sind die eigene Härte und die Verbissenheit, mit deren Hilfe er sein Ziel erreichen will. Aber diese Auseinandersetzung läßt sich nicht abkürzen, denn er muß die Licht- und Schattenseiten seiner Veranlagung in allen möglichen Nuancen erfahren, bevor er die Zügel der Disziplin lockern kann.

Zumeist ist der ***Perfektionist*** auf eine vorgegebene geistige Richtung festgelegt, in deren Rahmen er sich engagiert. Sollte es zu Ermüdungserscheinungen kommen, wird ihn sein Lehrer nicht an die Kollegen eines anderen Weges verweisen, sondern darauf dringen, durchzuhalten und die begonnene Praxis weiterzuverfolgen.

Damit die Tiefe und das Potential eines Übungsweges ausgeschöpft werden können, darf die Arbeit nicht schon bei der ersten Schwierigkeit abgebrochen werden. Wie in einer Liebesbeziehung muß jeder Beteiligte von der Erkenntnis beseelt sein, daß es *um alles geht,* daß es eben *die große Liebe* ist. (Denn wenn das nicht so wäre, bräuchte man sich ja erst gar nicht intensiv darauf einzulassen.)

Der Typus des ***Perfektionisten*** – und dies gilt ebenso für den ***Neugierigen*** und den ***Unzufriedenen*** – benötigt ein gewisses Maß an Begeisterung und innerer Überzeugung, um die Kontinuität des Übens beibehalten zu können. Besonders für diesen Typus des ***Suchenden*** ist die Palette der Übungen, die seiner Natur entsprechen, sehr groß. Er muß folglich – mehr als andere – unterschiedliche Körperübungen und Meditationstechniken ausprobieren und viele Erfahrungen sammeln, bis er zweifelsfrei *seinen Weg* gefunden hat.

Wenn Sie glauben, daß Vollkommenheit, Ordnung und geregelte Lebensführung eine große Rolle in Ihrem Leben spielen, dann merken Sie sich das Symbol für PERFEKTION, oder notieren Sie es sich auf einem Blatt Papier. Es wird Ihnen helfen, sich weiterhin in diesem Buch zurechtzufinden.

Der Gestresste

Suche nach Entspannung, Effizienz, Konzentrationskraft und Erfolg

Bei dem Wort ***Stress*** denkt man sehr oft zunächst an den Prototyp des stark beanspruchten Managers, dessen Leitmotiv für das Leben die Suche nach Erfolg ist. Daneben sind Kontrolle und Effizienz bestimmende Faktoren und dabei spielt bewußt oder unbewußt die Ausübung von Macht eine große Rolle. Dieser Typus leidet stärker als die anderen unter der Last einer vielfach selbstauferlegten Verantwortung, unter realer oder eingebildeter Bedrohung durch andere und unter einem selbstkreierten permanenten Zeit- und Leistungsdruck. Sein vorrangiges Bedürfnis ist eine Form der Entspannung, die ihn nicht passiv und träge, sondern leistungsfähiger und konzentrierter werden läßt. Er sucht vorerst nicht bewußt nach Wegen spiritueller Vervollkommnung oder nach einfacheren Möglichkeiten, sich selbst zu erkennen. Jedoch wird er aus einem zunehmendem Leidensdruck oder aus der Not seiner Maßlosigkeit heraus Hilfe suchen.

In Management-Trainings, möglicherweise auch in Selbsterfahrungsgruppen mit Kollegen, lernt er vielleicht Methoden des *New Age* kennen, die ihm den Teufelskreis seiner Abhängigkeit und die Ursachen für seinen Stress bewußt machen.

Der Gestresste wünscht sich insgeheim die Befreiung von seinen Kontrollmechanismen. Dieser Typus ist nicht nur durch Außenimpulse gestresst – sehr oft verbreitet er selbst unnötigen Stress, und dies, ohne es zu wollen bzw. ohne es zu bemerken.

Die wiederholte Erfahrung des Kontrastes zwischen Angespanntsein und Leistungsdruck einerseits und Tiefenentspannung und momentaner Gelöstheit andererseits wird ihn an irgendeinem Punkt seiner Auseinandersetzung mit sich selbst möglicherweise zum ***Unzufriedenen*** werden lassen. Hier könnte ein ernsthafteres Interesse an einem der traditionellen Übungswege einsetzen.

Wenn Sie glauben, daß Sie ein überwiegend ehrgeiziger Mensch sind, der dazu neigt, über die Grenzen seiner Kraft hinauszugehen und der unter einem auf Dauer zermürbenden Zeit- und Leistungsdruck leidet, dann merken Sie sich das Symbol für STRESS, oder notieren Sie es sich auf einem Blatt Papier. Es wird Ihnen helfen, sich in diesem Buch weiterhin zurechtzufinden.

Der Unzufriedene

Suche nach Sinn und Erfüllung, nach Kraft und der Erlösung von Leid

Der ***Unzufriedene*** spürt seinen Leidensdruck und seine Unklarheit. Abgesehen von bedrückenden Alltagsproblemen kann er meist nur sehr vage formulieren, warum er sich unzufrieden fühlt und was für ihn der eigentliche Sinn seines Lebens ist. Er sehnt sich nach der Erlösung von Leid und Schmerz. Tief in seinem Innern ahnt er, daß es so etwas wie Erfüllung gibt. Aber er weiß nicht, wo er suchen soll, denn er ist desillusioniert, und es fehlt ihm am Zugang zu einer Energie, die er für sich konstruktiv nutzen könnte.

Es gibt zwei Arten von Unzufriedenheit: Die eine entsteht aus einer grundlegenden Trägheit – die andere aus Orientierungslosigkeit und nervöser Unruhe.

Die Sehnsucht nach Harmonie läßt die ***Unzufriedenen*** leider nur allzu oft auf das Versprechen schneller Abkürzungswege zur Erlösung hereinfallen – sie machen sie gelegentlich zur Beute fragwürdiger Sekten, die *das Große Heil* versprechen und die mit dem gestörten Selbstwertgefühl unzufriedener Menschen gut zu operieren verstehen.

Aber auch die *ernsthaften*, traditionellen Wege sind nicht immer frei von subtiler Arroganz, vom anmaßenden Anspruch, der wirksamste von allen zu sein. Einige der etablierten, spirituellen Gemeinschaften scheinen anzunehmen, sich gegenüber anderen besonders profilieren zu müssen. Das ist zu einem gewissen Grad natürlich, da jede organisierte Gemeinschaft von Gleichgesinnten den Drang fühlt, in ihrer besonderen Eigenart auf ewig zu überleben und damit ihre spezielle Lebens- und Ausdrucksform zu konsolidieren. Der ***orientierungslose Unzufriedene*** wird besonders bei solchen Richtungen Anschluß suchen.

Der mögliche Mangel an Offenheit und die festgefügte Form mancher Übungswege mag den ***Unzufriedenen*** zuweilen in seiner Resignation noch bestärken. Doch auch der ***orientierungslose Unzufriedene*** muß sich für eine gewisse Zeit auf ein festes Schema einlassen, will er nicht wieder zurückfallen in den

Sumpf von Lethargie und Trägheit!

Er findet häufig den Zugang zu einer bestimmten geistigen Richtung über Freunde und Bekannte, die ihn zu einer Veranstaltung mitnehmen oder ihm ein bestimmtes Buch empfehlen. Wenn er sich dann auf einen Übungsweg einläßt, muß es ihn wirklich packen, aufrütteln und mit der Frische neuer Motivation erfüllen!

Auch dem ***Unzufriedenen*** können wir nur empfehlen, möglichst viele Übungen zu testen, bis er zweifelsfrei *Feuer fängt.*

Wenn Sie Ihr Leben betrachten und ein Unbehagen spüren, einen dumpfen Drang oder eine starke Sehnsucht, ... wenn Sie häufig das Gefühl haben, die Dinge in Ihrem Leben verändern zu wollen, aber nicht wissen, wie sie es angehen sollen, dann merken Sie sich das Symbol für UNZUFRIEDENHEIT, oder notieren Sie es sich auf einem Blatt Papier. Es wird Ihnen helfen, die für Sie passenden Übungen herauszufinden.

DER EIFRIG SUCHENDE

Suche nach Vision, Magie und Weisheit

Der eifrige Sucher ist im Laufe seines Lebens zu der festen Überzeugung gelangt, daß seine regelmäßigen Bemühungen gelegentlich Früchte tragen. So fühlt er sich belohnt durch Visionen der Klarheit und Momente tief empfundener Freude. Diese Lichtblicke spornen ihn an – er sehnt sich danach, die Augenblicke der Erfüllung dauerhafter werden zu lassen. Dabei sucht er nicht mehr nur nach außergewöhnlichen Bewußtseinszuständen, sondern er erkennt zuweilen auch die Magie des Gewöhnlichen – das Besondere in den kleinen, unscheinbaren Dingen des Lebens! ***Der eifrige Sucher*** ahnt, daß sehr viel mehr hinter der gewohnten *Wirklichkeit* verborgen liegt, und so möchte er auch sein Alltagsleben von Weisheit und Klarheit durchdrungen wissen.

Obwohl er in seinem Enthusiasmus noch getragen ist von der Verheißung eines glorreicheren Zustandes als dem, in dem er sich gerade befindet, entdeckt er zunehmend die tiefe Wahrheit, daß erst Bewußtheit und Achtsamkeit jene Kräfte sind, die den jeweiligen Moment – diesen einen Augenblick – zur reinen Freude werden lassen......

Sein Umgang mit den vielen Angeboten im *Supermarkt der Lebenshilfen* ist spielerischer geworden. Er steht nicht mehr so verwirrt wie am Anfang vor dem Labyrinth der geistigen Pfade. Entweder nutzt er konsequent eine bestimmte Übung, oder er ist in der Lage, flexibel und kreativ – den Umständen entsprechend – alle erlernten Möglichkeiten der inneren Arbeit auszuschöpfen.

Da er aufgrund seiner weitreichenden Erfahrung auserlesen zu sein scheint, irgendwann zum *Experten* von Therapie- und Meditationstechniken zu werden, kann es geschehen, daß er den ***Anfänger-Geist*** – seine einstmalige, wache Unschuld – verliert und unbemerkt in der Überheblichkeit des Wissens stagniert. Hier ist die Ent-Täuschung heilsam, und der jugendliche Überschwang weicht dann der Abgeklärtheit eines reiferen Zustandes. Von der ständigen Suche etwas müde geworden, möchte der ***eifrig Suchende*** nur noch in Ruhe und Stille ***sein***. Er wird dann zum ***Ruhesuchenden***.

Wenn Sie sich selbst als eifrig bemühten Menschen kennen, der neue Wege sucht, der begeisterungsfähig und experimentierfreudig ist und nach einem tieferen Sinn sucht, dann merken Sie sich das Symbol für EIFER, oder notieren Sie es sich auf einem Blatt Papier. Es wird Ihnen helfen, die für Sie passenden Übungen zu finden.

DER RUHESUCHENDE

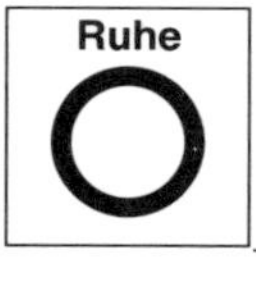

Suche nach Erlösung, Selbsterkenntis, Wunsch nach Auflösung der Ich-Grenzen und Erleuchtung

Der Mensch, der irgendwann erkannt hat, daß sein Lebenssinn in der Verwirklichung tiefer Stille liegt, hat schon oft erlebt, wie Momente eines umfassenden Verstehens und der Erfüllung aufblitzten und wieder verschwanden. Er hat gelernt zu warten, er ist des Sturmes und Dranges müde und sehnt sich nach Ruhe. Jedes zielgerichtete Tun, jedes Wollen, erlebt er als Anspannung, die die Auflösung seiner Begrenzungen nur noch weiter hinauszögert. Und er weiß: Er möchte niemandem und nichts mehr hinterherlaufen.

Der Ruhe-Typus wird instinktiv und ganz spontan viele der beschriebenen Meditationsübungen nutzen, die Losgelöstheit ermöglichen, aber für ihn sind es keine Methoden mehr, da er wie der Künstler durchdrungen ist von seiner Kunst. Es ist eher eine Stimmung, der er sich hingibt, so wie der Tänzer, der den Tanz vergißt und sich von der Inspiration des Augenblickes tragen läßt.

Der ***Ruhesuchende*** hat als ***„alte Seele“*** schon vielfältige innere Erfahrungen gesammelt und tiefe Einsicht in den reinen Seinszustand gewonnen. (Zum Konzept des *Seelenalters* möchten wir auf das Buch *Archetypen der Seele* von Varda Hasselmann & Frank Schmolke, Goldmann Verlag, aufmerksam machen.) Allerdings unterliegt er immer noch der Gefahr, auf all jene hochmütig herabzublicken, die sich noch mit anstrengenden Techniken abmühen. An dem Punkt, an dem er noch Vergleiche anstellt, ist er wieder weit entfernt von der Auflösung des trennenden *Ich*-Gefühls, die er schon längst als letzte Bedingung erkannt hat, um in den natürlichen Zustand einzutauchen.

Sehr viele Menschen vereinigen in sich Anteile dieser Struktur, aber in ihrem Reinzustand handelt es sich um einen seltenen Ausnahmefall.

Wer diesen Reinzustand von Ruhe und Stille verwirklicht hat, wird mit großer Wahrscheinlichkeit wenig Interesse an diesem Buch haben. Der Typus, der in erster Linie die Stille sucht, bedarf keiner Ratschläge, die ihm nur wie Lärm in den Ohren klingen. Für ihn kann allerdings auch jeder Ton, jeder Duft, jede Farbtönung, jeder Geschmack zu einem bedeutenden Zeichen werden, das in der inneren Stille nicht vorstellbare und nicht zu beschreibende Empfindungen auslöst. – So mag der ***„Zufall“*** einigen ***Ruhesuchenden*** dieses Buch zuspielen und helfen, etwas Vollendendes zu bewirken.

2.
WER BIN ICH – WIE BIN ICH?
Was ist mein Bedürfnis?
(Ein kleiner Auswahltest)

Seit der Mensch die Fähigkeit besitzt, über sich selbst nachzudenken und sich mit anderen Wesen zu vergleichen, sinnt er nach über die elementarste aller Fragen: ***Wer bin ich?***. Philosophen und Weise haben daraus eine ernsthafte Suche entwikkelt, die nie an ein Ende gelangt, da keine der zahllosen Antworten den Hunger nach letztgültiger Erkenntnis befriedigen kann, denn jede Festlegung auf Name, Körper, äußere Merkmale und vorübergehende Gemütszustände scheint nicht den wesentlichen Punkt zu treffen: Alle Eigenschaften haben nur für eine sehr kurze Zeitspanne Gültigkeit! Am Ende ist jeder Mensch, der ernsthaft seine innerste Natur zu ergründen sucht, mit der Flüchtigkeit aller Erscheinungen konfrontiert, und je mehr wir fragen, desto rätselhafter erscheint uns unser eigenes Wesen.

Sokrates, der große Weise des antiken Griechenland, kam schließlich zu der Erkenntnis: „Ich weiß, daß ich nichts weiß!". Ein anderer Weiser, der koreanische Zen-Meister ***Seung Sahn***, entwickelte daraus für seine Schüler einen Selbsterforschungsprozeß: „Was bin ich – weiß nicht." („*What am I – don´t know.*"). Diese Fragetechnik kann tiefempfunden in jedem wachen Augenblick angewandt werden. Soweit eine kurze philosophische Einleitung.

Da es uns in erster Linie um einfache, praktisch nutzbare Informationen geht, haben wir die Frage ***Wer bin ich?*** in die Frage ***Wie bin ich?*** umgeformt. Der in analytischer Arbeit geschulte Leser könnte natürlich einwenden, daß eine Einteilung in nur 6 Persönlichkeitstypen zu vereinfacht ist. (Es gibt Typenlehren wie das ***Enneagramm*** oder die ***ayurvedische Prakrti-Analyse***, praktikable Modelle nach ***Carol S. Pearson*** oder ***Peter Orban***, die den Menschen sehr viel differenzierter betrachten.) Wir gehen davon aus, daß *unsere* 6 Prototypen für unseren Zweck ausreichend sind, denn wir wollen den Prozeß auf dem Weg zur Selbsterkenntnis so leicht und direkt wie möglich gestalten.

Beim Lesen des vorangegangenen Kapitels ***Wer sucht was?*** haben Sie höchstwahrscheinlich schon Vergleiche angestellt und erspürt, welchem Typus Sie sich am nächsten fühlen. Womöglich sind Sie sogar in jedem Abschnitt auf einen Wesenszug von sich selbst gestoßen, und am Ende blieb die Frage bestehen: Zähle ich nun eher zum Typus des ***Perfektionisten*** oder des ***Unzufriedenen***?

Wir haben darum für Sie ein einfaches Testverfahren entwickelt. Für jede Persönlichkeitsstruktur wurden ***12 typische Fragen*** zusammengestellt. Anhand der Antworten können Sie erkennen,

- zu welchem Grundtyp Sie tendieren,
- von welcher Bedürfnislage Sie ausgehen und
- welche Übungen am ehesten auf Sie zugeschnitten sind

(siehe auch im ***Anhang*** die ***Themenbezogene*** und die ***Persönlichkeitsbezogene Übersicht***).

Sollten Sie beim Lesen in ***Teil II, Kap. 1*** klar erkannt haben, was momentan Ihre hauptsächlichen Beweggründe sind, können Sie die Fragebögen auch überspringen. Wir empfehlen dennoch den Leserinnen und Lesern die inhaltliche Auseinandersetzung mit den Fragen, denn sie helfen zum einen, die Vielschichtigkeit einer jeden Persönlichkeitsstruktur und damit auch die Struktur anderer Suchender besser zu verstehen. Zum anderen ist die Trefferquote der ***spontanen Selbsterkenner*** erfahrungsgemäß gering. Sie werden erstaunt sein, wieviel konkreter und differenzierter Ihr Selbstbild erscheinen wird, nachdem Sie die Fragen ***für sich selbst*** beantwortet haben! Insofern haben die nun folgenden Auswahltests nicht nur puren Unterhaltungswert!

In der Zusammenstellung geeigneter Übungen gehen wir natürlich nach unseren eigenen subjektiven Auswahlkriterien vor, die uns aufgrund langjähriger Erfahrung sinnvoll erscheinen. So weit wie möglich möchten wir aber die folgenden Bereiche frei halten von moralisierenden, weltanschaulich geprägten Vorstellungen oder gängigen, gesellschaftlichen Normen von ***akzeptabel*** und ***nicht-akzeptabel***.

Die aufrichtige Beantwortung dieser Selbstbefragung, die wir Ihnen ans Herz legen, ist nur für Sie selbst gedacht und dient der klareren Einschätzung: „Wie bin ich wirklich?".

Scheuen Sie sich daher nicht, in diesen ***Spiegel der Erkenntnis*** zu schauen, auch wenn dabei eine unbequeme Ansicht Ihrer selbst zum Vorschein kommen mag. Niemand beobachtet Sie, niemand schaut Ihnen über die Schulter – von der Auswertung Ihrer ehrlichen, schonungslosen Antworten braucht – außer Ihnen selbst – niemand etwas zu erfahren! Und je weniger Sie ein Idealbild kultivieren, je weniger Sie Ihre ***kleinen Schwächen*** und vermeintlichen ***Fehler*** bewerten, desto leichter wird es Ihnen fallen, die für Sie optimal wirkende Übung zu finden!

Bitte beantworten Sie darum zuerst einmal unvoreingenommen alle Fragen von **A - F** ohne zu wissen, welchem Persönlichkeitstypus der jeweilige Fragenkomplex zugeordnet ist. Sie mögen sich schon unbewußt entschieden haben, daß Sie lieber die Rolle des ***eifrig Suchenden*** als die des ***Neugierigen*** verkörpern möchten. Damit würden Sie aber nur sich selbst betrügen! Konzentrieren Sie sich statt dessen in aller Ruhe auf die Fragen und wägen Sie für jede einzelne ab, ob Sie sie überwiegend bejahen oder verneinen.

Bei einigen Fragen haben Sie möglicherweise das Gefühl, daß beide Antworten – sowohl ***JA*** als auch ***NEIN*** – zutreffen. Lassen Sie sich hier ruhig etwas Zeit und spüren Sie der Frage nach ... Seien Sie sich selbst gegenüber ganz ehrlich im Abwägen des ***Für*** und ***Wider***. Bei genauerer Untersuchung können Sie erkennen, daß das Verharren in einer Unentschiedenheit der Angst entspringt, eine klare Stellung zu beziehen. Gehen Sie also mit dem Bewußtsein an die Fragen heran, daß eine *Sowohl-als-auch*-Haltung hier ausgeschlossen ist!

Nach jeder Frage können Sie für einen Moment die Augen schließen und tief in sich hineinspüren ..... Lassen Sie die letzten Tage oder gar Wochen Revue passieren – und sofern vorhanden – halten Sie Ihr Tagebuch bereit. Vor diesem Hintergrund stellen Sie sich noch einige, kurze Zusatzfragen:

- Wie fühle ich mich die meiste Zeit?
- Wie verhalte ich mich überwiegend?

- Was ist meine tiefste Überzeugung?
- Was will ich überhaupt?

Die Selbsterkenntnis, die Sie für sich anstreben, beginnt vor allen Dingen mit dem Verstehen und der Akzeptanz dessen, ***was Sie jetzt gerade sind***. Seien Sie bitte geduldig und nehmen Sie sich genügend Zeit, um alle Fragen in eindeutiger, befriedigender Weise zu beantworten.

Markieren Sie das entsprechende Feld Ihrer Antwort mit einem Kreuz. Am Ende zählen Sie die Kreuze für ***JA*** und ***NEIN*** im unteren Kästchen auf jeder Seite zusammen.

A

Bitte beantworten Sie die folgenden Fragen eindeutig mit JA oder NEIN!

	JA	NEIN
1. Kommen Sie oft zu spät zu Verabredungen?	☐	☐
2. Würden Sie sagen, daß die Welt für sie selbst in Ordnung ist?	☐	☐
3. Haben Sie oft das Bedürfnis, anderen Ihre Bewunderung auszusprechen?	☐	☐
4. Fällt es Ihnen leicht, Anweisungen so, wie sie gegeben wurden, zu befolgen, ohne sie zu verändern?	☐	☐
5. Fällt es Ihnen leicht, verletzliche Gefühle zu zeigen?	☐	☐
6. Fühlen Sie sich wohl, wenn Situationen unvollendet sind?	☐	☐
7. Scheinen Sie sich weniger Sorgen zu machen als andere Menschen?	☐	☐
8. Tun Sie oft mehrere Dinge gleichzeitig?	☐	☐
9. Sind Sie oft zerstreut?	☐	☐
10. Finden Sie, daß Erfolg von selbst kommt, wenn Sie es richtig anstellen?	☐	☐
11. Sind Sie der Meinung, daß andere Personen gestellte Aufgaben genauso gut ausführen können wie Sie selbst?	☐	☐
12. Sind Sie ein Romantiker?	☐	☐
Anzahl der *JA*- und *NEIN*-Antworten:	☐	☐

B

Bitte beantworten Sie die folgenden Fragen eindeutig mit JA oder NEIN!

		JA	NEIN
1.	Haben Sie das Gefühl, Ihre innere Heimat gefunden zu haben?	☐	☐
2.	Fühlen Sie sich häufig ratlos?	☐	☐
3.	Lieben Sie die Zurückgezogenheit?	☐	☐
4.	Erscheint Ihnen das Leben oft langweilig?	☐	☐
5.	Ist materielle Vergütung für eine Arbeit (Geld) für Sie immer von Bedeutung?	☐	☐
6.	Glauben Sie, daß ein Leben ohne regelmäßige Übung (Konzentration, Meditation) Sie weiterbringt?	☐	☐
7.	Verwirrt Sie die Vielfalt der Entfaltungsmöglichkeiten in unserem Zeitalter?	☐	☐
8.	Sehnen Sie sich manchmal zurück nach einer bestimmten Zeit in der Vergangenheit?	☐	☐
9.	Haben Sie oft das Gefühl, daß Sie noch ganz am Anfang stehen und gar nichts wissen?	☐	☐
10.	Können Sie sich hier und jetzt glücklich fühlen, ohne zu fragen und zu forschen?	☐	☐
11.	Glauben Sie, daß grenzenloser Fortschritt in der Evolution eine Illusion ist?	☐	☐
12.	Fühlen Sie sich oft als Opfer unabwägbarer Umstände?	☐	☐
	Anzahl der *JA*- und *NEIN*-Antworten:	☐	☐

C

Bitte beantworten Sie die folgenden Fragen eindeutig mit JA oder NEIN!

		JA	NEIN
1.	Heitern Sie gerne andere Menschen auf ?	☐	☐
2.	Sehen Sie im allgemeinen das Leben von der positiven Seite?	☐	☐
3.	Können Sie – seelisch-geistig gesehen – für sich klare Ziele formulieren?	☐	☐
4.	Würden Sie sich als genügsamen Menschen bezeichnen, der mit seiner Lebenssituation zufrieden ist?	☐	☐
5.	Können Sie sich leicht entscheiden?	☐	☐
6.	Lieben Sie es, anderen Menschen zu helfen?	☐	☐
7.	Sagen Sie lieber „Ja“ als „Nein“?	☐	☐
8.	Empfinden Sie sich als tatkräftigen, fröhlichen Menschen?	☐	☐
9.	Kann ein Spaziergang im Wald Sie leicht in eine ausgeglichene Stimmung versetzen?	☐	☐
10.	Sind Sie überzeugt, daß Sie Bewunderung verdient haben?	☐	☐
11.	Sehen Sie sich – betreffend Ihrer materiellen Wünsche – als erfolgreichen Menschen an?	☐	☐
12.	Glauben Sie, daß dieser Augenblick vollkommen ist?	☐	☐
	Anzahl der *JA*- und *NEIN*-Antworten:	☐	☐

D

Bitte beantworten Sie die folgenden Fragen eindeutig mit JA oder NEIN!

		JA	NEIN
1.	Gehen Sie gerne zu geselligen Anlässen?		
2.	Finden Sie die Idee der Vergänglichkeit bedrohlich?		
3.	Lieben Sie emotionale Dramen?		
4.	Kümmern Sie sich gerne um die Belange anderer Menschen?		
5.	Betrachten Sie schmerzliche Lektionen in ihrem Leben als überflüssig?		
6.	Sind Sie dem Leben gegenüber pessimistisch eingestellt?		
7.	Glauben Sie, daß Erfolg hinsichtlich all Ihrer Zielvorstellungen in Ihrer Hand liegt?		
8.	Haben Sie das Gefühl, viele Fehler begangen zu haben, die sie wieder gutmachen möchten?		
9.	Meinen Sie, daß ein willensstarker Charakter schneller ans Ziel gelangt als ein Mensch, der ohne Absicht entspannt ist?		
10.	Haben Sie ein festes Glaubensbild oder ein klares Konzept vom Sinn des Lebens?		
11.	Glauben Sie, daß Glück und Erfüllung von bestimmten Voraussetzungen abhängig ist?		
12.	Haben Sie bewährte Rituale, um sich in eine fröhliche, festliche Stimmung zu versetzen?		
	Anzahl der *JA*- und *NEIN*-Antworten:		

E

Bitte beantworten Sie die folgenden Fragen eindeutig mit JA oder NEIN!

		JA	NEIN
1.	Machen Sie sich Sorgen um Ihre Zukunft?	☐	☐
2.	Sitzen Sie gerne und sinnen Sie stundenlang vor sich hin?	☐	☐
3.	Haben Sie im allgemeinen Schwierigkeiten, mit anderen Menschen in Kontakt zu treten?	☐	☐
4.	Finden Sie die meisten Menschen langweilig oder aufdringlich?	☐	☐
5.	Sind Sie viel allein?	☐	☐
6.	Würden Sie sich als besonders sensibel bezeichnen?	☐	☐
7.	Was andere machen, interessiert Sie nicht sonderlich! Würden Sie dies bejahen?	☐	☐
8.	Haben Sie in der letzten Zeit ***wenig*** TV gesehen, Radio gehört und die Tageszeitung bzw. Wochenmagazin gelesen?	☐	☐
9.	Empfinden Sie sich als sehr fürsorglich?	☐	☐
10.	Fällt es Ihnen schwer, sich auf neue Situationen einzustellen?	☐	☐
11.	Verstimmt es Sie, wenn nicht alles perfekt ist?	☐	☐
12.	Meiden Sie gerne unbekannte Situationen?	☐	☐
	Anzahl der *JA*- und *NEIN*-Antworten:	☐	☐

F

Bitte beantworten Sie die folgenden Fragen eindeutig mit JA oder NEIN!

		JA	NEIN
1.	Können Sie im Urlaub abschalten und einfach nur *da sein*?	☐	☐
2.	Glauben Sie, daß Erfüllung im Leben ohne Ziel und Zweck möglich ist?	☐	☐
3.	Pflegen Sie Freundschaften, die frei sind von gegenseitiger Erwartung?	☐	☐
4.	Fühlen Sie sich wohl, wenn andere die Verantwortung übernehmen?	☐	☐
5.	Genießen Sie es zuweilen, ziellos in den Tag hineinzuleben?	☐	☐
6.	Rufen die Begriffe *Leistung* und *Kompetenz* Ablehnung in Ihnen hervor?	☐	☐
7.	Fällt es Ihnen leicht, sich in einer Beziehung unterzuordnen?	☐	☐
8.	Würden Sie sich als zurückhaltenden Menschen bezeichnen?	☐	☐
9.	Glauben Sie, daß gewisse Verhaltensregeln für ein harmonisches Leben im Einklang mit sich selbst unwichtig sind?	☐	☐
10.	Würden Sie sagen, daß Sie ein entspanntes, gesundheitsbewußtes Leben führen?	☐	☐
11.	Kleinere oder größere Unfälle stoßen mir nicht zu! Können Sie dem zustimmen?	☐	☐
12.	Ist Ihr Blutdruck normal?	☐	☐
	Anzahl der *JA*- und *NEIN*-Antworten:	☐	☐

Tragen sie nun das Ergebnis jedes Fragenkomplexes in die folgende Tabelle ein. Auf anschauliche Weise können Sie ersehen, welche Persönlichkeitsmerkmale dominant sind.

AUSWERTUNGSTABELLE A - F

A		B		C		D		E		F	
JA	NEIN	JA	NEIN	JA	NEIN	JA	NEIN	JA	NEIN	JA	NEIN

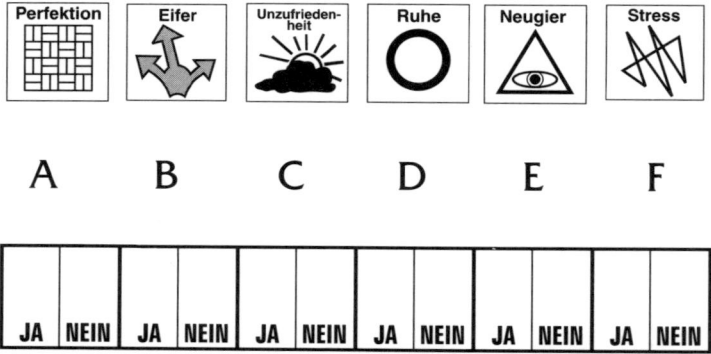

In welchem Feld stehen die meisten „NEIN"-Antworten?

Dies ist der Persönlichkeitstypus, von dem Sie die meisten Anteile haben!

Tauchen bei mehr als einem Fragenkomplex überwiegend „NEIN"-Antworten auf, sollten Sie eine oder zwei weitere *Persönlichkeiten* ebenfalls in die engere Wahl ziehen.

Schauen Sie also, bei welchen zwei oder drei Persönlichkeitstypen Sie viele „NEIN"-Antworten angekreuzt haben und lassen Sie sich von den zugehörigen Symbolen im weiteren Verlauf dieses Buches zu den entsprechenden Textstellen leiten.

In den Übungsbeschreibungen in **Teil III** ab Seite 107 sind die Symbole für ***Eifer, Stress, Ruhe, Unzufriedenheit, Neugier*** oder ***Perfektion*** für Sie von besonderer Bedeutung!

Themenkreise

Im **ANHANG** ab S. 430 finden sie alle Übungen nach ***Themen*** und nach ***Persönlichkeitstypen*** geordnet

Auf den folgenden Seiten finden Sie alle Fragen dieses Auswahltestes noch einmal. Sie können Sie aus dem Buch heraustrennen und mehrere Kopien davon anfertigen. Damit haben Sie die Möglichkeit, von Zeit zu Zeit zu vergleichen, wie sich bei einer regelmäßigen Übungspraxis Ihre Orientierung verlagert. Wenn sich die Merkmale Ihrer Persönlichkeit von einem Typus zum anderen hin verändern, werden entsprechend andere Übungen für Sie interessant.

A

Bitte beantworten Sie die folgenden Fragen eindeutig mit JA oder NEIN!	**JA**	**NEIN**
1. Kommen Sie oft zu spät zu Verabredungen?		
2. Würden Sie sagen, daß die Welt für sie selbst in Ordnung ist?		
3. Haben Sie oft das Bedürfnis, anderen Ihre Bewunderung auszusprechen?		
4. Fällt es Ihnen leicht, Anweisungen so, wie sie gegeben wurden, zu befolgen, ohne sie zu verändern?		
5. Fällt es Ihnen leicht, verletzliche Gefühle zu zeigen?		
6. Fühlen Sie sich wohl, wenn Situationen unvollendet sind?		
7. Scheinen Sie sich weniger Sorgen zu machen als andere Menschen?		
8. Tun Sie oft mehrere Dinge gleichzeitig?		
9. Sind Sie oft zerstreut?		
10. Finden Sie, daß Erfolg von selbst kommt, wenn Sie es richtig anstellen?		
11. Sind Sie der Meinung, daß andere Personen gestellte Aufgaben genauso gut ausführen können wie Sie selbst?		
12. Sind Sie ein Romantiker?		
Anzahl der *JA*- und *NEIN*-Antworten:		

B

Bitte beantworten Sie die folgenden Fragen eindeutig mit JA oder NEIN!

		JA	NEIN
1.	Haben Sie das Gefühl, Ihre innere Heimat gefunden zu haben?	☐	☐
2.	Fühlen Sie sich häufig ratlos?	☐	☐
3.	Lieben Sie die Zurückgezogenheit?	☐	☐
4.	Erscheint Ihnen das Leben oft langweilig?	☐	☐
5.	Ist materielle Vergütung für eine Arbeit (Geld) für Sie immer von Bedeutung?	☐	☐
6.	Glauben Sie, daß ein Leben ohne regelmäßige Übung (Konzentration, Meditation) Sie weiterbringt?	☐	☐
7.	Verwirrt Sie die Vielfalt der Entfaltungsmöglichkeiten in unserem Zeitalter?	☐	☐
8.	Sehnen Sie sich manchmal zurück nach einer bestimmten Zeit in der Vergangenheit?	☐	☐
9.	Haben Sie oft das Gefühl, daß Sie noch ganz am Anfang stehen und gar nichts wissen?	☐	☐
10.	Können Sie sich hier und jetzt glücklich fühlen, ohne zu fragen und zu forschen?	☐	☐
11.	Glauben Sie, daß grenzenloser Fortschritt in der Evolution eine Illusion ist?	☐	☐
12.	Fühlen Sie sich oft als Opfer unabwägbarer Umstände?	☐	☐
	Anzahl der *JA*- und *NEIN*-Antworten:	☐	☐

C

Bitte beantworten Sie die folgenden Fragen eindeutig mit JA oder NEIN!

		JA	NEIN
1.	Heitern Sie gerne andere Menschen auf ?		
2.	Sehen Sie im allgemeinen das Leben von der positiven Seite?		
3.	Können Sie – seelisch-geistig gesehen – für sich klare Ziele formulieren?		
4.	Würden Sie sich als genügsamen Menschen bezeichnen, der mit seiner Lebenssituation zufrieden ist?		
5.	Können Sie sich leicht entscheiden?		
6.	Lieben Sie es, anderen Menschen zu helfen?		
7.	Sagen Sie lieber „Ja" als „Nein"?		
8.	Empfinden Sie sich als tatkräftigen, fröhlichen Menschen?		
9.	Kann ein Spaziergang im Wald Sie leicht in eine ausgeglichene Stimmung versetzen?		
10.	Sind Sie überzeugt, daß Sie Bewunderung verdient haben?		
11.	Sehen Sie sich – betreffend Ihrer materiellen Wünsche – als erfolgreichen Menschen an?		
12.	Glauben Sie, daß dieser Augenblick vollkommen ist?		
	Anzahl der *JA*- und *NEIN*-Antworten:		

D

Bitte beantworten Sie die folgenden Fragen eindeutig mit JA oder NEIN!	**JA**	**NEIN**
1. Gehen Sie gerne zu geselligen Anlässen?	☐	☐
2. Finden Sie die Idee der Vergänglichkeit bedrohlich?	☐	☐
3. Lieben Sie emotionale Dramen?	☐	☐
4. Kümmern Sie sich gerne um die Belange anderer Menschen?	☐	☐
5. Betrachten Sie schmerzliche Lektionen in ihrem Leben als überflüssig?	☐	☐
6. Sind Sie dem Leben gegenüber pessimistisch eingestellt?	☐	☐
7. Glauben Sie, daß Erfolg hinsichtlich all Ihrer Zielvorstellungen in Ihrer Hand liegt?	☐	☐
8. Haben Sie das Gefühl, viele Fehler begangen zu haben, die sie wieder gutmachen möchten?	☐	☐
9. Meinen Sie, daß ein willensstarker Charakter schneller ans Ziel gelangt als ein Mensch, der ohne Absicht entspannt ist?	☐	☐
10. Haben Sie ein festes Glaubensbild oder ein klares Konzept vom Sinn des Lebens?	☐	☐
11. Glauben Sie, daß Glück und Erfüllung von bestimmten Voraussetzungen abhängig ist?	☐	☐
12. Haben Sie bewährte Rituale, um sich in eine fröhliche, festliche Stimmung zu versetzen?	☐	☐
Anzahl der *JA*- und *NEIN*-Antworten:		

E

Bitte beantworten Sie die folgenden Fragen eindeutig mit JA oder NEIN!

		JA	NEIN
1.	Machen Sie sich Sorgen um Ihre Zukunft?	☐	☐
2.	Sitzen Sie gerne und sinnen Sie stundenlang vor sich hin?	☐	☐
3.	Haben Sie im allgemeinen Schwierigkeiten, mit anderen Menschen in Kontakt zu treten?	☐	☐
4.	Finden Sie die meisten Menschen langweilig oder aufdringlich?	☐	☐
5.	Sind Sie viel allein?	☐	☐
6.	Würden Sie sich als besonders sensibel bezeichnen?	☐	☐
7.	Was andere machen, interessiert Sie nicht sonderlich! Würden Sie dies bejahen?	☐	☐
8.	Haben Sie in der letzten Zeit ***wenig*** TV gesehen, Radio gehört und die Tageszeitung bzw. Wochenmagazin gelesen?	☐	☐
9.	Empfinden Sie sich als sehr fürsorglich?	☐	☐
10.	Fällt es Ihnen schwer, sich auf neue Situationen einzustellen?	☐	☐
11.	Verstimmt es Sie, wenn nicht alles perfekt ist?	☐	☐
12.	Meiden Sie gerne unbekannte Situationen?	☐	☐
	Anzahl der *JA*- und *NEIN*-Antworten:	☐	☐

F

Bitte beantworten Sie die folgenden Fragen eindeutig mit JA oder NEIN!

		JA	NEIN
1.	Können Sie im Urlaub abschalten und einfach nur *da sein*?	☐	☐
2.	Glauben Sie, daß Erfüllung im Leben ohne Ziel und Zweck möglich ist?	☐	☐
3.	Pflegen Sie Freundschaften, die frei sind von gegenseitiger Erwartung?	☐	☐
4.	Fühlen Sie sich wohl, wenn andere die Verantwortung übernehmen?	☐	☐
5.	Genießen Sie es zuweilen, ziellos in den Tag hineinzuleben?	☐	☐
6.	Rufen die Begriffe *Leistung* und *Kompetenz* Ablehnung in Ihnen hervor?	☐	☐
7.	Fällt es Ihnen leicht, sich in einer Beziehung unterzuordnen?	☐	☐
8.	Würden Sie sich als zurückhaltenden Menschen bezeichnen?	☐	☐
9.	Glauben Sie, daß gewisse Verhaltensregeln für ein harmonisches Leben im Einklang mit sich selbst unwichtig sind?	☐	☐
10.	Würden Sie sagen, daß Sie ein entspanntes, gesundheitsbewußtes Leben führen?	☐	☐
11.	Kleinere oder größere Unfälle stoßen mir nicht zu! Können Sie dem zustimmen?	☐	☐
12.	Ist Ihr Blutdruck normal?	☐	☐
	Anzahl der *JA*- und *NEIN*-Antworten:	☐	☐

Tragen sie nun das Ergebnis jedes Fragenkomplexes in die folgende Tabelle ein. Auf anschauliche Weise können Sie ersehen, welche Persönlichkeitsmerkmale dominant sind.

Auswertungstabelle A - F

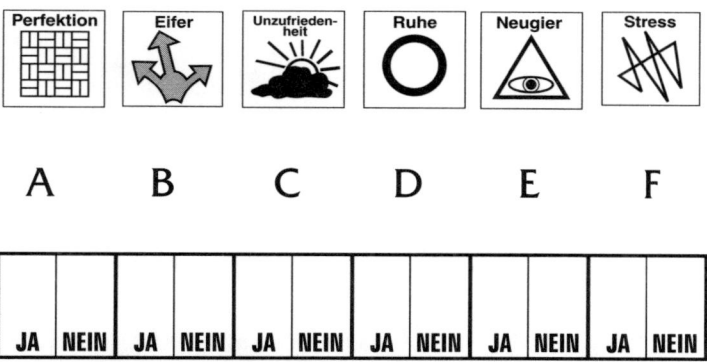

A		B		C		D		E		F	
JA	NEIN	JA	NEIN	JA	NEIN	JA	NEIN	JA	NEIN	JA	NEIN

In welchem Feld stehen die meisten „NEIN“-Antworten?

Dies ist der Persönlichkeitstypus, von dem Sie die meisten Anteile haben!

~ Teil III ~

49 Abschnitte zu bewährten Übungen und Übungswegen

1.
Vorbemerkungen zur Praxis

Auch wenn Sie voller Interesse die Übungsbeschreibungen und die Textbeiträge dieses Buches lesen und den Nutzen ihrer Anwendung verstehen, reicht dies noch nicht an ***eine intensive Erfahrung des Übens*** heran. Sie können ein schönes Erlebnis mit Worten phantasievoll beschreiben, doch es kann niemals ein adäquater Ersatz für eine reale Begegnung sein. So sind Informationen zur Praxis zwar ausgesprochen nützlich, aber von der völlig andersgearteten Ebene der sinnlichen Wahrnehmung aus gesehen wirken sie wie Namensschilder an der Haustür, die lediglich darauf hinweisen, wer im Haus wohnt. Der Name sagt wenig aus über das Wesen des Hausbewohners – genauso bieten die Beschreibungen und Texte nicht mehr als ein oberflächliches Bild der äußeren Form des Übens. Die folgenden Bemerkungen sind daher auch weniger an die *Nur-Leser* dieses Buches gerichtet, denen wir dennoch bei der nur rein informativen Lektüre Spaß und viel Anregung wünschen! Wir wenden uns hier mehr an diejenigen, die klare Anleitung, praktische Erfahrung und existentielle Wandlung suchen.

Im Anschluß an diese kurze Einführung folgt der Hauptteil des Buches – eine Darstellung von Übungen und Übungswegen in 49 Abschnitte gegliedert –, die in ihrer Gesamtheit einen repräsentativen Querschnitt verschiedener geistiger Richtungen bilden.

Wie Sie die für Ihre Persönlichkeit geeignete Übung finden können, war das Thema des vorangegangenen Kapitels. Die erste praxisbezogene Frage ist nun: ***Wie lange soll ich die gewählte Übung praktizieren?***

Unsere Empfehlung ist: Solange Sie sich noch nicht zwischen mehreren Alternativen entscheiden können, probieren Sie die vorgeschlagenen Übungen jeweils ***drei- bis viermal*** aus. Schauen Sie, welche Übung Sie am meisten anspricht. Wenn Sie sich dann immer noch unschlüssig fühlen, sollten Sie zur nächsten Übung überwechseln! Haben Sie aber eine Wahl getroffen, so bleiben Sie bei einer Übung ***für mindestens 21 Tage!***

Wer einem geistigen Übungsweg folgt, unterscheidet sich von vielen seiner Mitmenschen dadurch, daß er vertraute Gewohnheiten verändert und seinen Tagesablauf mehr und mehr der Erkenntnis und den Erfordernissen seiner Praxis anpaßt. Dies kann mitunter bei Arbeitskollegen, Verwandten und geliebten Partnern zu recht unterschiedlichen Reaktionen führen, die von Befremden bis Abwehr reichen können.

Dennoch: ***Lassen Sie sich in Ihren Bemühungen um notwendige Veränderung in Ihrem Leben nicht beirren!***

Viele Menschen, die sich in der Struktur ihres Arbeitsalltages, oft sogar ihres ganzen bisherigen Lebens, gefangen fühlen, sehnen sich nach Veränderung und Verbesserung. Durch regelmäßige Übung wächst eine neue Einsicht und ein Bewußtsein, welche Verhaltensmuster bisher der eigenen Entwicklung im Wege standen. Diese gilt es nun loszulassen!

Erfahrungsgemäß kommt es während der Phase der Umgestaltung im gewohnten Fühlen und Denken zu einigen Turbulenzen. An diesem Punkt der Entwicklung, an dem *altes* und *neues* Leben zusammentreffen, geht es besonders darum, gewonnene Klarheit nicht zu verlieren. Es empfiehlt sich daher, von Anfang an ein ***Tagebuch*** zu führen.

Führen Sie ein Tagebuch

Langes Grübeln vor der leeren Seite, Langeweile oder Unlust können vermieden werden durch einige praxisbegleitende Fragen, die sich auch mit wenigen Worten beantworten lassen. Die Fragen könnten etwa so lauten:

- Wie fühle ich mich in diesem Augenblick?
- Wie wirkt sich die Übung aus?
- Habe ich Vorlieben oder Widerstände? Welcher Art sind sie?
- Gibt es bestimmte Reaktionen aus meiner Umwelt, und wenn ja, welche?
- Außergewöhnliche Ereignisse (Synchronizitäten)?
- Sonstiges

Dies ist natürlich nur ein Vorschlag. Sie können selbstverständlich die Fragen Ihren persönlichen Bedürfnissen gemäß abwandeln. Auf jeden Fall ist ein Tagebuch eine wunderbare Hilfe, auf die zu verzichten es keinen Grund gibt (denn die wenigen Minuten, die nötig sind, um die Fragen zu beantworten, sind keineswegs verloren. Denken Sie nur einmal daran, wieviel Zeit durch Unklarheit und Zweifel unbemerkt vergeudet werden!).

Was wir den interessierten Lesern, insbesondere den Neueinsteigern, als Orientierungshilfe anbieten können, sind vorwiegend Wahlmöglichkeiten im äußeren Bereich: Welche Übung kann mir helfen und warum?

Aber das Beobachten während des Auswahlprozesses, der sich im Inneren abspielt, ist von noch größerer Bedeutung! Wie können Sie lernen, Ihrer Wahl zu vertrauen? Wir empfehlen, ganz bewußt auf die leise, innere Stimme zu lauschen, die oft - kaum merklich – Hinweise gibt. Nehmen Sie ruhig die ersten, feinen Impulse ernst, die Ihnen eine bestimmte Richtung weisen! Geben Sie nach der einmal getroffenen Wahl einer Übung dem zweifelnden Verstand keine Energie mehr. Fangen Sie an und tun Sie es!

Sie können nichts falsch machen. Selbst wenn Sie nicht gleich die richtige Übung finden sollten, lernen Sie zu Beginn, was für Sie mit Sicherheit nicht funktioniert. Das Feld der Möglichkeiten reduziert sich nach und nach auf ein überschaubares Maß, und mit etwas Geduld stoßen Sie nach einigen Versuchen auf die passende Übung!

Zuweilen können andere Menschen durch ein Verhalten, das Verständnislosigkeit ausdrückt, tiefsitzende Schuldgefühle und Selbstzweifel in Ihnen ansprechen, die sich darauf beziehen, daß Sie sich auf innigere Weise mit sich selbst beschäftigen möchten und darum vielleicht etwas weniger verfügbar sind als sonst. Wir möchten Sie deshalb in Ihrem Entschluß bestätigen und Ihnen versichern:

- Nehmen Sie Ihr Recht in Anspruch, für sich selbst zu sorgen!
- Sie haben es verdient, sich zu entspannen und die Zeit des Übens zu genießen!

- ***Was Sie im Wege einer geistigen Schulung für sich tun, kommt auch anderen zugute!***

Wie schon in ***Teil I*** zu sehen war, haben wir in der Beschreibung der Übungen die Anrede nicht einheitlich gehalten, sondern einen Wechsel zwischen der „Du“- und der „Sie“-Form zugelassen. Auch bei einigen der folgenden Übungen ist die etwas persönlichere Ansprache beabsichtigt, da sie durch größere Nähe die Intensität des Erlebens verstärken kann. Gerade in diesem Buch geht es nicht um Konventionen, sondern um den Menschen, der Rat, Hilfe und Unterstützung sucht. So bitten wir Sie – liebe Leserinnen und Leser – nehmen Sie es, wie es geschrieben steht, und stoßen Sie sich nicht an der „Du“-Form, sollte sie irgendwo unversehens auftauchen.

Nun wünschen wir viel Spaß und Freude ... und das nicht nur an einem Wochenende, sondern in jedem Augenblick, den Sie von jetzt an mit Intention leben!

Praxisbezogene Hinweise

Folgende Symbole sollen Ihnen u.a. eine Hilfe sein, sich leichter zu orientieren:

Es werden einige Übungen beschrieben, die – gemeinsam praktiziert – besonders effektiv sind und darüber hinaus das Gemeinschaftsgefühl entwickeln können. Sie sind mit folgenden Symbolen gekennzeichnet:

Wenn sich eine Übung speziell als Partnerübung eignet, so erscheint das nebenstehende Symbol.

Methoden, die intensiver wirken, wenn sie mit mehr als drei Personen ausgeübt werden, erkennen Sie am Gruppen-Symbol.

Mit diesem Symbol wird im Verlaufe einer Übungsbeschreibung empfohlen, einen bestimmten Textbeitrag aus ***Teil IV*** zu lesen (z.B. IV, 3. ***Was ist Entspannung?***). Damit kann ein tieferes Verständnis für die Wirkung einer Übung vermittelt werden.

1
Drei wirksame Lockerungsübungen

Bedeutung & Herkunft

Die folgenden ***drei lockernden Bewegungen*** werden häufig in *Hatha-Yoga*-Übungsstunden zur Einstimmung des Geistes und zum Aufwärmen des Körpers eingesetzt. ***Hatha Yoga*** ist die jahrtausendealte Erfahrungswissenschaft von der Bewegungsfähigkeit des menschlichen Körpers und der gezielten Energielenkung.

Die klassischen Yogaübungen, die sogenannten ***Asanas***, sind Haltungen, die stabil, jedoch gelöst und entspannt, für eine bis mehrere Minuten eingenommen werden. Dies ist nur möglich, wenn der/die Übende in der Lage ist, ***in der Spannung*** der eingenommenen Haltung ***zu entspannen***. Der Ungeübte kann sich zu Anfang leicht verkrampfen, besonders wenn er unter einem unbewußten Zeit- und Leistungsdruck steht und Stress und belastende Situationen verinnerlicht hat. Daher ist es unbedingt erforderlich, sich durch einfache, lockernde Bewegungen auf eine ***gelöste, innere Haltung*** einzustimmen und ganz unmerklich die Anforderung zu erhöhen und Spannkraft im Körper aufzubauen.

Die ***drei lockernden Bewegungen*** sind im Yoga auch bekannt als ***Krokodilübungen***. Viele Haltungen und Bewegungen wurden im Tierreich beobachtet: Reptilien führen ihre eigene wirksame Wirbelsäulengymnastik aus, wenn sie sich im Schlamm spiralig um die eigene Achse drehen.

Die folgenden Bewegungsabläufe rufen eine intensivere Bewußtheit für den wechselnden Spannungszustand verschiedener Muskelgruppen des Körpers hervor. Sie wirken lösend und entkrampfend sowohl auf die Oberflächenstruktur als auch auf die tieferen Schichten des Leibes:

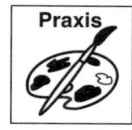

Praxis

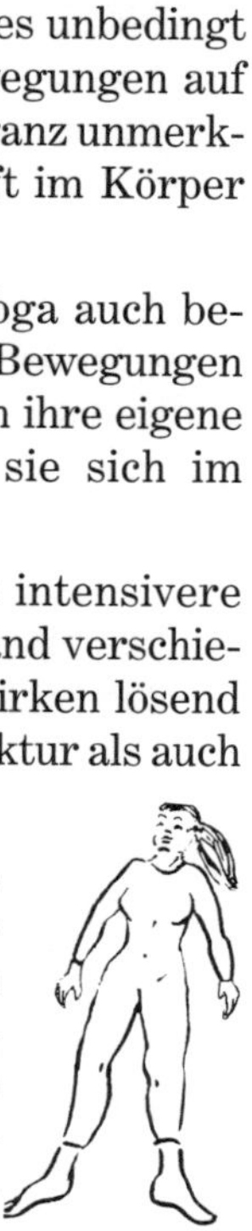

1. Die erste Übung beginnt in der entspannten Rückenlage, der sogenannten ***Totenstellung (Shavasana)***. Der Kopf und die Wirbelsäule liegen gerade in einer Linie. Rumpf und Glieder berühren gleichmäßig zu beiden Seiten des Rückgrats den Boden. Die Füße liegen in Beckenbreite auseinander und fallen locker nach außen. Die Handflächen sind in einer empfangenden Geste nach oben gedreht. Drehen Sie den Kopf langsam von einer Seite zur anderen. Die Konzentration richtet sich auf die gleichmäßig fließende Verlagerung des Druckpunktes auf dem Hinterkopf. Es gilt hier, eine Kontinuität in der Wahrnehmung – Zentimeter um Zentimeter – zu entwickeln. Auch wenn die Bewegung wie in Zeitlupe stattfindet und ein wohlig träges und schläfriges Gefühl im Körper aufkommt, sollte der Geist wach und gegenwärtig bleiben.

Der unmittelbare Wirkungskreis dieser Bewegung spricht den Kopf, den Hals und die Schultern an. Latente Verspannungen im Innern des Kopfes, in der Muskulatur des Halses und der Schultern treten mit der Zeit deutlicher ins Bewußtsein.

Achtung

Viele Menschen glauben, daß eine Yogaübung nur dann wirkungsvoll sein kann, wenn sie auch kompliziert in der Ausführung ist. Das ist nicht der Fall, denn der Grad der Wachheit und der inneren Beteiligung sind entscheidend für die Wirksamkeit. Die komplizierteste Yogaübung – nur rein mechanisch ausgeführt – ist wirkungslos im Vergleich zu einer einfachen, unscheinbaren Bewegung, die mit wachem Interesse und mit großer Einfühlsamkeit geschieht.

Besonders wichtig: Seien Sie sich gleich zu Anfang Ihrer inneren Haltung bewußt!

- Wohin geht meine Aufmerksamkeit?
- Halte ich an Gedanken und Eindrücken des Tages fest?
- Bin ich genau hier an diesem Ort im Körper gegenwärtig?
- Oder wandert meine Aufmerksamkeit umher?

Die Übung kann helfen, die psychische Funktion des ***Loslassens*** anzusprechen, wenn die langsame Drehung des Kopfes für einige Zeit ununterbrochen beobachtet wird. Am Anfang ist es ratsam, die Augen geöffnet zu halten. (Bei geschlossenen Augen kann sich das Bewußtsein allzu leicht in Träumereien verlieren.) Wenn der Blick längere Zeit synchron mit der Kopfbewegung durch den Raum schweift, müssen die Augen in jedem Moment das unmittelbar vorher Gesehene loslassen und sich für die neuen Eindrücke öffnen, um sie bewußt aufnehmen zu können. Loslassen und Leerwerden von Eindrücken ermöglicht erst eine größere Aufnahmebereitschaft für das Neue. Der Reflex des Festhaltens wird langsam unterhöhlt. Wenn der Blick nirgendwo an den materiellen und geistigen Erscheinungsformen mehr anhaften kann, wird ganz spontan die Funktion des Loslassens wirksam. Jegliches zwanghafte Festhalten in der Muskulatur und den Organen ist auf Dauer nicht mehr aufrechtzuerhalten.

Fingerzeig Information

Lesen Sie hierzu das Kapitel **Was ist Entspannung?** auf Seite 393.

Eine weitergehende Beschreibung des ursächlich wirkenden Prinzips dieser Übung finden Sie unter ***Latihan*** und ***Der Schweifende Blick***.

Themenkreise

Ein praktisches Beispiel für die Wirksamkeit dieser Übung: Bei *Verstopfung* kann das Kopfdrehen im Sitzen ausgeführt werden. Wenn es gelingt, in der Wahrnehmung der ***extrem langsamen Drehung*** zu bleiben, ohne ungeduldig zu werden, wird nach einigen Minuten, eine lösende Bewegung nach unten den ganzen Körper durchdringen bis in die Gedärme und zum Schließmuskel des Afters hin.

Tip

2. In der nächsten Übung wird die Lockerung auch auf den Bereich des ganzen Rückens, des Beckens und der Beine ausgedehnt. Die Füße sind herangezogen bis ca. 30cm vor das Becken. Mit der ***Ausatmung*** schwingen die Beine zur rechten und der Kopf zur linken Seite. Mit der ***Einatmung*** kehren sie zurück zur Mitte. Mit der nächsten Ausatmung geht die Übung in die entgegengesetzte Richtung. Es geht hier darum, ein Vorauseilen des Kopfes und der Beine zu verhindern. Soll die Bewegung gleichmäßig und harmonisch fließend sein, so erfordert dies eine immer neue Feinabstimmung der Spannkraft der Muskulatur auf den allmählich sich vertiefenden Rhythmus der

Praxis

Atmung – auf die Länge einer jeden Ein- und einer jeden Ausatmung. Wenn der Atem länger und tiefer wird, verlangsamt sich entsprechend die Bewegung.

Ordnet sich die Bewegung dem Atemrhythmus unter, so führt dies zu einem Erleben der ***Fülle der Zeit***. Je langsamer, weicher und sanfter der Atem fließt, um so mehr entsteht das Gefühl von Zeitlosigkeit im Sinne einer Ausdehnung des bewußten Augenblickes. Befreiung von Druck und Spannung in den Organen, den Blutgefäßen und der Muskulatur wird deutlich spürbar.

Diese einfache Übung ist eine komplexe Anpassungsleistung, die das Gehirn und das zentrale Nervensystem unter ständiger Berücksichtigung des Einflusses der Schwerkraft vollbringen: Es wird hier der Tonus der Oberflächen- und Tiefenschichten der Muskulatur in Einklang gebracht mit dem Pulsschlag, der Pumpleistung des Herzens und der Atemfrequenz der Lunge. Dies ist selbstverständlich kein bewußt gesteuerter Akt, sondern geschieht eher intuitiv. Wo dies gelingt, führt es zu einer ***Synchronisierung der innerkörperlichen Rhythmen***. Diese ist ein Ausdruck der Ausgeglichenheit einer in ihrem Wesen geeinten Persönlichkeit. Menschen, die leicht unter Druck und Spannung geraten, mangelt es an intuitiver Einschätzung des rechten Verhältnisses von **Kraft** und **Zeit**. Das bedeutet, daß die inneren Rhythmen (Kreislauf, Nervensystem, hormonelle Steuerung) auseinanderfallen, und daß Gleichmaß und Stabilität in Bewegung und Haltung und die entspannte Offenheit der Atmung verlorengehen.

Praxis

3. Die dritte Übung ist eine Variante der vorherigen Bewegung. Sie wirkt noch intensiver in der Lockerung des Beckenbereiches und der Wirbelsäule. Auch hier sind extreme Langsamkeit und die Abgestimmtheit von ***Kraft (Bewegung)*** und ***Zeit (Atmung)*** zu beachten: Die Oberarme zeigen seitlich vom Oberkörper weg. Die Unterarme fallen im rechten Winkel dazu nach hinten. Die Hände werden zu Fäusten geballt mit der Vorstellung, sich an einer Reckstange festzuhalten. Dies soll verhindern, daß Schultern und Arme vom Boden abheben. Die Oberschenkel stehen senkrecht, die Unterschenkel waagerecht, parallel zum Boden. Es wird die gleiche Bewegung, wie unter

2.) beschrieben, ausgeführt: Mit der ***Ausatmung zur Seite***, mit der ***Einatmung zur Mitte***.

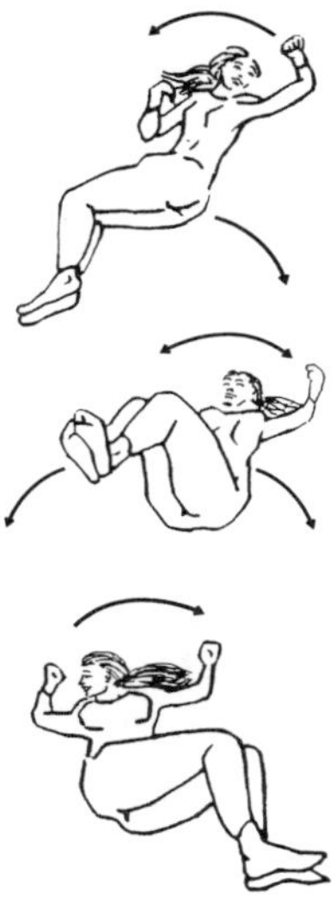

Gehen Sie zu Anfang in der Drehung zur Seite ganz behutsam voran, damit kein Muskel überdehnt wird. Wenn die Schultern ausweichen und vom Boden abheben wollen, ist es besser, innezuhalten und wieder zur Mitte zurückzukehren. Die Übung bietet die Möglichkeit, die momentanen Grenzen in der Drehfähigkeit besser einschätzen und annehmen zu können. Mit der Zeit können Sie lernen, inmitten von Druck, Anspannung und Belastung freier zu atmen und gelassen und gelöst zu bleiben. Machen Sie sich frei von jeglicher Idee der Leistung: ***Es gibt kein Ziel zu erreichen!*** Im absichtslosen, genußvollen Üben geschieht Lockerung ganz von selbst!

Schnellübersicht: QuickEssenz-Karte (J. Kamphausen Verlag) im Taschenformat: *HATHA YOGA – Der Heilungsweg zur Ganzheit*

Die typenbezogene Empfehlung:

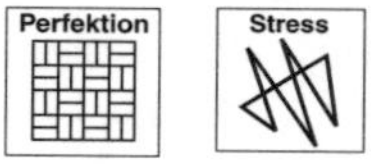

Für diese beiden Typen ist die Übung besonders geeignet, da sie gleichzeitig beruhigend-harmonisierend, aber auch belebend wirkt.

Den *Unzufriedenen* bringt sie aus seiner oberflächlichen Fixierung in eine innigere Beziehung mit seinem Wesenskern. Der ***Neugierige*** wird in seiner ziellosen Schaulust, die ihn in die Unruhe treibt, etwas gebremst. Beide können anschließend eine größere Aufgeschlossenheit und Konzentrationsfähigkeit entfalten.

Dem erfahrenen Übenden ist es ein tiefes Bedürfnis, die Harmonie und Ausgeglichenheit von Bewegung und Atmung zu genießen. Der Typus, der die Ruhe und die Erfüllung in der Stille sucht, fühlt sich hier ganz in seinem Element.

Da die ***drei lockernden Bewegungen*** den Bedürfnissen aller Persönlichkeitstypen gerecht werden, finden Sie sie auch in Kurzform im ***Teil I*** ab Seite 38.

2
Hatha Yoga

Bedeutung & Herkunft

Yoga ist die Bezeichnung für die jahrtausendealte Übungspraxis zur Erlangung erweiterter Bewußtheit, die sich in Indien entwickelte und von dort aus weite Verbreitung fand. Bei Ausgrabungen im Industal entdeckte man Statuen in typischen Yoga-Haltungen, die aus der Zeit um 2500 v. Chr. stammen. *Yoga* ist vermutlich das älteste System praktischen Wissens in der Menschheitsgeschichte, das das Körperliche und das Seelisch-Geistige als funktionelle Einheit ansieht. *Yoga* bedeutet *Vereinigung* aller Polaritäten und scheinbaren Gegensätze. Die wichtigsten, klassischen Yogaformen sind ***Hatha Yoga*** (*Kundalini Yoga*), ***Raja Yoga***, ***Karma Yoga***, ***Jnana Yoga***, ***Bhakti Yoga*** und ***Laya Yoga*** (*Nada Yoga*, *Mantra Yoga*).

Hatha Yoga ist der *Yoga der Energie*. Es ist ein Weg, der den Körper zum Ausgangspunkt spirituell-geistiger Verwirklichung macht. Als integraler Teil des achtgliedrigen Pfades des ***Raja Yoga*** bezieht sich der Begriff *Hatha Yoga* hauptsächlich auf die dritte Stufe (***Asana*** = Haltung) und die vierte Stufe (***Pranayama*** = Atemlenkung). Er bietet damit eine stabile Grundlage für Konzentration und Meditation. Dieser *Yoga* wurde vom Weisen ***Patanjali*** in den ***Yoga-Sutren*** (194 kurze Merksprüche) beschrieben.

Die 8 Glieder des Yogaweges des Patanjali sind:

YAMA	- universelle ethische Gebote
NIYAMA	- persönliche Disziplin der Selbstreinigung
ASANA	- gelöste, stabile Haltung
PRANAYAMA	- rhythmische Atemlenkung
PRATYAHARA	- Zurückziehen der Sinne
DHARANA	- Konzentration
DHYANA	- Meditation
SAMADHI	- Einssein mit dem Göttlichen Wesen

Hatha Yoga hat wie keine andere Disziplin das Wissen um das Potential des menschlichen Körpers bezüglich seiner Bewegungsmöglichkeiten systematisiert. In keiner Tradition ist eine derart umfassende Betrachtung der möglichen Körperhaltungen und ihrer Wirkungsweisen bekannt. In den alten Yoga-Schriften wird von 8,4 Millionen möglichen Körperhaltungen (*Asanas*) gesprochen. Davon werden in der Regel aber nur 85 – 108 *Asanas* praktiziert.

Die meisten modernen Therapieformen, die die Integration von Körper, Seele und Geist zum Ziel haben, greifen auf grundlegende Erkenntnisse des Yoga zurück oder sind entwicklungsgeschichtlich daraus hervorgegangen, wie z.B. die ***Bioenergetik***, die ***Feldenkrais-Methode***, das ***Autogene Training***, das ***Rolfing***, verschiedene Atemtherapien und Bewegungsformen aus dem Bereich der ***Anthroposophie***. Auch in der ***Krankengymnastik*** und in Methoden der Physiotherapie, die die Wiederherstellung der Beweglichkeit des Körpers anstreben, sind Übungen zu finden, die ihrem Ursprung nach aus dem *Yoga* stammen.

Die Silben ***HA*** und ***THA*** in *Hatha* bezeichnen zwei Pole des menschlichen Erlebens: ***HA*** bedeutet ***Sonne*** und steht symbolisch für die aktive Kraft, womit Licht, Wärme und Zielstrebigkeit verbunden werden. Der Wirkungsbereich ist das Wachbewußtsein und die rationale, verstandesmäßige Auseinandersetzung mit dem Leben. Hier sind Sprache und Logik von Bedeutung.

THA bedeutet ***Mond***, wodurch die besinnliche Kraft – die Intuition – symbolisiert wird. *THA* steht für die Nachtseite des Lebens – das Zwielicht, die Kühle, die Passivität und die Regeneration. Der ***Mond*** regiert das Erleben des Unterbewußten, den Bereich der Träume und Emotionen.

Fingerzeig
Information

Lesen Sie hierzu die Textbeiträge *Was ist Entspannung?* und *Disziplin und Losgelöstheit – ein Paradox*

Der Ausgleich dieser Kräfte wird durch Körperübungen, Atemregulierung, geistige Konzentration und Meditation angestrebt.

Für die Yogapraxis sind drei Leitsätze aus den ***Yoga-Sutren*** von ***Patanjali*** bedeutsam: 1. Das regelmäßige Üben. 2. Die innere Haltung der Absichtslosigkeit oder Losgelöstheit. 3. Das hingebungsvolle Hineinspüren in den Körper.

Zitat

1. Nun folgt die Disziplin des Yoga.
2. Yoga ist jener innere Zustand, in dem die seelisch-geistigen Vorgänge zur Ruhe kommen.
3. Dann ruht der Sehende in seiner Wesensidentität.
4. Alle anderen inneren Zustände sind bestimmt durch die Identifizierung mit den seelisch-geistigen Vorgängen.
5. Es gibt fünferlei seelisch-geistige Vorgänge, (und sie sind entweder) leidvoll oder leidlos.
6. (Und zwar die folgenden:) Gültiges Wissen, Irrtum, Vorstellung, Schlafbewußtsein und Erinnerung.

....

12. Das Zur-Ruhe-Kommen der seelisch-geistigen Vorgänge erlangt man durch ***Übung*** und ***Loslösung***.
13. Die intensive Bemühung um diesen Ruhezustand ist die Übung.
14. Wenn diese Übung eine lange Zeit ununterbrochen und mit einer Haltung der Hingabe vollzogen wird, bereitet sie eine feste Grundlage.

....

Patanjali: Die Yoga-Sutren, Auszug: Der Kern des Yoga

Suchwort-register

Im begrenzten Rahmen des *Großen Handbuches ganzheitlicher Methoden* kann aus der Fülle praktischer Übungen des ***Hatha Yoga*** für Körper und Geist nur eine kleine Auswahl getroffen werden: Wenn Sie mehr über die praktische Seite des Yoga wissen möchten, schlagen Sie im ***Suchwortregister*** auf S. 444 nach unter: ***Shavasana, Vrkshasana – die Baumstellung, Krokodilübungen, Drei wirksame Lockerungsübungen, Tratak, Pranayama, Spiegelmeditation, Chakra-Meditation, Nada Yoga, Mantra-Meditation, Surya Namaskar (Sonnengruß), Zeugesein....***

Literatur

Lesenswertes: • Hrsg. v. Berufsverband Deutscher Yogalehrer: *Der Weg des Yoga – Handbuch für Übende und Lehrende,* Verlag Via Nova • P. Y. Deshpande: *Patanjali – Die Wurzeln* *des Yoga*, Otto Wilhelm Barth Verlag • B.K.S. Iyengar: *Licht auf Yoga, Licht auf Pranayama, Der Baum des Yoga*, Otto Wilhelm Barth Verlag • Rocque Lobo: *Yoga – Sensibilitätstraining für Erwachsene*, Hueber-Holzmann Verlag • Silva, Mira & Shyam Mehta: *Yoga-Gymnastik*, Christian Verlag • Osho: *Das Orangene Buch – Meditationstechniken von Osho*, Rajneesh Foundation. • Mircea Eliade: *Yoga – Unsterblichkeit und Freiheit*, Insel Verlag • J. Blache u. a.: *Die Wege des Yoga*, Otto Wilhelm Barth Verlag • Boris Sacharow: *Was ist Yoga?*, Humboldt Taschenbücher;

Schnellübersicht: QuickEssenz-Karte (J. Kamphausen Verlag) im Taschenformat: *Hatha Yoga – Der Heilungsweg zur Ganzheit* und *Meditation – Weg zur inneren Ruhe*

Die typenbezogene Empfehlung:

Hatha Yoga ist ein praxisorientierter Weg. Die seit Jahrtausenden erprobten und bewährten Übungen haben jedem Persönlichkeitstypus etwas zu bieten. ***Hatha Yoga*** ist aufgrund seiner Körperorientierung ein gutes Fundament für Suchende folgender Persönlichkeitstypen:

Diesen beiden relativ willensorientierten Typen liefert ***Hatha Yoga*** konkrete Arbeitsmethoden, die nach einiger Zeit der Praxis die innere Angespanntheit lösen können und somit neue Dimensionen des Erlebens und der Wahrnehmung eröffnen. Aus der sensiblen Berührung mit einem spannungsfreien, inneren Raum schöpfen die Übenden einerseits große Kraft für die Anforderungen des Alltags, und andererseits verlagern sich unmerklich die Interessen auf neue Ziele, deren Ursprung im innersten Wesen liegt.

Der ***Neugierige*** wird überrascht sein über die Vielfalt an Erfahrungsmöglichkeiten im ***Hatha Yoga***. Die Anzahl möglicher Körperhaltungen und jeweils entsprechender Stimmungen sind zahllos. Sich auf diese Disziplin des Übens einzulassen, läßt die Motivation unmerklich anwachsen. Durch die positiven Ergebnisse von Entspannung und Anregung werden verschiedene Aspekte seiner Natur befriedet.

Unzufriedenheit

Der ***Unzufriedene*** wird durch die starke Betonung des Körperlichen im ***Hatha Yoga*** aus seinen selbstzweiflerischen Gedankenkreisen herausgeholt und in die Unmittelbarkeit des Erlebens seiner fünf Sinne gebracht, so daß er mit jedem Üben – zumindest für den Moment – den Anlaß seiner Unzufriedenheit beiseitelegt. Nach wiederholter Erfahrung von Unbeschwertheit wird er den Zustand der Erfüllung höchstwahrscheinlich öfter suchen und finden. Für beide Typen stellt das Üben in einer Gruppe eine Bereicherung der Erfahrung dar.

Gruppen-Übung

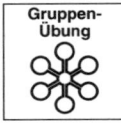

Hatha Yoga kann alleine geübt werden – die Wirkung wird jedoch in einer Gruppe verstärkt.

Raum für Notizen:

3
Die Baumstellung (Vrkshasana)

Bedeutung & Herkunft

Vrkshasana ist eine der wichtigsten Balancehaltungen im Yoga. ***Vrksha*** bedeutet ***der Baum***. Der Baum ist seit alters her ein Symbol der Lebenskraft und des Wachstums. Seine Wurzeln senken sich tief in die Erde und gleichzeitig streben seine Äste gen Himmel. Er vereinigt in sich ***Stabilität*** und ***Flexibilität***, die unverzichtbaren Aspekte eines lebendigen, anpassungsfähigen Gleichgewichtes. Der Mensch könnte die starken Turbulenzen des Lebens besser überstehen, würde er sich in seiner inneren und äußeren Haltung inspirieren lassen durch das Vorbild des Baumes.

Ein lebendiges ***Gleichgewicht*** umspannt zwei scheinbar gegensätzliche Pole des Erlebens, zwischen denen es einen Ausgleich herzustellen gilt. Bei eingehender Reflexion zeigt es sich, daß Gleichgewicht in jedem Bereich des Lebens eine übergeordnete Rolle spielt:

Körperorientiertheit <-> Geistesorientiertheit
Einatmung <-> Ausatmung
Ausdehnung <-> Zusammenziehung
Anspannung <-> Entspannung
Geben <-> Nehmen
Theorie <-> Praxis
Härte <-> Weichheit
Extrovertiertheit <-> Introvertiertheit
Gefühl <-> Verstand
Aktivität <-> Passivität

In der ***Baumstellung*** geht es um die Ausgewogenheit, die rechte Balance von Härte und Weichheit, Stabilität und Flexibilität. Reine Beweglichkeit ohne Kraft, ohne Struktur, wäre auf Dauer zu schwach, um überlebensfähig zu sein. Bloße Festigkeit ohne Flexibilität und Elastizität wäre leblos.

Für unser körperlich-seelisches Wohlbefinden ist daher ein feinfühliges Abwägen dieser Gegensatzpaare von größter Bedeutung. In ***Vrkshasana*** kann die existentielle Bedeutung von Gleichgewicht körperlich direkt verstanden werden. Gleichgewicht ist fließend und vermag sich veränderten Bedingungen anzupassen. Dies äußert sich unmittelbar im Spannungszustand der Muskulatur.

Praxis

Stelle dich aufrecht hin und lasse den Atem zur Ruhe kommen. Verlagere das Gewicht auf einen Fuß. Die Fußsohle hat einen gleichmäßigen Kontakt mit dem Erdboden, und das Gewicht ist über die gesamte Fläche gut verteilt. Hebe nun den anderen Fuß mit der Ferse in die Oberschenkelbeuge oder gegen das Knie oder die Wade. Lasse dir Zeit und beobachte genauestens die Schwankungen des Körpers und die Empfindungen, die dabei auftauchen.

Lege die Handflächen wie beim indischen Gruß oder in Gebetshaltung vor dem Brustbein aneinander und strecke die Arme langsam nach oben. Halte die Oberarme möglichst hinter den Ohren. Entspanne das Gesicht, den Hals und die Schultern, und lasse den Atem weich strömen. Stelle dir vor, daß du wie ein Baum langsam und stetig wächst – strecke dich aus dem Becken heraus.

Die Augenlider sollten nicht blinken, damit sich eine ruhige Orientierung über die Augen im Raum entwickeln kann. Hefte den Blick entspannt auf einen Punkt an der Wand.

Über den langsamen, weichen Strom der Atmung kannst du die nervlichen Reflexe im Fuß und im Standbein beruhigen.

Wechsele nach 1-2 Minuten die Seite.

Achtung

Ein gutes, stabiles Gleichgewicht ist kein Geschenk der Natur, mit dem der eine Mensch gesegnet ist und der andere nicht. Es ist vielmehr das Ergebnis eines Lernprozesses, der aus einer gesteigerten ***Sensibilität für den Spannungszustand der Muskulatur*** resultiert. Lerne darum ein feineres Gespür zu entwickeln für subtile, differenzierte Spannungen in den Füßen, den Waden, den Oberschenkeln und in den aufrichtenden Muskeln des Oberkörpers, um die Haltung jeden Moment neu zu koordinieren. Schaue, was passiert, wenn du für einen kurzen Moment die Augen schließt! Spüre, wie die Muskeln greifen, um den fehlenden Halt, den die Augen gerade verloren haben, wieder wettzumachen durch mehr Härte in den Muskeln. Doch Anspannung ist fehl am Platze, denn wirkliches Gleichgewicht findest du nur ***in der Mitte***, wo die Spannung aller haltenden Muskeln zueinander ausgeglichen ist.

Auch die Schwankungen im Geiste verringern sich, wenn du in deiner körperlichen Mitte bist. Du wirst die Erfahrung machen, daß die intensive Auseinandersetzung mit der Haltung eine Sammlung und Konzentration erfordert, die alle überflüssigen Gedanken augenblicklich auslöscht. ***In Balancehaltungen ist es nicht möglich, zu grübeln und sich Sorgen zu machen.*** Diese Yogahaltung wirkt befreiend und öffnend.

Zitat

„Wieso erscheinen uns Pflanzen und Tiere ausgeglichener und flexibler als der Mensch? Was macht den dünnen Stengel einer Blume oder das Rohr eines Bambus mitten im Sturm so widerstandsfähig? Warum wirkt der Gang von Katzen und Raubtieren so leicht und geschmeidig?

Vielleicht ist der Mensch mit der Fähigkeit des Denkens – sich begrifflich etwas anderes als das Unmittelbare vorstellen zu können – zu belastet. Unsere Vorstellungskraft kann uns befreien, aber auch blockieren. Wir sind fähig, uns in negative Phantasien hineinzusteigern, die uns schwanken machen. Selbstbegrenzende Bilder der Vorstellung führen langfristig zu Inflexibilität, Steifheit und Verkrampfung.

Tiere und Pflanzen scheinen das Problem von *Ich* und *Außenwelt* und der Aufspaltung der Zeit in Vergangenheit, Gegenwart und Zukunft nicht zu kennen. Sie sind in ihrer Körperlichkeit präsenter als der Mensch.

Die Existenz eines Körpers außerhalb der unmittelbaren Gegenwart ist nur möglich in der Vorstellung. Der Körper kann nur ***hier und jetzt*** wahrgenommen werden – die Sinne sind immer nur direkt – nicht vorher, nicht nachher. Alles andere spielt sich im Denken ab und besitzt keine konkrete Realität!

Um ***in der Gegenwart*** zu sein, ist nichts so hilfreich wie das Entwickeln eines guten Gefühls für das Gleichgewicht und die Koordination von Bewegung und Atmung, denn dies erfordert in besonderem Maße eine totale Bewußtheit des Körpers." K.P.M.

Praxis

Nimm zum Abschluß für einige Minuten eine gerade, aufgerichtete ***Sitzhaltung*** ein. Die Konfrontation mit dem inneren und äußeren Gleichgewicht bringt alle latente Unruhe, alle Verunsicherung, die vorher in der Tiefe von Körper und Geist verborgen waren, zum Vorschein. Auch wenn du gewohnt bist, solchen Empfindungen auszuweichen, nimm dir Zeit, genauer nachzuspüren, was dein augenblicklicher Zustand ist. In den Haltungen des Yoga begegnest du nur dir selbst!

Ablehnung und Widerstand erzeugt einen Zwiespalt in dir – Annehmen und Loslassen versetzt dich in den ursprünglichen Zustand des Einsseins mit dir selbst!

Lege die Fußsohlen gegeneinander, umgreife die Zehen und richte die Wirbelsäule aus dem Becken heraus auf. Schließe dabei die Augen und beobachte, wie der Atem weich und sanft und geräuschlos durch die Nase ein- und ausströmt. Spüre, wie mit der Einatmung die Energie gebündelt wird und von der Basis der Wirbelsäule im Rückenmarkskanal emporgeleitet wird zur Krone des Kopfes. Lasse mit der Ausatmung die Energie wieder zurücksinken zu ihrem Ursprung.

Literatur

Lesenswertes: • Hrsg. v. Berufsverband Deutscher Yogalehrer: *Der Weg des Yoga – Handbuch für Übende und Lehrende,* Verlag Via Nova • B.K.S. Iyengar: *Licht auf Yoga, Der Baum des Yoga,* OttoWilhelm Barth Verlag • G.S. Mukerji & W. Spiegelhoff: *Yoga und unsere Medizin,* Hippokrates Ratgeber • André van Lysebeth: *Hatha Yoga – Klassische Übungen für Menschen von heute,* München 1974.

Schnellübersicht: QuickEssenz-Karte (J. Kamphausen Verlag) im Taschenformat: *Hatha Yoga – Der Heilungweg zur Ganzheit*

Die typenbezogene Empfehlung:

Diese beiden Typen werden durch die intensive Auseinandersetzung mit ihrem Balancevermögen in eine Unmittelbarkeit des Erlebens versetzt, die alle grüblerischen und sorgenvollen Gedanken außer Kraft setzen kann. Dies wird als sehr entlastend und befreiend empfunden und setzt Kräfte frei, die vorher in selbstbegrenzenden Bildern der Vorstellung gebunden waren.

Der Typus des ***Gestreßten*** erlebt in dieser Haltung ganz besonders das Ausmaß seines inneren Aufruhrs. Er kann sich hier in seiner Getriebenheit wie in einem Spiegel klarer erkennen. Wenn er dieser notwendigen und heilsamen Konfrontation nicht ausweicht, kann die Übung selbst regulierend und ausgleichend wirken und ihm langfristig darüber hinaus auch die Notwendigkeit unterstützender Entspannungsübungen verdeutlichen.

Diese beiden Typen werden die zentrierende und kräftigende Wirkung dieser Übung genießen, während sie mit Interesse das feine Wechselspiel von Spannung und Entspannung in den haltenden und aufrichtenden Muskeln abwägen. Ausgleich und Ruhe werden hier als das Ergebnis einer intelligenten Auseinandersetzung durch aufmerksame Feinabstimmung der inneren und äußeren Haltung erkannt.

Da sich hier sehr viele Typen in ihren unterschiedlichen Bedürfnissen angesprochen fühlen, ist diese Übung für die ***Soforthilfe*** ab Seite 40 besonders geeignet.

4
Die Chakra-Meditation

Bedeutung & Herkunft

Chakra ist die Bezeichnung für die feinstofflichen Energiewirbel im Ätherleib – dem Körper der Lebensenergie.

In allen mystischen Traditionen der großen Religionen existiert übereinstimmend ein Wissen um diese Energiezentren. Die Aufgabe dieser Zentren ist es, die Urgewalt kosmischer Energie auf eine dem menschlichen Fassungsvermögen erträgliche Frequenz zu transformieren.

Vor allem in der hinduistischen und buddhistischen Tradition sind diese Energiezentren – die ***Chakras*** – bekannt (*Chakra* ist in der altindischen Gelehrtensprache *Sanskrit* der Begriff für *Rad*). Das ***Rad*** deutet eine kreisförmig wirbelnde Energiebewegung an, die von vielen Praktizierenden des ***Yoga*** auch so empfunden wird. Verwirklichte Lehrer dieser Tradition sind in der Lage, diese Energiewirbel und bestimmte korrespondierende Farben, symbolhafte Formen und Tonschwingungen wahrzunehmen. Ähnlich wie elektrischer Strom aus den Überlandleitungen von Transformatoren für einen geringeren Energiebedarf umgeformt werden muß, damit kleinere Verteiler (Schwachstromleitungen) nicht durchbrennen, regulieren die ***Chakras*** im feinstofflichen Körper die Intensität der universellen Energien, indem sie sie auf das Energieniveau heruntertransformieren, das für die Systeme der endokrinen Drüsen und der motorischen und sensiblen Nerven im grobstofflichen Körper optimal ist.

Die Beschreibung von Anzahl, Struktur und Funktion der einzelnen ***Chakras*** in den alten tantrischen Schriften und in modernen westlichen, esoterischen Schulen kann etwas variieren. Wir beziehen uns hier auf die gängige Einteilung in ***7 Haupt-Chakras***:

1. *Muladhara Chakra* (Wurzelchakra zwischen Geschlechtsorgan und Anus)
2. *Svadhisthana Chakra* (Sexualchakra in der Blasengegend)

3. *Manipura Chakra*	(Solarplexus-Chakra in der Nabelgegend)
4. *Anahata Chakra*	(Herz-Chakra in der Herzgegend)
5. *Visuddha Chakra*	(Kehlkopf-Chakra in der Mitte der Kehle)
6. *Ajna Chakra*	(Stirn-Chakra – „Drittes Auge" – zwischen den Augenbrauen)
7. *Sahasrar Chakra*	(Kronen-Chakra oberhalb des Scheitelpunktes)

Im Rahmen dieses *Handbuches ganzheitlicher Methoden* können wir dieses weitreichende, für die geistig-seelische Entwicklung wichtige Thema nur oberflächlich streifen. Der folgenden tabellarischen Übersicht (nächste Seite) können wesentliche Zuordnungen entnommen werden:

Chakra	Mantra	Element	Arbeitsorgan, Körperteile	Endkrine Drüsen	Nerven-Geflechte
7. Sahasrar Chakra Kronen-Chakra oberhalb des Scheitel-punktes	AH	(LICHT)	Großhirn, Schädeldecke	Epiphyse, Zirbeldrüse	
6. Ajna Chakra „Drittes Auge" zwischen den Augenbrauen	AUNG	(GEIST)	Kleinhirn, Stirn Augen, Ohren, Nase, Nebenhöhlen, Nervensystem	Hypophyse Hirnanhang-drüse	Plexus Cavernosus
5. Vusuddha Chakra Kehlkopf-Chakra in der Mitte der Kehle	HANG	ÄTHER, RAUM	Kehle, Speiseröhre, Bronchien, Stimme	Schilddrüse und Neben-schilddrüsen	Laryngeal-plexus
4. Anahata Chakra Herz-Chakra in der Herz-gegend	YANG	LUFT	Herz, Lunge, Blutkreislauf	Thymusdrüse	Kardinal-plexus
3. Manipura Chakra Solarplexus-Chakra in der Nabel-gegend	RANG	FEUER	Magen, Milz, Leber, Gallenblase, Verdauungs-system, vegetatives Nervensystem	Bauchspeichel-drüse	Solarplexus
2. Svadhi-sthana Chakra Sexualchakra in der Blasen-gegend	VANG	WASSER	Genitalien, Niere, Blase, Knie	Keimdrüse	Sakralplexus
1. Muladhara Chakra Wurzelchakra zwischen Geschlechts-organ und Anus	LANG	ERDE	After, Gedärme, Füße, Wirbelsäule, Nägel, Zähne	Nebennieren	Plexus Coccygeus

Allgemeiner Hinweis zum Visualisieren und Erspüren der *Chakras* in der Meditation:

Anfänger

Bevor Sie mit der anschließend beschriebenen Übung zur Harmonisierung Ihrer *Chakras* beginnen, stellen Sie sich eines der sieben *Chakras* wie eine Kameralinse vor, die sich weitet (öffnet) und verengt (schließt). Lassen Sie sich zwei bis drei Minuten Zeit, bis Sie ein klareres Gefühl von ***Öffnen*** und ***Schließen*** gewonnen haben.

Dann intensivieren Sie die Vorstellung, daß Licht entsprechend des Grades der momentanen Öffnung, die Ihnen behagt, mit der ***Einatmung*** einströmt und mit der ***Ausatmung*** ausströmt.

Wenn es Ihnen lieber ist, können Sie für die gleiche Einstimmung auch das Bild einer Lotosblüte in Ihrer Visualisation zu Hilfe nehmen: Stellen Sie sich das betreffende *Chakra* wie eine leuchtende Blüte vor, deren Stengel verbunden ist mit dem zentralen, feinstofflichen Energiekanal im Innersten der Wirbelsäule. Lassen Sie mit der ***Einatmung*** strahlendes, nährendes Licht in den geöffneten Kelch der Blüte einströmen. Mit der ***Ausatmung*** geht eine leuchtende, farbige Strahlung von der Blüte aus. Den Grad der Öffnung der *Kameralinse* oder der *Blüte* bestimmen Sie. Das bedeutet, daß Sie sich zu Anfang ganz behutsam vorantasten sollten, um vertrauter zu werden mit bisher noch ungewohnten Energiephänomenen. Das Gefühl, jederzeit das entsprechende *Chakra* öffnen und schließen und dem jeweiligen Energiebedarf anpassen zu können, verhindert, daß Sie sich von einem stärkeren Energiefluß überwältigt fühlen.

Achtung

Sitzen Sie weich und bequem auf einem Stuhl, oder gut gepolstert mit leicht verschränkten Beinen wie im Schneidersitz auf dem Boden. Es ist wichtig, darauf zu achten, daß möglichst kein Schmerz in den Knie- und Hüftgelenken und keine irritierende Anspannung in den Muskeln und Sehnen des Beckens und der Beine entsteht! (Legen Sie sich gegebenenfalls ein Kissen zu jeder Seite als Stütze unter die Oberschenkel.)

Die Wirbelsäule sollte immer gut aufgerichtet sein, damit die Energie im zentralen Rückenmarkskanal ungehindert fließen kann. Visualisieren Sie Ihr Rückgrat als die zentrale Achse der Kraft. Die Schultern fallen locker und entspannt nach unten vom Hals weg. Der Unterkiefer ist entspannt. Das Kinn ist ein wenig hereingezogen, so daß der Nacken leicht gedehnt wird.

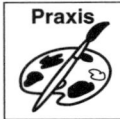

Praxis

Die Übung:

Schließen Sie die Augen und richten Sie die Aufmerksamkeit auf das ***Wurzelchakra*** zwischen Geschlechtsorgan und Anus im Beckenboden. Summen Sie den Ton ***LANG*** und lassen Sie die Schwingungen dieses Klanges im Beckenboden vibrieren. Seit Jahrhunderten *sehen* eingeweihte Praktiker dieser Übung die Schwingungen in diesem Körperbereich in einer **feurig-roten Färbung.** Stellen Sie sich vor, daß mit jeder Ein- und Ausatmung **rotes Licht** einströmt und wieder ausgestrahlt wird.

Die Zuordnung zum Element ERDE deutet darauf hin, daß dieses *Chakra* die **Beziehung zur materiellen Welt** regelt und den **körperlichen Willen zum Sein** stärken oder schwächen kann, je nachdem wie harmonisch oder gestört dieses feinstoffliche Energiezentrum arbeitet.

Nach einigen Minuten – wenn Sie ein warmes Vibrieren im ganzen Beckenbodenbereich verspüren und Klang und Farbe zu einer Einheit verschmelzen können – lassen Sie die Aufmerksamkeit etwas höher wandern zum ***Sexualchakra*** in der Blasengegend. Summen Sie die Silbe ***VANG*** und lassen Sie den Ton in der Höhe von Blase und Schambein vibrieren. Verbinden Sie damit die Vision eines **leuchtenden Orange.**

Die Zuordnung zum Element WASSER deutet an, daß dieses *Chakra* die **Sinnlichkeit, Erotik und Kreativität** bestimmt und die **schöpferische Fortpflanzung des Seins** stärken oder schwächen kann.

Wiederum nach einigen Minuten lassen Sie die Aufmerksamkeit etwas höher wandern zum ***Solarplexuschakra*** in der Nabelgegend. Summen Sie die Silbe ***RANG*** und lassen Sie den Ton in der Höhe von Magen, Milz, Leber und Gallenblase vibrieren. Verbinden Sie damit die Vision eines **leuchtenden Goldgelb**.

Die Zuordnung zum Element FEUER läßt erkennen, daß dieses *Chakra* die **Willenskraft und Entfaltung der Persönlichkeit** steuert und die **zielgerichtete Gestaltung des Seins** stärken oder schwächen kann.

Wenn wieder einige Minuten vergangen sind, lassen Sie die Aufmerksamkeit etwas höher wandern zum ***Herzchakra*** in der Herzgegend. Summen Sie die Silbe ***YANG*** und lassen Sie den Ton in der Höhe von Herz und Lungen vibrieren. Verbinden Sie damit die Vision eines **leuchtenden Grün**.

Die Zuordnung zum Element LUFT bedeutet, daß die Ausrichtung zunehmend in feinstofflichere, sensiblere Bereiche vordringt. Dieses *Chakra* regelt die **Entfaltung von Liebe, Mitgefühl und Toleranz** und kann die **Hingabefähigkeit an das Sein** stärken oder schwächen. Öffnen Sie sich für einige Minuten diesen Qualitäten des Herzens.

Lassen Sie nun die Aufmerksamkeit etwas höher wandern zum ***Kehlkopfchakra*** in der Halsgegend. Summen Sie die Silbe ***HANG*** und lassen Sie den Ton in der Halsmitte vibrieren. Verbinden Sie damit die Vision eines **leuchtenden Blau**.

An der Zuordnung zum Element RAUM ist erkennbar, daß sich die Ausrichtung auf noch feinstofflichere, sensiblere Bereiche erstreckt. Dieses *Chakra* bestimmt den Grad der **verbalen und nonverbalen Kommunikationsfähigkeit** und regelt den **Zugang zu feineren Ebenen des Seins.** Es kann den **Seinsausdruck** stärken oder schwächen.

Nach einigen Minuten lassen Sie die Aufmerksamkeit etwas höher wandern zum ***Stirnchakra*** beim ***„Dritten Auge“***. Summen Sie die Silbe ***AUNG*** und lassen Sie den Ton in der Höhe von Augenbrauen und Stirn vibrieren. Verbinden Sie damit die Vision eines **leuchtenden Violett**.

Die Zuordnung zum GEIST ist Zeichen einer Ausrichtung ins Geistig-Mentale. Dieses *Chakra* regelt den **Zugang zu hö-**

heren Erkentnisebenen und bestimmt das Maß an **Intuition und Geisteskraft.** Es kann die **Seinserkenntnis** stärken oder schwächen.

Zum Abschluß dieser Übung lassen Sie die Aufmerksamkeit noch höher wandern zum ***Kronenchakra,*** das oberhalb des Scheitelpunktes visualisiert wird. Summen Sie die Silbe ***AH*** und lassen Sie den Ton in der Schädeldecke und darüber hinaus vibrieren. Verbinden Sie damit die Vision eines **strahlend weißen Lichtes**.

Weißes LICHT repräsentiert die überpersönliche Dimension, das Formlose. Das *7. Chakra* regelt das **spirituelle Wachstum und die direkte, universelle Schau** und bestimmt das Maß an **Vollendung des Seins.** Es wird in Verbindung gebracht mit dem **reinen, unzerstörbaren Sein, einer Sphäre** jenseits von Sein und Nicht-Sein.

Tip

Um Farben leichter oder besser visualisieren zu können, empfehlen wir Übungen der **Konzentration auf Bilder oder Gegenstände**, die sich durch intensive Farbigkeit auszeichnen. Auch die Erinnerung an das rote, grüne und gelbe Licht einer Ampel oder die blaue Farbe eines Verkehrszeichens kann schon genügen, um die farbige Vorstellungskraft in der ***Chakra-Meditation*** zu fördern.

Entsprechende Musik und Naturgeräusche können das intensivere Erspüren und Visualisieren der *Chakras* unterstüzen. (siehe ***Literatur)***

Themenkreise

Sehr zu empfehlen ist das Miteinbeziehen von ***Aurasoma*** (siehe Seite 370). Die intensiv leuchtenden *Balance-Öle* hinterlassen einen tiefen Eindruck im Unterbewußtsein. Sowohl das Anschauen der Flaschen als auch das Auftragen dieser Öle auf farblich entsprechende *Aura-Bereiche* des Körpers hat sich als große Hilfe erwiesen.

Bewährte Übungswege

Diese Form der intensiven Konzentration auf Körperbereich, Klang und Farbe kann im fortgeschritteneren Stadium auf andere Übungen übertragen werden -> ***Der Gruß an die Sonne, Viloma Pranayama,*** bestimmte Übungen des ***Hatha Yoga***, ***Inneres Lächeln, Das Kreisen des Lichtes*** und ***Reiki.***

Literatur

Lesenswertes: • Harish Johari: *Das Große Chakra-Buch*, Hermann Bauer Verlag • Klausbernd Vollmar: *Fahrplan durch die Chakren*, rororo Sachbuch; Weiterführende Literaturhinweise erfahren Sie in diesen Büchern.

Schnellübersicht: QuickEssenz-Karte (J. .Kamphausen Verlag) im Taschenformat: *Die Chakras – Energiezentren des Menschen*

Musik: Merlin´s Magic: *Chakra-Meditation*, Verlag Windpferd. Musikhinweise erfahren Sie in o.a. Büchern.

Die typenbezogene Empfehlung:

Wir empfehlen, dieser ***Chakra-Meditation*** mindestens eine halbe Stunde Zeit zu widmen, um sie ruhig und konzentriert auszuführen zu können. Wir gehen davon aus, daß der ***gestreßte, unzufriedene*** und auch der ***neugierige*** Persönlichkeitstypus, jeder aus unterschiedlichen Gründen, für diesen Zeitraum nicht die innere Sammlung aufbringen kann, um aus dieser Übung vollen Nutzen ziehen zu können.

Perfektion Eifer Ruhe

Nebenstehenden Typen fällt es gewöhnlich leichter, die Aufmerksamkeit kontinuierlich auszurichten. So kann der ***Perfektions***-Typus durch Visualisation und Klang zu einer gelösten inneren Ordnung finden, die ihn zufriedener und entspannter werden läßt. Der ***Eifrige*** und der ***Ruhesuchende*** finden im Ausgleich ihrer Energiezentren einen leichten Zugang zu einem erfüllteren Zustand ihrer jeweiligen Wesensart.

5
Der Gruß an die Sonne

Bedeutung & Herkunft

Beim ***Gruß an die Sonne*** handelt es sich um eine Kombination von sieben klassischen ***Yogasanas*** (*Asana* = *Haltung*), die in einer Verdoppelung von fünf Haltungen aneinandergereiht eine dynamische Bewegung von insgesamt zwölf Haltungen ergeben.

Surya Namaskar ist der Name, unter dem diese Übung in Indien bekannt ist. Die Bedeutung der Sanskrit-Begriffe *Surya* und *Namaskar* ist *Sonne* und *Begrüßung* oder *Verehrung*. Der ***Gruß an die Sonne*** ist ein frühmorgendliches Bewegungsritual, das sich über einen Zeitraum von hunderten, wenn nicht gar tausenden von Jahren, entwickelt hat. Vermutlich geht der ***Sonnengruß*** auf die Religionsgruppe der ***Parsen*** und ihren Propheten und Gründer ***Zarathustra*** zurück. Die *Parsen* verehrten die Sonne und das Feuer als archetypische Symbole des Göttlichen.

Im Zuge der Völkerwanderung siedelte sich der Volksstamm der *Parsen* in Indien an. So wurde dieser spezielle Ritus allmählich von den Indern übernommen. Sie führen den ***Sonnengruß*** traditionsgemäß bei Sonnenaufgang aus, um den anbrechenden Tag willkommen zu heißen und ihn mit konzentrierter Kraft,

Aufmerksamkeit und Dankbarkeit zu beginnen. Es ist für gläubige Hindus eine der zahllosen Formen der Verehrung des Göttlichen.

Jede Serie von zwölf Haltungen kann – so oft man möchte - wiederholt werden. Es wird empfohlen, mit fünf oder zehn

1. Das Gebet
– Bergstellung –
Tadasana in Namaskar-Haltung

2. Die Aufrichtung
– Bergstellung –
Tadasana mit Streckung

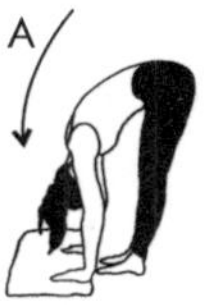

3. Die Verbeugung
– Streckhaltung –
Uttanasana

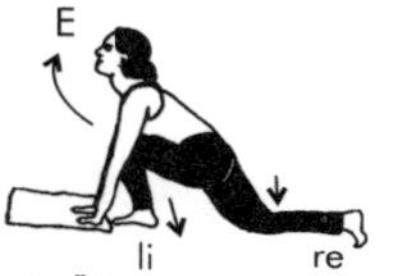

4. Die Öffnung
– Variation einer Kriegerstellung –
Virabhadrasana

5. Der Blick zur Erde
– Hundestellung 2 –
Adho-mukha-svanasana

5a. Das Sammeln der Kraft
– angedeuteter Diamantsitz –
Vajrasana überleitend in...

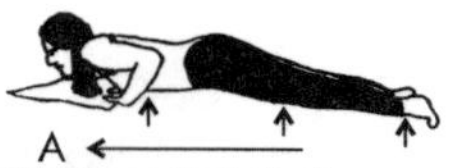

6. Hingabe an die Erdkraft
– Viergliedrige Stockhaltung –
Chaturanga-dandasana

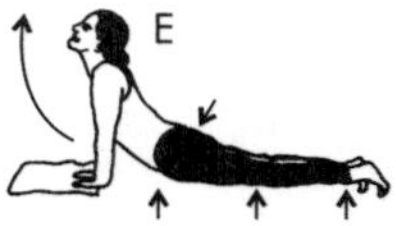

7. Der Blick zum Himmel
– Hundestellung 1 –
Urdhva-mukha-svanasana

8. Der Blick zur Erde
– Hundestellung 2 –
Gesicht gebeugt
Adho-mukha- svavasana

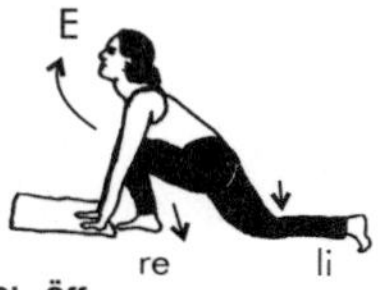

9. Die Öffnung
– Variation einer Kriegerstellung –
Virabhadrasana

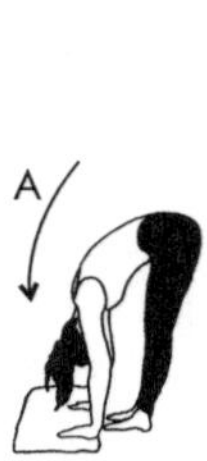

10. Die Verbeugung
– Streckhaltung –
Uttanasana

11. Die Aufrichtung
– Bergstellung –
Tadasana mit Streckung

12. Das Gebet
– Bergstellung –
Tadasana in Namaskar-Haltung

Wiederholungen zu beginnen, das Pensum im Laufe eines Monats bis zu drei Monaten zu steigern und auf vierzig Bewegungsabläufe hinzuarbeiten.

Das vordergründige Ziel ist es, den Körper zu kräftigen und ihn geschmeidig und flexibel zu halten. Die Muskeln, Sehnen und Bänder der Vorder- und Rückseite werden im schnellen Wechsel kontrahiert und gedehnt; die Atmung, der Kreislauf, das Nervensystem und die endokrinen Drüsen werden angeregt, so daß der Lebensfluß verstärkt wird und der Körper anschließend einen optimalen Zustand des Wohlbefindens erfährt.

Der wechselnde Druck und die Anspannung während der Ausführung des ***Sonnengrußes*** zielen vor allem auf den Bereich des Solarplexus. Die physische Mitte – das vitale Zentrum im Bereich des Nabels – ist in vielen Übungswegen ein Brennpunkt der Aufmerksamkeit. Die Konzentration auf den Solarplexus bewirkt ein Gefühl der Kraft und der Ausgewogenheit der Energien von Körper, Seele und Geist.

So kann der regelmäßig ausgeführte ***Sonnengruß*** eine körperlich kraftvolle, energetisch ausgeglichene, vitale Grundstimmung schaffen, die als Fundament intensiver geistiger Konzentration dient.

Zitat

Eine Frau, die täglich regelmäßig den Sonnengruß ausführt, berichtet stellvertretend für viele Übende über ihre persönliche Erfahrung:

„Jedes Mal, wenn ich schlecht gelaunt bin oder mich schlapp und träge und von den alltäglichen Pflichten überfordert fühle, hat der ***Gruß an die Sonne*** meine Stimmung anschließend radikal verändert. Wenn ich erst einmal angefangen habe, einundzwanzig Zyklen des Sonnengrußes auszuführen, geht der Ablauf wie von selbst. Danach fühle ich mich wacher, kräftiger und bereitwilliger, notwendige Arbeiten zu verrichten. Alles erscheint mir leichter. Ich brauche nicht mehr nachzudenken – vielmehr fühle ich mich getragen von der freigesetzten Energie, das zu machen, was ich sonst eher widerwillig ausführe, wenn ich mich kraftlos und müde fühle. Alle Lethargie ist verflogen. Auch mein Selbstwertgefühl ist deutlich angewachsen.

Wenn ich sonst unter kalten Füßen und Händen gelitten habe, ist mir nun hinterher immer wohlig warm, denn alles ist wunderbar durchblutet. Auf angenehme Art und Weise spüre ich das Herz stark und kraftvoll schlagen – früher hatte das Erleben meines Herzschlages oft etwas Bedrohliches und hat Panik und Angst in mir hervorgerufen. Alles scheint durch den Sonnengruß in ein Gleichgewicht zu kommen, und ich genieße das Gefühl, lebendig zu sein.“ *Waltraud Ubben*

Da die Darstellung des exakten Ablaufes jeder einzelnen Bewegung hier zuviel Raum einnehmen würde, können wir nur auf entsprechende Literatur hinweisen oder empfehlen, eine Yogaschule zu besuchen, wo Sie unter sachgerechter Anleitung diese Übung erlernen können. Unseres Erachtens hat der ***Sonnengruß*** so viele positive Auswirkungen, daß wir diese Übung auch im **Soforthilfe**-Übungskapitel (S. 43) als Abbildung darstellen möchten.

Literatur

Lesenswertes: • André van Lysebeth (1970): *Yoga für Menschen von heute*, S. 273-293, Bertelsmann Verlag • Raja von Aundh (1974): *Das Sonnengebet*, Günther Verlag Stuttgart • Hubert Wurz (1996): *Das indische Sonnengebet*, Pattloch Verlag • Maruschi A. Magyarosi (1992): *Das Surya Namskar – das andere Fitneß-Rezept*, Laredo Verlag • Kirti Peter Michel (1996): *Surya Namaskar – Die Erweckung der Quellen von Licht und Kraft*, im Eigenverlag – Direktbestellung beim Autor.

Die typenbezogene Empfehlung:

Neugier

Für den Typus des aufgeschlossenen ***Neugierigen*** ist diese dynamische Form des Yoga eine ideale Kombination von Fitneßtraining und Konzentration. Die intensive Erfahrung dieser energetisierenden Bewegung bringt ihn mit sich selbst in Einklang und zu einer klareren Wahrnehmung seines innersten Wesens.

Stress

Der ***Gestreßte,*** der ein Ventil sucht für Spannung und angestaute Aggression findet hier eine zeitsparende Form des *Body-Workouts*, das in ausgewogener Weise alle Muskeln des Körpers anspricht, die Atmung vertieft und den Energiefluß harmonisiert. Die gleichmäßig fließende Bewegung gibt den oftmals chaotischen, inneren Strömungen in Körper und Geist eine neue Ordnung.

Dem Typus des ***Perfektionisten*** bietet die Ausführung des ***Sonnengrußes*** eine vollendete, ästhetisch ansprechende Struktur, in der er sein Bedürfnis nach Exaktheit und Perfektion befriedigen kann. Die stark energetisierende Qualität der Übung und ihre Betonung des Körperlichen läßt sie besonders geeignet erscheinen, Spannungen zu vermindern, die vom überkritischen Verstand herrühren.

Das Gleiche gilt in ähnlicher Weise auch für den ***Unzufriedenen,*** der vom *Kopf* mehr in den Körper gebracht wird.

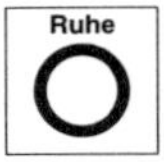

Der ***eifrig Suchende*** und der ***Ruhesuchende*** haben den Schwerpunkt ihres Suchens schon mehr in den geistigen Bereich verlagert und sind eher auf stille Meditationen ausgerichtet. Gerade für sie liegt darin aber die Gefahr, in die Falle der Trägheit und Lethargie zu geraten. Nach intensiver körperlicher Betätigung wird auch für sie die ersehnte Ruhe und Stille greifbarer.

Mit dem **Soforthilfe**-Symbol wollen wir diese Übung als besonders geeignet kennzeichnen für das **Soforthilfe**-Kapitel auf Seite 43, auch wenn wir sie an jener Stelle aus Platzgründen nicht ausführlich beschreiben, sondern nur bildhaft skizzieren können.

6
Tratak – die Blickmeditation

Bedeutung & Herkunft

Die Übung des ***Tratak*** ist eine uralte Konzentrationstechnik des Starrens mit Hilfe der Augen. Die Weisheitsschriften des Yoga – ***Hatha Yoga Pradipika*** und ***Gheranda-Samhita*** – messen den sogenannten ***Kriyas*** – *den sechs vorbereitenden, reinigenden Übungen* eine große Bedeutung bei: *Trâṯaka* ist eine davon. Ursprünglich bedeutete es, den Blick solange auf einen Gegenstand zu richten, bis die Tränen kommen. (Die Wortbedeutung von *trâṯaka* im altindischen *Sanskrit* ist *Tränen.*)

Seit Jahrtausenden übten sich *Schamanen* (Medizinmänner und -frauen) der unterschiedlichsten Kulturen in der Methode der Beherrschung des umherwandernden Geistes. So findet man diese Übung in anderen Traditionen unter anderem Namen. Für die *toltekischen* Seher des alten Mexiko war es die Kunst des *Gaffens* – stundenlang einen Gegenstand anzuschauen.

Praxis

Themenkreise

Setzen Sie sich bequem mit aufgerichteter Wirbelsäule im Abstand von ca. einem Meter vor ein Objekt und fixieren Sie es, ohne zu blinzeln. Welchen Gegenstand Sie anstarren, ist nicht von Bedeutung: Wählen Sie nach Belieben z. B. eine Kerze, einen schwarzen Punkt auf weißem Papier, eine Blume, einen Stein, ein Laubblatt, das eigene Spiegelbild oder die Augen eines Partners, dem Sie in der Konzentrationsübung gegenüber sitzen. (siehe ***Die Spiegelmeditation*** oder ***Zen***). Gestatten Sie den Augen, zu tränen und sich selbst zu reinigen. Halten Sie jedoch die Augen in entspannter Weise offen und den Blick weich und bewegungslos. Es geht hierbei nicht um das Objekt, sondern um die verbesserte Fähigkeit des Erkennens, die nur entstehen kann, wenn das Bewußtsein klar wird wie ein Spiegel und nicht von Gedankenwellen getrübt wird!

Am Anfang wird es Ihnen schmerzhaft bewußt, wie sehr das Denken umherspringt und nicht in der Lage ist, stillzuhalten. Seien Sie mit der Aufmerksamkeit ganz beim erwählten Gegenstand – lassen Sie es nicht zu, daß sich etwas zwischen Ihren

Blick und das betrachtete Bild schiebt. Wenn es Ihnen gelingt, alle Gedankenregungen an ihrem Ursprung einzudämmen, werden Beobachter und Beobachtetes eins – da ist keine Distanz mehr zu dem Objekt. „Ich“ und „Du“ lösen sich auf, und **das totale Schauen wird zur Meditation**.

Themenkreise

In der Praxis des ***Zazen*** – der japanischen Form der buddhistischen Meditation der Stille – beruht die entspannte, nichtanhaftende Form des Schauens auf die weiße Wand oder den Fußboden auf dem gleichen Prinzip. Normalerweise verstehen wir unter Konzentration ein Fokussieren des Bewußtseins auf einen beliebigen Brennpunkt – damit ist sehr viel Anspannung verbunden. Der leistungsorientierte, gestreßte Mensch gerät hier leicht in die Gefahr, sich anzuspannen und zu verkrampfen. Die entspannte Konzentration im ***Zazen*** oder beim ***Tratak*** läßt jedoch nach kurzer Zeit das Gewahrsein weit und umfassend werden, indem sie **defokussiert**.

Tratak ist das Gegenstück zum ***Schweifenden Blick*** (siehe nächste Übung). Beim ***Tratak*** wird der Zwang zum Umherschweifen der Aufmerksamkeit deutlicher spürbar. ***Tratak*** projiziert die klare Absicht, um jeden Preis still zu halten und der inneren Unruhe nicht nachzugeben. Dies hat eine Kräftigung des Willens zur Folge. Der ***Schweifende Blick*** hingegen macht sich die unruhige Bewegung des Geistes zunutze und zähmt sie auf indirekte, unaufdringliche Weise, indem er dem umherwandernden Geist *eine lange Leine gibt*, die ganz unmerklich angezogen wird. So kann der Geist auch durch langsame Bewegung zur Ruhe kommen und in eine entspannte Konzentration gelangen. Siehe auch: Erläuterungen zur ***Spiegelmeditation***.

Tip

Energie ist immer in Bewegung - sie kann nicht stillstehen. Sie muß – dem Gesetz der Schwerkraft folgend – nach unten fließen. *Nach unten* ist die gewöhnliche Bewegungsrichtung – dies ist gleichbedeutend mit der nach außen gerichteten Bewegung der Sinne. Über die Augen, die in ruheloser Bewegung nach den Objekten der Wahrnehmung greifen, geht unnötig viel Energie verloren und verpufft wirkungslos. Die Weisen und Seher alter Zeiten hatten erkannt, daß die gewöhnliche Fließrichtung der Energie umgekehrt werden kann, wenn man die

Augen ganz still hält. Sie fließt nach oben zum sogenannten ***Dritten Auge*** (siehe *6. Chakra*, ***Chakra-Meditation***). Dies ist das feinstoffliche Energiezentrum in der Mitte der Stirn etwa in Höhe der Augenbrauen. (Eine exakte Lokalisierung ist nicht möglich, da sich das Zentrum dem Bewußtseinszustand des Einzelnen entsprechend nach unten oder nach oben verschieben kann.) Wenn die Aufmerksamkeit dort fixiert wird, strömt Bewußtseinsenergie in dieses Zentrum, stimuliert das visionäre Erleben und öffnet den Zugang zu höheren Erkenntnisebenen. Sind alle Gedanken zur Ruhe gekommen, tritt ein intensives Wissen hervor, daß alle Dinge aus sich selbst heraus leuchten. Es gibt kein Vorher und kein Nachher. Die Zeit steht still.

Zitat

„Die Wahrnehmung des Yogi ist wie der Flugpfad, den ein Vogel am Himmel beschreibt. Sein Pfad verschwindet, ohne die geringste Spur zu hinterlassen. So verschwindet die vorangegangene Wahrnehmung, ohne jede Auswirkung – versucht nicht, Wahrnehmungen zu verlängern, indem ihr euch auf sie fixiert. Die Flugroute des Vogels ist bis jetzt noch nicht existent; versucht nicht, die nächste Wahrnehmung vorwegzunehmen.“
Keith Dowman: *Der Flug des Garuda*, S. 128.

Literatur

Lesenswertes: • Hrsg. v. Berufsverband Deutscher Yogalehrer: *Der Weg des Yoga – Handbuch für Übende und Lehrende*, Verlag Via Nova • P. Y. Deshpande: *Patanjali – Die Wurzeln des Yoga*, Otto Wilhelm Barth Verlag • Osho: *Das Orangene Buch – Meditationstechniken von Osho*, Rajneesh Foundation • Carlos Castaneda: *Der zweite Ring der Kraft*, Fischer Verlag

Schnellübersicht: QuickEssenz-Karte (J. Kamphausen Verlag) im Taschenformat: *Meditation – Weg zur inneren Ruhe*

Die typenbezogene Empfehlung:

Perfektion

Diesem Typus schenkt die Übung eine Schärfe der Beobachtung und größere Klarheit, die nicht aus dem analytischen Denken stammt. In der ruhigen Konzentration des Blickes erlebt der ***Perfektionist*** seine Kontrollmechanismen deutlicher. Durch nichtwertendes Sehen gewinnt er größeren Abstand dazu und kann für Momente in den ursprünglichen Zustand eines spiegelgleichen Gewahrseins eintauchen.

Für diese beiden Persönlichkeitstypen vollzieht sich der Prozeß des Abstandnehmens von den für sie typischen Fixierungen der Aufmerksamkeit in ähnlicher Weise.

Wenn Sie mit einem Menschen zusammen sind, den Sie sehr lieben oder zu dem Sie großes Vertrauen haben, können Sie ***Tratak*** auch gemeinsam ausführen, indem Sie sich einander gegenübersetzen und sich entspannt in die Augen schauen.

Führen Sie diese Partnerübung zu Beginn nicht länger als 10 - 30 Minuten aus! Wenn sich das Gesicht Ihres Gegenübers unerwartet verändern sollte und Sie plötzlich meinen, ein vollkommen fremdes, *häßliches, dämonisches* oder *engelhaft schönes* Wesen zu erblicken, dann hat dies keinerlei objektiven Wert! Es bedeutet nicht, daß Sie auf einmal einen *negativen* oder *positiven,* bisher verborgenen Wesenszug bei Ihrem Partner entdeckt haben! Sehen Sie es als das, was es ist – eine Projektion, eines der vielen Gesichter aus dem Erinnerungsspeicher des kollektiven Unterbewußten.

7
Der Schweifende Blick

Bedeutung & Herkunft

Die Übung des ***Schweifenden Blickes*** entstand aus einem absichtslosen Schauen, das fast jedem Menschen in Momenten der Entspannung vertraut ist: Ich betrachte z.B. gedankenverloren meine Handflächen. Meine Hände habe ich schon unzählige Male angeschaut und *weiß*, wie sie aussehen. Ich kann nichts Besonderes darin erkennen. Zufällig schaue ich einmal genauer hin, und es wird mir blitzartig bewußt, daß ich diese geheimnisvollen Linien, die Hügel und Täler, die Verästelungen und Spiralen noch nie zuvor gesehen habe. Wie gebannt starre ich auf etwas Unbekanntes, für das es keinen Namen gibt. Die Gedanken stehen still und das ganz Gewöhnliche erscheint wie durch Magie verwandelt.

Die Übung ist so alt wie die menschliche Fähigkeit des Sehens, denn sie nutzt die ganz normale Funktion der Augen, zu schauen, was unmittelbar im Blickfeld ist. Sie ist der radikalste und wirksamste Ansatz, um der gewöhnlichen Unbewußtheit und Zerstreutheit unserer Wahrnehmung entgegenzuwirken. Dieses Sehen ist so verblüffend einfach, und doch findet man es, als Übung beschrieben, nur in alten Weisheitstexten:

Im tibetischen *Tantrismus* wird die unmittelbare Sicht als ***der ursprüngliche, natürliche Zustand*** bezeichnet. Damit ist auch die höchste Erkenntnis gemeint. In der tibetischen *Dzogchen*-Lehre, die frei von aller traditionellen Bindung ist, wird die gleiche Art des ***direkten Sehens*** gelehrt, die augenblicklich alle Bindungen einer dualistischen Sicht durchschneidet.

Auch in den Lehren der *toltekischen Schamanen* des alten Mexiko gibt es Hinweise auf eine machtvolle Übung zum **Anhalten des inneren Dialoges** und zum **Nicht-Tun des Sehens.** *Carlos Castaneda* beschreibt sie als eine ununterbrochene Bewegung des unfokussierten *Scannens* (Abtastens) der Umgebung mit den Augen.

Praxis

Die Übung:

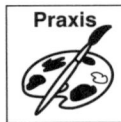

1. Lasse den Blick ziellos umherwandern, ohne innezuhalten – jedoch so langsam wie in Zeitlupe. Der Blick sollte zu Anfang nicht länger als eine Sekunde auf einem Gegenstand ruhen, so daß der Geist in jedem folgenden Moment von einem neuen Eindruck erfüllt ist.

2. Führe die Bewegung des Kopfes so extrem langsam aus, daß eine andere Person, die dich beobachtet oder mit dir zusammen ist, nicht bemerkt, daß dein Blick mit voller Aufmerksamkeit kreist und doch zugleich das Bewußtsein einer Zielgerichtetheit im Umherschweifen verliert.

3. Die Augen sind in entspannter Weise offen, ruhig und passiv. Sie drehen sich nicht, wie gewohnt, um den Erscheinungen der Außenwelt zu folgen. Die Augen sollten vielmehr wie das geöffnete Objektiv einer Kamera angesehen werden, das Licht und Eindrücke hereinläßt. Stelle dir vor, daß kein Film in der Kamera ist, auf dem die Folge von Bildern aufgezeichnet werden könnte.

4. Die Augen sollten möglichst nicht blinzeln und immer gerade nach vorne gerichtet sein. Schaue von weit hinten, gleichsam aus dem Hinterkopf heraus, was jeden Moment im Fenster deiner Wahrnehmung erscheint.

5. Schenke auch den kleinsten Dingen deine Aufmerksamkeit. Lasse den Blick nicht nur über die Oberfläche der wahrgenommenen Formen hinwegschweifen, sondern verstärke die Intention, die Phänomene in deinem Gesichtsfeld (auch wenn sie nur für einen kurzen Moment auftauchen) wirklich sehen zu wollen. Du kannst in die Tiefe der Dinge blicken, ohne besitzergreifend zu werden.

* * *

Die Besonderheit des *Schweifenden Blickes* liegt in dem Bemühen, die Wahrnehmung über die Augen offen und empfänglich zu halten in einer ungebrochenen Weise, als würde der Blick eine durchgehenden Linie zeichnen.

Für diese Übung ist es nicht erforderlich, Zeit einzuplanen oder auf besondere Umstände zu warten. Lediglich eine klare Intention und genügend Entschlossenheit sind nötig, um sie bewußt weiterzuführen! Das langsame Wandern des Blickes –

ohne irgendwo stehen zu bleiben – läßt das Gewöhnliche, Alltägliche im Lichte der gesteigerten Aufmerksamkeit als etwas ganz Besonderes erscheinen.

Achtung

Damit die Übung ihre machtvolle Wirkung entfalten kann, muß sie einige Minuten lang ununterbrochen in der beschriebenen Weise ausgeführt werden. Dazu bedarf es am Anfang einer klaren Motivation und Entschlossenheit. Das geruhsame Umherwandern des Blickes bewirkt eine Öffnung der Sinne. Dadurch sammelt sich mehr Energie an. Zuweilen mag das Gefühl von Energiefülle unerträglich und bedrohlich erscheinen, so daß die betroffene Person ein Ventil sucht, um sie wieder loszuwerden. Ohne es zu bemerken, verschafft sie sich Ablenkung und Zerstreuung und benutzt die gewohnte Aktivität des Verstandes wie ein Schmerzmittel, um die *Intensität von Gegenwart* nicht zu spüren. **Die Energie eines erfüllten Augenblickes ist sehr intensiv und für viele kaum zu ertragen!** Deshalb möchte der Blick ständig suchend umherspringen und will nicht *sehen*. In der Übung des ***Schweifenden Blickes*** wird der Praktizierende unvermeidlich mit dieser Problematik konfrontiert. Bitte lassen Sie sich nicht zu schnell entmutigen! Das Kleinkind fällt unzählige Male hin und steht mit großer Beharrlichkeit immer wieder auf – in diesem Sinne sollte auch der ***Schweifende Blick*** geübt werden.

Vom gesundheitlichen Aspekt aus betrachtet bewirkt der ***Schweifende Blick*** tiefe Entspannung und Wohlbefinden. Der unter Stress und Belastung stehende Mensch ist im allgemeinen darauf bedacht, alle Situationen über die Augen zu kontrollieren. Er greift regelrecht nach den Objekten. Da aber der ***Schweifende Blick*** nirgendwo stehenbleibt, also nichts festhalten kann, geschieht das Loslassen ganz von selbst. Zwanghafte Gedanken finden im winzigen Augenblick des direkten Sehens nicht genügend Raum, um sich ausbreiten zu können. Der Geist wird frei von endlosen Gedankenfolgen und Grübeleien. Geht dann der ***Schweifende Blick*** unbeirrt weiter, wird es möglich, sich auch von schmerzlichen Gefühlszuständen zu lösen, da das augenblickliche Sehen das Bewußtsein so restlos ausfüllt, daß quälende, bedrückende Emotionen von Minute zu Minute an Macht verlieren. Der Übende ist nicht mehr so beeindruckbar und abhängig von äußeren Reizen.

„Zuerst mußt du deinen inneren Dialog anhalten, (....). Jeder Gedanke, den man im Zustand schweigender Ruhe denkt, ist streng genommen ein Befehl, denn es sind keine anderen Gedanken vorhanden, die ihm Konkurrenz machen könnten." Carlos Castaneda: *Der Ring der Kraft*, S.39.

Zitat

„Du mußt dich bemühen, deine Augen frei zu machen. Es kommt darauf an, den Verstand (*das Tonal*) davon zu überzeugen, daß es noch andere Welten geben kann, die sich vor den gleichen Fenstern abspielen. (....) Also befreie deine Augen! Laß sie echte Fenster sein! Die Augen können Fenster sein, durch die man in den Stumpfsinn glotzt oder in diese Unendlichkeit späht." S. 192.

„Meditation ist nichts weiter als die Kunst, deine Augen aufzumachen, die Kunst, deine Augen zu säubern, die Kunst, den Staub wegzuwischen, der sich auf dem Spiegel deines Bewußtseins angesammelt hat" Osho: *Das Orangene Buch*, S. 142.

„Der einzige existentielle Augenblick ist jetzt. Sieh ihn dir an – das ist Meditation. Dieser Blick ist Meditation. Einfach nur die Gegebenheit dessen, was ist, zu sehen, das ist Meditation. Meditation hat keine Motivation, sie hat also keinen Mittelpunkt. Und weil sie kein Motiv in sich birgt, weil sie kein Zentrum hat, gibt es in der Meditation auch kein *Ich*." S. 143

Anfänglich ist es schwierig, Dinge ohne Worte, ohne Verbalisierung still zu betrachten. „ .... fange mit Dingen an, mit denen du nicht allzuviel zu tun hast. Es ist schwer, deine Frau zu betrachten, ohne daß Worte ins Spiel kommen. Du bist zu sehr verstrickt, zu sehr emotional mit ihr verbunden. Ob du nun ärgerlich auf sie bist, oder verliebt in sie – du bist auf jeden Fall mit ihr beschäftigt.

Tip

Betrachte Dinge, die neutral sind – einen Stein, eine Blume, einen Baum, die aufgehende Sonne, einen Vogel im Flug, eine Wolke am Himmel. Schau dir nur solche Dinge an, in die du innerlich nicht verwickelt bist, von denen du Abstand halten kannst, bei denen du indifferent bleiben kannst. Fange mit neutralen Dingen an und gehe erst dann langsam zu emotional geladenen Situationen über." S. 144.

Literatur

Lesenswertes: • Namkhai Norbu: *Der Kristallweg – Die Lehre über Sutra, Tantra und Dzogchen*, Diederichs Gelbe Reihe • Osho: *Das Orangene Buch – Meditationstechniken von Osho*, Rajneesh Foundation • Carlos Castaneda: *Der Ring der Kraft – Don Juan in den Städten*, Fischer Verlag • Keith Dowman: *Der Flug des Garuda – Vier Dzogchen-Texte aus* dem tibetischen *Buddhismus*, Theseus Verlag • Kirti Peter Michel: *Der Schweifende Blick – Die unfehlbare Weise, die Magie des Gewöhnlichen zu erkennen*, MA-Verlag.

Die typenbezogene Empfehlung:

Eifer Ruhe

Diese Übung ist ein Allheilmittel, da sie unmittelbar die Fähigkeit des Loslassens entstehen läßt. Krampfhaftes Festhalten und der innere Zwang zur Kontrolle sind die Wurzel allen Leidens und aller Krankheit. Dem kann durch diese Übung augenblicklich entgegengesteuert werden. Doch obwohl der ***Schweifende Blick*** aus diesem Grunde für jeden Persönlichkeitstypus geeignet wäre, können wir sie nicht in die **Soforthilfe** setzen, da erfahrungsgemäß nur die beiden oben bezeichneten Typen die Motivation aufbringen und die innere Sammlung besitzen, um die Übung tatsächlich in kontinuierlicher Weise zu nutzen.

Zitat

„Wenn es in einigen spirituellen Schulen geheimgehaltene Meditationsübungen gibt, die gewöhnlich nur durch direkte Initiation vom Meister an den Schüler weitergegeben werden, dann bedeutet dies, daß es als Voraussetzung für eine besonders intensive Wirkung einer *Methode* eine Zeit innerer Reife und Aufnahmefähigkeit geben muß. Ist diese noch nicht vorhanden, kann die Praxis nicht ihren vollen Nutzen entfalten, möglicherweise sogar schädlich sein.

Die Übung des ***Schweifenden Blickes*** ist in dem Sinne *geheim*, aber sie ist auch ungefährlich, da sie eine eingebaute Sicherung hat – sie ist zu einfach, zu natürlich und zu offensichtlich. Niemand wird sie praktizieren, der nicht die Motivation aufbringt und die innere Sammlung besitzt, den winzigen Augenblick des reinen Sehens zu suchen. Der eine ist geschützt durch seine gesteigerte Wachheit – der andere ist geschützt durch ein schnell wachsendes Desinteresse." Kirti Peter Michel: *Der Schweifende Blick*

8
Die Spiegelmeditation

Bedeutung & Herkunft

Seit Urzeiten versucht der Mensch, das Rätsel seiner Existenz zu lösen und sich selbst zu erkennen: ***Was ist der Sinn meines Daseins und wer bin ich?*** Wir können uns vorstellen, wie verblüfft oder erschrocken er war, als er zum allerersten Male sein Antlitz in der unbewegten, klaren Wasseroberfläche eines Teiches widergespiegelt sah. Diese ursprüngliche *Begegnung* mit dem eigenen Spiegelbild beschreibt eine griechische Sage; ihre Geschichte, die vom selbstverliebten Jüngling ***Narziß*** handelt, bildet den Grundstoff für den Archetyp (Urbild) des ***Narzissus***, mit dem das Problem einer übersteigerten Selbstliebe treffend charakterisiert wird.

Kaum jemand beschäftigt sich heute noch mit der Frage, was es bedeutet, daß der Mensch niemals sein eigenes Gesicht betrachten kann, so wie er z.B. seine Hände und Füße sieht. Die Möglichkeit, sich in reflektierenden Oberflächen zu spiegeln oder durch das Medium der Photografie *wirklichkeitsgetreu* abgebildet zu werden, hat uns in die Trance des Scheinwissens versetzt, als wüßten wir, wer wir sind und wie wir *objektiv* erscheinen.

Die Geschichte von *Narzissus* läßt die Abgründe und Gefahren erahnen, die die selbstverliebte Betrachtung des eigenen Bildes mit sich bringen kann: *Narzissus* war so fasziniert von seiner unergründlichen Schönheit, daß er nach seinem eigenen Spiegelbild süchtig wurde und nichts anderes mehr wahrnahm als sein *Ich*. *Narzissus* ist ein sehr ausdrucksstarkes Symbol für das Gefangensein im eigenen Selbstbild, das Verhaftetsein mit dem kleinen *Ich*, dem Ego.

Themenkreise

Die ***Spiegelmeditation*** ist eine besondere Form des ***Tratak***. Sie hat zum Ziel, über die narzißtische Selbstverliebtheit hinauszugehen und Beobachter und Beobachtetes eins werden zu lassen. Die Aufhebung dieser Trennung von Subjekt und Objekt führt zu einer erweiterten Wahrnehmung.

Diese Übung ist eine der radikalsten Methoden der Selbstkonfrontation. Das verzerrte Selbstbild, das durch spiegelnde Oberflächen immer wieder bestätigt wird, kann erst durch intensive Selbstbetrachtung in der Tiefe erschüttert werden. Die gewohnte, eingegrenzte Sichtweise wird aufgebrochen und neue Bilder des *Selbst* treten in Erscheinung. So wird auch das Unterbewußte durch umfassendere Wahrnehmung weiter erschlossen, wodurch ganzheitliche Heilung geschehen kann.

Praxis

Setzen Sie sich mit aufgerichteter Wirbelsäule auf einen Stuhl. Stellen Sie im Abstand von ca. ½ bis 1 Meter einen Spiegel auf. Sorgen Sie dafür, daß Ihr Gesicht ausreichend ausgeleuchtet ist. (Schatten auf dem Gesicht können den Betrachter dazu verleiten, Vorstellungen zu projizieren und *unheimliche Gesichter* zu sehen.) Schauen Sie sich selbst entspannt in die Augen und versuchen Sie, die Wahrnehmung konstant zu halten. Wenn unbekannte, schöne oder häßliche Gesichter auftauchen, lassen Sie sich nicht zu sehr davon faszinieren und vom Vorgang reinen Schauens ablenken. Das Unterbewußtsein gibt Eindrücke aus dem grenzenlosen Reservoir der individuellen und kollektiven Vergangenheit frei, die auf die Leinwand des Augenblicklichen projiziert werden.

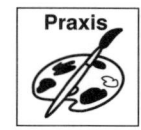

Achtung

Es ist gut, sich zu erinnern: Schauen Sie aus einem inneren Abstand – von weit hinten aus dem Hinterkopf – heraus. Blinken Sie nicht mit den Augen. Die Intensität dieses Augen-Blikkes kann Hitzewellen in Ihnen aufwallen lassen oder Sie atemlos machen. Beobachten Sie während des Schauens gleichzeitig Ihre Reaktionen darauf und halten Sie ganz still! So können Sie die freigesetzte Energie für sich nutzen.

Tip

Stellen Sie sich vor, daß die Augen des Spiegelbildes **Sie** mit lebendigem Blick anschauen. Weichen Sie diesem Blick nicht aus, sondern gestatten Sie dem Gegenüber im Spiegel, tief in Ihre Seele zu blicken. Bleiben Sie in dieser intensiven Situation unbeteiligter Beobachter und Zeuge aller Phänomene in Körper und Geist! Durch diese Selbstbetrachtung werden Sie eine große Stärke entwickeln und der Hektik, dem Chaos und

Themenkreise

den Schrecken des Alltags immer gelassener begegnen können. Nichts kann Sie dann noch verwirren oder gar zu unüberlegtem Handeln drängen! (siehe auch ***Tratak*, *Der Schweifende Blick*** und ***Zen***)

Zitat

„Anscheinend ist es noch keinem Irdischen verliehen worden, das eigene Antlitz so zu sehen, wie es wirklich und wahrhaftig ist. Selbst der Spiegel, wie man ihn auch drehen und halten möge, wie klar und scharf er sei, wird den Menschen immer nur in ewiger Vertauschung, als sein Gegenüber, widerspiegeln. Aber schon diesem Gegenspieler standhaft und unerschrocken ins Auge zu blicken, fordert oft mehr Mut und Demut, als ihn auf dem Wege erdachter „Systeme" und „Methoden" bezwingen zu wollen, um dann, trotz eifrigen Bemühens, vielleicht doch an ihm vorbeizuschauen." Jolande Jacobi: *Vom Bilderreich der Seele*, S. 30, Walter-Verlag.

„Setzen Sie sich eine halbe Stunde vor den Spiegel und schauen Sie sich selbst in die Augen – Sie werden Ihr Gesicht nicht finden können. Nach einigen Minuten fangen die Bilder an zu laufen: Ein endloser Strom von Verkörperungen aus zahllosen, unbewußten Existenzformen fließt durch das Spiegelbild des Augenblicklichen. Ob dies objektive Realität ist oder nur Ihre Projektion, spielt keine Rolle. Die Tatsache ist, daß Sie kein absolutes Standbild Ihrer selbst finden werden – Ihr wahres Gesicht ist leer." K.P. M.: *Der Schweifende Blick*, MA-Verlag

Anfänger

Selbstverständlich können Sie die Übung jederzeit abbrechen, falls die Eindrücke Sie erschrecken sollten. Doch seien Sie versichert: Die Bilder und Eindrücke verschwinden wieder wie eine Spur im Wasser, denn sie sind von der gleichen Natur wie ein ganz gewöhnlicher Traum in der Nacht.

Wir empfehlen, die Dauer der ***Spiegelmeditation*** von anfangs 10 Minuten auf 30 - 40 Minuten zu steigern.

Literatur

Lesenswertes: • Osho: *Das Orangene Buch - Meditationstechniken von Osho*, Sambuddha Verlag • Malcom Godwin: *Der Traum*, Verlag Knesebeck • D.E. Harding: *Zen – Die Wiederentdeckung des Offensichtlichen,* Sphinx Verlag.

Die typenbezogene Empfehlung:

Der Mensch, der für alle Dinge ein aktives Interesse zeigt und allem Neuen gegenüber grundsätzlich aufgeschlossen reagiert, wird mit dieser Übung eine intensive Erfahrung machen, die an Lebensnähe wohl kaum zu überbieten ist. Er wird *Auge in Auge dem Unbekannten* gegenübertreten und überrascht feststellen, wie viele, bisher unbekannte, Wesenszüge er in sich trägt.

Entsprechend der Empfehlung zur ***Tratak***-Übung findet hier der Typus des ***Perfektionisten*** die gewünschte Schärfe der Beobachtung, größere Klarheit und Abstand von gewohnten Verhaltensmustern, wie z.B. dem Zwang zur Kontrolle. Auch für ihn birgt diese Übung überraschende Einsichten, die sein festgefügtes Selbstbild mit der Zeit lösen und verändern werden.

Der ***eifrig Suchende*** wird durch die ***Spiegelmeditation*** zu einem tieferen Verstehen seines innersten Wesens geführt. Im Laufe der Zeit ist jeder Moment von der Frage durchdrungen: „Wer bin ich wirklich?" Wenn die Abfolge zahlloser Identitätsbilder die anfängliche Neugier ermüdet, taucht eine neue Frage auf: „Was soll dieser endlose Strom von Bildern?" Hier kann der ***eifrig Suchende*** lernen, wach und aufmerksam zu schauen, ohne nach den scheinbaren Identitäten zu greifen. Er bleibt unabgelenkt in der Kontinuität des Bewußtseinsstromes und findet schließlich in seinem *So-Sein* tiefe Ruhe, Zufriedenheit und Kraft.

9
Latihan – die Meditation des Nicht-Tuns

Bedeutung & Herkunft

Das Wort ***Latihan*** kommt aus dem Indonesischen und ist die Bezeichnung für eine absichtslose, unstrukturierte Bewegungsform, die, passiv und nicht zielgerichtet ausgeführt, eine größere Offenheit für die Heilkraft der allesbewegenden Lebensenergie bewirkt.

Die Übung des ***Latihan*** ist in den 30iger Jahren bekannt geworden durch eine spirituelle Bewegung namens ***Subud***, initiiert durch einen indonesischen Lehrer, ***Mohammed Pak Subuh***. Die geistige Basis des *Subud* beruht auf grundlegenden Erkenntnissen aus dem Hinduismus, dem Sufismus und dem alten indonesischen Naturglauben.

Die Methode des ***Latihan*** ist jedoch schon uralt. In Indien ist sie bekannt als ***Sahaj Yoga*** – *spontanes Yoga*. Hier sind keine exakt auszuführenden Haltungen (wie im ***Hatha Yoga***) vorgeschrieben. Durch ***Latihan*** tritt etwas Verborgenes in Erscheinung, und Spontaneität wird sichtbar in einer nicht vorhersehbaren, einzigartigen Form des körperlichen Ausdrucks.

Der englische Esoteriker ***J. G. Bennett***, ein Schüler des georgischen Mystikers ***Georgei Ivanovitch Gurdjieff***, war ein begeisterter Anhänger dieses Übungsweges und hat in seinem Buch „Subud“ über die phänomenale Kraft dieser Übung und den geistigen Hintergrund berichtet. Es ist bekannt, daß sich durch diese einfache Übung bisweilen aufsehenerregende Spontanheilungen ereignet haben.

In den 90iger Jahren wurde die Übung nochmals unter anderem Namen – ***Bodyflow*** – (nach *Michael Barnett*, Gründer der *Wild Goose Company*) bekanntgemacht.

Praxis

Stellen Sie sich mit leicht gegrätschten Beinen hin. Bleiben Sie locker in den Kniegelenken. Sie schließen die Augen und tun einfach gar nichts. Aufmerksam lauschen Sie nach innen und lassen sich von den Strömungen der Lebensenergie bewegen. Selbst wenn Sie nun mehrere Minuten nur dastehen, scheinbar bewegungslos, sind doch ganz minimale, kaum spürbare Impulse vorhanden, die in irgendeine Richtung drängen. Geben Sie diesen Impulsen nach, leisten Sie keinen Widerstand – lassen Sie einfach nur die Bewegung zu.

Schauen Sie einfach, was passiert und beobachten Sie. Die subtilen Energien in Körper und Geist finden ihren Ausdruck in unvorhersehbarer Weise über die sich verändernden Haltungen von Rumpf, Gliedern und Kopf. Der Übende weiß nicht, wo die Bewegung im nächsten Moment hingehen wird. Sie kann schnell sein, sie kann langsam sein. Lassen Sie sich überraschen! Die Bewegung kann sich auch überall im Körper gleichzeitig ereignen – in den Fingergliedern, den Zehen, im Hals, in den Beinen und Armen.

Achtung

Achten Sie darauf, im ganzen Körper locker und gelöst zu sein, um prinzipiell jede Bewegung in alle Richtungen zulassen zu können. Falls gar nichts geschieht, wenn sich nichts bewegen will, versuchen Sie nicht, Bewegungen vom Kopf her zu steuern! Verharren Sie jeden Moment ganz bei dem, **was ist**. Besinnen Sie sich auf den Ort im Innern, wo alle Bewegungsimpulse ihren Ursprung haben. Fragen Sie sich: „Was ist es, das den Körper bewegt?

Tip

Stellen Sie sich den schwerelosen Tanz einer kleinen, weißen Wolke vor, die mühelos in jede beliebige Form fließen kann. Die unmittelbar gewesene Form aufzulösen und sich in jede beliebige, neue Form zu verwandeln, ist Ausdruck grenzenlosen und unbekümmerten Beschwingtseins.

... Oder stellen Sie sich vor, daß Körper und Geist so formbar und fließend sind wie Wasser. Genießen Sie das existentielle Spiel nie endender Verwandlung!

Zitat

„Es ist wie beim automatischen Schreiben. Man hält einfach den Stift in der Hand und wartet. Auf einmal ergreift eine Energie von irgendwoher die Hand und sie fängt an, sich zu bewegen. Man ist total überrascht – die eigene Hand bewegt sich, ohne daß man selbst etwas tut! Genauso mußt du warten, und nach drei oder vier Minuten wirst du auf einmal spüren, wie Zuckungen durch deinen Körper gehen, und du fühlst, wie

Energie in dich kommt. Werde nicht ängstlich, wenn es auch sehr beängstigend ist. *Du* tust es nicht. Tatsächlich bist du nur ein Zeuge – *es geschieht.*

Gehe mit dem, was geschieht. Der Körper wird viele verschiedene Haltungen einnehmen – er wird sich bewegen, tanzen, sich wiegen, beben, sich schütteln; viel wird geschehen. Laß alles zu.“ ***Osho***

„Im Sich-Wandeln ruht es.“, sagte ***Heraklit.***

Lesenswertes: • *Das Orangene Buch – die Meditationstechniken von Osho*, 1982, Rajneesh Foundation • J.G. Bennett: *Subud*, 1956, Leuchter Verlag.

Die typenbezogene Empfehlung:

Latihan ist ein natürlicher Ausdruck von Spontaneität, Bewegung und Ruhe. Um ***Latihan*** in rechter Weise ausführen zu können, bedarf es eines gewissen Maßes an Absichtslosigkeit, sonst macht es den Übenden unzufrieden und unruhig.

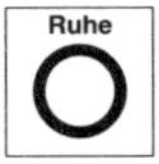

Es ist daher eine Übung, aus der nebenstehende Persönlichkeitstypen den größten Nutzen ziehen können.

10
Verbundenes Atmen

Bedeutung & Herkunft

Das ***verbundene Atmen*** ist eine einfache, aber sehr wirksame Methode, die ***Leonard Orr***, der Begründer des ***Rebirthing***, entdeckt hat. Die Idee des ***Verbundenen Atems*** beruht auf Erkenntnissen, die er durch langjährige Meditationspraxis in indischen und tibetischen Klöstern und vor allem durch eingehende Beobachtung des natürlichen Atemvorganges bei Neugeborenen gewonnen hat.

In den ersten Monaten nach der Geburt befinden sich Babys immer noch in einem Zustand der Verbundenheit mit dem Kosmos, den sie neun Monate lang im Mutterleib erlebten. In ihrem Atemrhythmus spiegelt sich dies wieder: Die Atmung des Neugeborenen ist ein ungebrochener Strom von Einatmung und Ausatmung. Pausenlos geht die Einatmung in die Ausatmung und die Ausatmung in die Einatmung über.

Erst viel später in der Entwicklung kommt es zu Brüchen, wenn das Kleinkind anfängt, sein Erleben mittels erlernter Bezeichnungen der Dinge (Sprache) zu reflektieren. Damit gibt es aber auch den natürlichen Atemfluß auf.

Das ***Verbundene Atmen*** ist also eine wirksame Technik, den ursprünglich entspannten, doch weitgehend verlorengegangenen Zustand der Verbundenheit mit der Welt wiederherzustellen.

Wir möchten uns in der Beschreibung der Übung an den Worten von ***Leonard Orr*** ausrichten, der sagte:

Praxis

„Es ist eine einfache Übung, die ich ***zwanzig verbundene Atemzüge*** nenne. Sie dauert nur dreißig Sekunden und man kann sie immer und überall machen. Es handelt sich um vier mal fünf Atemzüge:

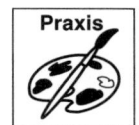

1. Vier kurze Atemzüge.
2. Nach den vier kurzen Atemzügen einen ganz langen.
3. Du sollst durch die Nase ein- und ausatmen.
4. Vier kurze und einen langen Atemzug, viermal hintereinander, ohne anzuhalten.

Ein- und Ausatmen geschehen in einem ununterbrochenen Kreis und sind in einem Atemzug hintereinander verbunden. Die kurzen Atemzüge betonen die Verbindung und das Verschmelzen des Ein- und Ausatmens in ungebrochenen Kreisen. Während der langen Atemzüge füllst du dich so weit auf, wie du kannst und läßt beim Ausatmen völlig los."

Die weitergehende Anweisung lautet: „Fünf verbundene Atemzüge sind wie ein einziger Atem.

1. Das Tempo stimmt, wenn du weder drängst noch zurückhälst.
2. Dein Atem sollte frei fließen. Zwinge ihn nicht, kontrolliere ihn nicht.
3. Bleibe in einem gleichmäßigen Rhythmus.
4. Wenn du richtig atmest, fühlst du mit der Luft auch Energie in deinen Körper dringen.

Mache diese Übung **täglich**, wenn du jemand bist, der gerne lebt. Sie ist völlig harmlos. Sie ist gut für deine Gesundheit. Wenn du vorhast weiterzuleben, wirst du auch weiter atmen müssen. Wenn du jeden Tag übst, wird dein ganzes Leben angenehmer sein."

Achtung

„Spürtest du irgend etwas in deinem Körper? Einigen Menschen wird schwindlig, oder ihre Hände, ihr Magen und andere Körperteile kribbeln. Menschen, die falsche Atemgewohnheiten haben, werden seltsame und ungewöhnliche Dinge spüren, wenn sie richtig atmen. Wenn du diese Übung der ***zwanzig verbundenen Atemzüge*** regelmäßig machst, fühlst du möglicherweise jedesmal etwas anderes. Das bedeutet, daß du lernst und daß du Nutzen daraus ziehst. Ich rate dir, diese Übung in der ersten Woche nur einmal täglich auszuführen. Täglich durchgeführt, werden dich diese ***zwanzig verbundenen Atemzüge*** in einem Jahr mehr über das Atembewußtsein lehren, als du in deinem ganzen Leben bisher gelernt hast." Zitatexzerpte nach Leonard Orr.

Tip

Das Wort *ATMEN* ist dem Sanskrit-Begriff für *Seele* oder *Selbst – ATMAN* – sehr ähnlich. Darin klingt an, daß im Atem unsere seelische Verfassung mitschwingt. In unterschiedlichen Stimmungen wie Angst, Zorn, Eifersucht oder Freude können wir erkennen, daß die Qualität des Gemütszustandes den Rhythmus der Atmung verändert. Aber die Wechselbeziehung von Stimmung und Atmung wirkt nicht nur in einer Richtung wie in einer Einbahnstraße. Rhythmus und Tempo der Atmung können auch bewußt gestaltet werden, um bestimmte Gemütszustände gezielt hervorzurufen.

Zitat

„Wann immer du Zeit hast, entspanne für ein paar Minuten das Atemsystem, sonst nichts – nicht nötig, den ganzen Körper zu entspannen. Wenn du im Zug oder im Flugzeug oder im Auto sitzt, kannst du das tun, ohne daß es überhaupt jemand merkt.

.....Konzentriere dich nicht. Wenn du dich konzentrierst, schaffst du nur mehr Probleme, und alles fängt an, dich zu stören. Wenn du z.B. versuchst, dich im Auto auf deinen Atem zu konzentrieren, dann wird das Fahrgeräusch, dann wird der Mitfahrer zum Störenfried. **Meditation ist nicht Konzentration. Sie ist einfach Wachheit**. Du entspannst dich und beobachtest den Atem. Bei diesem Beobachten wird nichts ausgeschlossen. Der Motor brummt – vollkommen okay, akzeptiere es. Der Verkehr um dich herum – alles okay, gehört zum Leben. Der Mitreisende, der auf dem Sitz neben dir schnarcht, akzeptiere ihn. Nichts wird ausgeklammert.“ Osho: „Das Orangene Buch“, Osho Verlag.

Literatur

Lesenswertes: • Leonard Orr/Konrad Halbig: *Bewußtes Atmen*, Goldmann Verlag • Frederick Leboyer: *Die Kunst zu atmen*, Koesel Verlag • Heinz Grill: *Harmonie im Atmen*, Hugendubel Verlag • Takashi Nakamura: *Das große Buch vom richtigen Atmen*, O.W.Barth Verlag • John Selby: *Natürlich atmen*, Sphinx Verlag • Stephan Pálos: *Atem und Meditation*, mvg-Verlag • Ilse Middendorf: *Der Erfahrbare Atem – Eine Atemlehre*, Jungfermann Verlag.

Die typenbezogene Empfehlung:

Unzufriedenheit

Für den ***Unzufriedenen*** gibt es nichts Einfacheres, als zu atmen. Alles andere strengt ihn möglicherweise zu sehr an. Er braucht eine Übung, die sofort wirkt und seine Stimmung sichtbar/spürbar anhebt.

Der Typus des ***Gestressten*** kann durch den ***verbundenen Atem*** wieder in engeren Kontakt kommen mit den unmittelbaren Empfindungen des Körpers. Seine überreizten Sinne beruhigen sich, und er kann klarer sehen, was seine wirklichen Bedürfnisse sind. Langfristig kann er aus dieser Übung Kraft schöpfen für ein effektives, konzentriertes Arbeiten.

Der Persönlichkeitstypus, der besonders stark durch das Bedürfnis nach ***Perfektion*** bestimmt ist, findet im ***verbundenen Atmen*** Ordnung und Symmetrie, die weniger vernunftorientiert ist, sondern spontan aus dem natürlichen und höchstpersönlichen Rhythmus seiner Atmung entsteht. Er kann sich ganz unmerklich von der Zwanghaftigkeit seiner Außenorientierung lösen.

Der ***Neugierige*** erfährt im gleichmäßigen Rhythmus von Einatmen und Ausatmen eine Beruhigung seines Dranges nach Sinnesobjekten. Im *Annehmen* (*Einatmung*) aller momentanen Eindrücke erfüllt sich das Bedürfnis, jeden Augenblick *neu* zu erleben. Im *Loslassen* (*Ausatmung*) verliert sich allmählich die Verhaftung mit den Objekten seiner Wahrnehmung, d.h. er wird aus der Falle seiner *Gier* befreit.

Diese beiden Typen erleben den ungebrochenen Strom der Atmung als Erfüllung, als den natürlichen Ausdruck ihres innersten Wesens.

Erste Hilfe

Da im ***verbundenen Atmen*** alle Persönlichkeitstypen dem Wesentlichen nähergebracht werden, ist diese Übung in Kurzform auch in **Teil I** ab Seite 45 zu finden.

11
Vipassana – die Atembeobachtung

Bedeutung & Herkunft

Das Wort ***Vipassana*** aus der altindischen Sprache ***Pali***, bedeutet, ***die Dinge zu sehen, wie sie sind.*** Es ist eine andere Bezeichnung für »*satipatthana*«, die Meditationsmethode, die mit Hilfe des Atems über die innere Achtsamkeit zur Erkenntnis führt. Durch die gelöste, kontinuierliche Praxis der Atembeobachtung gelangte der indische Prinz ***Siddharta Gautama*** ca. 590 v. Chr. zur intuitiven Erkenntnis dessen, *WAS IST*. Als „*Buddha*" – als „*der Erwachte*" – lehrte er mehr als 40 Jahre den Weg, auf dem das Leiden überwunden werden kann. Seine Lehrreden sollte man, wie er selbst betonte, nicht nur kennenlernen, sondern auch befolgen, wenn man ihren praktischen Wert erkannt habe:

Zitat

„Manche Toren eignen sich die Lehre an, untersuchen dann aber nicht weise den Sinn der Lehrsätze und erlangen infolgedessen keine Einsicht in die Lehre. Sie erlernen die Lehre nur, um über sie reden und Meinungen äußern zu können. Aber Sinn und Zweck hinter der Lehre begreifen sie nicht." *Majimanikaya (Mittl. Sammlung des Pali-Kanons – früheste schriftl. Zeugnisse der Lehre)*

Tip

Buddha betonte dies besonders, weil die tiefe Dimension der Lehre intellektuell nicht verstanden werden kann. Die Lebensweisheit des ***Buddha*** ist nicht intellektuell, sondern beruht auf einer Einsicht in den ursprünglichsten Vorgang des Lebens – die Atmung. ***Buddha*** und viele seiner Schüler erlangten die höchste Erkenntnis und Befreiung vom Leiden durch kontinuierliche Bewußtheit des Atemstromes. Der Herzschlag und der Atem sind jedem lebenden Organismus am nächsten - so nahe, daß sie kaum bemerkt werden, es sei denn, Krankheit, Schmerz oder Emotionen (Aufregung, Nervosität, Zorn, Angst o.ä.) stören den normalen, ausgeglichenen Rhythmus. Die Sinne sind oft so weit nach außen gerichtet, daß sie entferntere Objekte sehr gut wahrnehmen können; der eigene Atem aber wird nicht mehr bemerkt. Es ist so, als ob ich mich weit zum Fenster hinauslehne und gebannt schaue, was sich auf der Straße abspielt, und nicht mehr darauf achte, was es in der eigenen Wohnung alles zu sehen gibt. Die ***Übung der Atembeobachtung – Vipassana*** – ist daher die einfachste Methode, die überreizten Sinne zu harmonisieren und so mit sich selbst in Einklang zu kommen.

Praxis

Diese über zweitausend Jahre alte Überlieferung von ***Buddhas*** leicht verständlicher Beschreibung dieser Übung hat nichts von ihrer Überzeugungskraft verloren:

„Im Walde oder am Fuß eines Baumes oder in einem leeren Gemach setze ich mich mit gekreuzten Beinen nieder, richte den Körper gerade auf und festige meine Aufmerksamkeit, indem ich auf mein Ein- und Ausatmen achte.

Atme ich lang ein, so sage ich mir: ich atme lang ein; atme ich lang aus, so sage ich mir: ich atme lang aus; atme ich kurz ein, so sage ich mir: ich atme kurz ein; atme ich kurz aus, so sage ich mir: ich atme kurz aus.

Dann sage ich mir: ich will so einatmen, daß ich den ganzen Atemzug voll empfinde; ich will so ausatmen, daß ich den ganzen Atemzug voll empfinde, und tue dies.

Dann übe ich mich, so einzuatmen und so auszuatmen, daß ich dabei den Körper entspanne und ganz ruhig atme."
Majimanikaya

Themenkreise

Buddhas einfache Worte bieten ein eindringliches Beispiel für ein klares Bewußtsein, in dem Wahrnehmen, Denken und Handeln vollkommen eins sind. Da ist kein Zögern und kein Zwiespalt: Wenn ich atme, dann atme ich und sonst nichts - Stille. Wenn ich sitze, dann sitze ich und sonst nichts – Stille. Der Übung des ***Zen***, des ***Pranayama*** oder des ***Verbundenen Atems*** liegt die gleiche Idee zugrunde, daß der Atem die einfachste und natürlichste Methode ist, die verlorengegangene Einheit mit sich selbst wiederherzustellen.

„Es gibt keine bestimmte Atemtechnik, die man beachten muß; atme einfach ganz normal und natürlich. ***Vipassana*** beruht auf ***Atemwahrnehmung***; das Auf- und Abgehen des Atems

Zitat

soll also beobachtet werden, und zwar an der Stelle, wo die Bewegungen am deutlichsten spürbar sind – entweder an den Nasenflügeln, in der Magengegend oder am Solarplexus.

***Vipassana* ist nicht Konzentration**, und es gibt auch keine Regel, die vorgibt, wie lange der Atem beobachtet werden muß. Wenn Gedanken, Gefühle oder körperliche Empfindungen auftauchen, oder wenn du auf irgendwelche Laute, Gerüche oder Geräuschfetzen von draußen aufmerksam wirst, ignoriere sie nicht, nimm sie einfach wahr. Was auch immer gerade geschieht, kannst du einfach beobachten – wie die Wolken am Himmel. Du läßt sie vorüberziehen, greifst nicht danach, noch weist du sie ab. Wenn nichts deine Aufmerksamkeit anzieht, kehre zum Atem zurück. Und denke daran, es gibt nichts Bestimmtes, das passieren soll oder muß. Es gibt hier weder Erfolg noch Mißerfolg – noch gibt es etwas zu verbessern. Nichts, was du herausfinden oder analysieren sollst, aber du kannst überraschende Einsichten gewinnen: so können zum Beispiel Fragen und Probleme jetzt einfach als Mysterien erscheinen, die dir Spaß machen." *Osho: Das Orangene Buch, Sambuddha Verlag.*

Bewährte Übungswege

Es ist eine Tatsache, daß in unserer Zeit ursprüngliche Methoden für die meisten Menschen nicht mehr so wirksam sind wie damals, als die Menschen natürlicher lebten und weniger verwirrt waren. Der angesammelte Ballast an Problemen, an traumatischen Erinnerungen, der nagende Zweifel des Intellekts, die heillose Verwirrung des Denkens sind so groß, daß es radikalerer Atemmethoden bedarf, die eine vorhergehende *Katharsis* (Selbstreinigung) des Bewußtseins einleiten (siehe ***Die Dynamische Meditation*** von ***Osho***).

Obwohl ***Vipassana*** ein Allheilmittel und ein zeitlos gültiger Übungsweg zur Erlangung bzw. Wiederentdeckung der *Erleuchtung* ist, kann sie ohne entsprechende Vorbereitung nicht von allen Persönlichkeitstypen gewinnbringend genutzt werden (siehe **typenbezogene Empfehlung**).

Lesenswertes: • Fred von Allmen: *Die Freiheit entdecken – Vipassana-Meditation für den Westen*, Theseus Verlag • William Hart: *Die Kunst des Lebens – Vipassana-Meditation nach S.N.Goenka*, Fischer Taschenbuch Verlag • Thich Nath Hanh: *Das Sutra des bewußten Atmens*, Theseus Verlag.

Schnellübersicht: QuickEssenz-Karte (J. Kamphausen Verlag) im Taschenformat: *Meditation – Weg zur inneren Ruhe*

Die typenbezogene Empfehlung:

Beim ***Unzufriedenen,*** beim ***Gestressten*** und beim ***Neugierigen*** tritt häufig eine störende, innere Unruhe in Erscheinung, sobald sie still sitzen und einer Beobachtung kontinuierlich nachgehen sollen. Erfahrungsgemäß haben sie starke Widerstände, diese Unruhe zu konfrontieren. Es besteht die Gefahr, daß sie zu sehr unter Spannung geraten.

Daher empfehlen wir diese Übung eher dem ***Perfektionisten***. Dieser kann sich leichter der *Ordnung* einer geregelten Ein- und Ausatmung überlassen und dadurch über seine spezielle Persönlichkeitsfixierung hinausgehoben werden in einen Zustand erfüllter Stille.

Das Gleiche gilt für den ***eifrigen Sucher*** und den ***Ruhe-Typus.***

12
Viloma Pranayama – eine Yoga-Atemübung

Bedeutung & Herkunft

Pranayama ist ein Begriff aus dem altindischen *Sanskrit* und bedeutet ***Zügelung der feinstofflichen Lebensenergie***. ***Prana*** entspricht dem energetischen Spannungsfeld, das zwischen zwei Polen – *plus* und *minus* oder *positiv* und *negativ* – entsteht. Es ist dem ***Chi*** der Chinesen (dem Kräftespiel von ***Yin*** und ***Yang***) oder dem ***Ki*** der Japaner gleichzusetzen. ***Prana*** ist die feinstoffliche Kraft, die alles vom winzigsten Organismus bis hin zum Lauf der Gestirne bewegt. Es ist die innewohnende Ordnung im Chaos, die unbewegte Nabe im Rad des Lebens und der Atemhauch aller lebenden Wesen. Die Weisheit der Seher des alten Indien, der ***Rishis***, erwuchs aus der genauen Kenntnis der Lebensprozesse im sichtbaren und im unsichtbaren Feld ihrer Wahrnehmung. Der Atem als wichtigster Träger der Lebensenergie war ein bevorzugter Gegenstand ihrer Konzentration. Durch die subtile Erfahrung von ***Prana***, das auf unmittelbarste Weise über den Atem aufgenommen werden kann, erlangten sie die Fähigkeit, das Denken und die Sinne wirksam zu lenken. (Siehe dazu **Was ist Bewußtheit?**)

Fingerzeig Information

Ohne zu atmen kann der Durchschnittsmensch nicht länger als einige Minuten überleben. Es gab und gibt allerdings *Yogis*, die nachweislich in der Lage sind, sich für Tage, Wochen, ja sogar Monate - aller Atemluft entzogen – am Leben zu erhalten, nur durch die Regulierung der Aufnahme von ***Prana***. Ihr praktisches Wissen über die Funktionen von ***Prana*** erlangen sie durch exakte Steuerung und Verfeinerung des Atemvorganges. Sie machen die Phasen der Einatmung (*puraka*), der Ausatmung (*rechaka*), die Pausen mit gefüllter Lunge (*antara kumbhaka*) und mit leerer Lunge (*bahya kumbhaka*) zu ihrem wichtigsten Experimentierfeld. Ihr Bemühen um Gleichmaß, um Exaktheit und Ausdauer im ***Pranayama*** stellt nicht nur eine Form der Atemgymnastik dar! Es geht darum, zum formlosen, feinstofflichen Aspekt von ***Prana*** vorzudringen. Dazu ist es notwendig, die Übung von Ehrgeiz und von Leistungsdruck zu befreien. In der zunehmenden Verfeinerung der Atmung und auch infolge einer wachsenden Sensibilität, erschließt sich ihnen eine tiefe Einsicht in das Wesen von **Zeit** und **Raum**. Die metaphysische Erkenntnis der Yogis und ihre Philosophie ist keineswegs das Ergebnis abstrakter Spekulation, sondern basiert auf intensiver Kontemplation mittels der Atmung.

Erkenntnis

Der Atemvorgang wird in seine grundlegenden Elemente unterteilt, damit die jeweilige Qualität der sinnlichen Erfahrung klarer empfunden wird: So erzeugt die Einatmung Weite, Offenheit und Ausdehnung – einen **Raum,** der in einer bestimmten **Zeitdauer** erfahren wird. Im Atemzustand der Fülle wird ein Anwachsen der Lebensspannung und ein größerer, innerer Druck deutlich. In der Ausatmung entsteht ein Unterdruck, und die Verengung des erfahrenen Raumes geschieht wiederum in seiner speziellen Zeit.

Fülle und **Leere** (Druck und Unterdruck) – diese Zustände wechseln einander ab mit jedem Atemzug, ein ganzes Leben lang, aber der Mensch weicht gewöhnlich der Erfahrung von Druck und Spannung unbewußt aus, da die fortwährende Intensität von Fülle und Leere, Weite und Enge, Ausdehnung und Zusammenziehung, kaum zu ertragen ist. So wird jeder Atemzug, der nicht mit Bewußtheit ausgeführt wird, zu verlorener Zeit.

Zitat

„In den alten Schriften des Yoga heißt es, daß jedem Lebewesen eine bestimmte Anzahl an Atemzügen zugeteilt sei. Lebenszeit bedeutet daher im Yoga Zeit für unendlich differenzierte Möglichkeiten des Erlebens. Aber je nachdem, ob der Mensch schnell und unbewußt getrieben oder langsam und bedächtig atmet, ist seine Lebenszeit entsprechend kürzer oder länger. Selbst wenn dies nur symbolisch gemeint sein sollte, ... Tatsache ist: Wer langsamer, ruhiger und einfühlsamer atmet, erlebt mehr in der Fülle der Zeit einer bewußten Einatmung und Ausatmung, und aufgrund größerer Ausgeglichenheit lebt er gesünder und länger.“ K.P.M.: *Yoga – die allumfassende Sichtweise*

Achtung

Wenn sich Einatmung und Ausatmung ausdehnen und länger werden, verliert sich das Bewußtsein leicht in der *Uferlosigkeit der Zeit.* Der menschliche Geist braucht immer einen Anhaltspunkt, ein Objekt der Wahrnehmung. Kleine **Räume** und kurze **Zeitspannen** sind noch gut überschaubar. Größere Zeit-Räume geben Anlaß zu einer möglichen Desorientierung.

Aus diesem Grunde scheuen Menschen die grenzenlose Ausdehnung in Zeit und Raum. Dies spiegelt sich in einer flachen Atmung wider.

So haben die Yogis aus der Erkenntnis dieser Wechselwirkungen eine Vielzahl von ***Pranayamas*** entwickelt, **um die Zeit zu zügeln und zu dehnen**. Eine dieser Übungen fächert den Atem zunehmend in kleine, überschaubare Abschnitte auf und ist besonders gut geeignet, den Moment bewußter zu erleben. Die folgende ***Pranayama***-Übung erhöht die Fähigkeit, Druck- und Unterdruckempfindungen gelassener zu begegnen, denn solange man ihnen ausweicht, führen sie zu einem reflexhaften Getriebensein in allen Situationen des täglichen Lebens.

Viloma Pranayama

Praxis

Viloma bedeutet so viel wie *gegen das Haar* und meint damit im übertragenen Sinne, daß diese Atmung sich dem gewohnten Ablauf entgegenstellt, so wie das Haar, das gegen den Strich gebürstet wird. Ein- und Ausatmung sind hier kein fortlaufender Prozeß, sondern werden mehrfach unterbrochen.

Diese Übung wird in ***B.K.S. Iyengars*** Buch ***Licht auf Pranayama*** – in neun Schwierigkeitsstufen aufgeteilt – sehr differenziert erklärt. Wir möchten hier eine vereinfachte Form **im Liegen** mit unterstützender Bewegung der Arme vorstellen:

Lege dich auf den Rücken und hebe die gestreckten Arme mit einer langsamen, ruhigen **Einatmung (E)** durch die Nase nach oben. Bewege sie im weiten Bogen nach hinten, bis die Hände den Boden berühren. Mit einer langsamen **Ausatmung (A)** bringe die Arme im weiten Bogen nach vorne. Atme nur durch die Nase, weich, sanft und so geräuschlos wie möglich.

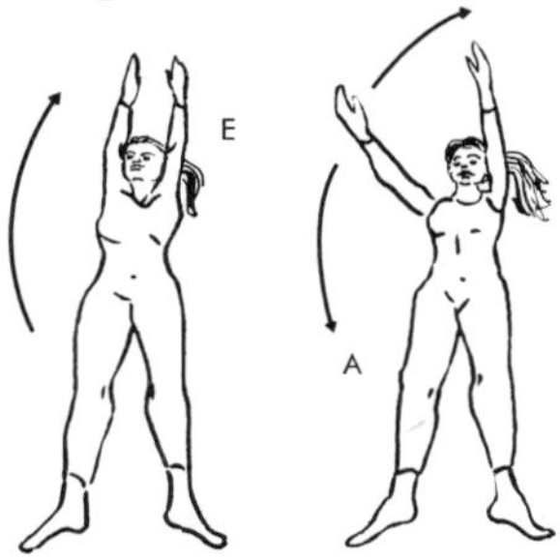

Dies ist der einfache Grundrhythmus. Atme **ca. 3 Minuten** in dieser Weise. Achte darauf, wie sich die Druckverhältnisse im Bauch- und Brustraum stän-

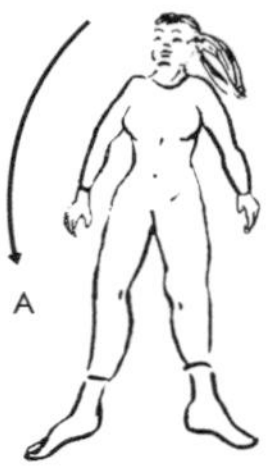

dig verändern. Folge mit der Aufmerksamkeit kontinuierlich der Bewegung der Arme. Die Hände beschreiben den Bogen der Einatmung und der Ausatmung. Hierdurch machst du dir den Atemvorgang sichtbar und spürbar. Gehe mit dem Strom der Empfindungen mit und schaue, wie sich deine Stimmung mit jeder ruhigen, tiefen Einatmung und jeder vollständigen Ausatmung verändert.

Anfänger ABC

Lasse die Druckempfindungen aus dem Bauch- und Brustbereich nicht in den Kopf steigen! Wünsche, Hoffnungen und Ängste werden erst einmal ganz undifferenziert als mehr oder weniger unangenehmer Druck wahrgenommen. Ist dieser innere Druck sehr stark, dann mag es sein, daß du dem ausweichen möchtest. Doch lasse dich davon nicht zur schnelleren Bewegung antreiben! Bleibe bewußt bei der augenblicklichen Empfindung!

Nun kannst du zuerst einmal nur die Einatmung in zwei gleich große Abschnitte unterteilen:

Einatmen bis zur Mitte (erlebe den Weg bewußt)
Anhalten (laß dir Zeit, komme zur Ruhe und spüre!)
Einatmen bis zum Ende (erlebe den Druckanstieg)
Anhalten (genieße die Atempause)

Das Anhalten des Atems ist nicht so sehr ein Festhalten, sondern eher ein **Innehalten**, ein **Ausruhen**! Erlebe diese vier Zeit-Räume in ihrer besonderen Qualität von Druck und Spannung. Mit einer einzigen Ausatmung kommen die gestreckten Arme wieder nach vorne. Übe diese unterteilte **Einatmung** für 3 Minuten.

Anschließend kannst du das gleiche Schema der Unterteilung 3 Minuten lang nur auf die **Ausatmung** anwenden:

Ausatmen – Anhalten – Ausatmen – Anhalten

– dann eine lange, ungebrochene **Einatmung** usw..

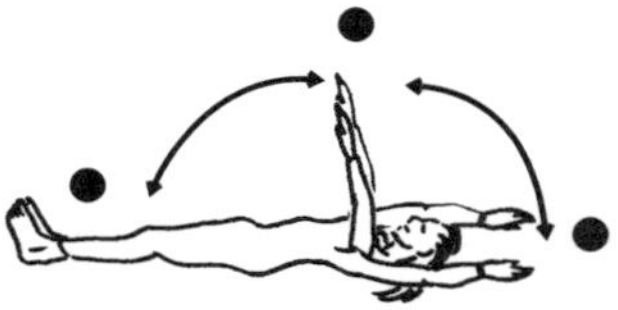

Nun folgt für 3 Minuten die **Kombination** von unterteilter

Einatmung und unterteilter Ausatmung:

Einatmen – Anhalten – Einatmen – Anhalten

Ausatmen – Anhalten – Ausatmen – Anhalten

Nun kannst du die Zahl der Unterbrechungen steigern:

Einatmen bis zum ersten Drittel – **Anhalten**
Einatmen bis zum zweiten Drittel – **Anhalten**
Einatmen bis zum Ende – **Anhalten**

Das Gleiche gilt – wie beschrieben für die **Ausatmung** und für die **Kombination** von Einatmung und Ausatmung.

Tip

Stelle dir vor, daß du eine Leiter mit drei Sprossen heraufsteigst und auf jeder Sprosse einen Moment ausruhst. Dann steigst du die Leiter wieder herab und ruhst auch hier auf jeder Sprosse aus.

Nun wird die Einatmung und die Ausatmung noch weiter aufgefächert in jeweils **vier** gleich große Abschnitte:

Einatmen – Anhalten – Einatmen – Anhalten - Einatmen – Anhalten – Einatmen – Anhalten

Ausatmen – Anhalten – Ausatmen – Anhalten – Ausatmen – Anhalten – Ausatmen – Anhalten

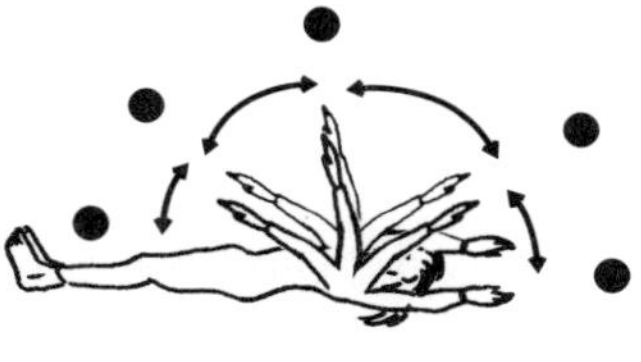

Wenn du dies schließlich in der **Kombination** ausführst, dehnt sich der Atem in die Länge, aber er wird aufgrund der Unterteilungen überschaubar. Jeder Schritt auf der *Leiter* bedeutet **bewußtes Aufnehmen von *Prana***. Jedes Ausruhen auf den *Sprossen*, jedes Verweilen in der Atempause, bedeutet **vollständigere Assimilation** der feinstofflichen Lebensenergie und das Anwachsen der Fähigkeit, die Intensität des Augenblickes entspannt zu erfahren. Der endlose Strom der **Zeit** verdichtet sich zunehmend, da die Erfahrungsmomente immer kleiner werden, ... denn der Atemvorgang kann nun noch weiter *quantisiert* werden in **sechs**, danach in **acht** gleich große Abschnitte (siehe dazu die Frage nach der menschlichen Fähigkeit, den winzigen Punkt der Gegenwart zu erleben in **Was ist Bewußtheit?**).

Fingerzeig Information

Bei acht Einatmungsphasen und acht Atempausen, acht Ausatmungsphasen und acht Atempausen erhöht sich die Intensität des Erlebens und die Fülle der sinnlichen Informationen während eines Atemzuges um das 16-fache. Entsprechend wächst die Fähigkeit, die Realität des Momentes zu ertragen. ***Viloma Pranayama*** – regelmäßig geübt und langsam, ohne Zeit- und Leistungsdruck gesteigert – schenkt ein Gefühl für **Rhythmus** und **Gleichmaß** in Bewegung und Atmung und eine größere Wachheit und Geistesgegenwart.

Im Textbeitrag **„Was ist Heilung?"** wurde der Zusammenhang von *harmonischer Schwingung* und *Heilung* erläutert. Wir möchten Ihnen hier empfehlen, ergänzend zur Beschreibung der tiefgreifenden Wirkung von ***Pranayama*** diesen Text zu lesen.

Die Welt des ***Pranayama*** ist ein Feld ungeahnter Erfahrungsmöglichkeiten. Es bietet eine praktische Erkenntnis, wie das menschliche Bewußtseinspotential erweckt werden kann. ***Viloma Pranayama*** ist eine sehr einfache Form des Experimentes mit dem Atem und kann von jedermann gefahrlos ausgeführt werden. Wer sich jedoch für die komplexeren Techniken des ***Pranayama*** interessiert, sollte sie nur unter sachgerechter, persönlicher Anleitung erlernen. Die Feinheiten einer ***Pranayama***-Praxis können nicht anhand eines Buches aufgezeigt werden. Daher dienen die folgenden Literaturhinweise nur zur Information und sind als Entscheidungshilfen gedacht.

Lesenswertes: • B.K.S. Iyengar: *Licht auf Pranayama*, O.W. Barth Verlag • Hrsg. v. Berufsverband Deutscher Yogalehrer: *Der Weg des Yoga – Handbuch für Übende und Lehrende*, Verlag Via Nova • Rocque Lobo: *Yoga – Elementarkurs*, 6 Tonkassetten zur Anleitung von Pranayama, Hueber-Holzmann Verlag • André van Lysebeth: *Die große Kraft des Atems – Richtig atmen lernen durch Yoga*, O.W. Barth Verlag • Harish Johari: *Atem, Geist und Bewußtsein – Einführung in das Swara Yoga*, Sphinx Verlag.

Die typenbezogene Empfehlung:

Beide Typen haben vielleicht zu Anfang

Schwierigkeiten, sich auf die Übung einzulassen und etwas Ordnung in den Rhythmus ihrer Atmung zu bringen. Doch wenn sie bereit sind, sich den anfänglich unangenehmen Empfindungen von innerem Druck, Unruhe und Getriebensein zu stellen, kommt es zu einer allmählichen Harmonisierung der Rhythmen von Atmung, Kreislauf und Nervensystem. Stress und Unzufriedenheit fallen ab. Der Übende fühlt sich erfrischt und gekräftigt und erlebt eine grundlegende Veränderung seiner Stimmung.

Die Persönlichkeitstypen von ***Neugier*** und ***Perfektion*** haben höchstwahrscheinlich weniger Widerstände gegen ***Viloma Pranayama*** und finden einen schnelleren Einstieg in diese Übung. Die harmonisierende Wirkung ist im großen und ganzen die gleiche. Diese Typen werden die freigesetzte Energie entsprechend ihrer Charakterfixierung anders nutzen.

Für diese beiden Typen ist die Übung eine gute Möglichkeit, in die Unmittelbarkeit des Erlebens zu kommen. ***Viloma Pranayama*** ist ein Spiegel, mit dessen Hilfe sie überprüfen können, wie groß das Maß ihrer Sammlung und ihrer Wachheit ist, kontinuierlich dem Strom des Empfindens zu folgen. In Ruhe und Gelassenheit zu atmen und die einzelnen Phasen klar und übersichtlich zu ordnen, schenkt ihnen eine Kraft, die um so größer ist, je tiefer die Fähigkeit zur Entspannung im Verlauf des Atmens wird.

Da jeder Persönlichkeitstypus auf seine eigene Weise von dieser Übung profitiert, finden Sie eine Kurzbeschreibung davon in der **Soforthilfe** ab Seite 46.

13
Die Dynamische Meditation

Bedeutung & Herkunft

Die ***Dynamische Meditation*** wurde Ende der sechziger Jahre von ***Osho*** (früher bekannt als *Bhagwan Shree Rajneesh*) speziell für die Bedürfnisse des *modernen, westlichen* Menschen entwickelt, der relativ wenig Erfahrung mit Meditation hat und dem es schwerfällt, einfach still zu sitzen. Weltweit wird diese Methode in den *Osho Meditationszentren* während der täglichen Morgenmeditation erfolgreich angewandt, um möglichst vielen Menschen die tiefe Erfahrung von Gedankenstille – und sei es nur für wenige Momente – zu ermöglichen.

Osho verbindet Erkenntnisse der zeitgenössischen Psychologie mit der Weisheit alter spiritueller Traditionen. Seine Einsicht in die Natur des menschlichen Geistes besagt, daß Meditation nur dann *geschehen* kann, wenn alle Anstrengung ein Ende hat. Was kann man also tun, um den denkenden Verstand zur Ruhe zu bringen, so daß *S T I L L E hörbar* und *fühlbar* wird?

Zitat

„Ich habe einen Kniff gefunden. Und dieser Kniff besteht darin, so extrem aktiv zu sein, daß die Aktivität einfach stillsteht; so wahnsinnig aktiv zu sein, daß der nach Aktivität dürstende Verstand einfach außer Gefecht gesetzt wird. Nur dann, nach einer tiefen *Katharsis*, nach einem heftigen Gefühlsausbruch, kannst du dich in die Inaktivität hineinfallen lassen und einen kleinen Einblick in die Welt gewinnen, die nicht die Welt der Anstrengungen ist."

Themenkreise

„*Kathartische* Methoden sind moderne Erfindungen. Zu Buddhas Zeiten waren sie nicht nötig, denn die Menschen lebten nicht so unterdrückt. Sie waren natürlich, ihr Leben war ursprünglich – es war nicht zivilisiert, es war spontan. Also gab *Buddha* den Menschen gleich zu Anfang die ***Vipassana****-Meditation*. ***Vipassana*** heißt *Einsicht*. Aber heutzutage ist es nicht mehr möglich, mit ***Vipassana*** in die Meditation einzusteigen. Und die Lehrer, die ***Vipassana*** immer noch für den Anfang empfehlen, gehören nicht in dieses Jahrhundert, sie sind zweitausend Jahre zurück. Ja, vielleicht können sie manchmal einem oder zwei von hundert Leuten weiterhelfen, aber damit ist nicht viel getan. Ich führe zu Beginn die *kathartischen* Methoden ein, damit erst einmal alle eure Zivilisationsschäden beseitigt werden und ihr wieder ursprünglich werden könnt. Aus dieser Ursprünglichkeit heraus, aus dieser kindlichen Unschuld wird Einsicht ohne weiteres möglich." *Das Orangene Buch-* Die Meditationstechniken von Osho, Osho Verlag.

Die ***Dynamische Meditation*** wird in fünf Phasen ausgeführt. In dieser Zeit ist der Übende ganz bei sich, da die Augen geschlossen bleiben. (Es empfiehlt sich, die Augen mit einem Tuch zu verbinden, um sich von der Umgebung lösen zu können und dadurch die anderen Teilnehmer ganz zu vergessen.) Wenn mehrere Menschen diese Methode in einer Gruppe ausführen, wird es leichter, sich total in die Phasen des Atmens und der *Katharsis* hineinzubegeben. Durch die gemeinsame Praxis verstärkt sich die Energie.

Gruppen-Übung

Die 1. Phase:
10 Minuten chaotisches Atmen durch die Nase.

Praxis

Atme schnell und heftig und lasse den Rhythmus chaotisch werden. Atme tief in den Brustraum und lasse mit der Ausatmung den Atem in den Unterbauch hämmern. Wechsele den Rhythmus spontan. So kann sich der Verstand nicht auf ein bekanntes Muster einstellen. **Habe keine Angst, die Kontrolle zu verlieren.** Du kannst deine Atmung durch Bewegungen von Rumpf und Gliedern kraftvoll unterstützen. Halte nicht inne, sondern gehe total im Atmen auf. – Genieße es, einmal so wild und unkontrolliert sein zu dürfen!

Zitat

„Ich ziehe chaotische Methoden den systematischen vor, denn eine chaotische Methode erleichtert es, das Zentrum wieder vom Kopf wegzubringen. Das Zentrum kann durch keine systematische Methode nach unten verlagert werden, weil Systematik selber Kopfarbeit ist."

„Wenn du die ***Dynamische Meditation*** nach besten Kräften, ohne System und chaotisch machst, geht dein Zentrum zum Herzen. Dann kommt es zu *Katharsis*. Eine *Katharsis* ist notwendig, weil dein Herz vom Gehirn unterdrückt wird."

„Du hast niemals herzlich gelacht, niemals gelebt, niemals irgend etwas herzlich getan. Das Gehirn kommt immer dazwischen, systematisiert und macht die Dinge mathematisch, und das Herz bleibt unterdrückt. Zuerst brauchst du also eine chaotische Methode, um das Zentrum des Bewußtseins zum Herzen zu stoßen. Dann brauchst du Katharsis, um das Herz zu erleichtern, Verdrängungen abzuschütteln, das Herz zu öffnen.“
Osho: *Esoterische Psychologie*, Osho Verlag.

Die 2. Phase: 10 Minuten *Katharsis*: Die Entladung unterdrückter Emotionen

Das chaotische Atmen macht sichtbar, was in dir ist, es bringt alles an die Oberfläche des Bewußtseins. Du hast jetzt die Gelegenheit, alle unterdrückten Impulse spielerisch übersteigert zum Ausdruck zu bringen – durch Lachen, Weinen, Schreien, Schütteln, Hüpfen, Springen. Habe keine Angst, *verrückt* zu spielen, denn durch den bewußt initiierten Impuls hast du genügend Abstand, um beobachten zu können, daß die *Verrücktheit* sich an der Oberfläche abspielt. Wenn du nichts unterdrückst, kann kein Konflikt, keine Spaltung entstehen – nur Befreiung.

Zitat

„Was auch immer für Empfindungen aufsteigen – egal welche –, erlaube ihnen, sich zu entladen; hilf ihnen dabei. Keine Gegenwehr: nur ein Fluß von Emotionen. Wenn du schreien willst, dann schreie. Laß es zu. Ein tiefer Schrei. Ein totaler Schrei, in den du dein ganzes Volumen hineinwirfst, ist sehr therapeutisch und bringt große Erleichterung. Viele Dinge, viele Krankheiten werden durch den Schrei einfach freigesetzt. Wenn der Schrei total ist, dann steckt dein ganzes Sein darin.“

„Am Anfang mußt du dich vielleicht überwinden, dich dazu zwingen, oder es kann auch nur Schauspielerei sein. Wir sind so künstlich geworden, daß nichts Echtes, nichts Authentisches aus uns heraus kommt. (...) Du mußt vielleicht übertreiben, einfach so tun *als ob*. Aber laß dich dadurch nicht stören. Mach weiter. Bald wirst du mit den Ursachen deiner Verdrängungen in Berührung kommen. Wenn du zu den Quellen dieser Unterdrückungen gelangst, dann finden sie ein Tor, sie werden freigesetzt und du fühlst dich unglaublich erleichtert.“ Bhagwan Shree Rajneesh: *Meditation*, Heyne Verlag.

Die 3. Phase:
10 Minuten Springen mit dem Mantra „*HUH*“

Nachdem durch die *Katharsis* ein leerer Raum im Geiste entstanden ist, kann das Mantra *HUH* die Energie in den Unterbauch bringen – vom Herzzentrum zum vitalen Zentrum.

Springe mit erhobenen Armen auf und ab und hämmere jedes Mal, wenn die Fußsohlen auf dem Boden landen, den Ton *HUH - HUH - HUH.....*, so daß du die Vibration im Unterbauch und im Beckenboden spürst. „*HUH*“ aktiviert die Energie des ***2. Chakras***, des Sex-Zentrums, und verändert ihre gewöhnliche Bewegungsrichtung von außen nach innen. Halte nichts zurück, sei total, gib alle Energie, die du hast, in diese aufrüttelnde Bewegung und das Hämmern des Mantras *HUH*.

Zitat

„Zuerst muß eine *Katharsis* stattfinden. Dieses Mantra *HUH* sollte niemals benützt werden, ohne daß die ersten beiden Schritte vorausgegangen sind. **Es darf *niemals* vorher benützt werden.** Nur im dritten Stadium, das zehn Minuten dauert, darf man „*HUH*“ verwenden - und zwar so laut wie möglich: die volle Energie muß dafür aufgebraucht werden. Du mußt mit dem Laut auf deine Energiequellen hämmern. Und wenn du - durch die *Katharsis* der zweiten Stufe – leer bist, kann dieses „*HUH*“ tief in den Körper eindringen und das Sex-Zentrum aufrütteln.“

„Du wirst nur dann verwandelt, wenn deine Energie in eine andere Richtung fließt als bisher. Jetzt fließt sie noch nach außen, aber dann beginnt sie im Inneren zu fließen. Jetzt fließt sie noch nach unten, aber dann steigt sie aufwärts. Dieses Aufwärtsfließen der Energie wird ***Kundalini*** genannt. Du wirst sie tatsächlich in deiner Wirbelsäule fließen fühlen ... und je höher sie dringt, desto höher bewegst du dich mit ihr. Wenn diese Energie das ***Brahma-Randra*** erreicht – das höchste Zentrum in dir – das siebente Zentrum, das sich unter der Schädeldecke befindet (***Sahasrar Chakra*** – siehe ***Chakra Meditation***) –, dann bist du auf der höchstmöglichen Stufe angelangt.“

„Im dritten Stadium verwende ich „*HUH*“ als Auslöser, um deine Energie nach oben zu leiten. Die ersten drei Schritte sind *kathartisch*. Sie haben nichts mit Meditation zu tun, sondern sind nur die Vorbereitung dafür. In ihnen *läufst du dich warm*, nimmst den Anlauf für den Sprung; der Sprung selbst kommt danach.“ Bhagwan Shree Rajneesh: *Meditation*, Heyne Verlag.

Die 4. Phase: 15 Minuten absolut still halten

Zum Ende der *HUH*-Phase ertönt ein *Stop*-Ruf (Audiokassetten bzw. CD´s der ***Dynamischen Meditation*** sind in *Osho-Meditationszentren* erhältlich). Im gleichen Moment mußt du in der Position einfrieren, in der du dich gerade befindest! Reagiere nicht auf den Reflex, es dir nach dem plötzlichen Stillstand bequemer zu machen! Auch ein Husten, Räuspern oder Herunterschlucken von Speichel sollte unbedingt vermieden werden, da es die ganze vorhergehende Mühe zunichte machen kann! Die kleinste Korrekturbewegung – und die angesammelte Energie verpufft. Halte deshalb ganz still und beobachte, was geschieht. Sei wie ein Spiegel, der für die nächsten 15 Minuten nur reflektiert, was gerade erscheint.

Zitat

„Wenn du einen Hustenreiz verspürst, ein Jucken im Hals, aber nicht darauf eingehst, wirst du nicht sterben. Laß deinen Körper einfach tot sein, so daß die Energie in einem einzigen Strom nach oben steigen kann. Wenn die Energie aufsteigt, wirst du immer stiller. ***Stille*** ist eine Nebenerscheinung aufsteigender Energie (...). Jetzt wird dein ganzer Körper so still, als wäre er verschwunden. Du wirst ihn nicht fühlen können. Du bist körperlos geworden. Und wenn du still bist, ist die ganze Existenz still, denn die Existenz ist nichts anderes als ein Spiegel. Sie reflektiert dich.“

„Und in dieser Stille fordere ich dich dann auf, einfach nur ***Zeuge zu sein*** – eine anhaltende Wachsamkeit. Du tust nichts, bist einfach nur Zeuge, bleibst einfach nur bei dir: absolut reglos, **du tust absolut nichts** – keine Bewegung, kein Wunsch, kein Werden –, sondern bleibst einfach nur da, wo du bist und schaust schweigend zu, was geschieht.

Dieses Verharren im Zentrum, in dir selbst, wird durch die ersten drei Phasen ermöglicht. Nur wenn diese drei vorangegangen sind, kannst du bei dir bleiben. Andernfalls kannst du noch soviel darüber reden, nachdenken und träumen – aber eintreten wird es nicht, denn du bist nicht darauf vorbereitet. Diese ersten drei Schritte werden dich darauf vorbereiten, im Augenblick zu verharren. Sie werden dich bewußt machen. ***Das* ist Meditation**. In dieser Meditation passiert etwas jenseits aller Worte." Osho: „Das blaue Meditations-Buch", Osho Verlag.

Die 5. Phase: 15 Minuten spontaner Ausdruck der Freude und Erfüllung

Für die fünfte Phase empfiehlt ***Osho***, daß die in ***Stille*** angesammelte Energie nicht gehortet, sondern in Umlauf gebracht werden sollte, damit sie nicht stagniert und schwer wird; sonst wird sie zu einer Belastung.

Deshalb: Lasse dich von der Musik durchdringen und gestatte der Energie einen kreativen Ausdruck durch ***Tanzen***, durch spontane Bewegung. – Und nimm dann diese Fülle und die freudig beschwingte Stimmung voller Dankbarkeit mit in den Tag.

Tip

Wenn du keinen schallgedämmten Raum hast, um die *Katharsis*- und die *HUH*-Phase der ***Dynamischen Meditation*** total auszuleben, ist das kein Grund, diese Meditation gar nicht erst auszuprobieren. Ärger mit den Nachbarn wegen einer eventuellen Lärmbelästigung kannst du vermeiden, wenn du die ***Katharsis* in dir** explodieren läßt. Kein Schrei, kein Lärm braucht nach außen zu dringen! Die Entladung aller Emotionen geschieht nur durch heftige Körperbewegung. Unterdrücke nichts. Schreie, wüte und tobe **innen** statt außen – es wird dir genauso laut vorkommen. In gleicher Weise kannst du auch das „*HUH*" mit voller Energie innerlich hämmern – ohne äußeren Ton.

So wird die Energie im Inneren bewahrt und kann in tiefere Bereiche vordringen.

Anfänger

ABC

Es ist ***Oshos*** Empfehlung, diese Methode mindestens einundzwanzig Tage lang frühmorgens – möglichst regelmäßig zur gleichen Zeit – auszuprobieren. Darüber hinaus wird nach drei Monaten die Wirkung eindeutig sein. Übe diese Technik voller Hingabe, aber ohne verbissenen Ernst. Nichts soll erreicht werden, es gibt nichts zu erwarten – eine spielerische, innere

Einstellung ist die beste Gewähr, daß diese Disziplin Freude und innere Freiheit schenkt.

Die Erfahrung von *Katharsis* (und anschließender Stille) ist eine wirksame Methode, um spontan in Meditation zu gelangen. *Katharsis* kann also ein wichtiger Zwischenschritt auf dem Weg zur Stille sein. – Aber bitte bleiben Sie nicht an diesem Punkt stehen, sondern behalten Sie die eigentliche Bestimmung im Auge ..... die Meditation. Eine *Katharsis* – die Selbstreinigung von belastenden Emotionen – wird gewöhnlich als befreiend empfunden – sie sollte aber nicht zum Selbstzweck werden!

Lesenswertes: • Osho: „*Das Orangene Buch*, Osho Verlag • Bhagwan Shree Rajneesh: *Meditation – Die Kunst, zu sich selbst zu finden*, Heyne Verlag • Osho: *Das Blaue Meditationsbuch*, Osho Verlag • Osho: *Esoterische Psychologie*, Osho Verlag.

Hörenswertes: Meditations of Osho: *Dynamic*, Sondless Sound Music Publishing; New Earth Records, München.

Die typenbezogene Empfehlung:

In der *Katharsis*-Phase erlebt der ***Unzufriedene*** die Auseinandersetzung mit den *Dämonen* seiner Stimmungsabhängigkeit. Wenn seine tieferliegende Wut zum Vorschein kommt und er sie im *sicheren* Rahmen dieser Phase ausdrücken kann, gewinnt er zuvor gebundene Energien zurück. Anschließend wird er mehr Kraft und Lebendigkeit genießen, selbst wenn ihm die Stille der vierten Phase als überflüssig erscheinen mag.

Nebenstehende Persönlichkeitstypen müssen sich anfänglich ein wenig überwinden, um die gewohnte Kontrolle und *Struktur* loszulassen und sich dem Chaos der Emotionen zu überlassen. Auch für sie ist die Befreiung von einengenden Verhaltensmustern spürbar. In der *Stop*-Phase eröffnet sich ihnen ein nachhaltig wirkender Ausblick auf bislang unbekannte Momente von Stille und Erfülltsein. Diese Erfahrung hilft ihnen langfristig, sich von ihrer Fixierung zu lösen.

Der ***Neugierige*** und der ***eifrig Suchende*** werden die intensive Begegnung mit ihrer *Innenwelt* und dem ungeahnten Reservoir an Energie genießen. Die tiefe Stille der vierten Phase – sei es auch nur für einen kurzen Augenblick – kann einen neuen, nie gekannten Erfahrungswert setzen für das, was Meditation bedeutet.

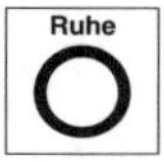

Der ***Ruhesuchende*** scheut gewöhnlich *Unruhe und Chaos* – die ersten drei Phasen. Aber bedrohlich werden kann es für ihn nur dann, wenn seine gewonnene *Ruhe* unecht ist. Im Grunde genommen sehnt er sich nach Vertiefung der Erfahrung von Stille. Die ***Dynamische Meditation*** kann für ihn zu einem Prüfstein seines momentanen Bewußtseinsstandes werden. Denn für den ***Ruhesuchenden*** liegt die große Falle darin, in Trägheit zu versacken und eine Scheinruhe zu kultivieren.

Welchem Persönlichkeitstypus Sie sich auch zugehörig fühlen – die ***Dynamische Meditation*** kann in jeder Hinsicht von großem Nutzen für Sie sein. Sie finden Sie in der **Soforthilfe** ab Seite 49.

14
Das Kreisen des Lichtes

Bedeutung & Herkunft

Das Kreisen des Lichtes ist eine jahrtausendealte, *taoistische* Konzentrationsübung. Mit Hilfe des Vorstellungsvermögens und durch gedankliche Lenkung leitet der Übende seinen Atem in einem rhythmischen Kreislauf durch sämtliche Energiebahnen des Körpers. Diese Methode diente letztlich dem Ziel, ***das Geheimnis der Goldenen Blüte*** zu erfahren. Die ***goldene Blüte*** war für den *Taoisten* ein Sinnbild für das Erblühen unbegrenzter psychischer Fähigkeiten in der *Erleuchtung*. Im 18. Jahrhundert wurde diese Übung in einem klassischen Werk über *taoistische* Meditation ***Hui Ming Ging*** (***Das Buch von Bewußtsein und Leben***) detailliert beschrieben.

Themenkreise

Ähnlich wie beim ***Schweifenden Blick*** liegt ihr das gleiche Prinzip zugrunde: Hierbei geht es um das Nicht-Stehenbleiben in einem nach innen verlagerten Wandern der Aufmerksamkeit. Das ***Licht kreisen lassen*** heißt, die Aufmerksamkeit im natürlichen Rhythmus mit dem Atemstrom mitgehen lassen. Die alten chinesischen Weisen hatten erkannt, daß ***Chi***, die Lebensenergie (siehe auch den Begriff ***Prana*** unter ***Pranayama***), in einem bestimmten Rhythmus entlang der ***Meridiane*** (*feinstoffliche Energiebahnen*) zirkuliert. Ihr Wissen über die verschiedenen Stationen dieses Kreislaufs war sehr differenziert. Wir möchten in der Beschreibung dieser Übung nicht auf die zahllosen Feinheiten eingehen; für den Anfang genügt eine allgemeine Vorstellung der Bewegungsrichtung, wie und wo im Körper das *Licht* der Aufmerksamkeit auf- und absteigen soll.

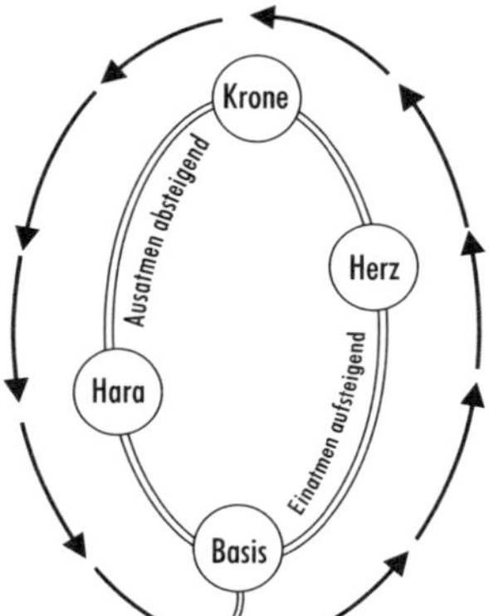

Praxis

Setze dich aufrecht mit gestreckter Wirbelsäule auf einen Stuhl (siehe die Abbildung auf der folgenden Seite), so daß beide Fußsohlen den Boden gleichmäßig berühren. Neige den

Kopf etwas nach vorne – das Kinn ist ein wenig eingezogen zum Schlüsselbein hin, und der Nacken ist gut gedehnt. Diese Kopfhaltung ist ein Ausdruck dafür, daß alle Aufmerksamkeit zum Herzen hin gerichtet ist. Bleibe dabei wach hinter den Augen!

Zitat

„In einem *Buch des Elixiers* heißt es: »Die Henne vermag ihre Eier auszubrüten, weil ihr Herz unentwegt hinhorcht.« Das ist das ganze Geheimnis. Das warme ***Chi*** ist die Ursache des Ausbrütens. Wärme allein vermag kein Ei auszubrüten; es braucht ***Chi*** dazu, das die Wärme in die Schale eindringen läßt. Der Geist der Henne vermag der Lebenskraft Eingang zu verschaffen. Das eben ist ihr »Hinhorchen«, die Konzentration ihres Geistes. Wo der Geist ist, da ist auch ***Chi***. Die Henne mag wohl zuweilen ihre Eier verlassen, aber ihre Aufmerksamkeit bleibt immer wach dabei. Wo der Geist wohnt, gibt es keine, auch nicht die geringste Unterbrechung. (...) Der Geist neigt leicht zum Vagabundieren, aber man kann ihn klären (d.h. einen, konzentrieren) durch ***Chi*** (*Atemkraft*). ***Chi*** wird leicht grob; daher muß man es durch den Geist verfeinern. Befolgt man dies, kann es nicht ausbleiben, daß der Geist sich konzentriert." Hrsg. Mokusen Miyuki: *Die Erfahrung der Goldenen Blüte*, O.W. Barth Verlag.

Sitze also in dieser Weise mit gesammelter Aufmerksamkeit und lausche der auf- und absteigenden Atembewegung. Lasse in deiner Vorstellung die Atemkraft (***Chi*** oder ***Prana***) von der Basis der Wirbelsäule über den rückwärtigen, zentralen ***Meridian*** – das sogenannte *Lenker-* oder *Herrschergefäß* – mit der **Einatmung** aufsteigen. Wo immer die Aufmerksamkeit gerade verweilt – achte dort auf ein feines Kribbelns oder auf die Sensation vibrierender Wärme. Vielleicht gelingt es dir mit der Zeit auch, ein strahlendes, goldenes Licht zu visualisieren, das sich in einer fließenden Bewegung befindet. Richte es so ein, daß der Weg über die Rückseite von der Basis der Wirbelsäule bis zur Krone des Kopfes ganz exakt mit der Zeit der Einatmung übereinstimmt. Lasse Bewegung und Atmung zu einer Einheit verschmelzen.

Mit der nächsten **Ausatmung** kreist das

Licht der Aufmerksamkeit nun entlang des vorderseitig absteigenden ***Meridians*** (*Konzeptionsgefäß* oder *Gefäß der Empfängnis*) zum Ursprung zurück. Lasse zu Anfang diesen Kreis der Aufmerksamkeit ununterbrochen für mehrere Minuten zirkulieren – **die Rückseite empor mit der Einatmung, die Vorderseite hinunter mit der Ausatmung**. Steigere allmählich die Zeitdauer dieser Übung auf 30 - 40 Minuten.

Zitat

„Die Abbildung stellt die Kraftbahnen dar, von denen die vordere, abwärts führende als ***Funktionsbahn***, die hintere, aufwärts führende als ***Kontrollbahn*** bezeichnet ist. (...) Wenn es gelingt, diese beiden Bahnen (die *funktionierende* und die *kontrollierende*) zum durchgehenden Anschluß zu bringen, so kommen alle Kraftbahnen in Verbindung. (...) Ein Mensch, der die Pflege des *Tao* betreibt, den gesetzmäßigen Kreislauf in Gang bringt, um Bewußtsein und Leben kreisen zu lassen, braucht nicht zu fürchten, daß er nicht sein Leben verlängert und nicht seine Bahn vollendet." Richard Wilhelm/C.G.Jung: *Geheimnis der Goldenen Blüte*, Eugen Diederichs Verlag.

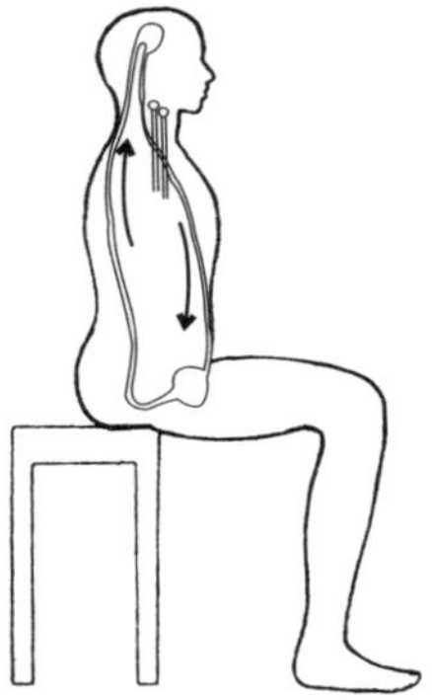

„Sowie das Bewußtsein zur reinen Einheit gebracht ist, d.h. sobald die psychische Energie des Bewußtseins sich in der Konzentration sammelt, ist die Seele bereit und stark genug, den Inhalten des Unbewußten entgegenzutreten und sie zu integrieren und damit die Persönlichkeit auszuweiten und zu bereichern." Hrsg. Mokusen Miyuki: *Die Erfahrung der Goldenen Blüte* O.W. Barth Verlag.

Tip

Sobald der Kreislauf der Aufmerksamkeit in Gang gesetzt ist, sammeln sich alle Kräfte von Körper und Geist um das ruhende Bewußtsein herum, das wie ein Magnet alle Energien anzieht. Wie die bewegungslose Nabe eines Rades ist das Bewußtsein vom Wesen her ***reine Stille***, in der alle inneren und äußeren Strömungen harmonisiert werden. Unsichtbar ordnet diese zentrierende Kraft die Umwelt und zieht günstige Situationen und Lebensbedingungen an.

Alles, was zu tun ist, ist das Licht der Aufmerksamkeit zum Kreisen zu bringen. Man kann es leicht bewegen, denn die Bewegung ist seine Natur. Man sollte aber nicht versuchen, es irgendwo zu fixieren, denn das Stehenbleiben im Strom der Aufmerksamkeit erzeugt ein Stocken der Energie und damit Spannung! Wenn das Licht längere Zeit zirkuliert, entsteht ein Kraftfeld und die Geisteskraft kristallisiert sich.

Zitat

Meister Lü sagt: „Die ***Methode des Lichtkreisens*** kann im Gehen, Stehen, Sitzen und Liegen angewendet werden. Die Hauptsache ist, daß der offene Raum der Kraft wahrgenommen werde. Worum es sich dabei handelt, habe ich früher erklärt: »Im leeren Raum erscheint Weißes.« Was könnte das Weiße sein denn Licht?" Hrsg. Mokusen Miyuki: *Die Erfahrung der Goldenen Blüte* O.W. Barth Verlag.

Literatur

Lesenswertes: • Richard Wilhelm/C.G.Jung: *Geheimnis der Goldenen Blüte,* Eugen Diederichs Verlag • Hrsg. Mokusen Miyuki: *Die Erfahrung der Goldenen Blüte,* O.W. Barth Verlag • Mantak Chia: *Tao Yoga – Praktisches Lehrbuch zur Erwekkung der heilenden Urkraft Chi,* Ansata Verlag.

Grundlegendes zu Haltung und Atmung: QuickEssenz-Karte (J. .Kamphausen Verlag) im Taschenformat: *Meditation – Weg zur inneren Ruhe*

Die typenbezogene Empfehlung:

Sowohl der Persönlichkeitstypus des ***Gestressten*** als auch der des ***Unzufriedenen*** werden beide von äußeren und inneren Reizen in einer Weise bedrängt, daß sie wenig Raum haben, um länger als nur wenige Minuten diese Übung gesammelt ausführen zu können. Damit sich aber die oberhalb beschriebene Wirkung entfalten kann, ist ein gewisses Maß an innerer und äußerer Ruhe und eine Regelmäßigkeit des Übens Grundvoraussetzung.

Neugier

Der ***Neugierige*** wird nach einiger Zeit des Übens seine mögliche Tendenz zur Zügellosigkeit verlieren. Das kontinuierliche Kreisen der Aufmerksamkeit kann ihm neue Erlebensbereiche in einer innigeren Verbindung zwischen *Innen* und *Außen* eröffnen.

Der Mensch, der die ***Perfektion*** sucht, findet hier seine natürliche, innere Ordnung wieder. Aus dem Zustand größerer Gelöstheit geschehen alle notwendigen Handlungen ganz spontan. Zunehmend erlebt er die Welt als eine Widerspiegelung seiner inneren Ordnung.

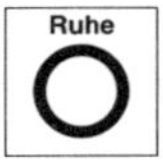

Den ***eifrig Suchenden*** bringt das ***Kreisen des Lichtes*** in die Kontinuität einer wachen Konzentration. Er findet hier die Art von erfüllter Leere, von innerer Stille, die auch dem ***Ruhesuchenden*** am Herzen liegt. Dieser findet auf seine Weise eine tiefere Einsicht in die Natur eines spiegelgleichen Bewußtseins.

Raum für Notizen

15
Tonglen – die Herzmeditation

Bedeutung & Herkunft

Die geistige Übung der ***Herzmeditation***, die in der tibetischen Tradition als ***Tonglen*** bekannt ist, besteht darin, eigenen Schmerz oder auch das Leid einer anderen Person einzuatmen, sie im *Herzen der Selbstlosigkeit* aufzulösen und zu transformieren, um sie dann als strahlendes Licht auszuatmen. Diese im tibetischen Buddhismus hochgeschätzte Methode geht zurück auf ***Atisha,*** einen buddhistischen Gelehrten und tantrischen Yogi, der im 11. Jahrh. aus Indien nach Tibet kam.

Tonglen ist eine Meditation, die sich ganz bewußt der natürlichen Funktion des **Annehmens** in der **Einatmung** und des **Gebens** in der **Ausatmung** bedient. Normalerweise fühlen wir uns als Einzelwesen von der *Außenwelt* getrennt, und das Atmen geht gewöhnlich nicht mit dem klaren Gefühl einher, Verbundenheit herzustellen. Das Atmen ohne ausdrückliche Intention des Annehmens schneidet uns ab von dem Wissen, daß wir immer und von Anbeginn an mit allem, was existiert, verbunden sind. ***Tonglen*** schafft im **bewußten Atmen über den Weg des Herzens** einen feinen, aber entscheidenden Unterschied, denn wer mit dem Herzen atmet, muß unweigerlich mit allem, was Teil dieses Augenblickes ist, eins werden.

Fingerzeig Information

Dieser Übung liegt das Verstehen zugrunde, daß die Natur des menschlichen Geistes nichts als **grenzenlose, offene Weite** ist, und daß strahlend klare Erkenntnisfähigkeit seine Essenz ausmacht. Das Einatmen von Leid und Schmerz kann deshalb den zeitlos freien und ganzheitlich *heilen* Zustand nicht zerstören, genausowenig wie dunkle Wolken das strahlende Blau des Himmels zu berühren vermögen. Die Energie, die aus der Praxis dieser Übung entsteht, wird als **Mitgefühl** und **liebevolle Güte** erfahren. Der Zusammenhang zwischen der Weite und Offenheit des Bewußtseins und einem Gefühl umfassender Liebe wird auch im Kapitel **Was ist Bewußtheit?** behandelt.

Praxis

Die Praxis der Herzmeditation-Tonglen:

Das Einatmen: Atme deinen Schmerz ein, deine Ängste, alle deine angehäuften Schuldgefühle. Stelle dir all dies vor **wie beißenden, schwarzen Rauch**, den du in dein Herz hinein nimmst.

Die Umwandlung: Dort verwandelt sich der schwarze Rauch in ein **weiß-goldenes, strahlendes Licht**.

Die Ausatmung: Atme dieses Licht des Verstehens, der Geduld und des liebevollen Mitgefühls für dich selbst wieder aus.

Atme einfühlsam in die Bereiche, wo du ein Problem spürst. Fühle es mit der Einatmung ganz intensiv – lasse es nicht nur theoretisch und abstrakt sein. Das konkrete Fühlen von Schmerz kann ohne Schwierigkeit als schwarzer, beißender Rauch visualisiert werden. Nimm ihn an und verwandle ihn.

Erinnere dich im nächsten Moment an das strahlende Licht, an einen wolkenlosen, blauen Himmel, an Freude und Beschwingtheit. Visualisiere das blendend weiß-goldene Licht der Sonne und schaue, wie es sich während der Ausatmung über dich ergießt und Körper und Geist durchdringt.

Zitat

„Wenn wir den schwarzen, beißenden Rauch einatmen, dann lassen wir uns davon nicht überwältigen, sondern erkennen, daß das Leiden veränderbar ist, daß wir nicht verdammt sind zu alten Verhaltensmustern. Was wir ausatmen, ist der Mut, das Vertrauen, daß es möglich ist, sie zu verändern. Wir atmen die Freude aus, die darin liegt, sich zu verändern."

„Alle quälenden Muster, die wir in unserem Leben wahrnehmen, atmen wir ein in Form von schwarzem Rauch, ...wir akzeptieren diese Seiten als Teil von uns. Und wir atmen Vergebung aus an uns selbst und verstehendes Mitgefühl. Wir wissen, daß es meist Unwissenheit war – der unglaublich ungeschickte Versuch, glücklich zu werden. Und jetzt in unserem Ausatmen können wir es loslassen und auflösen in weißem Licht." Audiokassette von Rigpa e.V.: Anleitung zu „Tonglen"

Die gleiche Vorgehensweise können wir übertragen auf

- **Tonglen für problematische Situationen**
- **Tonglen für Familienangehörige**
- **Tonglen für Freunde**
- **Tonglen für Menschen, vor denen wir Angst haben**
- **Tonglen für Menschen, die wir hassen**

Diese Übung wirkt Wunder, denn sie verändert die Seelenlandschaft auf magische Weise: Wie oft schon haben Sie sich geärgert über den Nachbarn, die Arbeitskollegin oder den Freund, fühlten sich verletzt durch eine unbedachte Bemerkung oder gekränkt, weil die Geliebte seit Tagen nicht angerufen hat! *Säuerliche Gefühle*, die sich einfach nicht auflösen wollen, weil die Situation festgefahren ist, vergiften Körper und Geist.

Aber in dem Moment, in dem Sie sich überwinden können, den eigenen Schmerz und das vermeintliche *Unrecht* des anderen in der Einatmung anzunehmen und zu sehen, was es eigentlich ist: ... schwarzer, beißender Rauch ..., und Sie sich selbst und dem *Anderen* weißes, strahlendes Licht senden, haben Sie einen Riesenschritt getan: Sie sind über sich selbst und allen kleinlichen Stolz hinausgewachsen.

Erkenntnis

Sie haben die Kampf- oder Verteidigungshaltung aufgegeben und begegnen in allen Situationen den Menschen, vor denen Sie noch kurz zuvor Angst hatten oder denen gegenüber Sie in Rachegefühlen verstrickt waren, aufrecht und ohne Angst. Die Arglosigkeit und menschliche Größe, die Sie durch die Übung des ***Tonglen*** entwickeln, wirkt in jeder Hinsicht *entwaffnend* und wird über kurz oder lang jede unliebsame Situation positiv verändern.

Diese Übung kann eine tiefgreifende Transformation bewirken. Sie ist der Inbegriff dessen, was *Jesu Gebot* – ***Liebe deinen Nächsten wie dich selbst!*** – bedeutet.

Als eine fortgeschrittene Version dieser Übung kann der Praktizierende anstelle eigener Probleme *das Leid aller Wesen* oder *das Leid der Welt* einatmen, im Herzen transformieren und als weiß-goldenes Licht zum Segen aller empfindenden Wesen zurücksenden. An einem bestimmten Punkt der Verwirklichung mag die Unterscheidung zwischen *eigenem Schmerz* und *dem Leid der anderen* nicht mehr aufrecht zu halten sein, wenn im **bewußten Atmen des Herzens** die Erkenntnis aufsteigt, daß es nur die Einheit und keine Trennung gibt.

Literatur

Lesenswertes: • Sogyal Rinpoche: *Das tibetische Buch vom Leben und Sterben*, O.W. Barth Verlag • Pema Chödrön: *Beginne, wo du bist*, Aurum Verlag • Bhagwan Shree Rajneesh: *The Book of Wisdom (Vol.1&2) – Atisha´s Seven Points of Mind Training*, Rajneesh Foundation • Osho: *Meditation – die erste und die letzte Freiheit*, Osho Verlag.

Die typenbezogene Empfehlung:

Neugier

Tonglen, die Herzmeditation, ist für jeden Persönlichkeitstypus geeignet: Der ***Neugierige*** mag durch diese Übung eine veränderte Wahrnehmung der Menschen und Dinge erlangen, denen er nun mit größerer Aufgeschlossenheit begegnen kann. Das bewußte Atmen über den Weg des Herzens ist aber nicht nur ein Hilfsmittel, *negative*, unangenehme Situationen zu transformieren; es gehört zur ursprünglichen Natur des Menschen.

Eifer Ruhe

Das Gleiche gilt auch für den ***eifrig Suchenden*** und den ***Ruhe-Typus***. Jeder wird auf seine Weise durch diese bewußte Atemübung mit seinem innersten Wesen in Berührung gebracht. Gelegentlich auftauchende Probleme, Ärger und Konflikt sind auch den oben genannten Persönlichkeitstypen bekannt. Mit Hilfe dieser Methode und gemäß ihres Grades an Vertrautheit wird es leicht fallen, gelassener und gelöster mit Schwierigkeiten umzugehen.

Perfektion Stress Unzufriedenheit

Diese drei Persönlichkeitstypen haben aus unterschiedlichen Gründen eine größere Tendenz und mehr Anlaß, sich zu ärgern. Bewußt oder unbewußt ziehen sie Probleme und Konflikte an. ***Tonglen*** ist für sie die radikalste Methode, dem auf den Grund zu gehen. Die größte Hürde wird es für sie sein, ihren Stolz zu überwinden und die Stimme des Herzens ernst zu nehmen – und einfach gefühlvoller zu werden.

Erste Hilfe

Diese Übung ist in der **Soforthilfe** ab Seite 52 zu finden, denn sie ist für alle Persönlichkeitstypen ein Allheilmittel.

16
Bioenergetik

Bedeutung & Herkunft

In der Lehre der ***Bioenergetik*** nach ***Alexander Lowen*** sind zwei Strömungen zu unterscheiden:

Die ***Bioenergetische Analyse***, die auf der ***Charakteranalyse*** von ***Wilhelm Reich*** und der ***Psychoanalyse*** von ***Sigmund Freud*** gründet und die ***Bioenergetischen Übungen***, die ***Alexander Lowen*** – auf den Erkenntnissen ***Wilhelm Reichs*** aufbauend – entwickelte.

Die ***Bioenergetische Analyse*** ist eine Psychoanalyse im Freudschen Sinne, die in der Weiterentwicklung durch ***Wilhelm Reich*** insbesondere die seelischen Konflikte untersucht, die sich in entsprechenden körperlichen Haltungen und dem energetischen Zustand des Menschen offenbaren. Wenn der lebendige Ausdruck und der Fluß der Lebensenergien (*Bioenergie*) blockiert ist, läßt sich dies an charakteristischen Merkmalen beim *Klienten* in der Therapie ablesen. Bei der ***Analyse*** werden verschiedene prägende Phasen in der persönlichen Geschichte berücksichtigt: *Traumatische Ereignisse*, die Art der *Sozialisation* von Geburt an, *körperliche Merkmale*, typische *Energieblockaden*, *Muster der Sexualität*, die *Vorstellungswelt* und charakteristische *Ängste*.

Fingerzeig Information

Daraus ergibt sich das Bild von fünf unterschiedlichen *Charakterstrukturen*, deren seelische Muster in typischen Körperhaltungen zum Ausdruck kommen. Man spricht in dem Zusammenhang vom ***Muskelpanzer*** (dem Gesamtbild chronischer Muskelspannungen), den der Einzelne als Schutz gegen schmerzliche und bedrohliche, emotionale Erlebnisse aufgebaut hat.

Die ***Bioenergetische Analyse*** kann ***Bioenergetische Übungen*** miteinbeziehen, nicht nur um dem *Klienten* seine ***Charakterstruktur*** bewußt und körperlich fühlbar zu machen, sondern um ihm auch praktische Hilfe zu bieten, durch geeignete Haltungen und Atemmuster den *Muskelpanzer* (auch *Charakterpanzer* genannt) zu lösen.

Was aber allgemein unter ***Bioenergetik*** verstanden wird, sind die ***bioenergetischen Übungen***, die zur bewußten Körpererfahrung, für eine allgemeine Verbesserung des Wohlbefindens und des Abbaus von Stress (frei vom Anspruch der therapeutischen Arbeit) eingesetzt werden. In beiden Fällen benutzt die ***Bioenergetik*** eine Vielzahl von Übungen und Bewegungen, die größtenteils aus dem Fundus des ***Hatha Yoga*** (siehe Abschnitt 2) bekannt sind. (Selbst wenn diese nicht bewußt aus der *Yoga-Tradition* entlehnt wurden, ist die Übereinstimmung dennoch nicht verwunderlich, denn es handelt sich hier um das natürliche Bewegungspotential des menschlichen Körpers).

Themen-kreise

Da ***Bioenergetik-Übungen*** anfangs unter kompetenter Anleitung ausgeführt werden sollten, um die gewünschte Wirkung zu entfalten, ist es empfehlenswert, sich über angegebene Literaturhinweise und Video-Darstellungen hinaus zu informieren und gegebenenfalls eine Übungsgruppe oder einen ***Bioenergetik-Therapeuten*** aufzusuchen.

Bioenergetische Übungen bedürfen nicht unbedingt des Kontextes einer Therapie. Die folgende einfache Grundübung dient der ***Erdung*** und kann von jedermann gefahrlos ausgeführt werden:

Praxis

1. Die „Elefantenhaltung": (Grundübung für Vibration und Kontakt mit dem Boden)

„Stehen Sie mit etwa 30cm Fußabstand, die Zehen ein wenig nach innen gerichtet; dadurch werden einige Gesäßmuskeln gestreckt. Beugen Sie sich nach vorne und berühren Sie mit den Fingern beider Hände den Fußboden (s. Abbildung). Die Knie sind leicht gebeugt. Das Körpergewicht ruht voll auf den Füßen und nicht auf den Händen. Lassen Sie den Kopf so weit wie möglich hängen. Atmen Sie leicht und tief durch den Mund. Achten Sie darauf, daß Sie gleichmäßig weiter atmen und zwar im Moment nicht durch die Nase. Verlagern Sie Ihr Gewicht auf die Fußballen, dabei können die Fersen leicht angehoben werden. Richten Sie die Knie langsam auf, bis die langen Oberschenkelmuskeln an der Rückseite der Beine gedehnt sind. Die Knie sollten jedoch nicht völlig gerade oder gar blockiert sein. Halten Sie diese Position ungefähr eine Minute lang."

• „Atmen Sie leicht oder halten Sie Ihren Atem an? Es wird keine Vibration aufkommen, wenn Sie den Atem anhalten.

• Spüren Sie ein Vibrieren in Ihren Beinen? Wenn nicht, versuchen Sie, die Knie langsam ein wenig zu beugen, und dann in die Ausgangsposition zu strecken. Machen Sie das mehrere Male, um die Muskeln ein wenig zu entspannen.

• Sind es feine Vibrationen oder holperige, geschmeidige oder ruckartige? In einigen Fällen springen Leute buchstäblich vom Boden, weil sie die Erregung nicht mehr halten können. Erging es Ihnen ähnlich?“ Auszug aus Alexander Lowen/Leslie Lowen: „Bioenergetik für jeden“, Goldmann Verlag

Um den beabsichtigten ***bioenergetischen*** Effekt der Vibration zu erzielen, sollten die Beine – möglichst schmerzfrei – gestreckt bleiben, auch beim Wiederaufrichten!

Wer allerdings Probleme mit dem Rücken hat (vor allem mit den Bandscheiben!), sollte entweder auf diese Übung verzichten oder – wie in der Krankengymnastik empfohlen – beim Hochkommen die Knie etwas gebeugt und den Oberkörper aufgerichtet halten. (Dann ist es zwar nicht mehr die ursprünglich gedachte ***Bioenergetik-Übung***, aber es vermeidet eine unnötige Belastung der Bandscheiben.) Machen Sie in dem Falle die Oberschenkel- und Gesäßmuskeln für einen Moment fest, bis der Rücken entlastet ist.

Einer *Vorwärtsbeuge-Übung* sollte in der Regel zum Ausgleich eine *Rückwärtsbeuge-Übung* folgen und umgekehrt. Es entlastet und erhöht die Flexibilität.

2. Der Bogen:

„Stehen Sie mit den Füßen ungefähr 50cm auseinander, die Zehen leicht nach innen gedreht.

Dann legen Sie beide Fäuste, die Knöchel nach oben gerichtet, auf Ihre Hüften.

Beugen Sie beide Knie soweit es Ihnen möglich ist, ohne die Fersen vom Boden zu heben. Lehnen Sie sich über Ihre Fäuste nach hinten, und bleiben Sie mit Ihrem Gewicht auf den Fußballen. Atmen Sie tief in Ihren Bauch.

• Fühlen Sie starke Spannungen im unteren Rücken? Wenn ja, ist das ein Zeichen erheblicher Verspannungen in dieser Gegend.

• Spüren Sie Schmerzen oder eine Anspannung vorne in Ihren Schenkeln oder oberhalb Ihrer Knie? Wenn Sie entspannt sind, sollten Sie nur in den Knöcheln und Füßen angestrengt sein, da dort das Gewicht Ihres Körpers gehalten wird.

• Fangen Ihre Beine an zu vibrieren?

• Ist es Ihnen möglich, einen perfekten Bogen beizubehalten?

• Ist Ihr Hintern nach vorne oder nach hinten gestreckt? In beiden Fällen ist der Bogen unterbrochen und damit der Energiefluß in die Füße." *Alexander & Leslie Lowen*

Als Gegenbewegung zur Rückwärtsbeuge können Sie noch einmal Übung 1 ausführen.

Zitat

„Erdung ist der Schlüssel zu bioenergetischer Arbeit. Wenn Sie gut geerdet sind, ist Ihr Körper natürlich ausbalanciert, aufrecht und fest. Ihre Energie kann frei fließen. Vielleicht bemerken Sie sogar, daß Ihre Augen klarer sind, und daß Sie besser sehen können. Erden hat sehr viel mit dem Atem zu tun, wie Sie vielleicht beim Üben gemerkt haben. Je mehr Sie sich in sich nachgeben, desto tiefer wird Ihr Atem. Trotzdem ist es wichtig, sich der Atembewegungen bewußt zu werden und zu erkennen, wie Sie sich gegen freie und volle Durchatmung »verhalten«." *Alexander Lowen/Leslie Lowen: „Bioenergetik für jeden", Goldmann Verlag.*

Literatur

Lesens- und Sehenswertes: • Alexander Lowen/Leslie Lowen: *Bioenergetik für jeden,* Goldmann Verlag • Alexander Lowen: *Körperausdruck und Persönlichkeit,* Kösel Verlag • Alexander Lowen: *Bioenergetik als Körpertherapie, Liebe, Sex und dein Herz;* rororo-Sachbuch • Wilhelm Reich: *Charakteranalyse*, Fischer Verlag • Ansgar Rank/Dietlinde Rank: *Schau auf deinen Körper und fühle wer du bist – Körperausdruck und Charakterstrukturen in der Bioenergetik,* Kreuz Verlag • Peter Schroeder: Videocassette – *Bioenergetik: Ein praktischer Intensivkurs*, Hermann Bauer Verlag.

Die typenbezogene Empfehlung:

Unserer Einschätzung nach haben die nebenstehend aufgeführten Persönlichkeitstypen am ehesten die Motivation, ***Bioenergetik*** zu praktizieren und Nutzen daraus zu ziehen.

Doch auch die gegensätzlichen Pole des ***Ruhesuchenden*** und des ***Stress-Typus*** können von den beschriebenen ***Erdungs-Übungen*** profitieren – der eine im Sinne einer Belebung, der andere im Sinne eines Abbaus von Überreiztheit und Verspannung.

Eine Kurzbeschreibung dieser Übung finden Sie in der **Soforthilfe** ab Seite 54.

Raum für Notizen:

17
Zikhr – das Erinnern der Namen Gottes

Bedeutung & Herkunft

Der arabische Begriff ***Zikhr*** bedeutet *Sich-Besinnen* oder *Erinnerung* und bezeichnet konkret ***das Erinnern der Eigenschaften Gottes*** durch rituelle Anrufung seiner Namen. Die ***99 schönen Namen Gottes*** beschreiben Eigenschaften wie *Der Allbarmherzige, Der Lebendige, Der Reiche, Der Freie, Der Starke, Der Lichte* oder *Der Feine.* Durch rhythmische Atmung und ekstatische Bewegung vertieft der ***Sufi*** die *Erinnerung* und wird eins mit der Bedeutung der jeweiligen Eigenschaft, auf die er sich besinnt.

Die ***Sufi-Derwische*** (die als die *Mystiker des Islam* gelten) konnten ihre körperlich-geistigen Übungen oft nur im Geheimen, im Schutze der Nacht ausführen, um der Verfolgung durch orthodoxe Kreise zu entgehen. Deshalb wurde die Stimmung der Nacht von einigen *Sufi-Orden* für ihre Zusammenkünfte besonders bevorzugt.

Im ***Zikhr*** bilden die ***Sufis*** einen Kreis und fassen sich an den Händen. Sie beginnen, ihre Oberkörper rhythmisch vorwärts und rückwärts zu beugen und den Kopf seitwärts zu drehen, während sie kurze Koranverse oder die *99 schönen Namen Allahs* singen. Ein beliebter Vers ist das islamische Glaubensbekenntnis ***La ilaha illa ´llah***. Es bedeutet: *„Es gibt keinen Gott außer Gott.“*

Achtung

Vor Beginn der ***Zikhr***-Praxis sollte der Übende sich vergewissern, daß er über einen stabilen Kreislauf verfügt, einigermaßen belastbar ist und unter keinen körperlichen Beschwerden, vor allem im Kopfbereich, leidet, da diese energetisch starke Übung mitunter Schwindelanfälle hervorrufen kann. Führen Sie die Übung erst einmal für 2-3 Minuten aus. Bevor Sie die Zeitdauer ausdehnen, spüren Sie zuerst nach, ob Sie die Wirkung als wohltuend empfinden.

Praxis

Setzen Sie sich entweder mit leicht verschränkten Beinen in den *Schneidersitz* oder sitzen Sie *auf den Fersen.* In jedem

Falle sorgen Sie für eine aufrechte Haltung der Wirbelsäule, in der Sie längere Zeit **bequem** sitzen können (gegebenenfalls auch in einem Sessel).

Schwingen Sie im Rhythmus von Atem und Stimme. Aus der natürlichen Bewegung entsteht das, was als ***Sufi-Tanz*** bekannt ist:

- Der Kopf ist halb nach **links** gedreht und der Oberkörper neigt sich in diese Richtung nach vorne. Mit der **Ausatmung** singen Sie ***LA***. Konzentrieren Sie sich dabei auf das *grobstoffliche Herz* in der linken Seite der Brust.

- Der Oberkörper schwingt zurück in die aufrechte Position und der Kopf dreht sich **zur Mitte**. Mit der **Einatmung** singen Sie ***ILAHA***. Konzentrieren Sie sich dabei auf das *Dritte Auge* in der Mitte der Augenbrauen.

- Der Kopf ist halb nach **rechts** gedreht und der Oberkörper neigt sich in diese Richtung nach vorne. Mit der **Ausatmung** singen Sie ***ILLA***. Konzentrieren Sie sich dabei auf das *Geist-Herz* (*Ruh* genannt) in der rechten Seite der Brust.

- Der Oberkörper schwingt zurück in die aufrechte Position und der Kopf dreht sich **zur Mitte**. Mit der **Einatmung** singen Sie ***´LLAH***. Konzentrieren Sie sich dabei auf das *Herz-Chakra*, das feinstoffliche Herz im Zentrum der Brust.

Tip

Für die Kurzform ***Allahu***, die häufig im ***Zikhr*** gebräuchlich ist, gibt es eine metaphysische Begründung: Würde ein Gläubiger genau in dem Moment sterben, wo er „Es gibt keinen Gott ....“ ausgesprochen hat, bevor er „außer Gott“ hinzugefügt hat, so hätte er Gott geleugnet. Darum ist der Name ***Allah*** allein ein sehr beliebtes Objekt der Anbetung. Die Zunge schlägt bei der Intonation des ***„ll“*** gegen den Gaumen, und das ***„A“*** massiert das grobstoffliche, das feinstoffliche Herz (*Herz-Chakra*) im Zentrum der Brust und das kausale oder *Geist-Herz* auf der rechten Seite der Brust. Mit der Zeit steigern sich die Ausübenden des ***Herz-Zikhr*** (wie es oft genannt wird) in eine bisweilen schweißtreibende Trance, die über Stunden andauert. Die Silbe ***h*** am Ende wird zum kraftvollen Mantra ***huh***, das wie ein leichter, aufrüttelnder Schlag auf das Energiezentrum des ***2. Chakras*** wirkt und damit die Sexualenergie

Themen-kreise

zwingt, nach oben zu steigen, wo sie höhere Energiezentren aktiviert und im Verlaufe eine Transformation erfährt (siehe auch ***Dynamische Meditation***).

Gruppen-Übung

Eine besonders intensive Wirkung dieser Übung kann sicherlich im Kreis einer *Sufi-Gemeinschaft* hervorgerufen werden. Die weiterführende Idee gemeinschaftlicher Praxis ist, daß das vereinzelte *Ich* des Übenden sich einem gemeinsamen Rhythmus hingibt und sich in der ***Anrufung Gottes*** als getrenntes Wesen in einer größeren Verbundenheit mit dem Ganzen auflöst.

Da dies eine herzbetonte Übung ist, verbunden mit einem religiösen Hintergrund, ist das ***Zikhr*** fast ausschließlich für Menschen interessant, die sich mit der *Mystik des Islam* sehr verbunden fühlen und Meditation in einer Gruppe üben wollen.

Themen-kreise

Es ist aber auch denkbar, daß ein Übender das ***Zikhr*** für sich alleine praktizieren kann. Losgelöst vom religiösen Kontext hat die Übung auch einen rein ***bioenergetischen*** Nutzen. Die rhythmischen Bewegungen wirken lockernd auf den Schulter-Nacken-Bereich. Zusammen mit der intensiven Atmung und Intonation eines ***Mantras*** oder einer ***Rezitation*** werden der Kopf-Hals-Herz- und Solarplexusbereich angeregt und geöffnet.

Literatur

Lesenswertes: • Annemarie Schimmel: *Gärten der Erkenntnis*, Eugen Diederichs Verlag • Idries Shah: *Sufi-Wege zum Selbst*, Eugen Diederichs Verlag • Steff Steffan: *Sufi-Praxis*, Aurum Verlag • Pir Vilayat Khan: *Das Erwachen des menschlichen Geistes*, Synthesis Verlag • Reshad Feild: *Ich ging den Weg des Derwisch*, Eugen Diederichs Verlag.

Die typenbezogene Empfehlung:

Eifer

Auch wenn wir den rein gesundheitspraktischen Nutzen, das Wohlbefinden, das die Übung des ***Zikhr*** schenken kann, hoch einschätzen, und die Übung darum vielen Persönlichkeitstypen empfohlen werden könnte, sehen wir sie doch nur für den ***eifrig Suchenden*** geeignet. Die tiefe Wirkung des ***Zikhr*** als *Herz-Meditation* würde zerstört werden, wollte man sie von ihrem religiösen Hintergrund ablösen.

18
Tensegrity

Bedeutung & Herkunft

Tensegrity ist die modernisierte Form eines jahrtausendealten Bewegungssystems der mexikanischen *Schamanen* (Medizinmänner und -frauen, Helfer und Heiler-innen alter Stammeskulturen). In der Wortschöpfung ***Tensegrity*** sind zwei bedeutungsvolle Begriffe erkennbar: ***Spannkraft*** (engl. *tension*) und ***Integrität*** (*integer* = makellos, unangreifbar). Die Übungen werden auch als ***Magische Bewegungen*** bezeichnet, da sie im Traumzustand *gesehen* wurden. ***Sehen*** bedeutet in diesem Zusammenhang zu erkennen, wie diese kraftvollen Bewegungsabläufe auf die feinstoffliche Energiehülle (*Aura*) des Menschen einwirken und welchen Effekt sie dabei hervorrufen.

Rein körperlich betrachtet erzeugen die Übungen eine optimale Spannung und Entspannung in den Muskeln und Sehnen. Sie bewirken eine kraftvolle Massage der endokrinen Drüsen und stärken und vitalisieren den Kreislauf und das Nervensystem. Regelmäßige Übung schärft die Klarheit, steigert das Konzentrationsvermögen und die Entscheidungskraft, stärkt die psychische Belastbarkeit und die innere Stabilität des Praktizierenden.

Da einige Bewegungsabläufe noch ihren ursprünglich kriegerischen Zweck erkennen lassen (und manchmal sowohl an heftige ***Kung-fu***-Schläge als auch an kraftvolle, aber sanftere ***T'ai Chi***-Formen erinnern), eignen sie sich vortrefflich als wirksame Methode zur Transformation des normalen Aggressionspotentials des Menschen.

Doch der eigentliche Zweck dieser Übungen ist es, ***innere Stille*** wiederzufinden. Im Lärm und in der Hektik des Alltags, in der Tretmühle des ziel- und leistungsorientierten Verhaltens ist den meisten Menschen die Erfahrung von *Stille*, oft sogar die Sehnsucht nach der aufbauenden Kraft der Stille, weitgehend verloren gegangen. Im Kopf läuft fast ununterbrochen ein störender, innerer Dialog ab, der sich ausschließlich um die Erfüllung der Ansprüche des *Ego* in der *Außenwelt* und seine Bestätigung dreht. Diese energieraubende Ausrichtung kann mit Hilfe von ***Tensegrity*** für Momente angehalten werden.

Intensives Üben erzeugt so viel Energie, daß ein Zustand von ***Erfülltsein*** entsteht. in dem kein Mangel verspürt wird – es ist die Erfahrung ***innerer Stille***, aus der ganz natürlich mehr Freude und Zufriedenheit für das weitere Leben resultiert.

Tensegrity wurde Anfang der neunziger Jahre von ***Carlos Castaneda***, einem mexikanisch-amerikanischen Ethnologen und Anthropologen, einer größeren Öffentlichkeit zugänglich gemacht. ***Castaneda*** hat bisher neun Bücher veröffentlicht, die von seiner Lehrzeit bei ***Don Juan Matus***, einem weisen, mexikanischen *Yaqui-Indianer*, berichten, der ihn in einen magischen Erkenntnisweg und seine Philosophie – *den Weg der Tolteken* – einweiht (*Tolteke* ist hier nicht die Bezeichnung eines Volksstammes, sondern hat die Bedeutung von *„Wissender“).*

Zitat

„Auf der ersten Ebene, der Ebene des Praktischen, zeigte ***Don Juan Matus***, daß alleine die Ausführung der magischen Bewegungen den Übenden in einen unvergleichlichen Zustand des Wohlbefindens versetzte.

»Die körperliche und geistige Tapferkeit, die sich aus der systematischen Ausführung der magischen Bewegungen ergibt,« pflegte er zu sagen, »ist so offensichtlich, daß jede Diskussion über ihre Auswirkungen belanglos ist. Alles, was man tun muß, ist, sie zu praktizieren, ohne über den möglichen Gewinn oder die Nutzlosigkeit des Ganzen nachzudenken.«

Ich war in keiner Weise anders als der Rest von ***Don Juans*** Schülern. Ich fühlte und glaubte, daß ich für den Weg des Kriegers nicht qualifiziert sei, da meine Schwächen maßlos waren. (...) Als ich wieder und wieder ihm (*Don Juan*) gegenüber auf meinen Zweifeln bestand, erklärte er mir unmißverständlich, daß das zwanghafte Grübeln über sich selbst die ermüdendste Sache war, die er kannte.

»Nur über sich selbst nachzudenken,« sagte er mir einmal, »erzeugt eine eigenartige Müdigkeit; eine überwältigende, niederdrückende Erschöpfung.«

Im Laufe der Jahre gelang es mir, ***Don Juans*** Erklärung zu verstehen und sie vollkommen anzunehmen. Meine Schlußfolgerung – und auch die all seiner Schüler – ist, daß man sich als erstes seiner getriebenen Sorge um das Selbst bewußt werden muß. Eine andere unserer Schlußfolgerungen war, daß das

Ausüben der magischen Bewegungen das einzige Mittel ist, um genügend Energie zur Verfügung zu haben, sich dieser Sorge zu entziehen – was nicht auf intellektuellem Wege erreicht werden kann. **Solch eine Übungspraxis erzeugt Energie, und Energie wirkt Wunder.**" Carlos Castaneda: *Auszug aus Readers of Infinity – Fragen zum Weg des Kriegers*

Achtung

Wir haben ***Tensegrity***-Übungen als ausgesprochen wirkungsvoll erfahren. Nur eine einzelne Übung aus einer Sammlung von mehreren hundert *Magischen Bewegungen*, die alle in spezieller Weise auf den ***Energiekörper*** wirken, herauszugreifen, erscheint uns problematisch. Diese werden gewöhnlich in Serien (z.B. in der Serie, um *Entscheidungskraft* zu entwikkeln, ... um *innere Stille* zu erlangen, ... um *bewußtes Träumen* zu fördern, usw.) geübt. Eine einzelne Übung kann nicht repräsentativ sein für die unendliche Vielfalt an Bewegungs- und Wirkungsmöglichkeiten, die den ***Energiekörper*** definieren, d.h. bestimmen. Dennoch möchten wir ein Beispiel anführen, das aus rein *bioenergetischer* Sicht sehr zu empfehlen ist. Die Übung trägt folgenden Namen:

Praxis

Energie mit den Fäusten vor dem Körper auf jeder Seite schlagen und zertrümmern: Die *Schamanen* gehen davon aus, daß der *Energiekörper* der meisten Menschen durch den Verschleiß des Alltagslebens zerfasert ist und keine Kompaktheit, keine klar definierten Begrenzungen mehr besitzt. Darum erschien es ihnen notwendig, den *ätherischen Körper* bewußter zu machen, ihn zu schmieden und dadurch seine Konturen klarer herauszuarbeiten. Die Faustschläge erhöhen die Wahrnehmungsfähigkeit für bestimmte energetische Qualitäten in entsprechenden Segmenten des *Energiekörpers*. Des weiteren glauben die *Schamanen*, daß ein Großteil unserer Energie an der Peripherie des Energiekörpers festsitzt und verkrustet ist. Das „Zertrümmern" der Energie verfolgt das Ziel, diese Verkrustungen aufzusprengen und die freigesetzte Energie wieder den vitalen Organen (Magen, Milz, Bauchspeicheldrüse, Leber und Gallenblase) in der Körpermitte zuzuführen.

Stellen Sie die Füße auf Schulterbreite auseinander und bleiben Sie locker in den Kniegelenken. Während der heftigen Schläge, die Sie gleich ausführen werden, federn Sie in den

Knien, um die Erschütterungen weich aufzufangen. Mit geballten Fäusten schlagen die Außenkanten der Hände nach vorne wie auf eine Energieblase in Nabelhöhe. Stellen Sie sich im Geiste vor dem Körper einen Halbkreis in Höhe des Bauchnabels vor. Unterteilen Sie die linke und die rechte Seite dieses Halbkreises in je einen 90 Grad-Winkel. In der Mitte vor Ihnen befindet sich die **0 Grad-Position. Der erste Schlag** findet vorne in der Mitte bei **0 Grad** statt. Die erhobenen Fäuste kommen mit der weichen Unterseite (Handkanten) nach vorne herunter bis auf Solarplexushöhe. **Der zweite Schlag** der Fäuste erfolgt um **30 Grad** weiter nach links. **Der dritte Schlag** geschieht im **60 Grad-Winkel** – hier schlagen die Handfächen flach wie auf eine Energieblase. Der **vierte und letzte Schlag** zu dieser Seite endet bei **90 Grad** – diesmal wieder mit geballten Fäusten. Nach einem Schwenk zur Mitte hin wiederholt sich der Ablauf genauso nach rechts:

Beginn: < –nach links

0 Grad		**30 Grad**		**60 Grad**		**90 Grad**
Fäuste	**–**	**Fäuste**	**–**	**Handflächen**	**–**	**Fäuste**

Sprung zur Mitte: – >nach rechts

0 Grad		**30 Grad**		**60 Grad**		**90 Grad**
Fäuste	**–**	**Fäuste**	**–**	**Handflächen**	**–**	**Fäuste**

Sprung zur Mitte: < –nach links

0 Grad		**30 Grad**		**60 Grad**		**90 Grad**
Fäuste	**–**	**Fäuste**	**–**	**Handflächen**	**–**	**Fäuste**

usw..........

Abwechselnd 10 Mal nach links und 10 Mal nach rechts.

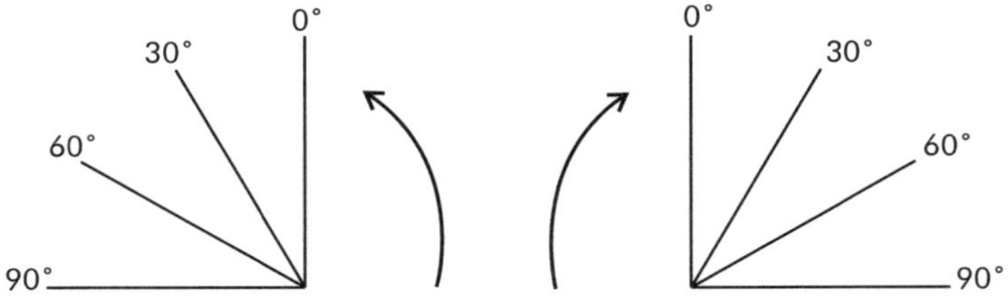

Am Ende dieser Übung bringen Sie in einer weit ausholenden Bewegung der Arme und Hände die freigesetzte Energie

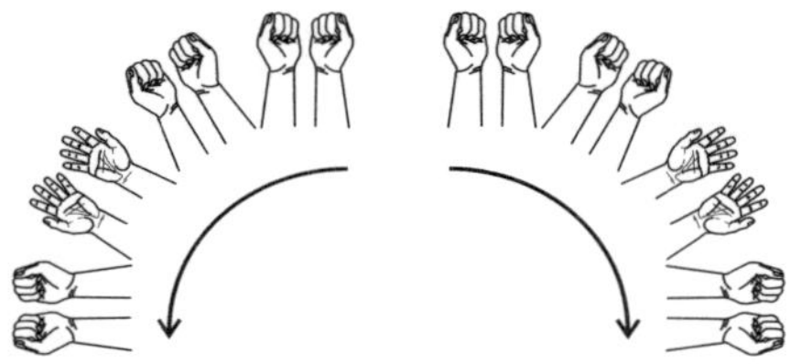

vom äußeren Rand des *Energiekörpers* dicht zu sich heran. Streichen Sie mit den Handflächen zum Körper gerichtet die Energie an der Vorderseite herab – vom Kopf bis hinunter zum Becken. Fühlen Sie die Stimmung nicht nur im Körper, sondern vor allem im Raum, der Ihren Körper umgibt.

Literatur

Lesenswertes: Carlos Castaneda: • *Reise nach Ixtlan* • *Der Ring der Kraft* • *Der zweite Ring der Kraft* • *Die Kunst des Pirschens* • *Das Feuer von innen* • *Die Kraft der Stille* • *Die Kunst des Träumens*, alle Fischer Verlag; Florinda • Donner-Grau: *Traumwache*, Heyne Verlag • Taisha Abelar: *Die Zauberin*, Scherz Verlag • Norbert Claßen: *Das Wissen der Tolteken*, Fischer Verlag • Victor Sanchez: *Die Lehren des Don Carlos*, Synthesis Verlag.

Sehenswertes: Lehrvideos mit deutscher Textbeilage • Vol. 1: *Twelve Basic Movements to Gather Energy and Promote Well-Being* (Zwölf grundlegende Bewegungen, um Energie zu sammeln und das Wohlbefinden zu fördern) • Vol. 2: *Redistributing Dispersed Energy* (Verstreute Energie neu verteilen) • Vol. 3: *Energetically Crossing from One Phylum to Another* (Energetisch von einer Lebensform (Tier- oder Pflanzengattung) zur anderen übergehen)

Die typenbezogene Empfehlung:

Neugier Eifer

Die ***Tensegrity***-Übungen schenken dem ***Neugierigen*** und dem ***eifrig Suchenden*** Klarheit und ein spürbares Anwachsen von Kraft, die in kreativer Weise genutzt werden kann.

Stress

Der ***Gestresste*** erlebt die *magischen Bewegungen* als sehr befreiend. Auf der energetischen Ebene kann er damit spürbar die Erfahrung von Raum und Weite machen. Aggressive Impulse finden ein gesundes Ventil.

Auch der ***Unzufriedene*** kann auf unmittelbar wirksame Weise aus seinem Gefangensein in niederdrückenden Gedanken- und Gefühlsmustern hinauskatapultiert werden. Dieser Typus fühlt sich gewöhnlich nach einer Serie von Übungen wie ausgewechselt.

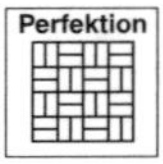

Wer unter dem Hang zur *Perfektion* leidet, erlebt eine selbstkreiierte Form von Stress. Sein Drang nach Ordnung hat zuweilen etwas unterschwellig Aggressives. Auch für den ***Perfektionisten*** unter den Suchenden wirken die Übungen befreiend. Gleichzeitig bieten die zum Teil fließenden, komplexen Bewegungsabläufe die befriedigende Erfahrung einer harmonischen Ordnung. Die Energie, die durch die ***Tensegrity***-Übungen für jeden Einzelnen spürbar wird, birgt eine *Absicht* in sich, die im Einklang ist mit der geheimnisvollen Bestimmung der *Universellen Lebensenergie*. So eröffnen sich spontan neue Wege kreativer Entfaltung.

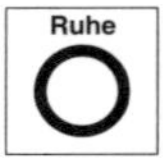

Der ***Ruhe-Typus*** wird durch die Übungen erst einmal aufgerüttelt, erlebt aber unmittelbar und langfristig ein größeres Maß an innerer Stille. Durch die exakt ausgeführten Bewegungen wird der *Energiekörper* als in Ausdehnung erfahren – dies aber auch mit größerer Bestimmtheit und mit klar definierten Grenzen. So entsteht für den Praktizierenden das Gefühl, jeden Moment geschützt zu sein.

Interessierten Leserinnen und Lesern empfehlen wir, sich mit einer der lokalen Übungsgruppen, die sich in einigen größeren Städten gebildet haben, in Verbindung zu setzen, um mit Gleichgesinnten die ***Tensegrity***-Übungen zu erlernen. Die Koordination von Bewegung und Atmung im Gleichklang mit anderen erzeugt ein starkes Energiefeld.

In der typenbezogenen Empfehlung haben wir ***Tensegrity*** als einen Übungsweg empfohlen, der allen Persönlichkeitstypen gerecht werden kann. Auch wenn eine einzelne Übung – aus den beschriebenen Gründen – nicht als repräsentativ zu bezeichnen ist, möchten wir das oben angeführte Übungsbeispiel in der **Soforthilfe** vorstellen, da es von seiner Wirkung her jeden Persönlichkeitstypus in ähnlicher Weise ansprechen kann. Sie finden eine Kurzbeschreibung dieser Übung auf Seite 58.

19
Die Raucher-Meditation

Bedeutung & Herkunft

Die ***Raucher-Meditation*** mag eine Erfindung des 20. Jahrhunderts sein, doch hat sie einen uralten Hintergrund. Seit der Mensch auf der Suche nach Selbsterkenntnis ist, hat er nicht nur mit ungewöhnlichen Praktiken der Bewußtseinserweiterung experimentiert, sondern er untersuchte das ganz normale Alltagsleben nach Möglichkeiten, wie man wacher und bewußter werden könne. Gerade auch *spirituell Suchende* haben es zu allen Zeiten als Herausforderung angesehen, ein allgemein verbreitetes Konsumverhalten zu überprüfen und zur Bewußtwerdung zu nutzen. Es ist die Geisteshaltung des ***Tantra***, nichts zu verurteilen und auch *schädliche Gewohnheiten* durch Annehmen zu transformieren. Demnach ist es nicht notwendig, sich in Askese zurückzuziehen und sich vom Leben abzuspalten. Die ***tantrische*** Lebenseinstellung bekämpft nicht das *Negative*; der ***Tantriker*** versucht nicht, *gut* oder *höherstehender* zu sein als andere. Er tut alles, was andere auch tun, allerdings mit einem ganz entscheidenden Unterschied: **Er tut es mit äußerster Bewußtheit!**

Was der Mensch Tag für Tag aus Gewohnheit wiederholt, wird zur Routine, zu einem unbewußten Automatismus: Essen, Trinken, Saubermachen, Zähneputzen, Arbeiten und Spazierengehen usw..

Themenkreise

Doch im ***Zen*** beispielsweise, der in Japan praktizierten Form des Buddhismus, konnte aus *alltäglichen* Aktivitäten eine Meditation entstehen: ***...jede Handlung mit ungebrochener Achtsamkeit zu erleben***. Aus dieser inneren Haltung entwickelten sich unter anderem die ***Teezeremonie*** und ***Ikebana*** (die *Kunst des Blumensteckens*) oder auch die Kunst der ***Kalligraphie***, in der der bewußte, exakt gesetzte Pinselstrich in einer Tuschezeichnung sichtbarer Ausdruck der Spontaneität und Klarheit des Künstlers ist.

Zitat

„Dies ist das Geheimnis, ***das*** Geheimnis: **Ent-automatisiere dich**. Wenn du gehst, gehe langsam, aufmerksam. Wenn du schaust, schau aufmerksam, und du wirst sehen, die Bäume sind grüner als sie je zuvor waren, und die Rosen sind rosenhafter als je zuvor. Höre zu! Jemand spricht und erzählt Klatschgeschichten: Höre zu, höre aufmerksam zu.

Wenn du redest, rede aufmerksam. Ent-automatisiere alles, was du im Wachzustand tust.“ *Osho: „Das Orangene Buch“, Osho Verlag.*

Bezogen auf das ***Rauchen*** kann dieses *Ent-Automatisieren* folgendermaßen aussehen:

Praxis

Nimm dir Zeit, denn du möchtest ja *gerne und genußvoll rauchen*! Schon der Griff zur Zigarettenschachtel sollte ganz langsam und aufmerksam erfolgen. – Du öffnest den Deckel der Schachtel und ziehst die Zigarette heraus - nicht automatisch, unbewußt, hastig und überstürzt wie bisher, sondern extrem langsam und bewußt. Achte dabei auf deine Stimmung und auf deine körperlichen Empfindungen. Rieche den Geruch des Tabaks. Halte noch einmal inne und laß´ das Anzünden der Zigarette und den ersten Zug zu einem genußvollen Ritual werden.

Zitat

„Nimm die Zigarette in den Mund, ganz bewußt; zünde sie ganz aufmerksam an. Genieße jeden Schritt, jede kleine Bewegung, und mache so viele kleine Schritte daraus wie möglich, bis hin zum Rauchen, so daß du es mehr und mehr bewußt tust.

Dann mache den ersten Zug: Gott in Form von Zigarettenrauch! Hindus sagen »*Annam Brahm*« – »*Nahrung ist Gott*«. Warum nicht Rauch? Fülle deine Lungen ganz tief - dies ist ein *Pranayam*. Ich gebe dir das neue Yoga für das neue Zeitalter! Dann blase den Rauch aus, entspanne dich; der nächste Zug – und ganz, ganz langsam.

Wenn du das erst einmal schaffst, wirst du erstaunt sein; du wirst bald die ganze Dummheit dabei erkennen. Nicht weil andere es dumm genannt haben, nicht weil andere es schlecht genannt haben. Du wirst es sehen. Und dein Sehen wird nicht nur intellektuell sein. Du wirst es mit deinem ganzen Wesen erkennen; es wird ein tief empfundenes Sehen sein. Und dann, wenn es aufhört, hört es auf; wenn nicht, dann nicht. Du brauchst dir keine Sorgen darüber zu machen.“ Osho: *Das Orangene Buch*, Osho Verlag.

Viele Menschen, die das Erfolgsbuch von ***Allan Carr „Endlich Nichtraucher“*** gelesen haben, berichten, daß es ganz einfach ist, mit dem Rauchen aufzuhören, wenn man sich einige Zusammenhänge klar macht:

Erkenntnis

Rauchen ist in Wahrheit niemals ein Genuß gewesen!

Es ist auch nicht denkbar, daß sich jemand bei vollem Bewußtsein vor einen Kamin setzt, Rauch inhaliert und behauptet: „Ich genieße es!“ Der menschliche Organismus ist von Natur aus nicht dafür geschaffen, Rauch als *Nahrung* oder als *Genußmittel* verarbeiten zu können.

Es ist eine Tatsache: **Die meisten Menschen sterben vorzeitig durch Krankheiten, die als Folgeerscheinungen des Rauchens auftreten!**

Die Überzeugung, daß das Rauchen ein *Genuß* sei, entsteht nur durch die permanente ***Gehirnwäsche,*** die einschmeichelnden Suggestionen der Werbung, denen das Individuum Tag für Tag ausgesetzt ist!

Der *Genuß der ersten Zigarette am Morgen* oder der *Verdauungszigarette* beruht nur auf einer kurzfristigen, sich schnell verflüchtigenden Entlastung vom Druck der ***Nikotinsucht***, denn **Nikotin macht süchtig!**

Wer die ***Raucher-Meditation*** praktiziert, läßt sich gar nicht erst auf einen von vornherein aussichtslosen Kampf gegen das Rauchen ein. Auch verliert er nicht seine Energie im Widerstand gegen Anteile seiner Persönlichkeit, die im Zwang, zu rauchen, gefangen sind. Er stützt sich vielmehr auf die innere Kraft, die durch radikale Veränderung der Alltagsgewohnheiten frei wird. Bewußtes Erleben schenkt ihm die befreiende Erkenntnis, daß ein gesundheitsschädigendes Verhalten wie das Rauchen kein wirklicher Genuß sein kann.

Fingerzeig Information

Bewußtheit, Wachheit und ***Aufmerksamkeit*** sind also die wahren Allheilmittel! (siehe dazu auch: **Was ist Entspannung?**, **Was ist Heilung?**, **Spiritualität und Gesellschaft**)

Themenkreise

Des weiteren empfehlen wir das Gebet (Abschnitt 24: ***Beten***). Aus eigener Erfahrung sehen wir, daß eine größere Klarheit des Empfindens und die transformative Kraft der Bewußtheit ein Geschenk der Gnade ist. Das aufrichtige Bitten um göttliche Unterstützung, das ***Beten*** zu bestimmten Heiligen oder zur *Mutter Maria*, ist ein machtvoller Ansatz für Menschen, die sich von Herzen wünschen, das Rauchen aufgeben zu können.

Literatur

Lesenswertes: Allan Carr: „Endlich Nichtraucher – Der einfachste *Weg, mit dem Rauchen Schluß zu machen*, Goldmann Verlag • Rüdiger Dahlke/Margit Dahlke: *Die Psychologie des blauen Dunstes – Bedeutung und Chance des Rauchens*, Droemersche Verlags-Anstalt • Osho: *Das Orangene Buch*, Osho Verlag.

Schnellübersicht: QuickEssenz-Karte (J. Kamphausen Verlag) im Taschenformat: *Die letzte Zigarette – Tips zur Befreiung von der Gewohnheit* • *Autogenes Training – Konzentrative Selbstentspannung und Meditation, Weg zur inneren Ruhe*

Die typenbezogene Empfehlung:

Wer die Gewohnheit des Rauchens als belastend empfindet und sich von Abhängigheit und Sucht befreien möchte – für den ist dies die geeignete Übung. Sie kann von jedem Persönlichkeitstypus erfolgreich genutzt werden, da das *Prinzip des Verstehens durch bewußtes Fühlen* allgemeingültig ist. Aber nicht jeder Persönlichkeitstyp hat Probleme mit dem Rauchen. Aus diesem Grunde haben wir die ***Raucher-Meditation*** nicht in die **Soforthilfe** gesetzt (auch wenn man anhand des Funktionsprinzips etwas Grundlegendes über *Heilung* verstehen könnte.)

20
Die Vokalraumübung

Bedeutung & Herkunft

Die menschliche Sprache ist das wichtigste Mittel der Kommunikation im Alltag. Durch Worte übermitteln wir Bedeutungen. Betrachten wir einmal einzelne Worte genauer und zerlegen sie in ihre Grundbestandteile, so stoßen wir auf Silben, die aus *Konsonanten* und ***Vokalen*** gebildet werden. Auch Kombinationen von sinnfreien Silben – *Phantasieworte* oder ***Mantras*** *(heilige Silben)* – übermitteln eine Bedeutung, die jedoch nicht mehr begrifflicher, sondern gefühlsmäßiger Art sind. Es sind Klangmalereien mit eigener Melodie und Rhythmik, die eine bestimmte Stimmung in sich tragen. *Vokale* verleihen der gesprochenen Sprache eine besondere *Färbung*. So gibt es vokalreiche Sprachen, deren weicher Klang den Ohren schmeichelt. Sprachen, in denen die Konsonanten sehr betont sind, empfinden wir eher als hart. Die charakteristischen Eigenarten eines Volkes oder Stammes können über die Melodie der Sprache erfühlt werden. Darüber hinaus drückt die Stimme eines Menschen den momentanen, höchstpersönlichen Energiezustand aus, der in Kraft, Tonschwingung, Melodie und Rhythmus variiert. Im Volksmund heißt es: „Der Ton macht die Musik". Darum lohnt es sich, Tönen nachzuspüren, wo sie schwingen, welche Klangräume sie entstehen lassen und welche Empfindungen durch ihre Vibration erzeugt werden.

Die ***Vokale A - E - I - O*** und ***U*** schwingen mit unterschiedlicher Frequenz und haben ihre eigenen ***Vokalräume***. Am Anfang stimmen die Aussagen der Übenden bezüglich der Wirkung der Töne nicht immer überein, da sie subjektiv ein wenig unterschiedlich wahrgenommen werden. Doch nach einiger Zeit des Intonierens kommt es zu einer *Einstimmigkeit des Empfindens*, denn die Lautschwingungen erzeugen eine einheitliche Resonanz, die die körperlich-seelischen Prozesse harmonisieren. (siehe dazu den Textbeitrag **Was ist Heilung?**)

Fingerzeig Information

Praxis

Setze dich aufrecht hin oder liege entspannt auf dem Rükken. Lege sanft die Hände auf den Oberbauch zwischen Nabel und Rippenbogen. Die Mittelfingerspitzen berühren einander leicht in der Höhe des Solarplexus. Gestatte dem Atem, mehr und mehr zur Ruhe zu kommen. Spüre das Heben und Senken der Bauchdecke unter deinen Fingern.

Stelle dir vor, daß der Atem wie eine riesige Welle langsam und leise in dir anwächst, bis sie schließlich den höchsten Punkt erreicht. Dort bricht sich die Welle der Atmung und zerfließt in der Weite des Raumes. Atme tief und vollständig ein und lasse die Töne ganz von selbst kommen – ganz natürlich, ohne zu drücken oder zu pressen.

Mit der nächsten Ausatmung singe
Aaaaaaaaaaaaaaaaah.......

Die ***Tonschwingung A*** wird von den meisten Menschen im Brustraum und im Hals empfunden. Es ist ein Laut, der die Offenheit des Herzens ausdrückt; er wird daher dem *Herzchakra* zugeordnet.

Singe mit der folgenden Ausatmung
Eeeeeeeeeeeeeeeeeh.......

Der ***Ton E*** strebt nach oben und wird vor allem oberhalb des Halses im Gesicht wahrgenommen - er drückt eine heitere Qualität aus. Im Rumpf breitet er sich zu den Seiten unterhalb der Achselhöhlen hin aus. Dieser Laut wird mit dem größten Druck in der Stimme ausgeführt und wirkt sich im Hinblick auf die *Ausdrucksfähigkeit* positiv aus. Er wird dem *Halschakra* zugeordnet.

Singe mit der nächsten Ausatmung
Iiiiiiiiiiiiiiiiiiiiiiiiiiiiih.......

Mit dem ***Ton I*** verbinden die meisten Menschen das Bild einer spitz nach oben zustrebenden, zylindrischen Energiebewegung (in Form des spitzen Hutes eines Zauberers). Es ist eine sehr helle, freudige, belebende Schwingung. Das *Stirnchakra* wird durch diesen Vokal angeregt.

Intoniere mit der folgenden Ausatmung
Oooooooooooh.......

Der ***Vokalraum des O*** wird als weit und umschließend empfunden. Der Ton hat eine größere Tiefe als die anderen *Vokale*; er geht aus der Körpermitte, aus dem Bauchraum hervor und breitet sich rundum aus. Wie es schon die Form des Buchstabens ausdrückt, hat der Klang einen kreisförmigen, ganzheitlichen Charakter. Er wird dem *Sakralchakra* und dem *Solarplexuschakra* zugeordnet.

Zum Abschluß singe den Vokal
Uuuuuuuuuuuuuuh.......

Der ***Ton U*** wird übereinstimmend als schwer und tief wahrgenommen. Er senkt sich hinab in den Unterbauch und in das Becken und läßt ein Gefühl von Stabilität und Ruhe aufkommen. Der ***Ton U*** wird dem *Basischakra* zugeordnet.

Erkenntnis

Du kannst nun die Töne beliebig oft wiederholen. Nach einiger Zeit wirst du spüren, daß deine Stimme kraftvoller wird, und du wirst bemerken, wie sie an Volumen gewinnt. Das Singen der Vokale kann zu einem ***Barometer der Stimmungen*** werden, an dem du ablesen kannst, wie stark gerade der innere Druck ist, ... ob du dich gerade in einem ***Hoch*** oder ***Tief*** befindest. Dementsprechend bist du an manchen Tagen kurzatmig, während die *Vokale* an anderen Tagen von einer ungewöhnlich langen Ausatmung getragen werden.

Experimentiere auch damit, die Töne in verschiedene Körperteile zu lenken. So kannst du beispielsweise bei Kopfschmerzen herausfinden, ob ein „***A***“ oder ein „***O***“ lindernd und heilend wirken kann oder vielleicht eher einer der anderen *Vokale*. Wenn du mit dieser Übung vertraut geworden bist, fange an, sie zu verfeinern, d.h. lasse den Ton nur noch im Innern vibrieren. Nun kann daraus eine ***Summ-Meditation*** entstehen, die zur ***inneren Stille*** hinleitet.

Zitat

„Nach drei oder vier Monaten brauchst du dich nur still hinzusetzen, und du kannst eine zarte Musik hören, eine Harmonie in dir, eine Art Summen. Alles läuft so perfekt, wie ein perfekt funktionierendes Auto, dessen Motor brummt.

Ein guter Autofahrer weiß, wann etwas nicht in Ordnung ist. Die Mitfahrer merken es vielleicht gar nicht, aber ein guter

Fahrer merkt es sofort, wenn sich das Geräusch verändert. Der Brummton ist auf einmal nicht mehr harmonisch. Ein Störgeräusch ist aufgekommen. Nur einer, der das Autofahren liebt, hört sofort, wenn etwas mit seinem Wagen nicht in Ordnung ist. (...) Ein erfahrener *Summer* kriegt allmählich ein Gefühl dafür: er merkt sofort, wenn etwas in ihm nicht stimmt. Wenn du zum Beispiel zu viel gegessen hast, merkst du gleich, daß die innere Harmonie fehlt und es liegt an dir: Willst du zuviel essen oder innere Harmonie verspüren? (...) Und du brauchst gar nicht anfangen zu hungern, der Körper nimmt sich schon bald genau das, was er braucht. Dann geht die *Summ-Meditation* noch tiefer, und dann fühlst du genau, was der Meditation bekommt und was nicht.“ Osho: *Das Orangene Buch*, Osho Verlag

Lesenswertes: • Ralph Tegtmeier: *Der heilende Regenbogen*, Edition Schangrila • Prof. Ilse Middendorf: *Der Atem und seine Bedeutung für den Menschen*, Institut für Atemtherapie und Atemunterricht • Shalila Sharamon/Bodo Baginski: *Das Chakra-Handbuch*, Windpferd Verlag • Osho: *Das Orangene Buch*, Osho Verlag.

Die typenbezogen Empfehlung:

Die heilsamen und ausgleichenden Schwingungen der ***Vokale*** wirken besonders beruhigend auf den Typus des ***Gestressten***, und der ***Unzufriedene*** erlebt hierdurch eine Entlastung von den Mechanismen seines Denkens. Für ihn sind es gerade die Bedeutungen der Worte, der Sprache und der Schrift, die ihn in beengenden Vorstellungen gefangensetzen können. Die ***Vokale*** befreien ihn zeitweise davon, und die erzeugte Schwingung wirkt als Wohlgefühl und Harmonie nach.

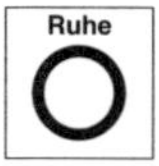

Die übrigen vier Persönlichkeitstypen erleben ebenfalls Harmonisierung, größere Ruhe und Ausgeglichenheit – jeder auf seine eigene Weise.

Es ist sehr zu empfehlen, diese Übung in einer Gruppe auszuführen – besonders wenn die Vokale laut gesungen werden –, da die Schwingungen jedes Einzelnen eine ***Resonanz*** im Raum erzeugen, die auf alle Beteiligten rückwirkt und dadurch die Wirkung potenziert.

Gruppen-Übung

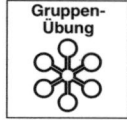

Da die ***Vokalraumübung*** ausgesprochen einfach ist, kann sie – wie oben beschrieben – von jedermann leicht und mit großem Nutzen praktiziert werden. Sie finden sie ab Seite 61 in der **Soforthilfe**.

Erste Hilfe

Raum für Notizen:

21
Mantra-Meditation & Nada Yoga

Bedeutung & Herkunft

Die geistige Tradition des ***Yoga*** umfaßt verschiedene Wissensgebiete. Einer ihrer Zweige ist bekannt als ***Mantrayana*** - *der Pfad der Meditation* mit Hilfe eines ***Mantras*** (*Sanskrit: Mantram*). Er bedient sich der Kraft überlieferter *mystischer Laute* und wirkt durch rhythmische Schwingungen besonderer Klangsilben, die die Bewegungen im Geiste – das Denken – harmonisieren. Ein ***Mantra*** ist ein heiliger Text, ein Gebet oder auch eine energetisch wirkende *Zauberformel*, die durch konzentrierte Wiederholung starke Wirkungen hervorrufen kann. Die altindischen Gelehrten sahen im ***Mantra*** ein machtvolles *Werkzeug zum Lenken des Verstandes.* Das Ziel der ***Mantra-Meditation*** ist es, *den Kopf frei oder leer zu machen* und den Geist zu klären. Durch äußerste Verfeinerung des Klanges gelangt der Meditierende zu innerer Stille. Wenn ein Klang immer zarter, feiner und unhörbarer wird und sich schließlich im Nichts auflöst, findet ein qualitativer Sprung statt, der in den Zustand der Stille oder der Leerheit mündet – dem Urgrund des schöpferischen Gedankens.

Im Zusammenhang mit der *Mantra-Meditation* tauchen zwei weitere häufig benutzte Begriffe auf: *Nada Yoga* und *Laya Yoga*. Im ***Laya Yoga*** (*Laya* bedeutet im *Sanskrit Auflösen*), sind verschiedene Meditationstechniken zusammengefaßt, die eine *Auflösung* der tiefsten Blockierungen und Hemmungen des Geistes bewirken sollen. Eine der Methoden ist ***Nada Yoga***. Das Wort *Nada* wird gewöhnlich mit *Klang* übersetzt. Die Sanskritwurzel *Nad* bedeutet *Strömen*: ***Nada*** ist also ein Prozeß, ein kontinuierlicher Strom des Bewußtseins in der Zeit, der als Wellen in Form von Schwingungen oder Tonfrequenzen sichtbar wird.

Die Klänge werden nach Frequenz, Stärke und Feinheit in vier Kategorien eingeteilt. Diese sind:

Die grobstoffliche Manifestation von Klang in Form von gewöhnlichen Lauten, die von außen zu uns gelangen (Vogelzwitschern, Autolärm etc.) oder die wir mit der Stimme erzeugen (Worte, Singen).

Klänge, die wir im Geiste hören können, die entweder im entspannten Zustand spontan entstehen (die Erinnerung an die Stimme eines geliebten Menschen) oder die wir absichtlich mental erzeugen (z.B. das Singen einer Melodie im Geiste).

Klänge, die im inneren Raum als Vision erscheinen. Auf dieser subtilen Ebene wird jeder Klang in seiner charakteristischen Form sichtbar (Töne, die augenblicklich korrespondierende Energiemuster von Form und Farbe vor dem inneren Auge erzeugen).

Jenseits aller Form ist der Klang transzendent oder überbewußt und hat die höchste Frequenz. Er wird *Para Nadi* genannt und liegt außerhalb der Reichweite der Sinne. Bestimmte Yoga-Texte sagen, daß dieser Klang keine Schwingungen hat, daß er still und ohne Bewegung ist und nur in einem Bewußtseinszustand erfahren werden kann, der dieser Stille entspricht.

Erkenntnis

Das bekannteste *Mantra* ist ***OM.*** Es wird als Manifestation von ***Para Nadi*** angesehen. Einen Hinweis auf seinen transzendenten Ursprung finden wir auch in der christlichen Schöpfungsgeschichte, in der es heißt: „Am Anfang war das Wort". Damit ist allerdings nicht das hörbare ***OM***, das gesprochen und mit den Sinnen wahrgenommen werden kann, gemeint. Die Verfeinerung der Praxis bis hin zum Grad des *Unhörbaren* kann den Übenden zur Ebene wahrer Schöpferkraft geleiten, wobei schon zu Beginn die Auswirkungen der Kraft des Klanges als ein Anwachsen *gewöhnlicher* Kreativität erfahren werden können. Im fortgeschrittenen Stadium sind Praktizierende der ***Mantra-Meditation*** laut Aussagen verwirklichter Yogis in der Lage, jeden Gedanken, jede Idee ganz konkret auf der grobstofflichen Ebene zu materialisieren. Dieser Erfahrung zufolge wird *Klang* als *formgebend* erkannt, da er vom zeitlichen Geschehen her ursprünglicher ist als die Manifestation materieller Erscheinungsformen.

Der Schweizer Klangforscher ***Dr. Hans Jenny*** konnte dies in seinem *Forschungsinstitut für Wellenphänomene* experimentell mit einem von ihm entwickelten Tongerät darstellen, mit dem sich Klang in Form umsetzen läßt. Er konnte mit seinen Arbeiten auf dem Gebiet der Wellenphänomene beweisen, daß alle Formen und Bewegungen in der materiellen Welt mit Schwingungen und Vibrationen gleichzusetzen sind. Werden z.B. bestimmte Tonfrequenzen durch Flüssigkeiten hindurchgeleitet oder auf feste Unterlagen mit Sand oder Metallspänen gerichtet, entstehen Bewegungen und lebendige Muster, solange der Ton anhält. Es bilden sich einzigartige geometrische Figuren, die manchmal an Kristalle oder an galaxienartige Spiralen erinnern.

Durch diese Experimente konnte auch die Aussage in alten *yogischen* Texten nachgewiesen werden, denen zufolge das ***Sri Yantra*** die sichtbar gewordene Manifestation des ***OM*** ist. Das ***Sri Yantra*** ist eines der geheimnisvollsten ***Mandalas.*** (Ein *Mandala* ist ein kreisförmiges Schaubild und gilt als ein Ursymbol des Lebens, das durch das innewohnende geistige Kraftfeld die Sammlung in der Kontemplation der Bilder und Formen unterstützt). Während eines Versuches intonierte eine Person das *Mantra* ***OM*** über ein Mikrofon in das erwähnte „Tonoskop“. Dabei bildeten sich beim Intonieren des ***„O“*** auf der Platte Kreise und beim ***„M“*** entstanden ineinander verschachtelte Dreiecke. Schließlich waren die Konturen des ***Sri Yantra*** zu sehen. (Siehe Abbildung.)

Fingerzeig Information

Die formgebende und verwandelnde Kraft von Klang ist für die Heilung körperlicher Krankheiten und psychischer Probleme von größter Bedeutung. Die Tragweite der Erkenntnis von der alles bestimmenden Wirkung von Schwingungen wird wahrscheinlich erst im 21. Jahrhundert voll erkannt und gewürdigt werden können. (Siehe dazu den Textbeitrag **Was ist Heilen?**)

Themenkreise

Eine ähnlich wirkende Harmonisierung bei gesundheitlichen Problemen kann auch durch ***Nadabrahma, Sutra-Rezitation, Vokalraumübung, Chakra-Meditation, Zikhr*** und ***Devavani*** erreicht werden.

1. Mantra-Meditation

Bei dieser Methode geht es um die rhythmische Wiederholung eines einzelnen Tones, einer Silbe, eines Wortes oder einer Reihe von Wörtern, die jedoch zu Beginn der Praxis dem Übenden noch keine offensichtliche Bedeutung vermitteln sollen. So kann vermieden werden, den Verstand in seiner assoziativen Funktion anzuregen, denn *Wortbedeutungen* oder allzu offensichtliche Sinnhaftigkeit können zu Anfang leicht von der unmittelbar sinnlichen Erfahrung von Klang und Schwingung ablenken. Wählen Sie deshalb zunächst für sich einen der folgenden *bedeutungslosen Laute* aus:

AH	**AUM**	**AUNG**	**HANG**	**HUNG**
LANG	**RAM**	**RANG**	**VANG**	**YANG**

Da jeder Klang ein Träger psychischer Energien ist, beeinflußt er den menschlichen Organismus, ruft Stimmungen hervor und übermittelt dem Geist subtile Botschaften. Die obengenannten Laute sind für ein erstes Üben geeignet; sie können grundsätzlich von allen Persönlichkeitstypen benutzt werden. (Neben diesen kurzen *Mantras* gibt es noch viele andere, deren spezielle Wirkungen wir hier nicht eingehender erörtern wollen.)

Nehmen Sie sich am frühen Morgen oder am späten Abend kurz vor dem Schlafengehen mindestens 15 - 20 Minuten Zeit. Sorgen Sie dafür, daß Sie ungestört bleiben!

Setzen Sie sich mit aufgerichteter Wirbelsäule in entspannter, gelöster Haltung auf ein Sitzkissen oder auf einen Stuhl. Schließen Sie die Augen und beginnen Sie, das gewählte ***Mantra*** zu singen. Versuchen Sie, die ganze Zeit über eine möglichst gleichbleibende Schwingung aufrecht zu erhalten. Lassen Sie zum Ende das ***Mantra*** allmählich sanft ausklingen. Verharren Sie anschließend noch einige Minuten bewegungslos, um der inneren Stille zu lauschen. Stellen Sie sich vor, daß Ihr Inneres wie ein tiefes Tal ist, in dem das Echo aller Ereignisse widerhallt. Spüren Sie nach, was Sie in der Tiefe Ihres Seins bewegt.

Nach sieben Tagen des klaren Intonierens können Sie dazu übergehen, das ***Mantra*** zu summen. Lassen Sie nach einigen Tagen den inneren Ton von Tag zu Tag leiser werden. Nach dem siebten Tag des Summens können Sie damit beginnen, das ***Mantra*** nur noch zu denken. Versuchen Sie dann in den folgenden Tagen und Wochen, den Klang, der nur im Geiste widerhallt, schließlich im Innern so unhörbar werden zu lassen, daß er sich gänzlich in der ***Stille*** auflöst.....

Zitat

„Du kannst ***Mantras*** benutzen, um das Denken zum Stillstand zu bringen, um den Verstand vollkommen still zu machen. Du wiederholst fortwährend einen bestimmten Namen: *Ram, Krishna* oder *Jesus*. Das Mantra kann dir helfen, von anderen Worten loszukommen, aber wenn der Geist still geworden ist, dann wird dieser Name – *Ram, Krishna* oder *Jesus* – zu einem Hindernis. Er wird zu einem Ersatz." ... „Benutze *Ram*, um alle anderen Worte aus deinem Verstand zu vertreiben, aber halte dich dann nicht an diesem Wort fest. Es ist auch nur ein Wort – wirf es weg." ... „Die Mittel dürfen nicht zum Zweck werden."
Bhagwan Shree Rajneesh: *Meditation*, Heyne Verlag.

Achtung

Die fortgesetzte Wiederholung einer Silbe erzeugt unter Umständen einen hypnotischen Effekt. Eine bekannte Erscheinung ist ein tranceartiger Schlummerzustand, in den Übende häufig verfallen. Es kann auch vorkommen, daß sie *aufgrund der erzeugten Langeweile* während der *Mantra-Meditation* einschlafen. Positiv gesehen wirkt in diesem Falle die ***Mantra-Meditation*** wie ein natürliches Beruhigungsmittel. Wer allerdings während dieses Vorganges die Wachheit und Aufmerksamkeit nicht verliert, kann die Trägheitsmomente des gewohnten, alltäglichen Wachbewußtseins überwinden und mehr Klarheit erleben.

Lassen Sie sich aber bitte nicht dazu verleiten, das **Mantra** als eine Art Schmerzmittel zur Betäubung zu benutzen, um unangenehme Zustände wie Traurigkeit, Angst, Nervosität usw. zu vertreiben. Das Verdrängen mißliebiger Gedanken und Gefühle kann auf Dauer nicht funktionieren, denn sie werden ganz sicher irgendwann mit Vehemenz zurückkehren.

Tip

Nutzen Sie daher ein ***Mantra*** nur zur Bewußtwerdung, zum Erkennen der umfassenden Einheit jenseits aller Polaritäten. Sehen Sie alles als gleichzeitig gegeben an - die *Außenwelt*, die *Innenwelt* und das *Mantra*. Entspannen Sie sich mehr und mehr in der Erkenntnis, daß alles, was in Erscheinung tritt, miteinander verbunden ist. Der Klang des ***Mantras*** ist kein Objekt, das sich zwischen das *beobachtende Bewußtsein* und das *wahrgenommene Äußere* schiebt – er hebt sich nicht ab vom Hintergrund allen Geschehens, sondern ist Teil des Ganzen. – So wird das ***Mantra*** als die verbindende Kraft erkannt, die den Übenden augenblicklich in das Herz aller Dinge versetzt. Das

Mantra ist die in Form von Klang verdichtete Essenz der augenblicklichen Schöpfung.

Erinnern Sie sich jetzt daran, daß der in diesem Augenblick gesungene, gesprochene oder im Innern „gehörte" Klang die ***Jetzt***-*Zeit* mit allem, was dieses *Jetzt* umschließt, hervorbringt. – In diesem Sinn wird jedes Wort zu einem ***Mantra***, zu einem Wort der Kraft, das alle gesprochenen und alle erdachten Dinge wahr werden läßt.

In jeder religiösen Tradition sind aus einzelnen Silben komplexere ***Mantras*** entstanden, die aufgrund ihrer symbolischen Bedeutung und der innewohnenden Kraft als Anrufungen oder Gebete benutzt werden: (Die Betonung ist jeweils durch Unterstreichung angedeutet.)

Im Hinduismus:

OM NAMAH SHIVAYA (Anrufung des Namen Gottes)

SO HAM (Das bin Ich) – im Laut ***So*** ist das zischende Geräusch der Einatmung symbolisiert, der Laut ***Ham*** gibt das summende Geräusch der Ausatmung wieder. In diesem ***Mantra*** wird auf die ursprüngliche Identität des ICH BIN verwiesen, die im Gegensatz zum erdachten persönlichen *Ich* universell und ewig ist.

AUM BHURBHUVAH SVAH

TATSAVITURVARENYAM

BHARGO DEVASYA DHIMAHI

DHIYO YO NA PRACHODAYAT (Das *Gayatri-Mantra;* ein „Allzweckmantra" zum Schutz vor Krankheit, Unheil und Feinden, für Wohlstand und geistige Kraft)

Im Buddhismus:

OM MANI PEME HUNG (Om – kostbares Juwel in der Lotusblüte *oder* Om – der grenzenlose Geist im Herzlotus)

NAMU AMIDA BUTSU (Anrufung des Buddha des großen Mitgefühls)

GATE GATE PARAGATE PARASAMGATE BODHI SVAHA (Gegangen, gegangen, über alles hinaus, über alles ganz und gar hinausgegangen – Erleuchtung – Heil)

OM AH HUNG BENDZA GURU PEMA SIDDHI HUNG

(Unzerstörbarer Meister Padmasambhava, der die drei Körper in sich vereint, verleihe uns übersinnliche Kräfte)

Im Christentum:

Die in unserem Kulturkreis vielen Menschen bekannten Gebetsformeln können als Beschreibungen eines ***Mantras*** angesehen werden. Wir möchten zwei der bekannteren erwähnen:

KYRIE ELEISON, CHRISTE ELEISON (Herr erbarme Dich unser, Christus erbarme Dich unser)

AVE MARIA (Gegrüßt seiest Du, Heilige Maria)

Im Islam:

LA ILLAHA ILL´ ALLAH (Es gibt keinen Gott außer Gott)

YA WADUD (Oh, du Liebender)

Wenn Sie sich mit einer dieser Traditionen besonders verbunden fühlen, dann wählen Sie ihr Mantra aus und experimentieren Sie mit dem Rhythmus, dem Klang und der Schwingung eines dieser längeren ***Mantras***. Gehen Sie auch hier in der für das Kurzmantra beschriebenen Weise vor. Als gute Konzentrationshilfe hat sich eine Perlenkette (*Mala*) oder ein Rosenkranz erwiesen. Nehmen Sie die Kette in die rechte Hand und schieben Sie mit dem Daumen für jedes ***Mantra*** eine Perle weiter. Die oben beschriebenen Methoden werden der ersten und zweiten Kategorie der Klänge – der *äußeren und der mentalen Töne* – zugeordnet. Die folgende Übung bezieht sich auf die dritte und vierte Kategorie, auf die *subtileren* Klänge.

Praxis

2. Nada Yoga Übung:

Formen Sie eine Rolle aus Decken oder Kissen und setzen Sie sich rittlings darauf. Die Fußsohlen haben einen gleichmäßigen Kontakt mit dem Boden. Stützen Sie die Ellenbogen auf den Knien ab und verschließen Sie die Ohren mit den Daumen. Die kleinen Finger berühren die Stirn etwas oberhalb der Augenbrauen, die restlichen Finger liegen gespreizt auf Stirn und Schädeldecke.

Lauschen Sie nach innen auf die Geräusche, die zu Anfang wie Meeresrauschen oder wie der Klang in einer Muschel erscheinen. Richten Sie dann die Aufmerksamkeit auf einen Bereich im hinteren Teil des Gehirns, da wo der Haarwirbel ist.

In Indien wird dieses Zentrum ***Bindu*** genannt. (Es bedeutet *Same*). Die *Yogis* versichern, daß der Klang von einer transzendenten Ebene herabsteigt und sich an diesem Ort *in Samenform* manifestiert. Es ist aber auch möglich, daß Sie die Töne an anderen Stellen wahrnehmen, z. B. im Zentrum des Innenraumes im Kopf oder zwischen den Augenbrauen.

Welchen Klang auch immer Sie hören, lauschen Sie ganz intensiv und umhüllen Sie ihn mit Ihrem Gewahrsein. Die Töne können wie Glockenläuten oder Vogelstimmen klingen, wie eine Harfe oder eine Flöte. Der Klang kann auch an eine Hummel oder an die feinen Hochfrequenztöne eines Fernsehgerätes erinnern. Möglicherweise werden im Laufe der Zeit noch feinere Klänge aus dem Hintergrund auftauchen. Verlagern Sie dann die Aufmerksamkeit von den vorhergegangenen, schon bekannten auf die neuen Töne, bis diese allmählich klarer werden. Seien Sie ganz und gar eins mit den Tönen. Die mit dieser Methode vertrauten *Nada Yogis* versichern, daß tiefere, subtilere Ebenen der Klangerfahrung nach und nach in Erscheinung treten.

In diesem Prozeß wird der Geist von Eindrücken der Vergangenheit gereinigt. Die Methode ist einfach: Statt einen Klang willentlich zu erzeugen, geht es hier darum, alle bislang ungehörten, subtilen Klänge zu entdecken, die schließlich zum *Ton der Stille* – ***Para Nadi*** – führen.

Tip

Personen, die unter ***Tinnitus*** leiden (eine Störung im Innenohr, die als Klingen, Summen oder Rauschen auftritt), berichten, daß das Lauschen auf den *Nada Yoga Ton* die *Tinnitustöne* zu Hochfrequenztönen transformieren kann, so daß diese nicht mehr länger stören.

Zitat

„Bade inmitten der Klänge wie im andauernden Klang eines Wasserfalls. Oder höre, indem Du die Finger in die Ohren steckst, den Ton der Töne.“ Vigyan Bhairav Tantra

„Hört man den Widerhall des Lauts, so versenke man das Denken in das Wesen dieses Tons. Durch dessen reine Erkenntnis löst sich das Denken in ihm auf. Das ist *Vishnus* (*des ewig Göttlichen*) höchster Ort. Solange man den Ton noch hört, gibt es noch irdische Bande: Erst in der Lautlosigkeit verbinden sich *Atman* (*Einzelseele, das individuelle Selbst*) und *Brahman*

(*Allseele, das kosmische Selbst*). Der Widerhall ist die *Shakti* (*das dynamische Prinzip der Schöpfung*). Das, in dem sich alles auflöst, dieses formlos ewig Seiende, das ist der allerhöchste Herr. Damit endet die *Nada*-Lehre.“ Hatha Yoga Pradipika IV, 100-102

Lesenswertes: Harish Johari: *Wege zum Tantra*, Hermann Bauer Verlag • Skandinavische Yoga und Meditationsschule: *Nada Yoga*, Bindu Vol. 8 - Zeitschrift über Yoga-Tantra-Meditation • Hrsg. v. Berufsverband Deutscher Yogalehrer: *Der Weg des Yoga – Handbuch für Übende und Lehrende*, Verlag Via Nova • Arthur Avalon: *Die Girlande der Buchstaben*, O.W. Barth Verlag • Arthur Avalon: *Die Schlangenkraft*, O.W. Barth Verlag • Joachim Ernst Berendt: *Nada Brahma. Die Welt ist Klang*, Rowohlt Taschenbuch Verlag • Steven Halpern: *Klang als heilende Kraft*, Hermann Bauer Verlag • Eknath Easwaran: *Mantram – Hilfe durch die Kraft des Wortes*, Hermann Bauer Verlag • Lama Anagarika Govinda: *Grundlagen tibetischer Mystik*, O.W. Barth Verlag • Nik Douglas/ Penny Slinger: *Das grosse Buch des Tantra*, Sphinx Verlag.

Typenbezogene Empfehlung:

Unserer Einschätzung nach scheint es den nebenstehenden Persönlichkeitstypen relativ leicht zu fallen, rezeptiv und gelassen, aber mit großer Aufmerksamkeit den subtilen Klängen des ***Nada Yoga*** zu lauschen.

Für diese drei Persönlichkeitstypen ist die ***Mantra-Meditation*** eher geeignet, da sie zu Anfang nicht eine so große Aufmerksamkeit voraussetzt wie die ***Nada Yoga***-Übung. Unzufriedenheit, Stress und Perfektionsdrang werden durch die heilenden Schwingungen eines ***Mantra*** besänftigt. Erst wenn sich die innere Unruhe aufgelöst hat, kann ***Nada Yoga*** empfohlen werden.

Da die ***Mantra-Meditation*** allen sechs Typen wirksame Hilfe bietet, sich aus der jeweiligen Fixierung zu lösen, finden Sie sie in der **Soforthilfe** ab Seite 63.

22
Nadabrahma – der Klang der Schöpfung

Bedeutung & Herkunft

Die ***Nadabrahma***-Meditation stammt, wie es der Name andeutet, aus der Tradition des ***Nada Yoga.*** Das Wort *Brahma* wird von der *Sanskrit*-Silbe *brih* abgeleitet und bedeutet *wachsen.* In der altindischen Mythologie wurde damit der *Schöpfergott* bezeichnet. Demnach ist ***Nadabrahma*** der *Klang der Schöpfung.* In tibetischen Klöstern war es üblich, daß die Mönche gegen 2.00 Uhr nachts aufstanden, bis 4.00 Uhr meditierten und sich anschließend wieder schlafen legten. ***Nadabrahma*** war in der Nacht die am häufigsten praktizierte Meditation.

Die hier beschriebene Version lehrte ***Osho*** zu Anfang der 70iger Jahre seinen Schülern als Teil eines umfangreichen Meditationsprogrammes – zusammen mit der ***Dynamischen Meditation*** und der ***Kundalini-Meditation***.

Achtung

Diese Drei-Phasen-Meditation dauert eine Stunde und kann vor dem Schlafengehen ausgeführt werden. Wird sie am Tage geübt, sollte in jedem Falle anschließend eine Viertelstunde Zeit zum Ausruhen vorhanden sein, in der sich die harmonisierende Wirkung entfalten kann.

Führe diese Übung nur mit nüchternem Magen aus, da Völlegefühle die Ausbreitung des inneren Klanges (*Nada*) und das Durchdringen des ganzen Körpers einschränken können.

Tip

Wenn du wenig Zeit hast, kannst du auch nur *die erste Phase* der Übung – *das Summen* – ausführen. Dies kann überall geschehen – unmittelbar nach dem Aufwachen, auf dem Weg zur Arbeit, im Auto oder während eines Spazierganges, während du eine manuelle Tätigkeit ausübst und vor dem Schlafengehen. (Wer ***Nadabrahma*** alleine praktiziert, kann sich mit Wachs oder Watte die Ohren verschließen, um die Resonanz des inneren Klanges zu verstärken.)

Praxis

Nadabrahma besteht aus drei Phasen.

Die erste Phase: Sitze 30 Minuten lang mit geschlossenen Augen in entspannter, aufrechter Haltung, entweder mit verschränkten Beinen auf einem Sitzkissen oder auf einem Stuhl.

Halte den Mund geschlossen und fange an zu summen. Das Summen sollte nicht zu laut, aber auch nicht zu leise sein.

Spüre, wie die Vibrationen jede Zelle des Körpers durchdringen bis zu den Finger- und Zehenspitzen und bis zur Krone des Kopfes (Scheitel). In dem Maße, wie der Ton mit der Ausatmung länger wird, wird auch die Einatmung länger und tiefer. So wird der ganze Organismus mit mehr Sauerstoff versorgt. Während dieser Phase geschieht es häufig, daß sich das Summen verselbständigt. Plötzlich bist du nur noch *Zuhörer – beobachtendes Bewußtsein*. Das Summen geschieht, ohne ein *Ich, das etwas tut*.

Bei dieser Übung ist keine besondere Atemtechnik zu beachten. Lasse dir Zeit, um vollständig und entspannt einzuatmen – der Ton kommt dann mit der Ausatmung ganz von selbst. Wenn du willst, kannst du die Tonlage auch verändern. Stelle dir deinen Körper *hohl* vor, als wäre er hohl wie eine Bambusflöte. Er wird zu einem Resonanzkörper, der von den Schwingungen der Summtöne (*Nada*) erfüllt ist. Diese Schwingungen können das Bedürfnis wachrufen, sich zu bewegen. Wenn es dir angenehm ist, kannst du langsam und sanft im Hüftbereich mitschwingen – wie ein Bambusrohr im Wind.

Die zweite Phase: Sie dauert fünfzehn Minuten und besteht aus zwei Teilen von je siebeneinhalb Minuten. In der ersten Hälfte hältst du die Handflächen vor deinem Körper in Nabelhöhe nach oben gerichtet. Sehr langsam führst du beide Hände von der Mitte ausgehend nach vorne. Wenn die Arme ganz ausgestreckt sind, lösen sich beide Hände voneinander und bewegen sich in zwei spiegelgleichen Halbkreisen nach außen und wieder zurück zum Ausgangspunkt. In diesen siebeneinhalb Minuten ist die Bewegung so extrem langsam, daß es so aussieht, als bewegten sich die Arme überhaupt nicht. Die Intention ist hier die des Gebens – mit dieser Geste bietest du die Energie dem ganzen Universum dar.

Nach den ersten siebeneinhalb Minuten deutet eine Veränderung der Musik den Wechsel an (es gibt für diese Meditation eigens eine Tonkassette und CD; siehe unter ***Hörenswertes***). Drehe nun die Handflächen nach unten und führe die Arme in umgekehrter Bewegung wie in Zeitlupe wieder in zwei Halbkreisen zur Mitte und zum Körper zurück. Gehe so langsam voran, daß du in dieser Zeit nur einen Kreis ausführst. Fühle oder stelle dir während dieser nach innen gerichteten Phase vor, daß dir die Energie vom Universum wieder zuströmt.

Die dritte Phase: Sitze fünfzehn Minuten lang vollkommen still. Du kannst dich aber auch ruhig und entspannt auf den Rücken legen. Versuche dabei in einer gelösten, inneren Haltung wach und gegenwärtig zu sein.

Partner-Übung

Es gibt auch eine sehr schöne Variante dieser Meditation für Paare. Ihre Wirkung zeigt, wie einfach es ist, in Harmonie miteinander zu sein.

Osho empfiehlt, diese Übung in einem abgedunkelten Raum auszuführen, in dem nicht mehr als vier Kerzen angezündet sind. Die Partner sitzen einander gegenüber und fassen sich bei den Händen; dabei sind ihre Arme gekreuzt. Ihre Körper sollten (mit Decke oder Bettlaken) völlig bedeckt sein. Damit die Energie freier zirkulieren kann, sollten sie jedoch keine Kleidung tragen.

Beide Partner schließen die Augen und fangen an zu summen. Das Summen sollte gleichzeitig geschehen. Dadurch kommen sie nach wenigen Minuten in einen einheitlichen, verbindenden Atemrhythmus, und die Resonanz der Töne geschieht im Gleichklang. Dabei entsteht im Gefühl eine tiefgreifende Veränderung, nach der sich alle liebenden Partner sehnen: Ihre Energien vermischen sich und verschmelzen zu einer Einheit.

Zitat

„Wenn bei einem Paar beide Partner die Summ-Meditation machen, werdet ihr überrascht sein, welch eine große Harmonie zwischen zwei Menschen entstehen kann, und wie einfühlsam sie mit der Zeit füreinander werden, wie sie ein Gefühl dafür bekommen, wann der andere sich traurig fühlt. Sie brauchen sich nichts zu sagen; wenn der Mann müde ist, so weiß es seine Frau sofort instinktiv, denn sie funktionieren beide auf einer Wellenlänge.“ Osho: *Das Orangene Buch*, Osho-Verlag.

Themenkreise

In Verbindung mit der ***Mantra-Meditation***, dem ***Verbundenen Atmen***, der ***Chakra-Meditation***, dem ***Kreisen des Lichtes***, ***Tonglen***, der ***Vokalraumübung*** und der ***Sutra-Rezitation*** bieten sich zahllose Variationen dieser Methode an.

In einigen dieser Übungen wird auf die heilende Wirkung von Klang hingewiesen. Lesen Sie dazu auch den Textbeitrag

Fingerzeig Information

Was ist Heilen? Im Kapitel **Was ist Bewußtheit?** wird das Thema aus einem anderen Blickwinkel beleuchtet: Dort sehen wir, daß das Bewußtsein eines umfassenderen Raumes *Verbundenheit* und *Liebe* entstehen läßt, was eine andere Ausdrucksform von *Heilung* und *Ganzsein* ist.

Literatur

Lesenswertes: • Osho: *Meditation – die erste und die letzte Freiheit*, Osho Verlag • Joachim Ernst Berendt: *Nada Brahma – die Welt ist Klang*; Lama Anagarika Govinda: *Grundlagen tibetischer Mystik*, O.W. Barth Verlag • Osho: *The book of the secrets (Vigyan Bhairav Tantra)*, Osho Verlag.

Hörenswertes: Meditations of Osho: *Nadabrahma*; Soundless Sound Music Publishing; New Earth Records, München.

Die typenbezogene Empfehlung:

Der ***Unzufriedene***, der ***Stress-Typus*** und vielleicht auch der ***Neugierige*** werden die eigene innere Unruhe in der zweiten Phase dieser Meditation (während der extrem langsamen Armbewegung) möglicherweise als störend erleben, so daß sie sich nur schwer der Freude und dem inneren Frieden dieser Übung überlassen können.

Perfektion

Wir empfehlen darum diese Übung eher dem ***Perfektionisten***, der besonders in der doppelt angelegten zweiten Phase die Gelegenheit hat, durch langsames, bewußtes Ziehen eines Kreises Zentrierung und Ruhe zu erfahren.

Eifer

Ruhe

Das Gleiche trifft auch auf den Typus des ***eifrig Suchenden*** zu. Der ***Ruhesuchende*** wird ***Nadabrahma*** besonders genießen, da diese Meditation einen sanften, doch sehr fühlbaren Übergang vom Klang zur Stille und von der Bewegung zur Ruhe schafft.

Erste Hilfe

Da die *Phase des Summens* auch für die erstgenannten drei Persönlichkeitstypen innere Harmonie und Ausgeglichenheit herstellen kann, möchten wir eine *Kurzform* von ***Nadabrahma*** in der **Soforthilfe** auf S. 65 vorstellen.

23
Die Sutra-Rezitation

Bedeutung & Herkunft

Bedeutende Lehrreden, Unterweisungen und Lehrsätze hinduistischer, buddhistischer oder taoistischer Meister wurden über die Jahrhunderte mündlich und schriftlich überliefert. Da es in alten Zeiten nicht die Aufzeichnungsmöglichkeiten gab, wie sie uns heutztage durch die hochentwickelte Technologie zur Verfügung stehen, mußten Generationen von Schülern Weisheitstexte auswendig lernen. Es machte daher Sinn, längere Abhandlungen im Telegrammstil auf das Wesentliche zu kürzen und in einen sprachlichen Rhythmus zu bringen, der die Merkfähigkeit förderte. Diese Texte nannte man ***Sutra***. Auch kurze ***Sutras*** sind bekannt, deren Silben im Laufe der Zeit zu magischen Anrufungsformeln wurden. Man nannte sie ***Dharanis***, da sie den Geist unterstützen, sich in der Meditation auf das Unmittelbare zu konzentrieren (Sanskrit: *Dharana = die Stufe der Konzentration im Yoga*).

Das Rezitieren von ***Sutras*** ist in buddhistisch ausgerichteten Ländern wie z.B. Tibet, Thailand und Sri Lanka und auch bei buddhistisch orientierten Bevölkerungsteilen Chinas größtenteils zu einem volkstümlichen Brauch geworden, der - ähnlich der Liturgie in christlichen Gottesdiensten - als feierliches Zeremoniell dient. (Häufig ist allerdings aufgrund fehlender innerer Bezüge der tiefe, ursprüngliche Sinn abhanden gekommen.) In buddhistischen Klöstern werden Zeremonien ausgeführt, zu denen die täglichen Niederwerfungen, die Verbeugungen und die ***Sutra-Rezitation*** zählen. Hier werden sie aber nicht *zu einem bestimmten Zweck* praktiziert. Das ist für den westlich konditionierten Verstand zunächst schwer zu verstehen. Wir beten gewöhnlich, um etwas zu erhalten. Wenn wir uns bewegen, dann tun wir dies immer in Hinblick auf ein Ziel, und wenn wir uns um Konzentration bemühen, wollen wir natürlich besser und effektiver werden. Dies hat unser Zeitempfinden in einer Weise geprägt, daß wir *Zeit als „Mangelware“* empfinden. Der Schnelligkeitswahn der modernen Industriegesellschaften steht im krassen Gegensatz zur Erkenntnis von sozialen Gemeinschaften, die das Wissen besaßen, daß *Zeit* in bestimmten bewußtseinserweiternden Situationen (in Meditation oder in Trancezuständen) eine andere, tiefere Qualität annimmt. Die ***Mantra-Meditation*** ebenso wie das ***Rezitieren von Sutras*** eröffnet eine erweiterte Wahrnehmung, die mehr *Raum* und mehr *Zeit* erscheinen läßt.

Im ***Zen-Buddhismus*** geht es darum, jede Handlung im Leben mit voller *Aufmerksamkeit* und *Bewußtheit* auszuführen. Klarheit und eine entsprechend erhöhte Lebensenergie sind dabei schon eine mehr als ausreichende Belohnung. So haben alle Handlungen im Tagesablauf eines *Zen-Schülers* den gleichen Wert – **nichts ist wichtiger als das, was du gerade tust – egal ob es sich dabei um eine *feierliche* oder eine *gewöhnliche*, eine im Sinne der Effektivität *sinnvolle* oder eine vermeintlich *nutzlose* Aktivität handelt.**

Zitat

„Bei der Arbeitspraxis (*Samu* genannt) konzentrieren wir uns auf die Arbeit. Wenn wir Gras mähen, mähen wir nur Gras. Wenn wir Geschirr abwaschen, waschen wir nur das Geschirr ab. Und wenn wir Daten in einen Computer eingeben, tun wir nur das. Wenn wir vollständig auf unsere Arbeit konzentriert sind, gibt es für uns kein Ziel. Wir denken oder sagen dann nicht: „Wann ist diese Arbeit zuende?" Oder: „Ich arbeite, um Geld zu verdienen." Wir arbeiten einfach und befinden uns dabei völlig im gegenwärtigen Augenblick. Bei dieser Art zu arbeiten, vergeuden wir keine Energie, um uns Sorgen darüber zu machen, was wir in der Vergangenheit alles hätten tun sollen, oder darüber, was wir in der Zukunft alles tun könnten." Bernard Glassman: *Anweisungen für den Koch – Lebensentwurf eines Zen-Meisters*, Hoffmann und Campe Verlag.

Erkenntnis

Dies ist die Geisteshaltung, die auch der ***Sutra-Rezitation*** zugrundeliegt. Durch geistige Präsenz wird zusätzliche Energie gewonnen. Zögern, Nachdenken, Stehenbleiben und Zurückblicken im Geiste lassen Löcher oder Sprünge in unserer Bewußtheit entstehen, durch die die Energie leckt. In der *Zen--Praxis* und hier in der ***Sutra-Rezitation*** ist es wichtig, voranzuschreiten, ohne zu zögern, ohne stehenzubleiben, aber nicht überstürzt, sondern aufmerksam Schritt für Schritt weiterzugehen – immer genau auf den Punkt des Augenblickes ausgerichtet. Das Handeln im ***Zen*** ist wie fließendes Wasser – es bedeutet, immer mit dem, was im Moment notwendig ist, mitzugehen.

Um diesen fließenden Moment intensiver zu erleben, wird bei der ***Sutra-Rezitation*** gewöhnlich ein Holzinstrument in einem monotonen Rhythmus geschlagen. Die Rezitation folgt dem vorgegebenen Tempo – pro Schlag eine Silbe. Mit der Zeit werden die einzelnen Schläge immer schneller. Die Praktizierenden müssen gut konzentriert sein, sonst fallen sie aus dem Rhythmus. Taucht auch nur ein ablenkender Gedanke auf, findet man nicht mehr den Anschluß! Es geht also in der ***Sutra-Rezitation*** darum, sich mit den anderen Übenden zu verbinden. Das einfühlsame Lauschen auf einen gemeinsamen, übergeordneten Rhythmus kann in einer Gruppe gut geschult werden und für jeden Teilnehmer besonders intensiv sein.

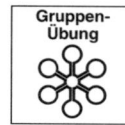

Gruppen-Übung

Die bekanntesten ***Sutras*** (das *Herz-Sutra* ***Maka Hannya Haramitta Shingyo***, das ***Sandokai*** und das ***Hokyozanmai***) aus der Tradition des ***Soto-Zen*** – einer von zwei Hauptströmungen des japanischen *Zen* – haben eine überlieferte Bedeutung. Die Silben jedoch gehören nicht eindeutig einer bestimmten Sprache an; es handelt sich bei diesen ***Sutras*** um ein Gemisch aus *Sanskrit, Chinesisch* und *Japanisch.* Für die Rezitierenden ist es von Vorteil, wenn sie im schnellen Ablauf des Vortrags nicht an den Bedeutungen der Worte hängenbleiben können - sie fühlen sich stärker durchdrungen von der magischen Klangschwingung, die die zugrundeliegende Stille kontrastiert.

Das bekannte und sehr beliebte ***Sutra „Hannya Shingyo“*** möchten wir hier vorstellen:

MAKA HANNYA HARAMITTA SHINGYO (Essenz der großen Weisheit, die es ermöglicht, darüber hinaus zu gehen.)

Praxis

Sitzen Sie bequem mit aufgerichteter Wirbelsäule. Wenn Sie alleine rezitieren, nehmen Sie einen weichen Stock, der sich als Trommelschlegel eignet, und geben Sie auf einem Stück Holz einen gleichmäßigen Rhythmus vor. Fangen Sie langsam an zu rezitieren (pro Schlag eine längere oder kürzere Silbe) und verbinden Sie sich mit diesem Rhythmus, den Sie gegen Ende etwas schneller werden lassen:

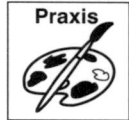

MAKA HANNYA HARAMITTA SHINGYO

KAN JI ZAI BO-SATSU.
GYO JIN HAN-NYA HA-RA-MIT-TA JI.
SHO KEN GO ON KAI KU.
DO IS-SAI KU YAKU. SHA RI-SHI. SHIKI FU I KU.
KU FU I SHIKI. SHIKI SOKU ZE KU.
KU SOKU ZE SHIKI. JU SO GYO SHIKI.
YAKU BU NYO ZE. SHA-RI-SHI ZE SHO HO KU SO.
FU-SHO FU METSU. FU-KU FU-YO. FU-ZO FU-GEN.
ZE-KO KU CHU. MU-SHIKI MU JU SO GYO SHIKI.
MU-GEN NI BI ZES-SHIN NI.
MU-SHIKI SHO KO MI SOKU HO.
MU-GEN KAI NAI SHI MU-I-SHIKI-KAI.
MU MU-MYO YAKU MU MU-MYO JIN.
NAI-SHI MU-RO-SHI. YAKU MU RO-SHI JIN.
MU-KU SHU METSU DO. MU-CHI YAKU MU-TOKU.
I-MU-SHO-TOK-KO. BO-DAI SAT-TA.
E HAN-NYA HA-RA-MIT-TA KO. SHIN MU KEI-GE.
MU-KEI-GE-KO MU U KU-FU.
ON-RI IS-SAI TEN-DO MU-SO. KU-GYO NE-HAN.
SAN-ZE-SHO-BUTSU. E HAN-NYA HA-RA-MIT-TA KO.
TOKU A-NOKU TA-RA-SAN MYAKU-SAN-BO-DAI.
KO CHI HAN-NYA HA-RA-MIT-TA.
ZE DAI-JIN-SHU. ZE DAI-MYO-SHU. ZE MU JO-SHU.
ZE MU TO-DO-SHU. NO-JO IS-SAI-KU.
SHIN-JITSU FU-KO.
KO SETSU HAN-NYA HA-RA-MIT-TA SHU.
SOKU SETSU SHU WATSU.
GYA-TE GYA-TE. HA-RA GYA-TE. HARA SO GYA-TE.
BO-JI SOWA KA. HAN-NYA SHIN-GYO.

Auszug aus dem Sutra Buch ***Zen-Sutras*** der Zen-Vereinigung Deutschland e.V., Rheinstr. 45, Berlin.

Um einen vergleichbaren Effekt zu erzielen, können die aus dem *christlichen* Bereich stammenden Gebete in *lateinischer* Sprache rezitiert werden. Aber auch bei den *Sufis* sind ***Rezitationen*** in *Arabisch* gebräuchlich. Als Beispiel möchten wir hier die 1. Sure des *Koran* – ***AL-FATIHAH (Die Eröffnende)*** – erwähnen, von der die *Sufis* glauben, daß sie ihre Seele öffnet.

Lesenswertes: • Hrsg. Taisen Deshimaru-Roshi: *Hannya Shingyo – Das Sutra der höchsten Weisheit, Hokyo Zanmai – Samadhi des Schatzspiegels von Meister Tozan, Shinjinmei – Gedichtsammlung über den Glauben an den Geist von Meister Sosan, Sandokai – die Einheit von Essenz und Erscheinung*, Werner Kristkeitz Verlag • Zen-Informationen – Zeitschrift der Zen-Vereinigung Deutschland e.V..

Die typenbezogene Empfehlung:

Die oben vorgestellten Rezitationstexte können von diesen drei Persönlichkeitstypen leicht genutzt werden, auch wenn sie noch keine tiefere Verbindung zur ursprünglichen Tradition hinter diesen Texten aufgenommen haben.

Für den ***Neugierigen***, den ***Unzufriedenen*** und den ***Stresstypus*** wird der Rückhalt durch eine praktizierende Gemeinschaft und die Verbundenheit mit einem Zen- oder Sufi-Meister eine große Hilfe sein, sich aus Persönlichkeitsfixierungen zu befreien bzw. diese positiv zu nutzen.

24
Beten

Bedeutung & Herkunft

Überall auf der Erde zeugen Kultstätten aus grauer Vorzeit, antike Tempel, Kirchen und Moscheen davon, daß Menschen zu allen Zeiten innere Einkehr hielten und durch Rituale, Opfergaben und Gebete höhere Mächte zu beschwören suchten. Je stärker der Mensch den Naturmächten ausgeliefert war, desto schmerzlicher empfand er in der Regel die Begrenztheit seines Einzeldaseins. Daraus entstand die Sehnsucht nach beschützenden Göttern und einer beruhigenden Nähe zu ihnen, schließlich der Wunsch nach geistigem Beistand und spiritueller Führung.

Zitat

„Jeder Mensch lebt, weil er Mensch ist, unter dem Gesetz der Dualität. Wenn du also nach einem persönlichen Gott suchst, suchst du nach Nähe. Nähe kennst du aus deinem Alltag. Wenn du dir hingegen vorstellst, daß der Gegenstand deiner Sehnsucht unendlich weit entfernt von dir ist, spielst du vielleicht mit dem Gedanken und dem Gefühl, dich auf diese Ferne einzulassen. Du stellst dich damit auch der Angst, daß du dich in der Leere, die mit der Ferne verbunden ist, verlieren könntest. So wie du selbst in deinem Bewußtsein mit den Vorstellungen von Nähe und Ferne spielst, so geht es auch deinen Mitmenschen. Sie wollen ihr Götterbild zum Greifen nahe fühlen und möchten doch keinesfalls, daß es sich so verhält wie die Mitmenschen, die ihnen zum Greifen nahe sind. Ihr Gott soll anthropomorphe *(menschliche)* Züge tragen, er soll lächeln und strafen, er soll verzeihen und verstehen, er soll rächen und ausgleichen – und doch darf er nicht dieselben Verhaltensweisen zeigen, die ihr von euren Mitmenschen zur Genüge kennt! Er soll genauso sein wie ihr und doch ganz anders." *Die Quelle* aus Varda Hasselmann/ Frank Schmolke: *Weisheit der Seele*, Goldmann Verlag.

Hinter unseren ***Gebeten*** steht zumeist der Glaube an ein göttliches Prinzip, das wie ein idealer, gestrenger Vater oder eine gütige Mutter über uns wacht, uns belohnt oder bestraft. Dieser kindlich-menschlichen Perspektive erscheint die unpersönliche, allumfassende Liebe der *Existenz*, des *Seins* oder des *Göttlichen* – wie immer man es nennen mag – kühl und indifferent. Eine Liebe, die nicht verurteilt, die weder lobt noch tadelt, übersteigt das menschliche Verständnis und ist wegen ihrer fehlenden Greifbarkeit für viele Menschen nicht attraktiv. Wenn die unfaßbare Intelligenz des Universums nicht abgebildet, nicht beschrieben werden kann, erhebt sich die Frage, wen man um Hilfe bitten und wem man danken soll.

Erkenntnis

Weise und Seher haben erkannt, daß ***Beten*** nicht Gott dient, sondern daß es dem Betenden selbst zugute kommt. Es ist unwichtig, an wen das Gebet gerichtet ist und ob es Nöten, Ängsten, Hoffnungen oder der Dankbarkeit Ausdruck verleiht – es öffnet in jedem Fall das Herz des betenden Menschen. Es macht also Sinn, so oft wie möglich zu beten, denn die Energie des ***Betens*** an sich, die an die eigene Seele, das höhere Selbst, gerichtet ist, bewirkt die entscheidenden Veränderungen!

Zitat

„Ihr habt große Angst, daß niemand da ist, wenn ihr Angst habt. Menschen genügen euch nicht. Gott, das Göttliche, das Allganze, hat keine Not. Das Allganze kennt keine Angst. Gerade deshalb kennt es nur die Liebe, aber in einer Weise, die ihr nicht begreifen könnt."

„Ihr fühlt euch erst getröstet, wenn ihr dem göttlichen Prinzip die Züge eines Buddha, eines Jesus oder einer anderen vergöttlichten Gestalt verleihen könnt. Eure Heiligen und Religionsstifter sind die Vermittler, an die ihr euch wendet. Darum betet, ohne euch mit Skrupel und Zweifeln zu plagen, ob euer Gebet tatsächlich die allmächtigen Instanzen erreicht, die ihr zu erreichen wünscht."

„Macht euch nicht so viele Gedanken, ob euch jemand hört oder nicht. Es ist schon sehr gut, wenn ihr euch selbst hört, während ihr betet." *Die Quelle* aus Varda Hasselmann/Frank Schmolke: *Weisheit der Seele*, Goldmann Verlag.

Von dieser Warte aus gesehen existiert eine zu überbrückende Kluft zwischen Gott und dem Betenden gar nicht. Nicht selten im Widerspruch zur kirchlich anerkannten Lehrmeinung, hatten die Mystiker erkannt, daß die Wege zu *Gott* oder zur *Einheit allen Seins* nur Spielarten des Geistes sind – als würde eine vermeintlich getrennte Oberfläche danach trachten, nach ihrer Mitte zu greifen. In der Mystik wird ***Gebet*** zur ekstatischen Hymne an das Unendliche im Inneren wie im Äußeren. *Zentrum* und *Peripherie* sind nur begriffliche Trennungen.

Diesen beiden Ausrichtungen – nach innen und nach außen – entsprechen zwei verschieden angelegte Wege:

- Der Weg der ***Meditation***.
- Der Weg des ***Gebetes,*** der Weg der Hinwendung zu Gott und der Liebe zu allem Lebendigen.

Während der Weg der Meditation ein *Leerwerden* ist (*Via Negativa*), ist ***Beten*** ein *Erfülltwerden* durch Gott (*Via Positiva*). Das Verfahren ist unterschiedlich, das *Ziel* jedoch ist *das Eine*, in dem die Polarität von *Fülle* und *Leere* schon enthalten ist. Auch wenn der Betende zunächst nicht versucht, in der Hinwendung zu Gott oder der Fürbitte für andere *leer* zu werden, wird die Tiefe und Reinheit des ***Betens*** das *Ich* des Bittenden auslöschen, um der grenzenlosen Fülle der Existenz Raum zu geben. Auch Bitten will gelernt sein. Oft ist es nur der Stolz, der echtes ***Beten*** verhindert. Dabei ist es unerheblich, welchen Wortlaut ein Gebet hat, wenn es nur aus dem Herzen kommt! So ist ***Beten*** in jeder Situation möglich – es kann laut oder leise, innerlich oder äußerlich, stehend oder kniend, allein oder mit anderen geschehen. Gebete wie das ***Vaterunser***, Anrufungen der Heiligen aller Religionen, das buddhistische *Herz-Sutra* oder *vedische Hymnen* (ekstatische Gedichte hinduistischer Mystiker an das Unendliche), haben über die Jahrhunderte ein Energiefeld aufgebaut, auf das sich jeder Mensch offenen Herzens einstimmen und davon berühren lassen kann.

Themenkreise

Die Beispiele der Abschnitte ***Sutra-Rezitation*** und ***Mantra-Meditation*** dienen sowohl dem Leerwerden in der Meditation als auch dem ***Beten*** als Ausdruck der Fülle des Herzens. Zur Vertiefung der Gebets-Praxis kann man sich der in der katholischen Kirche gebräuchlichen Gebetskette, dem *Rosenkranz*, oder der ***Mala*** (siehe ***Mantra-Meditation***) bedienen. Für jede der Perlen spricht man ein Gebet.

Als Beispiel: Sprechen Sie – laut oder still im Innern – folgende Zeilen und lassen Sie sie auf sich wirken. Geben Sie sich ausreichend Zeit, um den Sinn im Herzen zu spüren, bevor Sie weiterlesen:

„Ich danke Dir von Herzen für die Gnade der inneren Führung und für den Überfluß an Inspiration und Kraft zum Wohle aller lebenden Wesen."

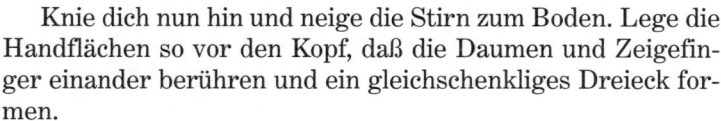

Wir gehen davon aus, daß das zuvor beschriebene ***Beten*** in unserem Kulturkreis den meisten Lesern vertraut ist. Deshalb möchten wir hier eine Form des ***Betens*** vorstellen, die sich durch einen universell praktizierbaren Ablauf, frei von einer bestimmten Weltanschauung oder einem Glaubensbekenntnis auszeichnet. Hier kann weder ein ichbetontes Wollen noch ein unterwürfiges Betteln entstehen. Die folgende ***Gebets-Übung*** ist eher ein *Tanz der Energie*, der immerwährenden Kraft, die im Universum existiert und den *Betenden* durchströmt.

Praxis

Stelle dich aufrecht hin und hebe beide Arme über den Kopf. Die Handflächen sind in einer empfangenden Geste nach oben gerichtet. Öffne dich der Gegenwart des Unendlichen und fühle, wie Energie in die Hände und Arme hineinfließt und den ganzen Körper durchdringt - von den Fußspitzen und bis zur Krone des Kopfes. Wenn der Körper anfängt zu vibrieren, lasse es zu. Verharre einige Minuten in dieser Haltung, bis du das Gefühl hast, gefüllt und von Lebensenergie durchströmt zu sein.

Knie dich nun hin und neige die Stirn zum Boden. Lege die Handflächen so vor den Kopf, daß die Daumen und Zeigefinger einander berühren und ein gleichschenkliges Dreieck formen.

Spüre, wie die Energie dich mit der Erde verbindet. Werde leer, gib die Energie wieder ab, gebe dich dem Ganzen hin! Im Schenken der Energie verschmilzt du mit allem Sein.

Wiederhole diesen Zyklus des Empfangens und Gebens noch sechsmal – einmal für jedes ***Chakra***. (Siehe dazu auch ***Chakra-Meditation***) Diese Phasen können auch noch öfter ausgeführt werden, aber niemals weniger als siebenmal, da du dich sonst möglicherweise unruhig und unausgeglichen fühlen würdest. Die beste Zeit für diese Übung ist die Nachtzeit unmittelbar vor dem Schlafengehen. Halte dazu den Raum verdunkelt.

Achtung

Du kannst die Übung aber auch im Morgengrauen ausführen. Danach ist eine Ruhephase von fünfzehn Minuten notwendig.

Zitat

„Beten hat keine Wirkung auf Gott. Du glaubst immer, du könntest mit Beten den göttlichen Willen zu deinen Gunsten verändern, so daß Gott dir ein größeres Stück vom Kuchen gibt.

Aber so läuft es nicht! Der unermeßliche, weite Himmel kann nur dann mit dir sein, wenn du mit ihm sein, in ihm aufgehen kannst. Es gibt keine andere Art zu beten.“ Bhagwan Shree Rajneesh: „Meditation – die Kunst zu sich selbst zu finden“, Heyne Verlag.

„Niemand wird dich jemals für deine Gebete belohnen – vergiß das nie. Wenn du wirklich weißt, was Gebet ist, dann ist dir das Gebet an sich schon Erfüllung genug. (...) Beten ist so schön – wen kümmert da die Zukunft, wer denkt an Belohnung?“ Osho: „Das Orangene Buch“, Osho Verlag.

Literatur

Lesenswertes: • Varda Hasselmann / Frank Schmolke: *Weisheit der Seele* und *Welten der Seele*, Goldmann Verlag • Osho: *Das Orangene Buch*, Osho Verlag • Willigis Jäger: *Kontemplatives Beten – Einführung nach Johannes vom Kreuz*, Vier Türme Verlag • Frere John: *Taize – das Vaterunser beten*“, Evang. Verlagsanstalt • Heinz Schürmann: *Rosenkranz und Jesusgebet – Anleitung zum inneren Beten*, Herder Verlag • Eugen Drewermann: *Das Markus Evangelium – Bilder von Erlösung*“, Walter Verlag • Silvia Wallimann: *Mit Engeln beten*, Hermann Bauer Verlag • Paramhansa Yogananda: *Wissenschaftliche Heilmeditationen*, O.W. Barth Verlag • Peter Dyckhoff: *Das kosmische Gebet – Einübung nach Origines;* Koesel Verlag • Hrsg. Willigis Jäger: *Gebet des Schweigens – eine Schule der Kontemplation nach der »Wolke des Nicht-Wissens«*, Mueller Otto Verlag • Teresa von Avila: *Wege zum Gebet*, Benziger Verlag • Karl O. Schmidt: *Der geheimnisvolle Helfer in dir – Dynamik geistiger Lebenshilfe*, Hermann Bauer Verlag • Hildegard v. Bingen: *Gott sehen*, Piper Verlag.

Die typenbezogene Empfehlung:

Unzufriedenheit

Dem ***Unzufriedenen*** bietet die beschriebene Übung des ***Betens*** eine Gelegenheit, auf intensive Weise in sein Inneres zu lauschen und die Wurzeln seiner Unzufriedenheit zu erfühlen. Wenn er von Herzen um Klarheit und Erfüllung bittet, wird sich seine innere Einstellung merklich verändern.

Für den ***Perfektionisten*** ist das ***Beten*** eine Hilfe, zeitweilig die Kontrolle aufzugeben und weich und empfänglich zu werden. So kann er Harmonie und innere Ordnung müheloser erfahren.

Der ***eifrig Suchende*** begegnet im ***Gebet*** einer Innerlichkeit und Berührtheit des Herzens, die der ***Ruhe-Suchende*** in der Stille zwischen den Worten findet.

Letztlich aber ist ***Beten*** – jenseits allen Übens und Wollens – eine tiefe, ganz persönliche Erfahrung, für die typenbezogene Empfehlungen eigentlich nicht gegeben werden können. Die vorangegangenen Hinweise beziehen sich nur auf das beschriebene ***Gebet***, das wir als *Tanz der Energie* bezeichneten.

Raum für Notizen:

25
Lachen und Weinen (The Mystic Rose)

Bedeutung & Herkunft

Neben *aggressivem Verhalten, Wut* und *Zorn*, sind ***Lachen*** und ***Weinen*** der Ausdruck stärkster menschlicher Emotionen. Wer von einem anhaltenden Lachen geschüttelt wird, dem kann es leicht geschehen, daß plötzlich Tränen fließen. Heiterkeit kann unvermittelt in eine traurige Stimmung umschlagen, denn ***Lachen*** und ***Weinen*** liegen nahe beieinander.

Oft verbirgt sich hinter der sozialen Maske eines künstlich aufgesetzten Lächelns Wut und Traurigkeit, die Menschen gerne zu verbergen suchen, um nicht als schwach zu gelten. Doch das Verdrängen ursprünglichster Regungen kreiert Ängste, Hemmungen, Scham und Schuldgefühle, die vielfach nur in langwierigen Therapieprozessen aufgelöst werden können.

Es gibt allerdings auch einen wirksamen Weg, der direkt an der Wurzel des Dilemmas ansetzt. Aus einem tiefen Verständnis der menschlichen Psyche heraus betonte **Osho**, daß der gezielte „*Einsatz*" von ***Lachen*** und ***Weinen*** das wirksamste Heilmittel ist, um Menschen von tiefsitzenden Blockaden und Konditionierungen zu befreien, denn nichts ist unserem innersten Wesen so nahe, nichts birgt ein so großes Potential für eine nachhaltige Transformation wie rückhaltloses ***Lachen*** und ***Weinen***. Es bringt all die Momente unseres Lebens zum Vorschein, in denen wir diese ursprünglichen Instinkte unterdrükken mußten.

Zitat

„Alles, was diese Welt braucht, ist ein Frühjahrsputz des Herzens – von allen Behinderungen der Vergangenheit. Und Lachen und Tränen können zwei Dinge tun: Die Tränen können all den Schmerz entfernen, der sich in euch verbirgt, und das Lachen wird all das ausräumen, was eure Ekstase behindert. Wenn ihr erst einmal die Kunst gelernt habt, werdet ihr euch die Augen reiben und fragen: „Warum hat uns das bis heute niemand gesagt?" – Aus gutem Grund: Niemand hat bisher der Menschheit die Frische der Rose gegönnt, ihren Duft und ihre Schönheit." Osho: *Das Blaue Meditationsbuch*, Osho-Verlag.

Dieses Zitat bezieht sich auf die *Meditation der mystischen Rose* (***The Mystic Rose***). Der Begriff der *mystischen Rose* ist eine Anspielung auf ein für den Zen-Buddhismus bedeutungsvolles Ereignis: Die Übermittlung des stillen Buddha-Geistes an *Mahakashyap*, den ersten Linienhalter des *Zen.* Als Buddhas Schüler versammelt waren, um einer Lehrrede zu lauschen, saß Buddha schweigend da und betrachtete eine Blüte, die er in der Hand hielt. Mahakashyap lachte laut, ohne offensichtlichen Grund. Daraufhin überreichte Buddha ihm die *mystische Rose*. Diese Übergabe gilt als Ausdruck der Bestätigung von *Mahakashyaps* Erleuchtung, und alle Zen-Schüler rätseln seitdem, weshalb *Mahakashyap* lachte und was die Natur seines *Verstehens* war.

Die Meditation der ***Mystic Rose*** dauert einundzwanzig Tage. Sie besteht aus 3 Teilen von jeweils 7 Tagen. Der erste Teil beginnt mit ***grundlosem Lachen*** – für täglich drei Stunden hintereinander. In der zweiten Woche sind die Teilnehmer angehalten, ebenfalls 3 Stunden täglich zu ***weinen.*** Der dritte Teil der ***Mystic Rose-Meditation*** ist der ***stillen Beobachtung*** gewidmet – dem Schauen, dem ***Zeuge-Sein***. Diese einfache Technik ermöglicht es, ohne Umwege in tiefe seelische Bereiche vorzudringen und sie zu reinigen.

Gruppen-Übung

Hemmungen und Verdrängungen sind u.a. Gründe dafür, weshalb der eine oder andere sich nicht trauen wird, diese Übung konsequent allein und für den vollen Zeitraum von einundzwanzig Tagen durchzuführen. In diesem Falle ist es hilfreich, sich in den schützenden Rahmen einer Gruppe Gleichgesinnter zu begeben, mit denen diese Meditation, die gleichzeitig auch ein therapeutischer Prozeß ist, praktiziert werden kann. Wer an dieser intensiven und transformierenden Erfahrung interessiert ist, dem empfehlen wir die Teilnahme an der ***Mystic Rose-Meditation*** in einem der zahlreichen *Osho-Meditationszentren*, die es in jeder größeren Stadt gibt.

Im Rahmen dieses Buches möchten wir Interessierten, die sich zeitlich aufgrund ihrer Lebensumstände nicht auf diese festgelegte Struktur einlassen können, eine Kurzversion anbieten, die der jeweiligen Situation individuell angepaßt werden kann:

Ziehe dich in einen geschützten Raum zurück (gegebenenfalls zusammen mit einem Partner) und beginne zu lachen,

Praxis

auch wenn es dazu keinen konkreten Anlaß gibt. Gewöhnlich ist unser Lachen situationsbedingt. So ist es meistens erst eine komische Situation oder eine Erinnerung, die ein spontanes Lachen hervorbringt – aber „ein Grund zum Lachen“ muß in jedem Fall vorhanden sein.

Bei dieser Meditation erfährst du, daß **grundloses Lachen** dich in einen gedankenlosen Zustand versetzen kann – losgelöst von allen konkreten Bezugspunkten. In diesem Raum von Absichtslosigkeit und Leerheit kann ***Lachen*** als Urenergie erfahren werden!

Am Anfang mag es sein, daß das Lachen aufgesetzt erscheint – du gackerst vor dich hin, ohne Freude zu fühlen. Du spürst plötzlich den Schmerz deiner kultivierten „Ernsthaftigkeit“, deines kontrollierten Verhaltens. Zuerst „lacht nur der Körper“, aber nach einiger Zeit rüttelt das Lachen an der harten Schale des alten emotionalen Panzers, und es erscheinen kleine Öffnungen in ihm, aus denen grundlose Freude, wie aus einer inneren Quelle gespeist, hervorströmt. Diese Energie wird zunehmen, und du wunderst dich vielleicht, wie sehr du von hemmungslosem Lachen geschüttelt werden kannst. Diese frische, unschuldige Energie und ein Gefühl der Heiterkeit werden dich den ganzen Tag hindurch begleiten......

Nimm dir mindestens eine Viertelstunde Zeit für diese Übung – vielleicht schon morgens vor dem Aufstehen, während du noch im Bett liegst und dich räkelst.

Tip

Es wird dir im Laufe der Zeit leichter fallen, über dich selbst zu lachen. Deine emotionalen Schmerzen und vergangenen Frustrationserlebnisse erscheinen dir nicht mehr so ernst, und du nimmst dich selbst als Person nicht mehr so wichtig wie früher. Gestatte dir einfach des öfteren im Laufe des Tages dieses grundlose Lachen! Und wenn du einem Menschen begegnest, auf den du mit Abneigung reagierst, weil er dir vielleicht weh getan hat, dann lache innerlich. Deine Stimmung wird sich augenblicklich aufhellen, und es mag sein, daß du durch die Übung mehr Sympathie und Mitgefühl für fremde Menschen entwikkelst.

Wenn du spürst, daß nach einigen Tagen des grundlosen Lachens eine größere Offenheit entstanden ist, durch die du dich viel leichter berühren läßt, so kannst du auch aus einer neuen, inneren Stärke heraus in Kontakt treten mit dem Schmerz des Getrenntseins an sich oder mit alten Wunden, die zum Vorschein kommen, oder mit der Trauer über die bisherige Verschlossenheit des eigenen Herzens. Dann ziehe dich jeden Tag für eine gewisse Zeit zurück und ***weine*** über das eigene oder das kollektive Leid. Lasse das ***Weinen*** zu einem Ausdruck deiner Sehnsucht nach Harmonie und nach der Vereinigung mit der Schöpfung werden. Deine Tränen reinigen dich und sie befreien dich aus deiner Enge, deiner Angst, deiner Verschlossenheit und deiner Isolation. Laß´ das Weinen einfach zu!

Setze dich jedes Mal – nach dem ***grundlosen Lachen*** und nach dem ***Weinen*** – für mindestens fünfzehn Minuten ruhig und still hin und ***beobachte*** wie aus großer Entfernung, wie vom Gipfel eines Berges aus, die Empfindungen des Körpers, die Gedanken und die Gefühle, ohne sie zu beurteilen - sei weder dafür noch dagegen. Ohne Worte ist der Blick nach innen gerichtet. Stehe etwas abseits und werde dir der *Zwischenräume* zwischen den Gedanken bewußt. Es ist dieselbe Art von ***Achtsamkeit***, die in der ***Vipassana-Meditation,*** im ***Zen,*** in der *Stop-Phase* der ***Dynamischen Meditation,*** beim ***Latihan,*** im ***Tratak*** und vielen anderen Techniken angestrebt wird.

Themen-kreise

Fingerzeig Information

Im Rahmen medizinischer Forschung wurde festgestellt, daß ***Lachen*** und ***Weinen*** körperlich, seelisch und geistig eine große Heilwirkung auslösen können. ***Lachen*** lockert die Verkrampfungen im Bereich des *Solarplexus,* setzt verdrängte Emotionen frei und kann damit verbundene, psychosomatische Beschwerden auflösen. Aufbauend auf dieser Erkenntnis haben Psychologen *Lachtherapien* entwickelt, die bei psychisch gestörten Menschen oder bei Krebskranken erfolgreich eingesetzt werden konnten. Ärzte haben bei Tests mit Teilnehmern der ***Mystic Rose-Meditation*** eine deutliche Verbesserung der Sehkraft festgestellt, die wahrscheinlich mit einer Ausschwemmung von Toxinen (Giftstoffen) durch die Tränenflüssigkeit und einer generellen Entspannung zusammenhängen. In der Psychotherapie ist die Befreiung von emotionalen Spannungen durch das ***Weinen*** seit langem als eine natürliche Begleiterscheinung des Heilungsprozesses bekannt.

Lesenswertes: • Osho: *Leben. Lieben. Lachen.*, Osho-Verlag • Osho: *Das Orangene Buch*, Osho-Verlag • Bhagwan Shree Rajneesh: *Yahoo – The Mystic Rose*, A Rebel Book.

Die typenbezogene Empfehlung:

Der ***Unzufriedene*** wird, sofern er bereit ist, sich auf die ***Mystic Rose***-Meditation einzulassen, sehr schnell mit den Ursachen seiner Frustration und seiner Traurigkeit in Berührung kommen und in dieser heilsamen Konfrontation Befreiung erfahren können.

Der ***Neugierige*** und der ***eifrig Suchende*** haben wahrscheinlich die größte Bereitschaft, hemmungslos zu lachen und zu weinen und die intensive emotionale Erfahrung zu suchen – vielleicht zu Anfang nur, um einen unbekannten Grenzbereich des Emotionalen zu erforschen. Beide werden ihre typenspezifischen Blokkaden rasch ablegen können.

Der ***Perfektionist*** wird einige Widerstände überwinden müssen, bevor er bereit ist, seine makellose Fassade fallenzulassen. Ähnlich wie der ***Unzufriedene*** wird er sich bereichert und befreit fühlen durch die Erfahrung von Offenheit und Weichheit. Gleichzeitig entsteht eine innere Distanz zu den Emotionen, die er nicht mehr als so bedrohlich empfinden wird.

Der ***Stress-Typus*** zeigt sich hier möglicherweise als *Problemfall*, da er nur schwer von seiner *persönlichen Wichtigkeit* Abstand nehmen kann. Wenn er sich allerdings überwinden könnte, über sein Leben und seine Sicht der Dinge zu lachen und zu weinen, würden seine aus Zeit- und Leistungsdruck entstandenen Probleme an Bedeutsamkeit verlieren. Wenn er dies zulassen würde, käme es zu dramatischen Veränderungen in seinem Leben.

Dem ***Ruhesuchenden*** wird diese Meditation weniger attraktiv erscheinen – es sei denn, daß sein herausgestelltes Bedürfnis nach Ruhe künstlich und in Wirklichkeit nur eine Vermeidungsstrategie ist. Dann wird es auch für ihn befreiend sein, über Enttäuschungen und Mißerfolge zu weinen und allzu verkrampfte Ausweichmanöver zu lachen.

26
Wer bin ich? – Eine Übung der „Selbst"-Erkenntnis

Bedeutung & Herkunft

Jeder Mensch versucht von frühester Kindheit an, mit Hilfe von vorgeprägten Begriffen und Konzepten sich selbst und die Welt zu verstehen und zu beschreiben. Wir wissen alle, daß das Bild von einem Feuer uns nicht verbrennen und das Bild von einer köstlichen Speise nicht unser Hungergefühl beseitigen kann. Aber das Bild von einem *Ich* oder einem *Selbst* ist das Allerletzte, das jemals hinterfragt wird. Die Übung ***Wer bin ich?*** wird schrittweise die Frage, ob es so etwas wie ein *Selbst* gibt oder nicht, klären. Sie ist von so weitreichender Konsequenz, daß unsere Anmerkungen zu *Bedeutung und Herkunft* dieses klassischen Übungsweges vergleichsweise mehr Raum einnehmen werden als bei anderen bisher besprochenen Abschnitten.

Bewußt oder unbewußt beschäftigt sich jeder Mensch im Innersten des Herzens zu allen Zeiten mit dieser Frage, denn sie ist ein Ausdruck der Suche nach dem unergründlichen Ursprung und nach dem Sinn der menschlichen Existenz. Diese Form der Suche ist nicht das typische Merkmal einer bestimmten spirituellen Tradition – sie ist vielmehr schon am Urgrund aller Religion vorhanden. Soweit es uns bekannt ist, hat sich aber nur die ***Advaita Vedanta-Tradition*** (die Lehre der ***Nicht-Dualität*** des ***Shankara***, *a-dvai = nicht zwei*) in ausschließlicher Weise mit dieser Kernfrage befaßt.

Wer bin ich? ist das zentrale Werkzeug der Lehre, die davon ausgeht, daß es nur *ein umfassendes Bewußtsein* gibt („Alles ist Bewußtsein", sagt Ramesh S. Balsekar). Doch gerade diese Lehre vermeidet es, von *Einheit* zu sprechen, denn *eins* impliziert automatisch *zwei, drei* und eine endlose Reihe von weiteren Ziffern. Darum scheinen ***Nicht-Zweiheit*** oder ***Non-Dualität*** die angemessenen Begriffe für den verwirklichten Zustand zu sein. Die Anhänger des ***Advaita*** sind der Überzeugung, daß dies der schnellste und kürzeste Weg sei, um zur Erkenntnis der ***wahren Natur***, zum ***spirituellen Erwachen***, zu gelangen. Die bekanntesten Lehrer und Meister dieser Tradition sind ***Shankara, Ramakrishna, Ramana Maharshi,***

Nisargadatta Maharaj, Ramesh S. Balsekar und ***H.W.L. Poonja.*** Die radikale Frage nach der wahren Identität hat in den 80iger und 90iger Jahren viele ihrer Schüler - u.a. ***Isaac Shapiro, Gangaji, Samarpan, Anamo, Om.C.Parkin*** und ***Andrew Cohen*** - erkennen lassen, daß es das *Ich* nicht gibt, daß dies nur ein illusionäres Konzept ist.

Wer sich auf die Suche nach dem *wahren Selbst* begibt, stellt in seiner Selbstbeobachtung naturgemäß viele Fragen:

Was tue ich, und ***wie*** tue ich es? ***Warum*** tue ich dieses und jenes? Durch kritisches Hinterfragen entsteht ***Wachheit*** und ***Aufmerksamkeit***, und durch aufrichtige Beantwortung läßt sich vieles klären und vereinfachen. Unnützes und Belastendes kann wegfallen, wenn ich des öfteren innehalte und mir bewußt werde: Was denke ich eigentlich so den ganzen Tag?

Und als nächstes schließt sich eine tiefergehende Frage an: Wo kommt der unaufhörliche Strom von Gedanken her? – Gedanken scheinen von nirgendwo zu kommen – wie Schneeflokken aus dem Nichts, die sich wieder im Nichts auflösen. Sie sind flüchtig, von kurzer Dauer, und *ich* kann das alles gleichsam von außen beobachten. *Ich* kann die Welt der Erscheinungen – der Formen, Farben und Klänge, der Gedanken und Gefühle – in dieser Weise beobachten: Alles ist *da draußen.* Irgendwann taucht dann die Frage auf: Was ist das „Ich", das all dies wahrnimmt? Wo befindet es sich? Was ist seine Natur?

Zitat

„Um zu wissen, was du bist, mußt du zunächst das untersuchen und kennen, was du nicht bist. Entdecke alles, was du nicht bist: Körper, Gefühle, Gedanken, Zeit, Raum, dies oder das. Nichts, was du konkret oder abstrakt wahrnimmst, kannst „DU" sein. Gerade der Vorgang der Wahrnehmung zeigt, daß du nicht das bist, was du wahrnimmst." Sri Nisargadatta Maharaj: *ICH BIN*, J. Kamphausen Verlag.

Die radikale Verneinung aller wahrgenommenen Existenzformen (Ich bin ***nicht dies, nicht das*** – *Sanskrit:* ***Neti-Neti***) bei der Untersuchung - ***Wer bin ich?*** – geht zurück auf die mehr als 2500 Jahre alte ***Samkhya-Lehre*** des Weisen ***Kapila,*** von deren Essenz sowohl ***Buddhas*** Lehre (500 v. Chr.) deutlich erkennbare Züge aufweist, als auch die ***Advaita Vedanta-Lehre***, die erst im 8 - 9. Jahrhundert n. Chr. entstanden ist. Der historische ***Buddha*** wurde im 5. Jahrhundert vor unserer Zeitrechnung in dem Ort geboren, der nach dem Begründer des ***Samkhya*** benannt war – *Kapila*. Es ist daher anzunehmen, daß sowohl zu ***Buddhas*** als auch zu ***Shankaras*** Zeiten die damalige Kultur von der philosophischen Grundhaltung des ***Samkhya*** durchdrungen war.

Samkhya ist ein reiner Erkenntnisvorgang, der auf einer klaren Unterscheidung beruht. Unterschieden wird zwischen ***Purusha*** und ***Prakrti. Purusha*** ist das *Wesen* und ***Prakrti*** die *Natur.* Anders ausgedrückt gibt es den *formlosen Geist,* den ***Sehenden,*** und die *Welt der Erscheinungen,* das ***Gesehene***. Die Kernaussage, um die sich die ***Samkhya-Philosophie*** dreht, ist:

Erkenntnis

„Der Sehende kann niemals das Gesehene sein.“

Das nach außen gerichtete Alltagsbewußtsein sieht dies als eine so selbstverständliche Annahme an, daß es müßig erscheint, darüber überhaupt nachzudenken. Wenn ich eine Tasse in der Hand halte, so weiß ich ohne jeden Zweifel, daß ich nicht die Tasse bin. Die *Tasse* ist das ***Objekt***, und *„ich“* ist das ***Subjekt***. – Aber die gleiche Aussage bekommt in dem Moment eine tiefere Bedeutung, wenn ich den *eigenen Körper, die Gedanken* und *die Gefühle* zum ***Objekt*** mache – sie führt geradezu in eine andere Dimension:

Wenn ich nämlich zu beobachten beginne, entsteht augenblicklich ein gewisser Abstand zu den Phänomenen, und der Körper, die Gefühle, die Empfindungen und Gedanken erscheinen zunehmend als *Objekte der Wahrnehmung*. Wenn ich aber der *Beobachter* bin, dann müßte mir zu irgendeinem Zeitpunkt diese Unterscheidung zwischen dem ***sehenden Subjekt*** (*Ich*), und dem ***gesehenen Objekt*** (*das Andere*) auffallen. Die wachsende Klarheit der Beobachtung und eine größere Sensibilität des Empfindens führt dann unweigerlich zu der Frage: Wer bin ich, wenn *ich* – der Sehende – nicht das Gesehene sein kann?

Praxis

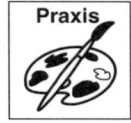

Sitze so entspannt auf einem Kissen oder in einem Sessel, daß du keine Irritationen im Körper verspürst und dich nichts aus dem gesammelten Zustand des Nachsinnens herausziehen kann. Verharre bequem aber mit aufgerichteter Wirbelsäule in Meditationshaltung.

Lausche auf das Gefühl im Zentrum der Brust, wenn du die Worte ***Wer bin ich?*** .... formulierst.

Als eine der ersten Antworten mag dir dein ***Name*** einfallen ....

Du sitzt hier in deiner Wohnung, umgeben von vertrauten Gegenständen und fragst dich: ***Wer bin ich*** in all dem...............?

Die Erinnerung taucht auf, daß da ja auch noch deine Frau, deine Kinder, deine Eltern, deine Freunde und deine Verwandten sind, von denen jeder einzelne eine Facette deines Seins widerspiegelt. Aber ***wer bin ich*** in diesem Netz von ***Beziehungen***..................?

Du denkst wahrscheinlich auch an deinen ***Beruf***, deine Arbeit, dein Lebenswerk. Aber ist das alles? Bin ich nicht mehr als das?

Wer bin ich............? Verweile bei dem Wort „bin" und fühle dein augenblickliches Sein .... *Wer* .... ***bin*** ..... *ich*.................*?*

Und wo entsteht das, was jeder in seinem Körper als ***ich*** erfährt..................?

Wer bin ich.......? Als erstes tauchen gewöhnlich Empfindungen unbestimmter Art auf, und es zieht ein Strom zusammenhangloser Gedankenfragmente vorüber.

Spüre nun deutlicher den ***Körper***. Du weißt, er ist ***männlich*** oder ***weiblich***, er ist ***alt*** oder ***jung***. Du erinnerst dich an sein ***Aussehen*** im Spiegel. Aber bist du nur der Körper mit bestimmten Merkmalen? – ***Wer bin ich wirklich***....................*?*

Du hast gehört, wie andere Menschen dich einschätzen, was für ein Bild sie von dir haben. Im Spiegel der ***Meinungen der anderen*** hast du dich oft gesehen.

Das ist das Bild, das du übernommen hast: Du bist gut, du bist geizig, du bist großzügig, du bist einsam, isoliert, beliebt, wertlos, kompetent, stark, schwach, hilflos, hilfsbereit, nicht ernst zu nehmen, kleinlich, eng, großherzig usw.............

Diese Art der Antworten erscheinen, wenn die Frage ***Wer bin ich?*** an den ***Verstand*** – das Erinnerungsvermögen – gerichtet ist.

Aber ***wer bin ich***, wenn ich mein ***Denken*** losgelöst wie ein Objekt betrachten kann................?

Da sind auch noch Stimmungen, Emotionen, ***Gefühle*** wie Ärger, Freude, Liebe, Sehnsucht, Traurigkeit......................

Fühle sie total, rückhaltlos, aber ***wer ist das Ich***, das auch diese Zustände – zeitweilige Gefühlsgemälde – als Objekt sehen kann?

Versenke nun die Frage ***Wer bin ich?*** mit großer Intensität nach innen, solange bis ein reines, unverfälschtes *Ich*-Empfinden auftaucht, frei von Worten, Namen, Gestalten, Formen und Eigenschaften.

Versenke dich ganz in dieses ***reine Gewahrsein***.

Schau, ob dort noch ein ***Ich*** zu finden ist ....?

Wenn du nach dem ***Ich*** Ausschau hältst, wer ist dann das ***Ich***, das das *Ich* betrachtet ....? Daraus entsteht eine sehr paradoxe Situation: Das ***Ich*** entzieht sich endlos, denn es kann nicht zu einem Objekt gemacht werden. Wer diese Untersuchung beharrlich fortsetzt, erkennt:

Tip

Ich ist nicht der Körper. ***Ich*** ist nicht die Gefühle. ***Ich*** ist nicht die Gedanken. ***Ich*** ist noch nicht einmal der Atem. ***Ich*** ist nicht dies und nicht das. Aber wie kann das praktisch im Alltag erfahren werden? Es ist ganz einfach:

- Wenn Sie etwas Schmerzvolles erleben, wenn Sie Leid erfahren – fragen Sie ich sofort: „Für ***wen*** ist das so schmerzvoll?“
- Sind Sie in Hochstimmung, glücklich und beschwingt – fragen Sie sich: „***Wer*** ist es, der jetzt Glück erlebt? ***Wer*** ist glücklich?“
- Oder: Sie haben ein Ziel erreicht, Sie haben „es“ geschafft. – Die Frage lautet wieder: „Für wen wurde es erreicht?“

Was dann am Ende übrigbleibt, ist nur ***Gewahrsein***, ohne einen Mittelpunkt, reine ***Subjektivität ohne ein Objekt***.

Zitat

„Taten geschehen und Worte werden gesprochen, ohne daß dem ein Denken vorausgeht. Alles ist von einer Unmittelbarkeit, einer Direktheit durchdrungen, die völlig von persönlich ausgerichteten Intentionen frei ist. Die reine Gegenwart von Gedanken, Gefühlen oder Handlungen wird in keiner Weise interpretiert, sie werden lediglich als vorhanden registriert. Die unendliche Weite nimmt mit absoluter Klarheit wahr, daß Gedanken nichts weiter als Gedanken, Gefühle nur Gefühle und

Handlungen nur Handlungen sind. Es gibt kein Abwägen mehr, ob ein bestimmter Gedanke richtig oder falsch ist. Es gibt einfach kein Urteil von gut oder schlecht, von richtig oder falsch – alles ist lediglich, was es ist.“ Suzanne Segal: *Kollision mit der Unendlichkeit*, J. Kamphausen Verlag.

Hier beschreibt ***Suzanne Segal*** einen dauerhaften Zustand, in dem es keinen Zweifel mehr gibt, daß das *Ich* niemals wirklich existiert hat. Was allerdings auch wichtig ist zu hören, ist ihre Versicherung, daß nach der Auflösung dieses irreführenden Konzepts das Leben genauso effektiv, unmittelbar und direkt abläuft wie vor der Auflösung des *Ego*, als das „ich“ noch glaubte, es sei der *Täter* oder der *Handelnde*.

Und was geschieht mit den gewohnten Verhaltensmustern, die dem Leben des Einzelnen eine besondere Prägung geben? Auch folgende Aussicht ist beruhigend: Sie mögen weitergehen oder auch nicht. Wenn sich die Identifikation mit *meinen* Gedanken und *meinen* Gefühlen auflöst, kann sich das Leben radikal verändern, oder es läuft gemäß der vorherigen psychosomatischen Prägungen ab. In beiden Fällen wird es gesehen, wahrgenommen, *bezeugt* oder gespiegelt. Um die Natur dieses spiegelgleichen Bewußtseins zu illustrieren, gibt es im *Zen* das Bild vom Flug der Wildgänse, die einen ruhigen, stillen Teich überqueren. Weder die Wildgänse werden in ihrem Flug gestört, noch ruft die Spiegelung eine Trübung auf der Wasseroberfläche oder eine Welle im Teich hervor. Was da geschieht, ist der Vorgang an sich - die Spiegelung. Das ist das Ende der Identifikation mit den Erscheinungen.

Zitat

„Frage: Als Ihnen diese Erleuchtung widerfuhr, haben Sie dabei das Interesse an der Arbeit verloren?“

„Ganz im Gegenteil! Um das völlig klarzustellen: Sie fragen mich, was in meinem Fall passiert ist. In einem anderen Fall mag das Interesse völlig verloren gehen. Es ist unmöglich zu sagen, was passieren wird. Ich habe vorher nie geschrieben, doch die Bücher kamen einfach. (...) Schreiben ist nicht mein Beruf oder mein Hobby, es geschieht einfach. Sie sollten das Manuskript dieses Buches sehen: Seite um Seite handgeschrieben und kaum irgendwelche Änderungen. Schauen Sie mal, wieviele Änderungen Sie machen, wenn Sie jemanden einen Brief schreiben, das ist der denkende Verstand. Dieses spontane Schreiben, Seite um Seite, kam einfach. Innerhalb von sieben oder acht Jahren entstanden sechs oder sieben Bücher zusammen mit einigen anderen Arbeiten. Daher zieht sich in mir immer etwas zusammen, wenn ich von „meinen" Büchern rede. Tief im Inneren weiß ich, es sind nicht meine Bücher." Ramesh S. Balsekar: *Erleuchtende Gespräche*, Lüchow Verlag.

Achtung

Das große Problem für den Verstand in diesem Erkenntnisprozeß ist die Tatsache, daß Nicht-Dualität mit den Mitteln des Verstandes nicht erfaßt werden kann. Die Frage ***Wer bin ich?*** sollte also nicht fortwährend gestellt werden, da sich ansonsten der Verstand ihrer bemächtigt. Setzen Sie diese Fragestellung sehr sensibel und einfühlsam in Momenten der Ruhe und der Sammlung ein, wenn Sie bereit sind, einen Zustand des *Noch-Nicht-Wissens* zuzulassen.

Es fällt dem menschlichen Verstand sehr schwer, diesen unschuldigen Zustand der *Leere*, des *Nicht-Wissens*, der *Ichlosigkeit*, zuzulassen, denn er erlebt dies als eine Art *Entmachtung*, als eine Art *Sterben*, mit dem er sich nicht so leicht abfinden kann. Darum sind alle Hinweise und Zitate kleine Vorbereitungshilfen – Informationen, die den Verstand positiv stimmen können. **Bleiben Sie deshalb entspannt, während Sie sich im Prozeß der Selbstbefragung auf das Nichts, auf die Nicht-Existenz eines Egos, ausrichten.**

Literatur

Lesenswertes: • Shankara: *Unterscheidung zwischen Selbst und Nicht-Selbst*, Ansata Verlag • Ramana Maharshi: *Gespräche des Weisen vom Berge Arunachala – Gesamtausgabe*, Ansata Verlag • Solange Lemaitre: *Ramakrishna*, Rowohlt Taschenbuch • Nisargadatta Maharaj: *ICH BIN I & II*, J. Kamphausen Verlag • Ramesh S. Balsekar: *Erleuchtende Gespräche, Erleuchtende Briefe, Die Lehre erleben, Die Eine Wahrheit*, Lüchow Verlag • Ramesh S. Balsekar: *Duett der Einheit, Bhagavad Gita*, J. Kamphausen Verlag • H.W.L. Poonja: *Wach auf, du bist frei*, J. Kamphausen Verlag • Gangaji: *Du bist Das*, Lüchow Verlag • Suzanne Segal: *Kollision mit der Unendlichkeit*, J. Kamphausen Verlag • Jean Klein: *Dein wahres Ich*, Lüchow Verlag • Jean Klein: *Wer bin ich? Was ist der*

Mensch?, O. W. Barth Verlag • Amit Goswami: *Das Bewußte Universum – Wie Bewußtsein die materielle Welt erschafft*, Lüchow Verlag • *Das unpersönliche Leben*, Verlag Dem Wahren-Schönen-Guten • Wei Wu Wei: *Die einfache Erkenntnis*, Verlag Bruno Martin • *Avadhuta Gita – Gesang eines Erleuchteten*, Verlag Bruno Martin • D. Harding: *Zen und die Wiederentdeckung des Offensichtlichen*, Sphinx Verlag • Andrew Cohen: *Erleuchtung ist ein Geheimnis*, Christian Falk Verlag

Die typenbezogene Empfehlung:

Ramana Maharshi empfiehlt den intensiveren Einstieg in den Prozeß der Selbstbefragung erst dann, nachdem der Verstand über längere Zeit von Neigungen und Vorlieben gereinigt wurde durch Methoden wie ***Yoga, Mantra-Meditation*** und sanfte Konzentrationstechniken (siehe dazu ***Tratak, Spiegelmeditation***; – auch ***Tonglen*** und ***Dynamische Meditation*** können hilfreich sein).

Dem ***eifrig Suchenden***, der schon viele Übungen ausprobiert hat, kann demnach die Übung ***Wer bin ich?*** empfohlen werden, wenn er bereit ist, dieser Disziplin der Selbstbefragung mit aufrichtigem Geist zu folgen.

Diese Übung ist nicht dazu geeignet, damit mehr oder weniger leichtfertig zu experimentieren. Darum kann sie dem ***Neugierigen*** nicht empfohlen werden.

Der ***Unzufriedene*** muß zunächst eine Weile *Glück* und *Zufriedenheit* erfahren haben, um sich aus der Identifikation mit allem lösen zu können. Aus dem gleichen Grund braucht der ***Stress-Typus*** die Erfahrung von *Ruhe*, so wie der „Perfektionist" *Entspannung* erlebt haben muß, bevor er sich einigermaßen ausgewogen fühlt und sich im Gleichgewicht der Pole von *Ruhe* und *Unruhe*, *Spannung* und *Entspannung* befindet. Dann erst kann er die Suche nach dem „Ich" jenseits aller Gegensätze antreten.

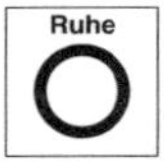

Der ***Ruhesuchende*** hat wie der ***eifrige Sucher*** schon *alles gemacht und erlebt.* Aber in den seltensten Fällen hat er auch alles verstanden und verwirklicht. Der ***Ruhesuchende*** empfindet mehr als alle anderen Typen das Bedürfnis, der Frage nachzugehen, ***für wen*** er all das getan hat und noch tut? ***Wer ist das***, der die Ruhe sucht?

Die Formulierung „***für wen***" könnte leicht mißverstanden werden im Sinne von „Für wen soll ich überhaupt noch etwas tun, ... arbeiten gehen, verantwortlich sein, sauber machen, pünktlich meine Rechnungen zahlen, Vereinbarungen einhalten etc. – denn wenn kein *Ich* mehr da ist, dann hat doch nichts mehr Sinn, und es gibt doch keinen *Schuldigen* und keinen *Täter* mehr!?"

Die Funktionen des Alltagslebens bleiben weiterhin intakt, und jeder tut, was nach *göttlichem Willen* seine Berufung ist. Die Erkenntnis, daß es eigentlich kein *Ich* gibt, kann absolut nicht als Freibrief mißverstanden werden, *selbst*-süchtig, ichbezogen und aus Eigeninteresse zu handeln. Das ist gerade ohne *Ich* nicht mehr möglich!

Raum für Notizen:

27
Übung zur Stärkung der Immunkraft

Bedeutung & Herkunft

Nach den Erkenntnissen der ***Psycho-Neuro-Immunologie*** (der Wissenschaft, die den Einfluß der Gefühle auf die Immunabwehr untersucht) sind der hormonelle Kreislauf, das Nervensystem und das Immunsystem keine unabhängig voneinander existierenden Funktionskreise, wie bisher angenommen wurde, sondern sie stehen über sogenannte *Botenstoffe* in ständigem Informationsaustausch mit dem Gehirn, dem Nervensystem, dem Blutkreislauf, den Hormondrüsen und den Lymphknoten.

Das entspricht auch der Aussage des ***Yoga***, nach der Körper und Geist eine ursprüngliche und nicht zerstörbare Einheit bilden. Deshalb reagiert der gesamte Organismus sehr sensibel auf *psychosomatische* Wechselwirkungen.

Gedanken und Vorstellungen – also die innere Haltung – wirken sich unmittelbar auf den Ausdruck des Menschen (seine Gestik, Mimik, Färbungen der Haut und seine elektromagnetische Ausstrahlung) aus. Anhaltende Stimmungen und Gefühlsmuster prägen langfristig die Gestalt des Körpers (Physiognomie, Körperhaltung und Konstitution). Umgekehrt bewirken bestimmte Körperhaltungen – die sogenannten ***Asanas*** (siehe auch Übungswege ***Hatha Yoga, Feldenkrais, Kum Nye, Meridiandehnungen*** und ***Bioenergetik*** und die Übungen ***Vrkshasana - die Baumstellung, Drei wirksame Lockerungsübungen*** und ***Der Gruß an die Sonne***) eine Veränderung der Stimmungen durch Stimulierung des Nervensystems und der Hormondrüsen.

Es gilt inzwischen als allgemein anerkannte Tatsache, daß Angst und Stress – zusätzlich zu den schon bestehenden Umweltbelastungen – die *Immunabwehr* schwächen. Da sich die vorgegebenen Zeitabläufe in der hochtechnisierten Industriegesellschaft durch Fließbandproduktion und Schichtarbeit von den ursprünglichen Rhythmen eines natürlichen Lebens weit entfernt haben, ist dem modernen, *zivilisierten* Menschen das Gleichgewicht der Kräfte verlorengegangen. Die geregelten, auf einheitliches Funktionieren abgerichteten Lebensumstände fordern Herz, Kreislauf, Nervensystem und Organe nicht mehr in gesunder Weise wie in früheren Zeiten. Das bequeme Leben ist nur noch arm an Klimareizen. Als Ergebnis zeigt sich, daß der Körper des *modernen Menschen* in seinen ursprünglichen, natürlichen Funktionen bedroht ist und daß das geschwächte Immunsystem oft nur noch mit Mühe Krankheitserreger ausreichend abzuwehren vermag.

Fingerzeig Information

Komplexe Wechselwirkungen zwischen der Außenwelt und der Innenwelt jedes Einzelnen zeigen deutlich, wie stark unsere menschliche Existenz von unüberschaubar vielen Faktoren beeinflußt wird. (siehe dazu: **Was ist Heilung?** und **Was ist Entspannung?**)

Wenn wir unser Gesundsein bewahren wollen, muß es unser vorrangigstes Interesse sein, zu verstehen, wie wir alle verfügbaren Kräfte unseres Organismus optimal nutzen und in harmonischen Einklang mit der Umwelt bringen können. Um das ***Immunsystem*** zu stärken, sollte man zunächst auf die äußeren Möglichkeiten positiver Einwirkungen achten. Dazu einige Empfehlungen vorweg:

1. Setzen Sie sich bewußt Klimareizen aus, um Temperaturschwankungen und Wetterwechsel leichter verkraften zu können. Fragen Sie hierzu Ihren Arzt und informieren Sie sich in der Literatur (siehe unter ***Lesenswertes***).
2. Nutzen Sie die heilende Kraft des Wassers (Stichwort: *Wasseranwendungen nach Kneipp*). Schon das tägliche wechselwarme Duschen stärkt die Immunabwehr.
3. Regen Sie die ***Thymusdrüse*** (im Bereich der Brustbeinmitte) durch häufige Klopfmassage an.
4. Sorgen Sie für eine gesunde, ausgewogene Ernährung.
5. Stellen Sie das Rauchen ein!
6. Achten Sie auf einen vernünftigen, verträglichen Konsum von Genußgiften (Kaffee, Alkohol, Süßigkeiten).

Eine positive Einstellung sich selbst gegenüber ist ein weiterer Grundpfeiler, auf dem ein starkes, belastbares Immunsystem ruht. Und schließlich sind es die bewußt erlebten Faktoren ***Atem*** und ***Bewegung***, die das Immunsystem durch verbesserte Durchblutung, angeregten Stoffwechsel und parallele Aktivierung psychischer Kräfte unterstützen.

Selbstverständlich genügt es nicht, Zusammenhänge und Wechselwirkungen nur mit dem Verstand zu begreifen:

Entscheidend ist die praktische Erfahrung, wie wir das Nervensystem, den Lymphkreislauf und die Hormondrüsen anregen und damit unsere Abwehrkraft erhöhen können. Die folgenden theoretischen Hinweise zur Wirkung der anschliessend beschriebenen ***Übung zur Stärkung der Immunkraft*** dienen nur dazu, den kritischen Verstand von der Notwendigkeit des Übens zu überzeugen und dazu eine ausreichend starke Motivation hervorzurufen.

Wenn wir die Funktionsweise des Immunabwehrsystems verstehen, dann können wir erkennen, wie die ausgewählte Körperhaltung, rein physiologisch betrachtet, in einer bestimmten Weise wirkt. Dazu veranschaulichen wir uns, was die Aufgabe der *Lymphflüssigkeiten* ist, wir betrachten die Anatomie ihres Kreislaufs und die Konzentration von *Lymphknoten* an strategisch wichtigen Stellen des Körpers:

Zitat

„Die *Lymphe* ist die lebenserhaltende Flüssigkeit, in der die Zellen des Körpers schwimmen. Der *Lymphkreislauf* zieht die Flüssigkeit der Zwischenräume zwischen den Zellen an sich und führt sie über sein eigenes Gefäßsystem zum Blutkreislauf. Die *Lymphgefäße* ähneln sehr den Blutgefäßen, aber sie sind dünner, so wie die Kapillaren. Sie vereinigen sich zu etwas größeren Gefäßen, die in einen *Lymphknoten* münden, aus dem schließlich ein großes *Lymphgefäß* entspringt. Das Hauptlymphgefäß ist der *Brustlymphgang*, der in eine der großen Venen auf der linken Seite nahe beim Herzen mündet.

Eingeschaltet in dieses System sind die *lymphatischen Organe* (die Milz, die *Mandeln*, der *Blinddarm*, die *Lymphfollikel* des Darmes und der Atemwege und die *Lymphknoten*). Die *Lymphknoten* – erbsen- bis nußgroße Organe, die man besonders in der Halsregion, in den Achselhöhlen und den Leistenbeugen findet –, wirken zum einen als Filter für Fremdstoffe und Krankheitserreger und zum anderen produzieren sie *Lymphozyten*, eine bestimmte Form der weißen Blutkörperchen, die eine aktive Rolle in der Verteidigung unseres Organismus gegenüber Krankheitserregern, Bakterien und anderen Fremdkörpern im Blut spielen. Sie umhüllen diese Fremdkörper mit einer großen Übermacht und versuchen, die Krankheitserreger zu neutralisieren und zu vernichten. Gelingt dies aber nicht, dann wandern die *Lymphozyten* mit dem Objekt ihrer Abwehr in die nächstgelegenen *Lymphknoten*. Dort kann es dann zu Schwellungen und Geschwulsten kommen.

Die *Lymphozyten* helfen bei der Abwehr einer Infektion und der Wundheilung. Wenn diese körpereigene Abwehr normal funktioniert, dann sichert es unsere Unverletzlichkeit, unsere natürliche Immunität.“ Kirti P. Michel/Wolfgang Wellmann: *Yoga – die umfassende Sichtweise.*

Praxis

Supta Vajrasana (*Das gefaltete Blatt*): Bei dieser klassischen ***Yogahaltung***, in der die Hände hinter dem Rücken gefaltet und die Arme nach oben gestreckt sind, werden – wie in kaum einer anderen ***Asana*** – all die Bereiche gleichzeitig angeregt, in denen eine große Ansammlung von *Lymphknoten* zu finden sind: Die anregenden Druckreize und Dehnungsspannungen sind im Bereich des Halses, des Brustkorbes, in den Achselhöhlen und in der Leistengegend spürbar.

Die Übung beginnt im *Fersensitz* – ***Vajrasana***. Beugen Sie den Oberkörper nach vorne. Während das Gesäß mit den Fersen in Kontakt bleibt, sinkt der Brustkorb langsam auf die Oberschenkel. Die Hände ruhen neben den Füßen am Boden, und nach einiger Zeit, wenn Sie sich etwas an den Druck im Bauch- und im Brustraum gewöhnt haben, kann die Stirn ebenfalls den Boden berühren. Bleiben Sie eine Weile in dieser Haltung und spüren Sie die Dehnung der ganzen Rückseite vom Steißbein bis zum Hinterkopf. Trotz der Enge im Bauch- und Brustraum können Sie langsam und behutsam die Atmung entfalten. Die Druckwelle massiert die Gedärme und Organe und stimuliert die *Lymphknoten in der Leistengegend* und den *Brustlymphgang*.

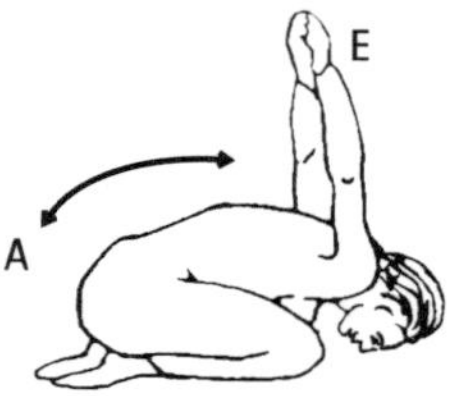

Schieben Sie nun hinter dem Rücken die Finger ineinander wie in Gebetshaltung. Zur Lockerung des Schulter- und

Nackenbereiches, der Arme, des Rückens und der Brust werden die gefalteten Hände 5 - 10 Mal mit der **Einatmung** angehoben und mit der **Ausatmung** wieder auf dem Becken oder dem unteren Rücken abgelegt. Langsam gewöhnen Sie sich an den Druck und die Spannung. Halten Sie nun für 10 - 30 Sekunden die Arme gestreckt und spüren Sie, wie mit jeder tiefen Einatmung ein Gefühl der Kraft zwischen den Schulterblättern entsteht. Der starke Druck stimuliert die *Lymphknoten im Halsbereich und in den Achselhöhlen.*

Tip

Aus der ***Akupunktur*** und der ***Akupressur*** sind einige Punkte des *Blasenmeridians* als besonders wirkungsvoll bekannt bei der Behandlung von Grippe und Erkältungskrankheiten und für die Stärkung der Abwehrkräfte, so z.B. der *Zustimmungspunkt zum Funktionskreis Lunge* {Erkältung B13} zwischen den Schulterblättern. Diese werden durch die Übung besonders stark angeregt.

Bewährte Übungswege

Die drei wirksamen Lockerungsübungen und ***Der Gruß an die Sonne***, die Sie schon zu Anfang des Buches kennengelernt haben, sind ebenfalls zu empfehlen, da hier der Kreislauf der *Lymphflüssigkeiten* harmonisiert wird und die *Lymphknoten* selbst im Spiel von Spannung und Entspannung durch den massageartigen Druck der Muskulatur angesprochen und so in ihrer ausgleichenden Tätigkeit unterstützt werden.

Literatur

Lesenswertes: • Mark Friedlander/Terry Phillips: *Für ein starkes Immunsystem*, Moderne Verlagsgesellschaft • *Das Immunsystem*, TIME LIFE • Ulrich Kropiunigg: *Psyche und Immunsystem – Psychoneuroimmunologische Untersuchungen*, Springer Verlag • Prof. Dr. Rocque Lobo: *Yoga – Sensibilitätstraining für Erwachsene, Yoga-Elementarkurs Band 1 - 6*, Hueber-Holzmann Verlag • Hrgb. Berufsverband Deutscher Yogalehrer: *Der Weg des Yoga*, Verlag Via Nova • P. Jacquemart/S.Elkefi: *Yoga als Therapie – Lehrbuch für die Arzt- und Naturheilpraxis*, Weltbild Verlag • Dr. Inge Hofmann/ Prof. Dr. Roland Prinzinger: *Das Geheimnis der Lebensenergie – Wie wir länger jung und gesund bleiben*, campus concret • Wolfgang Distel/Wolfgang Wellmann: *Das Herz des Reiki*, Goldmann Verlag.

Schnellübersicht: QuickEssenz-Karte (J. Kamphausen Verlag) im Taschenformat: • *Hatha Yoga – Der Heilungsweg zur Ganzheit* • *Ayurveda – Ein Leben in natürlichen Rhythmen* • *Krankheit: Schlüssel zur Gesundheit – Anleitung zur Aktivierung Ihrer Selbstheilungskräfte* • *Universelle Lebensenergie – Reiki – Entspannung* • *Vitalisierung & Heilung durch Handauflegen* • *Trennkost – der Schlüssel zu einer gesunden und belebenden Ernährung*".

Die typenbezogene Empfehlung:

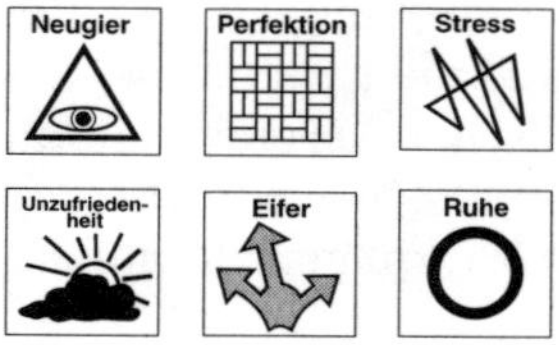

Diese ***Übung zur Stärkung der Immunkraft*** schenkt zweifellos jedem Persönlichkeitstypus Wohlbefinden und hebt die Qualität seiner Lebensenergie an, ganz gleichgültig, welcher Art seine besondere Fixierung sein mag.

Sie finden daher diese Übung ebenfalls in der **Soforthilfe** auf Seite 67 beschrieben.

28
Die Drehmeditation der Sufi-Derwische

Bedeutung & Herkunft

Die geistige Tradition des ***Sufismus*** (abgeleitet aus dem Arabischen: *suf = wollenes Kleid*) ist der mystische Zweig des *Islam*. Es ist nicht nur eine Lehre, sondern eine Lebensweise mit dem Ziel der Läuterung. Ihre Anhänger – *die mit dem wollenen Hemd Bekleideten*, die ***Sufis*** – legen Wert auf makellose Einfachheit. Die Selbstreinigung (die Befreiung von den Begrenzungen des selbstsüchtigen *Ich*) und die Erkenntnis (das Verweilen und das Ruhen in der mystischen Vereinigung mit Gott) werden angestrebt durch ausgefeilte Atem-Techniken unter Einbeziehung der Stimme, deren Wirkungen alle auf das Herz ausgerichtet sind.

Die bekanntesten Vertreter des ***Sufismus*** sind ***Ibn Al-Arabi, Al-Ghazzali, Mansur Al-Hallaj, Al-Junayd, Jelaladdin Rumi, Noor Inayat Khan, Hazrat Inayat Khan, Idries Shah, Pir Vilayat Khan*** und ***Scheich Nazim Al-Qubrusi***. Die unterschiedlichen Orden, denen sie angehören, gehen verschiedene Wege, um spirituelle Erfahrung zu erlangen. Einige Richtungen des ***Sufismus*** verwirklichen den Zustand der göttlichen Andacht durch Tranceübungen, Ekstase, Musik und Tanz. Der im dreizehnten Jahrhundert gegründete ***Mevlevi***-Orden (arabisch: *Mevlana = Meister*) der *Tanzenden Derwische* (persisch: *Derwisch = Bettler*) geht auf den persischen Mystiker und Dichter ***Jelaladdin Rumi*** zurück. Das Wirbeln (*Whirling*) der *Sufi-Derwische* wird ursprünglich als ein Abbild des Tanzes der Planeten um die Sonne verstanden. In der Mitte befindet sich der Meister (die Sonne), während seine Schüler (die Planeten) um ihn herum und um die eigene Achse kreisen.

Zitat

„Die Seele wird in alle Richtungen getrieben. Der Mensch will dies und das. Die *sufische* Methode ist eine „*Verstrebung*", die die umhertreibenden Kräfte systematisch ausrichtet, konzentriert und zügelt – bis in der Bündelung aller Strebenskräfte die verlorene Einheit erscheint.

Ohne Absicht kann sich keine Bündelung ergeben. Die Absicht ist es, die – in Bezug auf Konzentration – zählt. Die Absicht des ***Sufi*** zielt auf das Eine/den *Einen*, der – und das ist überaus wichtig! – die Absicht *formuliert*.

Anders als in Systemen, in denen man sich beispielsweise auf einen Punkt an der Wand konzentriert, liegt der Konzentrationspunkt des Sufi-Übenden nicht außerhalb. *Er selbst* ist das Zentrum der Erfahrung, der Absicht, des Willens! Das Selbst des Menschen will nichts anderes – nur sich selbst! In der Praxis wird diese Rückführung auf sich selbst durch Einschränkung der Wahrnehmung, der Vorstellung und der Beziehungen erreicht.

Im Moment ist wichtig, daß Ihre Absicht auf das Einssein zielt. Die wirkliche Absicht ist notwendig und zählt." Steff Steffan: „Sufi-Praxis", Aurum Verlag;

Eine der praktischen Übungen der ***Sufis***, die auf die *Einheit* zielen, ist der *Derwischtanz* oder die ***Drehmeditation,*** das sogenannte ***Whirling*** (*Wirbeln, Drehen*). Diese Methode nutzt die *Zentrifugalkraft*, die die gewohnte Richtung der Bewußtheit des Übenden von außen nach innen verlagert.

Auch im ***Yoga*** und im ***Taoismus*** ist die Ausrichtung nach innen zu einem *Ort der Ruhe und der Stille* das Herzstück der Lehre. Die Erfahrung tiefer Stille und Innerlichkeit kann schwerlich mit Worten beschrieben werden, und doch hat es zu allen Zeiten Versuche gegeben, das angestrebte Ziel mit poetischen Metaphern zu umschreiben. So benutzt ***Lao Tze*** im ***Tao Te King*** das Symbolbild vom *Rad* und der *Nabe*: Im Herzen der Erscheinungswelt – inmitten all der wechselnden Formen – wohnt das ewig Unwandelbare, das in dieser Analogie der bewegungslosen Nabe im Zentrum eines Rades entspricht. Je mehr die Sinne nach außen gerichtet sind, desto stärker gerät der Mensch durch den Sog der wirkenden Fliehkräfte an die Oberfläche des Seins und verliert sich im Chaos zahlloser Wahrnehmungen und Sinneseindrücke. Die Peripherie des Rades dreht sich mit rasender Geschwindigkeit. Verlagert sich die Aufmerksamkeit jedoch zur Mitte, wird die Bewegung langsamer und im Innersten kommt sie ganz zur Ruhe.

Erkenntnis

Gerade in der heutigen Zeit, in der das Alltagsleben immer hektischer wird und der einzelne Mensch gleichsam in einen Strudel der Geschwindigkeit gerät, ist die Hinwendung zu einem Ruhepol, dem absoluten *Nullpunkt*, mehr denn je erforderlich!

In der folgenden ***Drehmeditation*** ist diese Polarität von *Peripherie* und *Zentrum*, von *Bewegung* und *Bewegungslosigkeit* deutlich spürbar. Tatsächlich werden hier Ruhe und Stille zusammen mit der Bewegung, mit dem Chaos und der Unruhe gleichzeitig erlebt:

Praxis

Sorgen Sie dafür, daß Sie genügend Platz haben, nirgendwo anecken können und nichts beschädigen. Im Sommer kann diese Übung im Freien auf einer ebenen Wiese ausgeführt werden. Ansonsten suchen Sie sich einen großen Raum. Stellen Sie sich ins Zentrum und besinnen Sie sich auf die Mitte Ihres Körpers, auf das sogenannte ***Hara*** im Unterbauch – zwei bis drei Finger breit unterhalb des Nabels. Heben Sie den rechten Arm über den Kopf, so daß die Handfläche nach oben zeigt. Der linke Arm zeigt in der Verlängerung dieser diagonalen Linie in gleicher Weise (mit der Handfläche) nach unten. Fangen Sie an, sich langsam nach links zu drehen. Am Anfang wollen die Augen vielleicht noch an den vorüberziehenden Formen festhalten, aber bald wird die Bewegung schneller, und das Interesse läßt ganz von selbst nach, etwas so Flüchtiges wie die vorüberfliegenden Bilder zu ergreifen. Halten Sie also den Blick defokussiert, damit Ihnen nicht schwindlig wird. Mit der Zeit steigert sich das Tempo unmerklich, aber Sie werden sich sehr gesammelt und still fühlen – wie die Nabe eines Rades oder wie im Zentrum eines Wirbelsturmes.

Achtung

Sollten Sie sich in der Linksdrehung unwohl fühlen, versuchen Sie es nach rechts. Wenn auch die Rechtsdrehung in Ihnen Übelkeit oder Unwohlsein hervorruft – was selten vorkommt – dann ist diese Übung nicht für Sie geeignet! Essen Sie auf jeden Fall drei Stunden vor der ***Drehmeditation*** nichts mehr – Sie sollten auch keine Flüssigkeit mehr zu sich nehmen.

Führen Sie die Bewegung – wenn möglich – barfuß (auch ohne Strümpfe) aus. Drehen Sie sich mindestens 30 Minuten lang – die erste Viertelstunde ganz langsam, damit Sie sich an diesen zentrierenden Wirbel gewöhnen. Erst gegen Ende der 30 Minuten werden Sie immer schneller, bis Sie von der Schwerkraft zu Boden gezogen werden. Sollten Sie schon früher fallen, so bleiben Sie liegen und rollen Sie sofort auf den Bauch. Haben Sie keine Angst: Wenn Sie locker bleiben, werden Sie langsam und weich fallen. Schließen Sie nun die Augen und spüren Sie die vitale Verbindung mit dem Leib der Erde, so als ob Sie wie ein Baby über den Bauchnabel mit der Mutter verbunden sind. Bleiben Sie 15 Minuten lang ganz ruhig liegen. Diese Übung wird Ihnen sehr viel Kraft und Ausgeglichenheit schenken!

Lesenswertes: • Pir Vilayat Inayat Khan: *Der Ruf des Derwisch*, Synthesis Verlag • Shems Friedlander: *The Whirling Dervishes – Being an account of the Sufi order known as the Mevlevis and its founder*, Verlag: State University of New York • Annemarie Schimmel: *Rumi – Leben und Werk des großen Mystikers*; Osho: *Das Orangene Buch*, Osho-Verlag.

Hörenswertes: Ahura: *Whirling*, CD 1927; Nusrat Fateh Ali Khan: *Sanson Ki Mala*, CD 6260; K. Wiese: *El Hadra*, CD 9312.

Die typenbezogene Empfehlung:

Der ***Stress-Typus*** wird voraussichtliche große Widerstände haben, sich auf diese Drehbewegung einzulassen, wenn er sich selbst überdreht fühlt. Die in seinem Gesichtsfeld vorbeirasenden Formen erinnern ihn womöglich schmerzlich an das Tempo, in dem sein eigenes Leben abläuft.

Auch beim ***Unzufriedenen*** sind wir uns nicht sicher, ob er sich auf eine längere ***Drehmeditation*** einlassen wird. Wenn er sich aber einige Minuten lang dieser Bewegung überläßt, wird die Verbindung zu den Formen der Außenwelt, die ihn in seiner Unzufriedenheit bestärken können, abgeschnitten, und er findet Ruhe und Erfüllung in Berührung mit seinem Innersten.

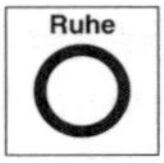

Der ***Perfektionist*** wird die Eleganz dieser weichen Bewegung schätzen. Wie der ***Ruhesuchende*** entdeckt er die Geheimnisse des vollendeten Kreises.

Auch der ***Neugierige*** und der ***eifrig Suchende*** erleben mit der Zeit, daß *Bewegung* und *Stille* nicht unvereinbare Gegensätze sein müssen. Trotz ihrer Bezogenheit auf die Welt der Erscheinungen löst sich unmerklich das Festhalten an den Bildern der Außenwelt und den Vorstellungen der Innenwelt. Gleichzeitig wird der Raum, der immer schon anwesend ist, sichtbar.

29
Die Kundalini-Meditation

Bedeutung & Herkunft

Der Begriff ***Kundalini*** ist aus dem ***Yoga*** bekannt und weist auf den Einsatz von speziellen ***Hatha-Yoga****-Praktiken* hin, um die geheimnisvolle *Schlangenkraft* zu erwecken. Nach Aussagen erfahrener Yogis schlummert diese Kraft wie eine zusammengerollte Schlange an der Basis der Wirbelsäule. Sie wird oft mit einer Königskobra verglichen und symbolisiert eine Schöpferkraft von gewaltigem Ausmaß. Diese kann sich allerdings erst

dann manifestieren, wenn sich die Energie des feinstofflichen Nervenkanals ***Pingala Nadi*** (*Sonne, männlich*) mit der Energie des feinstofflichen Nervenkanals ***Ida Nadi*** (*Mond, weiblich*) verbindet. Den bildlichen Darstellungen im ***Yoga*** zufolge winden sich beide Energiekanäle in Schlangenlinien um die Wirbelsäule herum und erinnern an das *alchemistische* Symbol des ***Äskulapstabes***.

Wenn es gelingt, durch geeignete Übungen männliche und weibliche Energien zu vereinen, finden Sie bei einer Öffnung

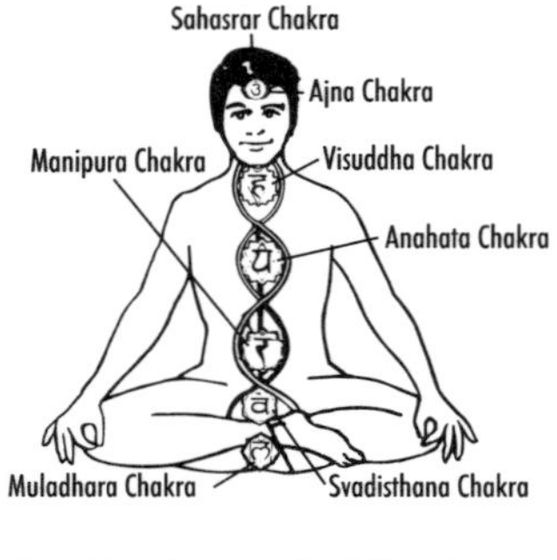

im untersten ***Chakra*** an der Basis der Wirbelsäule Eingang in das System des Körpers und können ihre Wirkkräfte entfalten. Sobald die Energie, die ***Kundalini-Schlange***, geweckt ist, *richtet sie ihr Haupt auf* und steigt über ***Sushumna Nadi,*** den feinstofflichen Nervenkanal im Zentrum des Rückenmarks, nach oben und aktiviert schrittweise die ***Chakren***, die Kraftzentren des feinstofflichen Ätherleibes. (Soweit die klassische Kundalini-Definition)

Die ***Kundalini-Meditation*** ist eine von ***Osho*** in den sechziger Jahren (zusammen mit der ***Dynamischen Meditation***) entwickelte Methode, die auf einfache, entspannte und wirksame, jedoch ungefährliche Weise die schlummernden Energien anregt. Sie setzt ***Kundalini***-Energie in einer sanften, verträglichen Weise frei, und der Übende erfährt ein wohltuendes Vibrieren im Körper, eine sprudelnde Lebendigkeit.

Die Übung besteht aus vier Phasen à 15 Minuten: Schütteln, ausdrucksvolles Tanzen, stilles Zeuge-Sein und Tiefenentspannung im Liegen. Als besonders geeignet empfiehlt ***Osho*** dafür die Zeit des Sonnenunterganges.

Praxis

Die 1. Phase: Stehe locker und schwinge leicht in den Kniegelenken. Gestatte deinem Körper, im Einklang mit einer dazu geeigneten Musik zu schwingen. Lasse aus anfänglich feinen Vibrationen langsam ein Schütteln werden. Sehr schwachen Impulsen kannst du ein wenig nachhelfen, aber schüttele dich nicht willentlich. Alle Härte, alle Steifheit, alles Erstarrte kann sich lösen – es geschieht wie von selbst. Sei einfach eins mit dem Schütteln und spüre, wie die Energie von deinen Füßen hochsteigt. Während dieser ersten 15-Minuten-Phase kannst du die Augen geöffnet oder geschlossen halten.

Die 2. Phase: Wenn die Musik wechselt, ist dies das Zeichen, aus dem Schütteln einen Tanz werden zu lassen. Bewege dich so, wie es die Körperenergie spontan entscheidet. Gehe mit der Musik mit. Wiege dich im Rhythmus, wie es dir gefällt.

Die 3. Phase: Beim nächsten Wechsel der Musik halte inne. Bleibe entweder still stehen oder setze dich hin. Schließe die Augen und beobachte gleichzeitig, was sich in dir und außerhalb von dir abspielt. Sei wie ein unbeteiligter Beobachter.

Die 4. Phase: Das Ende der Musik ist auch der Beginn der letzten Phase. Lege dich hin und schließe die Augen. Während dieser 15-minütigen Tiefenentspannung bleibe wach und aufmerksam.

Gruppen-Übung

Die ***Kundalini-Meditation*** kann alleine ausgeführt werden, aber gemeinsam mit anderen Menschen entsteht ein starkes Energiefeld, das den Einzelnen in seiner Sammlung unterstützt und eine größere Verbundenheit herstellt.

Zitat

„Die ***Dynamische Meditation,*** oder die ***Kundalini,*** oder die ***Nadabrahma*** sind alles nicht wirklich Meditationen. Sie stimmen dich lediglich ein. (...) „***Kundalini***" ist nicht wirklich eine Meditation. Sie ist nur Einstimmung. Du stimmst dein Instrument. Wenn es bereit ist, dann kannst du still dastehen, dann beginnt die Meditation. Dann bist du ganz da. Du hast dich selbst aufgeweckt durch Schütteln und Tanzen - alles nur Mittel, um dich ein bißchen wacher zu machen, als du es normalerweise bist. Wenn du einmal wach bist, dann kannst du warten. Warten ist Meditation. Warten mit voller Bewußtheit. Dann kommt es, es sinkt auf dich herab, es umgibt dich, es umspielt dich, es tanzt um dich herum, es reinigt dich, klärt dich, es transformiert dich.“ Osho: *Das Orangene Buch*, Osho-Verlag.

Lesenswertes: • Osho: *Meditation – die erste und letzte Freiheit*, Osho Verlag • Gopi Krishna: *Kundalini – Erweckung der geistigen Kraft im Menschen*, O.W.Barth Verlag • Hrsg. Diane von Weltzien: *Das Grosse Praxisbuch der Aura- und Chakra-Arbeit*, Goldmann Verlag • Dr.Hiroshi Motoyama/Rane Brown: *Chakra Physiologie*, Aurum Edition 2000.

Hörenswertes: • Die Musik zu dieser Meditation: Meditations of Osho: *Kundalini*; Soundless Sound Music Publishing; New Earth Records, München.

Die typenbezogene Empfehlung:

In der Schüttel-Phase erlebt der ***Unzufriedene*** gewöhnlich ein Aufsteigen von Ärger und allen unterdrückten und unbewußten Impulsen, die gleichsam den Treibstoff für seinen totalen, körperlichen Einsatz bilden. Je mehr er dem Körper dann in der Tanz-Phase freien Ausdruck geben kann, desto mehr wird er auch die Ruhe der dritten und die tiefe Stille der vierten Phase genießen können.

Diese beiden Persönlichkeitstypen werden sich – ähnlich wie in der ***Dynamischen Meditation*** – zunächst überwinden müssen. Nach einigen Minuten des Schüttelns dringt die befreiende Vibration tiefer und löst Stress und Verhärtungen auf. Die Tanz-Phase und die beiden Stille-Phasen im Stehen/Sitzen und im Liegen werden ähnlich erfüllend erlebt.

Der ***Neugierige*** und der ***eifrig Suchende*** genießen von Anfang an die in Bewegung versetzten Energien. Für sie stellen alle vier

Phasen der ***Kundalini Meditation*** eine Zeit bewußter Erfahrung dar.

Ruhe

Die Erfahrung zeigt, daß der Typus des ***Ruhesuchenden*** oftmals bequem und schläfrig geworden ist. Schütteln und Tanzen bringen auch den abgeklärten Sucher wieder in Schwung. In der Tanzphase entdeckt er unschuldige Freude im Ausdruck über den Körper. Die Stille-Phase bietet ihm eine gute Gelegenheit, zu überprüfen, inwieweit er die Ruhe und Stille, die er in der Meditation sucht, schon gefunden hat.

Erste Hilfe

Für alle Persönlichkeitstypen ist die ***Kundalini Meditation*** von großem Nutzen. Sie finden sie in der **Soforthilfe** ab Seite 68.

Raum für Notizen:

30
Nataraj – die Tanz-Meditation

Bedeutung & Herkunft

Nataraja ist einer der vielen Namen der indischen Gottheit ***Shiva***. Er ist der König des Tanzes (Sanskrit: *Nata = Tänzer; raja = Herr, König*). Einige der schönsten Skulpturen und Bronzestatuen Südindiens stellen ***Shiva*** auf einem Bein stehend mit vielen kreisenden Armen dar, den Tanz der Energien symbolisierend, die die gesamte Schöpfung hervorbringen. Die Fähigkeit der menschlichen Form, sich vielfältig zu bewegen, ist nahezu unendlich. Aufgrund des Zusammenspiels von Muskeln und Gelenken sind mehrere hundert Billionen Körperhaltungen möglich, die noch nicht einmal in Hunderttausenden von Lebenszeiten ausgeschöpft werden könnten. So ist es zu verstehen, daß ***Natarajas Tanz*** eines der ausdrucksstärksten Symbole für die Ekstase schöpferischer Energie und den Reichtum der Formenvielfalt des Lebens an sich ist. Nichts könnte ***Shivas*** göttlichen Akt der Erschaffung, der Erhaltung, der Zerstörung, der kunstfertigen Verhüllung (***Maya*** – das Spiel der bindenden Illusion) und der Enthüllung (***Mukta*** – der Erleuchtung, der Befreiung) besser darstellen als ein endlos fließender Tanz der Formen. Der ***Herr des Tanzes*** ist auch der Ursprung und die Quelle des ***Yoga***, denn durch ihn, so heißt es, sind alle inneren und äußeren Haltungen inspiriert worden.

Natarajas Tanz ist jeden Augenblick vollkommen, denn er ist in seinem Ausdruck total, er tanzt vollkommen selbstvergessen und der spontanen Bewegung hingegeben.

Tanz ist nicht nur ausgedrückte Freude und Lebensenergie, sondern ein Mysterium – wie das Wehen des Windes oder das Strömen des Flusses. Während des *Tanzens* kannst du dich damit verbinden, indem du einfach nur in diesem einen Moment bleibst, der deinen Körper gerade jetzt bewegt. *Sei einfach nur Tanz!* – Auf diese Weise erfährst du einen spontanen Zugang zum Geheimnis der Schöpfung – dem Spiel des Göttlichen –, das die Weisen im alten Indien *LEELA* nannten. *„Gott hat die Welt nicht erschaffen – sie ist ein Spiel“*, sagten sie. Losgelöstes Tanzen bringt uns in unmittelbaren Kontakt mit diesem Spiel der Energien.

Themen-kreise

Lesen Sie dazu auch ergänzend die Beschreibung des Abschnittes 9: ***Latihan***. Neben dem unstrukturierten und spontanen Ausdruckstanz kennen wir formgebundene Tanzstile wie z.B. die rituellen Volkstänze und die sogenannten *klassischen Tänze*. Zum anderen gibt es Bewegungsformen wie ***Qi-Gong***, ***T´ai Chi***, ***Tensegrity*** und ***Hatha Yoga***, die von ihrer Intention der Bewußtseinserweiterung her ebenfalls von einer vorgegebenen Form ausgehen.

Bei der von ***Osho*** empfohlenen ***Tanzmeditation „Nataraj"*** geht es nicht um eine *Form*, sondern um die *Substanz* – es geht um ***Totalität***, um das ***Einssein von Körper, Seele und Geist***, um ***Loslassen*** und ***Selbstvergessenheit***. Niemand ist da, der aus dem kontinuierlichen Fließen des Tanzes heraustreten könnte, um sich selbst *von außen* zu betrachten.

▒ Die ***Tanzmeditation*** dauert 65 Minuten und besteht aus drei Phasen. Dazu können sie sich eine Auswahl von Musikstükken zusammenstellen, die zeitlich auf die drei Phasen und die jeweilige Qualität von Aktivität und Ruhe abgestimmt ist.

Für ***Nataraj*** empfiehlt sich jedoch die speziell für diesen Zweck komponierte Musik (Siehe unter ***Hörenswertes***).

Praxis

Die 1. Phase: Schließe die Augen und stimme dich darauf ein, vierzig Minuten lang zu tanzen. Lausche nach innen und gebe dich der ungeplanten, spontanen Bewegung hin. Schaue, wie das Unterbewußtsein die Führung übernimmt. Versuche nicht, den Tanz zu kontrollieren, sondern bewege dich *wie im Traum* und lasse alles geschehen. Wenn der Tanz wild und heftig wird, dann gehe mit, wo immer es dich hinführt. Wenn zartere Impulse sich verwirklichen wollen, so laß sie in deinen Bewegungen ihren Ausdruck finden.

Zitat

„Das ursprüngliche Tanzen war kein Tanz im heutigen Sinne, sondern diente dazu, dich in einen ekstatischen Zustand zu versetzen – der Tanzende verschwand, nur das Tanzen war da. Es gab kein Ego, keinen Macher, der Körper war im Fluß – spontan. Du brauchst gar keine andere Meditation. Wenn der Tänzer verschwunden ist, wird Tanzen zur Meditation. Es geht einzig darum, sich selbst zu verlieren. Wie du das machst und wo, ist unwichtig. (...) Tänzer, Maler oder Bildhauer zum Beispiel, brauchen keine andere Meditation als ihre Kunst. Sie brauchen sich nur so tief in ihre Kunst zu versenken, bis sie an den Punkt kommen, wo sich Transzendenz ereignet. Und es gibt nichts, was mit Tanzen vergleichbar wäre .... Vergiß also für mindestens eine Stunde am Tag jegliche Technik. Tanze einfach für Gott. Sei nicht technisch – er urteilt nicht. Tanze wie ein kleines Kind ... dein Tanz ist ein ***Gebet*** (Siehe Übung 24: ***Beten***). So gewinnt das Tanzen eine vollkommen andere Qualität. Du wirst das erste Mal das Gefühl haben, daß du Schritte machst, die du noch nie zuvor gemacht hast; daß du dich in Dimensionen bewegst, die du noch nie gekannt hast.“ Osho: *Das Orangene Buch*, Osho Verlag

Die 2. Phase: Beim letzten Klang der Musik lege dich still hin und schließe die Augen. Bleibe zwanzig Minuten lang vollkommen ruhig - aber bleibe wach. Spüre, wie die Musik und die Tanzbewegungen im Inneren nachschwingen. So wie du einer ausklingenden Klangschale lauschen kannst, horche auf die immer dünner und feiner werdenden Schwingungen in dir. Töne verwehen – du kannst dich von ihnen hinwegtragen lassen in die subtilsten Bereiche deiner Seele.

Die 3. Phase: Richte dich auf und tanze fünf Minuten lang zur Musik. Laß die reine Freude ihren Ausdruck finden – die tiefe Freude, die nur aus der Stille kommen kann. Laß dich bewegen, doch finde allmählich durch den bewußt hergestellten Kontakt mit dem Körper wieder den Bezug zur Umgebung, zur *Außenwelt*.

Zitat

Gruppen-Übung

„Ihr könnt eine kleine Gruppe von Freunden bilden und zusammen tanzen. Das ist besser und einfacher. Der Mensch ist so schwach, daß es ihm schwerfällt, irgend etwas ganz allein regelmäßig zu tun. Deshalb sind auch Mysterienschulen nötig. Wenn du dich an einem Tag vielleicht nicht so danach fühlst, und die anderen haben Lust, dann bringen sie dich mit ihrer Energie in Bewegung. An einem anderen Tag ist ein anderer nicht so gut drauf, dann steckst du ihn mit deiner Energie an. Ganz auf sich gestellt, ist der Mensch sehr schwach und willenlos. Heute tust du etwas, und morgen hast du keine Lust dazu, hast andere Dinge zu tun. Aber Meditationen bringen nur dann etwas, wenn sie regelmäßig gemacht werden.“ Osho: *Das Orangene Buch*, Osho Verlag.

Lesenswertes: • Kaye Hoffman: *Trance und Tanz. Mit CD*, Koesel Verlag • Konrad Meisig: *Shivas Tanz*, Herder Verlag • Frank Natale: *Trance Tanz – Der Tanz des Lebens. Geschichte, Rituale, Erfahrungen*, Simon & Leutner • Osho: *Meditation – Die erste und die letzte Freiheit*, Osho Verlag.

Hörenswertes: Die Musik zu dieser Meditation: Meditations of Osho: *Nataraj*; Soundless Sound Music Publishing; New Earth Records, München.

Die typenbezogene Empfehlung:

Wenn Seher und Weise das Leben als einen Tanz ansehen, so ist jedes Wesen – ob es dies in gleicher Weise erkennen kann oder nicht – selbst ein individueller, ein ganz besonderer Ausdruck dieses universellen Tanzes. Jeder Persönlichkeitstypus könnte durch die ***Tanzmeditation*** einen Zugang zu seinem Wesen finden – frei von bestimmten Fixierungen. Doch der Mensch „tut heute etwas, und hat morgen keine Lust mehr dazu." Dies trifft in besonderem Maße auf das Tanzen zu, denn es ist sehr persönlich und stimmungsabhängig.

Wir können ***Nataraj*** daher nicht so überzeugend für die ***Soforthilfe*** empfehlen wie die ***Kundalini****-Meditation,* auch wenn sie für jeden Menschen geeignet erscheint.

Von diesen drei Typen nehmen wir an, daß sie einige Anfangsschwierigkeiten haben werden, 40 Minuten lang so total wie möglich zu tanzen. Wenn sie es trotzdem tun, werden Körper und Geist sich in der oben beschriebenen Weise verändern.

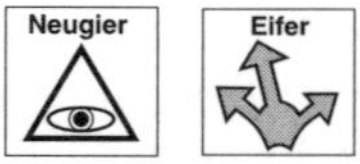

Der ***Neugierige*** und der ***Eifrige*** können sich sicherlich leicht und mit spielerischer Freude dem Tanzen hingeben, und wenn sie keine Zielvorstellung damit verknüpfen, werden sie anschließend eine wohltuende Stille und Zufriedenheit erleben.

Der Tanz des ***Ruhesuchenden*** mag etwas *ätherischer* ausfallen, aber wenn sein Bedürfnis nach Stille keiner nervlichen Überspanntheit entspringt, wird er die Ruhe leicht inmitten der Bewegung finden und die Außenwelt vergessen können.

31
Devavani –
„In Engelszungen reden“

Bedeutung & Herkunft

Diese Übung fand schon in der Bibel Erwähnung. Sie wurde in vorchristlicher Zeit von Einsiedlern praktiziert und später auch von den Mitgliedern der urchristlichen Gemeinde (Apostelgeschichte 2; 1. Kor. 14): Man nannte sie ***Glossolalia*** (*In Zungen reden*). In einigen freikirchlichen Gemeinden Amerikas wird diese Methode noch heute ausgeübt. Mitunter geschieht es, daß eine Person in Ekstase ganze Sätze in einer ihr fremden, aber tatsächlich existierenden Sprache wiedergibt. Häufig handelt es sich dabei aber auch nur um sprachliche Fantasiegebilde.

Das Pfingstfest erinnert noch daran, daß – der biblischen Überlieferung zufolge – der ***Heilige Geist*** auf die Jünger Jesu herabstieg und sie inspirierte, die *frohe Botschaft* in ihnen unbekannten Sprachen zu predigen.

Indischen Mystikern war dieses Phänomen ebenfalls bekannt. Sie nannten es ***Devavani*** - *die göttliche Stimme* (Sanskrit: *deva = göttlich; vani = Stimme*). Auch das in den 80iger und 90iger Jahren populär gewordene mediale *Channeling* (engl.: *einen Kanal bilden für etwas*) von Durchsagen sogenannter *Aufgestiegener Meister* oder anderer *Wesenheiten aus der geistigen Welt* mag eine authentische Widerspiegelung dieser *göttlichen Stimme* sein. Die Beurteilung der geistigen Qualität und des praktisch anwendbaren Wahrheitsgehaltes einer *gechannelten Botschaft* ist letztlich eine Sache des Glaubens, des Vertrauens und vor allen Dingen des klaren Unterscheidungsvermögens! Jeder Einzelne muß für sich selbst erkennen, ob die Manifestation einer angeblich *göttlichen Stimme* ihn in seinem Innersten berührt und welcher Art die Impulse sind, die sich auf diese Weise Gehör verschaffen!

Mehr und mehr treten Menschen mit medial empfangenen Texten an die Öffentlichkeit, von denen sie selbst nicht glauben können, daß der Inhalt von ihnen stammt. Das Gehirn empfängt Impulse und der Mund spricht etwas aus, und man kann nur staunend zuhören. Aber sind es wirklich *Worte Gottes* oder entspringen diese Botschaften nur einer blühenden Phantasie?

Sind es vielleicht Weisheitsschätze, die in Trance aus den Tiefen des eigenen Unterbewußtseins geborgen wurden?

Wenn die *Informationen aus der geistigen Welt* mehr Liebe, mehr Erfüllung und mehr Klarheit schenken, ist es letztlich unerheblich, ob man die Quelle das *kosmische Unterbewußte*, das *höhere Selbst* oder *Gott* nennen will. – Bewahren Sie sich auf jeden Fall einen gesunden, kritischen Blick, wenn es sich um phänomenale Verheißungen *aus dem Jenseits* handelt!

In der ***Devavani***-*Meditation* geht es nicht um sprachlich verständliche Botschaften. Die Vorstellung, daß das Göttliche durch Sie spricht, ist ausreichend. Dabei sollte die Sprache für den *wißbegierigen Verstand* gerade **nicht** verständlich sein! Die Laute sollen also nicht von dem Teil des Gehirns angeregt sein, der im Alltag in Gebrauch ist, d.h. sie sollten anderen Ursprungs sein als das gewohnte Denken und Sprechen.

Themenkreise

Ähnlich wie in Abschnitt 9: ***Latihan*** oder wie beim *Automatischen Schreiben* ist die Bereitschaft entscheidend, sich von einer übergeordneten Energie leiten zu lassen. Man könnte es auch ein *Latihan der Zunge* nennen.

Praxis

Während der Übung, die in vier Phasen à 15 Minuten praktiziert wird, bleiben die Augen geschlossen.

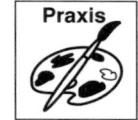

Die 1. Phase: Sei vollkommen passiv und empfänglich. Du brauchst nichts zu tun. Lausche nur der Musik und den feinen inneren Strömungen und Impulsen.

Die 2. Phase: Wenn die Musik endet, beginne damit, den augenblicklichen Gefühlsregungen eine Stimme zu geben. Wenn sich keine Laute bilden wollen, so beginne einfach mit einem weichen *la ... la ... la .... la.....* Manchmal ist nur dieser kleine Anstoß nötig, damit sich seltsame Worte ohne Sinn und Bedeutung formen können. Hierdurch entsteht eine gesteigerte Aufmerksamkeit; du hörst dich selbst reden und bist dabei doch nur ein (vielleicht staunender) ***Zeuge*** des Geschehens.

Achte darauf, daß du dich nicht in etwas hineinsteigerst, so wie es z.B. beim Weinen oder Schreien der Fall sein könnte, denn es soll **keine *Katharsis*** werden!

Es ist kein Tun, sondern ein Geschehenlassen. Wenn der Strom der fremdartigen Laute versiegen sollte, so beginne wieder mit einem sanften *la ...la ... la ....*

Die 3. Phase: Wenn du vorher gesessen hast, so richte dich nun auf und stelle dich hin. Während du ***Devavani*** – *die göttliche Stimme* – weiter durch dich ertönen läßt, spüre, wie die universelle Lebensenergie dich durchströmt und dich bewegt wie im ***Latihan***. Beobachte einfach nur, wie der Körper in unvorhersehbarer Weise bewegt wird. Stimme und Bewegung sind von allen Bedeutungen befreit. – Laß los und sieh zu!

Die 4. Phase: Lege dich entspannt auf den Rücken und bleibe still und aufmerksam.

Zitat

„Du wirst nur am ersten Tag ein paar Schwierigkeiten haben, denn wie sollst du eine Sprache sprechen, die du gar nicht kennst? Aber du kannst es, und wenn es erst einmal losgeht, werden sich ganz von selbst irgendwelche Laute, unsinnige Worte bilden, die ganz einfach das Bewußtsein abschalten und das Unterbewußte sprechen lassen. (...) Sei nicht fieberhaft, laß es eine ganz tiefe, wohltuende Energie sein, die dich nährt – ein Singsang. Genieße es, wiege dich; wenn du dich nach Tanzen fühlst, tanze. Aber tue alles voller Anmut, denke daran: Es soll nicht in Katharsis ausarten." Osho: *Das Orangene Buch,* Osho Verlag.

Literatur

Lesenswertes: • Bhagwan Shree Rajneesh: *Meditation – Die Kunst, zu sich selbst zu finden*, Heyne Verlag • Jane Roberts: *Das Seth-Material*, Ariston Verlag • Varda Hasselmann/ Frank Schmolke: *Weisheit der Seele*, Goldmann Verlag • Allan Kardec: *Das Buch der Medien*, Hermann Bauer Verlag.

Hörenswertes: Die Musik zu dieser Meditation: Meditations of Osho: „Devavani"; Soundless Sound Music Publishing; New Earth Records, München.

Die typenbezogene Empfehlung:

Als günstige Voraussetzung für die ***Devavani****-Meditation* bedarf es einer äußerst feinen, inneren Stimmung. Wir gehen davon aus, daß ***Neugier*** als Motivation nicht ausreicht, um diesen subtilen Kontakt herzustellen, und der ***Unzufriedene*** und der ***Stress-Typus*** sind eher geneigt, ihren persönlichen Problemen vor der ***göttlichen Stimme*** den Vorrang zu geben.

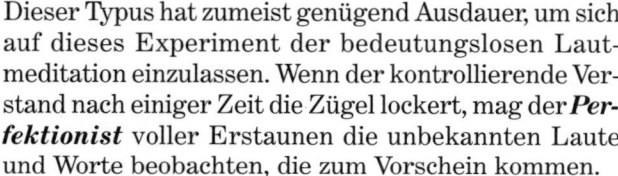

Dieser Typus hat zumeist genügend Ausdauer, um sich auf dieses Experiment der bedeutungslosen Lautmeditation einzulassen. Wenn der kontrollierende Verstand nach einiger Zeit die Zügel lockert, mag der ***Perfektionist*** voller Erstaunen die unbekannten Laute und Worte beobachten, die zum Vorschein kommen.

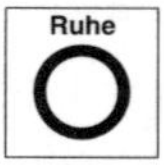

Der ***eifrig Suchende*** und der ***Ruhesuchende*** sind leichter als die anderen Persönlichkeitstypen bereit, sich von der ***Stimme des Göttlichen*** berühren zu lassen. Für sie ist diese Methode besonders geeignet.

Raum für Notizen:

32
Eine Aura / Lichtkörper-Übung

Bedeutung & Herkunft

Überzeugungen und Glaubenssätze bestimmen nahezu uneingeschränkt das Leben der meisten Menschen. Die einen glauben, daß es einen Gott gibt, die anderen meinen, daß *ER* nur eine Fiktion sei, die reinem Wunschdenken entspringt. Was die ***Aura***, den ***Lichtkörper***, angeht, bleibt auch dies für Menschen, die über eine normale Wahrnehmung hinaus nicht mit seherischen Fähigkeiten gesegnet wurden, eine Sache des Glaubens.

Hellsichtige berichten von einem sehr feinen Energiefeld, das als Strahlungshülle Pflanzen, Tiere und Menschen umgibt. Aber auch physikalische Messungen bestätigen, daß lebende Zellen ***Licht*** durch sogenannte *Biophotonen* übertragen (*Bio = das Leben der Zellen betreffend; Photon = kleinste Lichteinheit*). Ein substantielles *Lichtteilchen* kann ebenfalls als *Welle* gesehen werden. Demnach wird ***Licht*** auch als *elektromagnetische Strahlung* definiert, die innerhalb eines eng begrenzten Spektrums für das menschliche Auge als farbiges Licht (von Dunkelrot, Orange, Gelb, Grün, Blau bis Violett) sichtbar wird. Jenseits davon existieren Frequenzbänder, die sich zum einen in den Infrarot-Bereich, zum anderen in den ultravioletten Bereich erstrecken. Sie sind entweder nur mit Hilfe von speziellen Instrumenten erkennbar – oder es ist dem Menschen gegeben, sie durch ein besonderes, sensitives Sehen wahrzunehmen.

Die Beschreibungen des von *Sensitiven* wahrgenommenen Farbspektrums weisen erstaunliche Übereinstimmungen mit dem *objektiven Nachweis* der ***Kirlianphotographie*** auf. Der russische Gelehrte ***S.D. Kirlian*** hatte Ende der 50iger Jahre erstmals die Ergebnisse einer von ihm entwickelten Hochspannungsphotographie veröffentlicht. Leuchtende Umrisse – die elektromagnetische Strahlung – von Objekten, aber noch nicht die gesamte ***Aura,*** konnten schon damals sichtbar gemacht werden. Eine gesunde Skepsis ist sicherlich auch heute noch gegenüber neueren Forschungsergebnissen angebracht, da sie nur den vorläufigen Stand der Erkenntnisse wiedergeben. Doch die Wissenschaft selbst entkräftet zunehmend ihre eigenen früheren Vorbehalte, besonders seit die moderne Physik erkannte, daß *jedes Ding* nur aus Energieschwingungen (Lichtemissionen) besteht. ***Albert Einstein*** hat mit seiner berühmten Gleichung ***$e=mc^2$*** (*Energie* ist gleich *Materie* mal *Geschwindigkeit im Quadrat*) gezeigt, daß Materie, wenn sie auf eine Geschwindigkeit von nahezu 300 000 Kilometern pro Sekunde beschleunigt wird, sich in reines Licht verwandelt. Das heißt in letzter Konsequenz, daß es nichts anderes gibt als ***Licht!*** Diese Erkenntnis wird nach wie vor vielen Menschen wie eine phantastische Theorie ohne praktischen Nutzen im Alltag erscheinen, doch für diejenigen, deren mechanistisches Weltbild ins Wanken geraten ist, wird hier der Berührungspunkt zwischen der wissenschaftlichen Sichtweise und der Aussage des ***Advaita Vedanta*** erkennbar: „Alles ist Bewußtsein“ (siehe ***Wer bin ich?***).

Themenkreise

Es verschwinden allmählich die scharfen Abgrenzungen zwischen Materie und Geist. Sowohl im Bewußtsein des naturwissenschaftlich ausgerichteten als auch des geistig orientierten Menschen lösen sich Vorbehalte auf, und Wissenschaft und Mystik werden sich in Zukunft sogar im Alltag noch weiter annähern.

So wird die Existenz einer ***Aura*** – eines ***Licht-*** oder ***Energiekörpers*** – für mehr und mehr Menschen plausibel und annehmbar. Die Ähnlichkeit der Darstellungen des *Heiligenscheins* auf christlichen Ikonen und buddhistischen *Thangkas* (Stoffgemälden) als ein Hinweis auf eine stark geistige Strahlung um den Kopf eines Menschen herum ist erstaunlich. Aber vor dem Hintergrund der *Einstein´schen Relativitätstheorie* fällt es leicht, die in Wort und Bild überlieferte *Heiligkeit* (auf den Begriff des *Lichtes* reduziert) als *Helligkeit* zu erkennen.

Um Formen und Farben – ***Licht*** – sehen zu können, ist ein ausgerichtetes Bewußtsein, ein ***innergeistiges Vorstellungsvermögen*** erforderlich, um die Gestalt abzubilden. Menschen, die von Geburt an blind waren und denen durch eine Operation das *Augenlicht* geschenkt wurde, konnten die ungewohnten, *nie gesehenen* Lichtreize nicht deuten, da aufgrund fehlender innerer Bilder kein entsprechendes Vorstellungsvermögen der Dinge existierte. Ein ähnliches Phänomen wurde aus dem späten Mittelalter berichtet: Bewohner einer bis dahin unentdeckten Südseeinsel konnten die ihnen absolut riesig erscheinenden Segelschiffe der weißhäutigen Fremden in ihrer Lagune *„nicht*

Tip

sehen", weil etwas so Großes – verglichen mit ihren eigenen kleinen Auslegerbooten – einfach nicht vorstellbar war. Diese Berichte unterstreichen auch die Bedeutung der Offenheit des Vorstellungsvermögens und der spontanen Phantasie für das Wahrnehmen feinstofflicher Erkenntnisebenen.

In früheren Zeiten wurde dieses ***Erkennen*** noch nicht aus naturwissenschaftlicher Sicht untersucht und auf einen rein physikalischen Akt reduziert, sondern man sah noch mit den *Augen der Seele*. Heute bahnt sich wieder ein neues, umfassenderes Verständnis an, das der Fähigkeit, die Leuchtkraft aller Dinge zu erkennen, mehr Bedeutung einräumt: Dies kann durch Übungen gefördert werden, die die Sinne über das gewohnte Maß hinaus verfeinern, und durch Methoden, die spielerisch das Vorstellungsvermögen schulen und die geistigen Möglichkeiten ausschöpfen. Im *tibetischen Buddhismus* z.B. ist das intensive Visualisieren (das Erschaffen und Wiederauflösen von *Meditationsgottheiten*) ein wichtiger Bestandteil auf dem Stufenweg zur Erleuchtung.

Zitat

„Nach dem amerikanischen Philosophen Leonard Feldstein ist insbesondere der Mensch durch ständige sich entfaltende Offenbarung des in ihm angelegten latenten Potentials ein »Luminator«. Luminosität meint nach Feldstein den Ausdruck eines Potentials, die Ausstrahlung des Seelisch-Geistigen im physisch Sichtbaren.

Diese Luminosität wahrzunehmen bedingt ein neues, »fühlendes Sehen«, wie es heute auch Libermann oder Pennington lehren. Die Lichthaftigkeit zu erspüren, setzt ein Sehen mit dem ganzen Sein voraus und ist deshalb ohne Schulung des Körpergefühls und der feldmäßigen Wahrnehmung unseres Körpers sicher nicht möglich. Die Imagination aber als wirklichkeitsgestaltende Kraft einzusetzen, bedeutet mehr als ein fühlendes Sehen und ist auch kein bloßes Tagträumen und Phantasieren." Marco Bischof: *Grenzenloses Licht*, Vortrag aus Monatsmagazin Connection 6/96, Connection Medien GmbH Verlag.

Was Heiler und sensitive Seher über Wahrnehmungen im Bereich der ***Aura- und Chakra-Arbeit*** berichten, ist nicht einheitlich. Wir verzichten daher auf die ausführliche Darstellung einer *Landkarte der Anatomie des* ***Lichtkörpers***. Nach dem vorhergegangenen Hinweis auf die Bedeutung von *Imaginationskraft* und *Vorstellungsvermögen*, wäre dies u.E. auch überflüssig. Wir empfehlen Ihnen jedoch, mit der vorgestellten Übung auf spielerische Weise zu experimentieren und *die Zügel der Phantasie zu lockern*. Geben Sie sich nicht mit allzu voreiligen Schlüssen zufrieden – versuchen Sie weder dafür noch dagegen zu sein! Im Laufe der Zeit wird sich bloße Einbildung gewiß als *Ein-Bildung* erweisen. Visuelle Erfahrungen des ***Lichtkörpers***, die *für Sie* authentisch sind, werden sich hingegen stabilisieren und auch wiederholbar sein. Das ***Wirkliche*** *als Essenz* aller Wahrnehmungen zeigt sich letztlich als unzerstörbar. (siehe dazu ***Wer bin ich?***)

Themenkreise

Das den physischen Körper des Menschen umgebende Energiefeld wird in der Regel als elliptische oder *eiförmige Sphäre*, die sich in Armeslänge nach allen Seiten hin ausdehnt, beschrieben. Die sich in andauernder Bewegung befindenden *unsichtbaren, feinstofflichen Substanzen* – das Fluidum des Geistes – offenbaren dem Auge des geübten, hellsichtigen Beobachters das grundlegende Wesen des Menschen zusammen mit seiner allgemeinen Befindlichkeit. Darüber hinaus sind die wechselnden, situationsbedingten Stimmungsbilder erkennbar.

Fingerzeig Information

Bis zu einem gewissen Grad können auch durchschnittlich begabte Menschen ihre Feinfühligkeit schulen, um die ***Aura*** zu sehen und zu fühlen und darüber hinaus eventuell sogar heilend zu wirken im Sinne von *„Heilung geschehen zu lassen"* durch Hingabe an eine *höhere Instanz* (siehe dazu **Was ist Heilung?, Was ist Bewußtheit?** und ***Reiki***).

Praxis

Zur Sensibilisierung empfehlen wir, eine vorbereitende Übung auszuführen, durch die die Hände für die Wahrnehmung der subtilen Energieströmungen und der feinstofflichen Hüllen, die den physischen Körper umgeben und durchdringen, empfindsamer werden:

Stellen Sie in einem dunklen Raum eine relativ schwache Lichtquelle (eine Kerze oder eine 40 Watt Glühlampe) auf, die nur einen schwachen Lichtschein ausstrahlt. Bleiben Sie weit genug vom Licht entfernt, damit es nur schwach bzw. indirekt auf die Hände fällt. Halten Sie die Arme und Hände vor einen dunklen Hintergrund (Es empfiehlt sich schwarzer Foto-Karton).

Sitzen Sie bequem und entspannt, und lassen Sie den Atem langsamer, weicher und feiner werden, bis alle Eindrücke der Außenwelt zur Ruhe gekommen sind. Reiben Sie nun Ihre Handflächen eine halbe Minute lang schnell und fest gegeneinander, bis die Hände ganz warm werden. Verharren Sie einige Sekunden und fühlen Sie den Kontakt. Lösen Sie die Hände und strecken Sie sie nach vorne. Halten Sie die Handflächen im Abstand von ca. 50 Zentimetern einander zugewandt. Achten Sie besonders auf Empfindungen in der Mitte der Handflächen, wo sich jeweils ein wichtiges Energiezentrum (***Chakra***) befindet. Schauen Sie mit gelöstem Blick (defokussiert) in den Raum zwischen den Handflächen und spüren Sie für einige Minuten, ob sich ein Kontakt zwischen den ***Handchakren*** herstellt, ob eine Ausstrahlung spürbar ist, die möglicherweise sichtbar werden kann.

Bewegen Sie nun beide Hände sehr langsam aufeinander zu. Lassen Sie sich viel Zeit im Erfühlen der Energieströme, während die Handflächen einander immer näherkommen, ohne sich zu berühren!

Nun können Sie die Hände genauso langsam wieder voneinander weg bewegen auf einen Abstand von 20 Zentimetern. Bleiben Sie die ganze Zeit über äußerst konzentriert, wach und anwesend und gleichzeitig so entspannt wie möglich! Wiederholen Sie einige Male diesen Ablauf des sich Näherns und Entfernens der Hände wie in Zeitlupe. Betrachten Sie den Vorgang ganz intensiv, jedoch ohne Erwartung und ohne einen bestimmten Punkt zu fixieren. Atmen Sie bewußt ein und aus und schauen Sie, ob sich mit dem gefühlten Strom der Einatmung und der Ausatmung auch die Strahlung zwischen den Händen verändert. Sollte dadurch ein deutlich sichtbarer Einfluß auf die Bewegungsrichtung erkennbar werden, fangen Sie an, verschiedene Farben zu visualisieren (eine Farbe für jeden Zyklus des Annäherns und Auseinandergehens der Handflächen: 1. Rot, 2. Orange, 3. Gelb, 4.Grün, 5. Blau, 6. Violett, 7. Weiß, 8. Silber, 9. Gold).

Tip

Wenn Sie keinen Energiestrom spüren oder sehen, so machen Sie sich keine Gedanken darüber. Stellen Sie sich in dem

Falle den beschriebenen Ablauf einfach nur vor. Möglicherweise benötigen Sie gerade jene Farbe, die Sie so schwer visualisieren können, in Ihrem Energiefeld ganz besonders!

Achtung

Wenn Sie diese Sensibilisierungsübung einige Zeit praktiziert haben, können Sie leichter auf das Energiefeld anderer Menschen achten. Seien Sie dabei jedoch stets zurückhaltend, damit Sie nicht in deren Privatsphäre eindringen. Bleiben Sie der stille Beobachter, ohne jegliche Erwartungshaltung. ***Aura-Sensibilisierungsübungen*** dienen der eigenen Bewußtwerdung und sollten niemals die Würde des Menschen verletzen!

Zitat

„Wenn wir davon ausgehen, daß die Aura aus Wasserstoffatomen besteht, muß die Dichte der Aura gegenüber der umgebenden Luft geringfügig anders sein. Durch die Art der Beleuchtung, den Lichteinfallwinkel und die Adaption der Augen auf einen Punkt wird das Licht im Bereich der Aura anders gebrochen. Sie erscheint uns als ein »milchig grauer Schimmer«. Daher ist es auch nicht möglich, die Aura im Dunkeln zu sehen, da sie nicht selbstleuchtend ist.

Entscheidend für das Sehen ist, daß sich das Objekt unscharf in unserem Blickfeld befindet. Dazu ist es erforderlich, daß wir einen Punkt »hinter« dem Objekt anvisieren. Wir erhalten dann den sogenannten »Blick ins Unendliche« ...“ Willi Franz: *Theorie und Praxis des Aura-Sehens*, Verlag Stephanie Naglschmidt.

Praxis

Setzen Sie sich gerade und mit aufgerichteter Wirbelsäule so weit entfernt vor einen Spiegel, daß der Kopf und der Oberkörper gut sichtbar sind. Die Rückwand hinter dem Kopf sollte mit einem dunklen einfarbigen Tuch oder schwarzen Karton so weit verdeckt sein, daß keine anderen Eindrücke im Spiegel die Aufmerksamkeit ablenken können. Stellen Sie links und recht je eine Kerze so auf, daß sie nicht direkt im Spiegel zu sehen sind, sondern nur ein diffuses Licht werfen, das Kopf und Körper indirekt bescheint. Schauen Sie nun in den Spiegel, ohne die Umrisse von Kopf und Körper zu betrachten – sie sollten eher verschwommen erscheinen. Vermeiden Sie jegliche Anspannung, die aus einer allzu gewollten Konzentration entstehen kann. Seien Sie ganz gelöst. Blicken Sie desinteressiert in den Spiegel, als ob der Blick träumerisch in die Ferne gerichtet ist. Die Aura erscheint zuerst wie eine milchige, pulsierende Wolke. Sie verschwindet gewöhnlich, sobald Sie Kopf und Körper direkt fixieren. Verweilen Sie also etwas länger in diesem peripheren Sehen.

Themenkreise

Sollte Ihnen dies schwerfallen, empfehlen wir zuvor ***Eine Gehirnsynchronisierungsübung, Der Schweifende Blick, Tratak*** oder ***Die Spiegelmeditation***. Mit einiger Übung wird es Ihnen leichter fallen, die wechselnden Farbschattierungen Ihrer ***Aura*** deutlicher zu erkennen.

Literatur

Lesenswertes: • C.W. Leadbeater: *Der sichtbare und der unsichtbare Mensch*, Hermann Bauer Verlag • C.W. Leadbeater/Annie Besant: *Gedankenformen*, Hermann Bauer Verlag • Willi Franz: *Theorie und Praxis des Aura-Sehens*, Verlag Stephanie Naglschmidt • Diane von Weltzien: *Das Große Praxisbuch der Aura- und Chakra-Arbeit*, Goldmann Verlag • Vicky Wall: *Aura-Soma – Das Wunder der Farbheilung und die Geschichte eines Lebens*, Edition Sternenprinz • Barbara Ann Brennan: *Licht-Arbeit – Das große Handbuch der Heilung mit körpereigenen Energiefeldern*, Goldmann Verlag • Arthur Zajonc: *Die gemeinsame Geschichte von Licht und Bewußtsein*, Rowohlt Verlag • Jacob Libermann: *Die heilende Kraft des Lichts*, Scherz Verlag • Marco Bischof: *Biophotonen - Das Licht in unseren Zellen*, Zweitausendeins Verlag • Carlos Castaneda: *Die Kunst des Träumens*, Fischer Verlag • Maud Nordwald Pollock: *Vom Herzen durch die Hände*, Hermann Bauer Verlag • Ted Andrews: *Die Aura sehen und lesen*, Hermann Bauer Verlag • Johann Wolfgang von Goethe: *Farbenlehre*, Verlag Freies Geistesleben • Rudolf Steiner: *Farbenerkenntnis, Die Wissenschaft vom Werden des Menschen*, Rudolf Steiner Verlag • Walter E. Butler: *Die Aura – Sehen und Deuten*, Sphinx Verlag • Laneta Gregory/Geoffrey Treissman: *Aura-Handbuch*, Heyne Verlag.

Die typenbezogene Empfehlung:

Der ***Unzufriedene*** sowie der ***Stress-Typus*** sind gewöhnlich zu unruhig und unausgeglichen, um in einer absichtslosen Stimmung eindeutige und verläßliche Erfahrungen mit dem ***Energiekörper*** zu machen. Der ***Neugierige*** läuft Gefahr, ungeduldig bestimmte visionäre Erscheinungen zu erwarten.

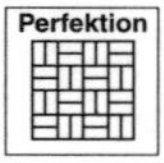

Der ***Perfektionist*** und der ***eifrig Suchende*** hingegen können die ***Lichtkörper-Übung*** aufgrund ihres größeren Konzentrationsvermögens gut ausführen.

Der ***Ruhesuchende*** erfüllt am ehesten die Voraussetzungen, um in gelöster und spielerischer Weise seinen Blick auf dem feinstofflichen Energiefeld – der ***Aura*** – ruhen zu lassen und .... zu ***sehen***........

Unabhängig von der Einteilung in unterschiedliche Typen des Suchens kann die ***Sensibilisierungsübung der Hände*** grundsätzlich für jeden Menschen von Nutzen sein.

Raum für Notizen:

33
Eine Mentastik-Übung nach M. Trager

Bedeutung & Herkunft

Der amerikanische Arzt ***Dr. Milton Trager***, der 1997 verstarb, galt schon zu Lebzeiten als der *Poet der Körpertherapien.* Sein spielerischer Ansatz, tiefsitzende Verspannungen bei seinen Klienten durch das Vermitteln angenehmer Empfindungen von Weichheit und Leichtigkeit zu lösen, stammte aus seinen langjährigen Erfahrungen als Tänzer, Sportler und Akrobat. Schon zu Beginn seiner beruflichen Laufbahn arbeitete er erfolgreich mit körperlich behinderten Menschen, und nach dem zweiten Weltkrieg widmete er sich intensiv Kriegsgeschädigten, die an neuromuskulären Störungen litten. In jahrelanger Forschung und Praxis entwickelte er die nach ihm benannte ***Trager-Methode***, die er in Mill Valley, Kalifornien, lehrte.

Zeit seines Lebens war ***Milton Trager*** bemüht, in allen Dingen die unbeschwerte Leichtigkeit zu vermitteln, die ursprünglich jedem Menschen zutiefst vertraut ist und gleichzeitig doch so unerreichbar scheint. Er erforschte die Auswirkung von *fühlender Berührung* auf Körper und Geist. ***Milton-Trager-Behandlungen*** sind keine Massage-Techniken im allgemein üblichen Sinne, sondern zeichnen sich aus durch die gefühlsmäßige Komponente, die in sanften, wiegenden Roll- und Schwingbewegungen des Körpers zum Ausdruck kommt. Nach einer solchen Behandlung, die ***Dr. Trager Psychophysische Integration*** nannte, fühlt sich die behandelte Person erfrischt, belebt und wie in ein weiches Daunenkissen eingehüllt. Der bekannte T´ai Chi Meister ***Chungliang Al Huang*** beschrieb die Wirkung nach einer Behandlung von ***Dr. Trager*** folgendermaßen: „Ich fühle mich wie eine tanzende Wolke“.

Tip

Es war die grundlegende Erkenntnis von ***Milton Trager***, daß eine Bewegung um so leichter sein muß, je verspannter der Körper des Klienten ist. Daraus entwickelte sich eine tiefempfundene Fragestellung, die wie ein *Koan* die Intuition, die meditative Grundstimmung des Behandelnden oder Übenden anzuregen vermag: ***Was wäre noch freier ...? noch weiter ...? und noch leichter als das ...?.....***

Jede Behandlung ist begleitet von dieser immer wieder aufs Neue gestellten, einfühlsamen Frage. Darüber hinaus helfen einige, die bildhafte Vorstellungskraft anregende *Mentalsätze* (wie z. B. „Stelle dir vor, daß deine Wirbelsäule wie eine Perlenkette ist.", oder „Fühle dich wie ein Schmetterling, der seine Flügel ausbreitet."), die innere Haltung positiv zu verändern. Mit etwas Übung kann in jeder Situation des Alltags das tief entspannte Gefühl, das mit einem dieser Mentalbilder verbunden war, wieder wachgerufen werden. Aus diesem zweiten Element seiner Arbeit entwickelte sich die *gefühlte Bewegung.* Es ist eine von Vorstellungsbildern begleitete Art der Gymnastik, die ***Milton Trager „Mentastik"*** nannte.

Themenkreise

In der Körperarbeit von ***Dr. Trager*** fließen viele Erkenntnisse aus der Begegnung mit spirituellen und therapeutischen Wegen zusammen: Spielerische Elemente aus Tanz und Akrobatik, das absichtslose Fühlen und die gesammelte Bewußtheit im Körper. (Siehe die Parallelen in den Beiträgen zu ***Nataraj, Hatha Yoga*** und ***Bioenergetik***). Die Weichheit und Verlangsamung der Bewegungsabläufe (siehe ***T´ai Chi, Latihan*** und ***Feldenkrais***) und langjährige Erfahrungen mit der *Transzendentalen Meditation (TM)* und mit Imaginations-Methoden (siehe ***Mantrameditation***, und ***Positives Denken***) bilden den Erfahrungshintergrund für diese wirksame Therapieform.

Die folgende ***Mentastik-Übung***, die wir beschreiben möchten, ist kinderleicht und wohl gerade deshalb so wirkungsvoll bei Verspannungen körperlicher und geistiger Art. Denn – wie ***Milton Trager*** sagt – „je verspannter der Körper ist, desto leichter muß die Bewegung sein ... !"

Praxis

Stehen Sie aufrecht und seien Sie locker in den Kniegelenken. Nun stellen Sie sich vor, daß Sie einen Ball in der Hand halten, den Sie in einen Basketballkorb werfen wollen. Sie bereiten sich also innerlich vor, mit dem Ball auf den Korb zu zielen und gehen in Wurfstellung. Die Zielvorstellung erweckt Spannkraft, und für einen Moment drückt der Körper diese Spannung aus. Aber kurz bevor Sie den Ball werfen, sagen Sie sich: „Ach nein, jetzt doch nicht". – Der Arm fällt lokker herunter. – Spüren Sie den augenblicklichen *Wechsel von*

Spannung zu Weichheit, den das Loslassen der Absicht unmittelbar hervorruft. Beobachten Sie, wie der Arm langsam auspendelt – und wie befreiend es sich anfühlt, kein Ziel und keinen Zweck mehr verfolgen zu müssen!.......

Führen Sie diese angedeutete Wurfbewegung und das plötzliche Loslassen auch auf der anderen Seite aus (wie ein Linkshänder). Wiederholen Sie die Übung für beide Seiten mindestens fünfmal oder so oft Sie wollen.

Alle Spannungen im Innern des Kopfes, im Hals, in den Schultern und Armen, im Oberkörper, im Becken und in den Beinen schmelzen dahin, und Sie finden wieder zurück zu einem ursprünglich freien Fließen Ihrer Bewegungen.

Zitat

„Haben Sie schon einmal ein spielendes Kind beobachtet, wie es selbstvergessen in seinen natürlichen, leichten Bewegungen, seiner Lebensfreude, seiner Lebendigkeit aufgeht?

Kennen Sie selbst noch dieses Gefühl von Weichheit, Wohlbehagen, Ganzheit und Natürlichkeit? Vielleicht sagen Sie jetzt: „Ja, ich erinnere mich, wie das war, eigentlich kenne ich das ..." Dieser leichte, freie und zugleich kraftvolle Zustand begleitet Sie im Unterbewußten seit ihrer Kindheit und wartet nur darauf, von Ihnen wiederentdeckt zu werden." Prospekt: „Trager – Körper- und Bewegungsschulung".

Literatur

Lesenswertes: • Milton Trager/Cathy Guadagno Hammond: *Meditation und Bewegung – Trager Mentastics,* Hugendubel Verlag • Deane Juhan: *Körperarbeit - Die Soma-Psyche-Verbindung,* München 1992 • Andrea Wibbels: *Tragerarbeit* in: J.Buchmann: *Weiche Techniken in der manuellen Medizin,* Hippokrates Verlag • Astrid Draxler: *Die unbeschwerte Leichtigkeit des Seins* in Connection special: *Heilen durch Berührung.*

Die typenbezogene Empfehlung:

Unzufriedenheit · Eifer · Perfektion

Die bestechende Einfachheit dieser *Spannungs- und Entspannungs-Übung* ist zweifellos in der einen oder anderen Form für jeden Persönlichkeitstypus von Nutzen.

Ruhe Neugier Stress

Niemand – egal wie problembeladen er ist – kann sich dem Zauber dieser inneren Haltung verschließen: „***Was wäre noch freier …? noch weiter …? und noch leichter als das …?*** Wer die beschriebene ***Mentastik-***_Übung_ in diesem Geiste ausführt, erlebt einen wesentlichen Teil seiner selbst.

Erste Hilfe

Sie finden diese Übung in der **Soforthilfe** ab Seite 69.

Raum für Notizen:

34
Die Augen-Reinigungsübung

Bedeutung & Herkunft

Die jahrtausendealte Erfahrungswissenschaft des ***Yoga*** hat ein System der körperlichen und geistigen Hygiene entwickelt, in dem bestimmte Reinigungsprozesse als genauso wichtig angesehen werden wie körperliche Übungen (***Asanas***), Atemübungen (***Pranayama***) und geistige Übungen der Konzentration und Meditation (***Pratyahar, Dharana*** und ***Dhyana*** – siehe ***Hatha Yoga***). Das heißt: Ohne eine regelmäßige Reinigung der Körperöffnungen und der anschließenden Organe (After und Gedärme; Mund, Rachenraum, Speiseröhre und Magen) und der Sinnesorgane (Zunge, Nase, Augen und Ohren) werden die körperlichen und geistigen Übungen nicht ihre volle Wirkung entfalten können.

Im ***Hatha Yoga*** gibt es Reinigungs-Handlungen, die ***Kriyas*** (*kriya = Tat, Ausführung*) oder auch *Sat-Karmas* oder *Sat-Kriyas* genannt werden, deren Ziel es ist, den Körper durch Waschungen und Spülungen von Ablagerungen und Schlacken zu befreien. Der Körper wird nach diesen Reinigungen nicht nur durchlässiger und transparenter, sondern er wird auch gestärkt für die Konfrontation mit der ***Wirklichkeit*** (*Sat = Wahrheit, Wirklichkeit)* des alltäglichen Lebens.

Eines der weniger bekannten ***Kriyas*** ist die folgende ***Reinigungsübung für die Augen***, die allein schon wegen der Erhöhung der Sehkraft empfehlenswert ist., Daneben sind auch Ruhe und Ausgeglichenheit, *ein kühler Kopf*, die Beruhigung der Aktivität des Gehirns, Konzentrationskraft und eine größere Klarsicht und die Ausschwemmung von Toxinen weitere positive Auswirkungen dieser einfachen Übung.

Praxis

Füllen Sie das Waschbecken in Ihrem Badezimmer mit kaltem Wasser, und stellen Sie ein Glas, ebenfalls mit kaltem Wasser gefüllt, in Reichweite hin. In dieser Übung werden Sie einen Schluck nach dem anderen in den Mund nehmen, ohne ihn jedoch herunterzuschlucken. Im Gegenteil: Sie müssen ihn unbedingt nach jeder Phase der Übung wieder ausspucken, denn durch eine leichte Sogbewegung der Augen sammeln sich

Toxine (Giftstoffe) im Mundraum ! Sollte eine WC-Schüssel in unmittelbarer Nähe des Waschbeckens sein, dann spucken Sie dort das Wasser jedes Mal aus. Ein leeres Gefäß (ein Eimer oder eine Schüssel) erfüllt aber den gleichen Zweck.

Stellen Sie sich nun vor das Waschbecken. Füllen Sie den Mund mit kaltem Wasser aus dem bereitstehenden Glas. Atmen Sie tief ein, halten Sie den Atem an und tauchen Sie ihr Gesicht ins Waschbecken. Dort – unter Wasser – öffnen Sie die Augen. Drehen Sie nun die Augen langsam im Uhrzeigersinn, solange sie den Atem anhalten können. Der Blick wandert am äußersten Rand des Gesichtsfeldes entlang in einer ruhigen, gleichförmigen Bewegung. Währenddessen erwärmt sich das Wasser im Mundraum. Die Drehung der Augen erzeugt eine Zentrifugalkraft, durch die Toxine aus den Geweben und Energiekanälen des Körpers, vor allem aus dem Kopfbereich, angesaugt werden. Diese sammeln sich im Mundraum.

Achtung

Da dieses Wasser nach kurzer Zeit toxisch (hochgiftig) wird, müssen Sie es unbedingt ausspucken!

Nehmen Sie danach einen frischen Schluck Wasser aus dem Glas und wiederholen Sie die Drehbewegung der Augen im Uhrzeigersinn unter Wasser. Dieser Ablauf wird noch solange wiederholt, bis das Glas leer ist. Wenn die Augen nicht an den kühlen Wasserreiz gewöhnt sind, kann es am Anfang zu einer leichten Rötung der Augen kommen (eventuell auch hervorgerufen durch den Chlorgehalt des Wassers). Führen Sie daher diese Übung abends vor dem Schlafengehen aus. Nach dieser Übung ist der Schlaf besonders entspannend und tief. Am Morgen fühlen sich die Augen frisch an, und der Kopf ist klar.

Mehrere positive Wirkungen vereinigen sich in dieser Übung in einer idealen Kombination:

Tip

1. Die Überhitzung im Inneren des Kopfes, bedingt durch den Stress im Alltagsleben, wird durch die Kühle des Wassers im Mundraum und im Waschbecken in direkter (physiologischer) Weise ausgeglichen.
2. Das Anhalten des Atems stellt ein Mischungsverhältnis der Atemluft von ca. 70% Sauerstoff und 30% Kohlendioxid her,

das laut Aussagen amerikanischer Forscher eine besonders beruhigende Wirkung auf das Nervensystem ausüben soll. (Boris Sacharow: „Was ist Yoga?", Verlag Lebendiges Wissen)

Das ist eine moderne Begründung dafür, weshalb das gezielte und wohldosierte Innehalten des Atems im Yoga auch als ein natürliches Mittel der Nervenreinigung und Heilung gilt.

3. Das Drehen der Augen kräftigt die Muskeln, die die Augenbewegung steuern. Beide Augen im täglichen Ablauf ganz spontan auf einen bestimmten Punkt ausrichten zu können, ist eine bemerkenswerte Fähigkeit, die uns die Natur geschenkt hat. Erst so ist es uns möglich, die Umwelt klar zu sehen. (Für jedes Auge sind je sechs Muskeln für die Drehung in den Augenhöhlen verantwortlich. Diese Bewegung wird vom Gehirn gesteuert.)
4. Als stimulierender Reiz regt die Augenbewegung ihrerseits entsprechende Steuerungszonen des Gehirns an.
5. Die Augen werden durch das kühle, klare Wasser gereinigt, und die Sehkraft wird dadurch erhöht.
6. Das Anhalten des Atems, das Drehen der Augen und die ungewohnten Reize des Sehens unter Wasser erzeugen eine gesteigerte Wachheit.
7. Der anschließende Schlaf wirkt regenerierend und verjüngend.

Die Augen des Menschen sind der Spiegel der Seele – so lautet eine alte Weisheit. Sie sind für uns ganz besondere Organe, die fenstergleich den Blick mit allem, was sich in ihm ausdrücken will, *nach draußen* richten. Unsere Augen sind aber auch sanft und empfänglich (rezeptiv) und reagieren auf jede Situation mit großer Empfindlichkeit. Manchmal kann uns schon ein kurzer Blick eines anderen Menschen verletzen oder uns Angst machen. Die Augen spiegeln untrüglich unsere Befindlichkeit und unsere Stimmungen wider. Sie drücken die Liebe aus ebenso wie die Traurigkeit, den Zorn oder den Haß, auch wenn wir es noch so sehr zu verbergen suchen.

Von der Möglichkeit, den Blick nach innen zu richten, wird in der schnellebigen und nach außen orientierten Kultur leider viel zu wenig Gebrauch gemacht. Deshalb ist die Überanstrengung der Augen für viele Menschen zu einem alltäglichen Problem geworden. Die ***Augen-Reinigungsübung*** – täglich und regelmäßig praktiziert – kann hier spürbar entlasten. Nehmen Sie sich aber unbedingt auch die Zeit nach der Übung – etwa 10 bis 20 Minuten – für die Ruhe danach und für eine entspannende Innenschau! Wenn Sie die Augen schließen und beobachten, was von Moment zu Moment vor dem inneren Auge auftaucht, dann wird auch der Blick nach innen klarer. – Am Anfang mögen es nur vage Schatten sein, die erscheinen. Später tauchen vielleicht schöne geometrische Formen auf, tiefe Farben oder eindrucksvolle Energiemuster und vielleicht sogar visionäre Bilder. Aber selbst wenn nichts geschieht, so wird doch pures Gewahrsein, eine schlichte Klarheit, unabhängig von Objekten da sein – ein Licht, daß das Dunkle als *dunkel* erkennt. Das Eintauchen in einen Kosmos von innerem, samtenen Schwarz kann wohltuende Stille bringen und zu einer tiefen Entspannung werden.

Zitat

„Das Phänomen des Sehens hatte schon immer nicht nur eine physische Seite. Seit Tausenden von Jahren haben Menschen auf diesem Planeten durch Augen geblickt, die über die normale Wahrnehmung hinaussahen auf das, was Mystiker und kleine Kinder schauen: eine Welt, in der sich physiologisches »Sehen« und visionäre »Schau« mischen und physische und spirituelle Dimensionen zusammenkommen.

In einem umfassenderen Sinn können wir das Sehen als ein tieferes Wahrnehmen der verborgenen Bedeutungen des Lebens verstehen. Wir können uns von der Beschäftigung mit den Krankheiten und Fehlfunktionen unseres visuellen Systems lösen und unsere Aufmerksamkeit auf den Segen und die Klarheit richten, die sich uns durch ehrliches Ansehen der uns umgebenden Welt offenbaren.

Sehen wir nur das, was wir sehen möchten, so sehen wir eigentlich überhaupt nicht. Wenn wir aber riskieren, wirklich einen Blick auf das zu werfen, was ist, erfahren wir die Unendlichkeit, die immer vor uns liegt und darauf wartet, daß wir die Augen öffnen und sehen, was es wirklich bedeutet zu leben.“

John Selby: „Die Augen“, rororo Sachbuch.

Die letzten Worte dieses Zitates weisen direkt auf ein befreiendes ***Sehen*** hin, wie es in ***Der Schweifende Blick*** und ***Zen*** – das klare *Sehen dessen, was ist* – erläutert wird.

Lesenswertes: • John Selby: *Das Gesundheitsbuch für die Augen,* O.W. Barth Verlag • Lisette Scholl: *Das Augenübungsbuch,* Rowohlt Verlag • Johannes Holler: *Das neue Gehirn,* Jungfermann Verlag • Nico Bos: *Die Kunst der Iris-Diagnose,* O.W. Barth Verlag • Dhirendra Brahmachari: *Yoga hilft heilen,* Hermann Bauer Verlag • Hrsg. v. Berufsverband Deutscher Yogalehrer: *Der Weg des Yoga – Handbuch für Übende und Lehrende*, Verlag Via Nova • Boris Sacharow: *Das Große Geheimnis,* Drei Eichen Verlag.

Die typenbezogene Empfehlung:

Dem ***Unzufriedenen*** und dem ***Gestressten*** schenkt diese Übung unmittelbar Linderung bei schlechter Laune, Nervosität, unangenehmen Hitzewallungen, bei Müdigkeit, Lethargie und Abgespanntheit.

Diese drei Persönlichkeitstypen können besonders dann großes Interesse an dieser Übung entwickeln, wenn sie die wohltuende Frische dieser Übung unmittelbar und langfristig für die Stabilisierung der Gemütslage zu nutzen verstehen.

Darüber hinaus kann es auch dem ***Ruhe-Suchenden*** nicht schaden, die reinigende Wirkung dieser Übung zu genießen, zumal der Aufwand denkbar gering ist. *Die Augen zu reinigen* ist nicht nur im übertragenen Sinne ein ernstzunehmender Rat.

35
Die Feldenkrais-Methode

Bedeutung & Herkunft

Dr. Moshe Feldenkrais war der Begründer der nach ihm benannten ***Feldenkrais-Methode,*** die zwei miteinander verbundene Wege – ***Bewußtheit durch Bewegung*** und ***Funktionale Integration*** – umschließt.

Moshe Feldenkrais wurde 1904 in Rußland geboren und starb 1984 in Tel Aviv.. In den 30iger Jahren lebte er in Paris, wo er als Physiker zusammen mit *Joliot Curie* die erste Kernspaltung (1938) in Frankreich durchführte. In seiner Jugendzeit übte er sich in verschiedenen Sportarten, unter anderem im Judo, und entwickelte ein überdurchschnittliches Interesse an effizienten Bewegungsabläufen. Eine Knieverletzung veranlaßte ihn, die Möglichkeiten der angeborenen Fähigkeiten zur Rehabilitation des Körpers zu erforschen. So fand er heraus, daß die bewußte und langsam ausgeführte Bewegung die dafür zuständigen Bereiche des Gehirns anspricht und stimuliert.

Zitat

„...weder Haltung, noch Ausdruck, noch Stimme können verändert werden, ohne daß eine Änderung im Nervensystem stattfindet. Wenn wir also von Muskelbewegung und *psychophysischer Umerziehung* sprechen, so meinen wir damit in Wirklichkeit die Impulse des Nervensystems, die die Muskeln betätigen. Grundsätzlich bedeutet eine Besserung körperlicher Tätigkeit, eine Änderung in unserem Kontrollzentrum, dem Gehirn. Die Sinnesempfindung und unser Denken beruht auf Bewegung, und alles Verhalten setzt sich sozusagen aus vier miteinander untrennbaren Teilen zusammen: *Sinnesempfindung, Gefühl, Denken,* und *mobilisiertes Muskelsystem.* Unter diesen Vieren überwiegt die Rolle der Muskulatur so sehr, daß keine Änderung geschehen kann, ohne daß in der motorischen Region der Gehirnrinde eine Veränderung voranginge.“ Johannes Holler: *Das Neue Gehirn,* Verlag Bruno Martin.

Durch eine wechselseitige Beeinflussung von sensiblen, nervlichen Reizen, die von der Peripherie des Körpers zum Gehirn geleitet werden, und von motorischen Impulsen, die vom Gehirn aus an die Muskulatur gehen, wird sensomotorisches

Lernen durch extrem langsam und passiv ausgeführte Bewegungen nach der ***Feldenkrais-Methode*** ermöglicht. Das hat eine *neuromuskuläre Reorganisation* im Sinne einer Umerziehung der Muskulatur und des Gehirns zur Folge. Häufig werden Bewegungen zunächst *mental* (geistig) eingeübt. Im Anschluß daran weist die tatsächlich ausgeführte Bewegung des Körpers für gewöhnlich einen sehr großen Zuwachs an Flexibilität auf, was die Aussage des vorangestellten Zitats bestätigt.

Moshe Feldenkrais entwickelte für jedes Gelenk und für jede Muskelgruppe effektive Übungen, die ganz gezielt das Gehirn in der beschriebenen Weise schulen. Daraus entstand einerseits eine Methode zur Prävention und andererseits zur Rückbildung von körperlichem und geistigem Funktionsabbau. Es ist ein Verfahren, den Körper und die Persönlichkeit zu trainieren und gleichzeitig ein Weg des Lernens, der unmittelbar zwischen dem psychologischen und physikalischen Bereich – im Grenzbereich zwischen Therapie und Pädagogik – verläuft. Das Ziel ist es, dem Menschen die erforderliche Anleitung zu geben, damit er sich künftig selbst helfen kann.

Im Gegensatz zu automatisiert ausgeführten Gymnastik- und Fitness-Programmen spricht die Feldenkrais-Methode die Bewußtheit der Praktizierenden an. Die Übungen, die zumeist im Liegen ausgeführt werden, haben eine sanfte, leichte und angenehm entspannende Qualität. Die Bewegungen sind sparsam und anstrengungslos. Hier geht es nicht darum, welche Übung ausgeführt wird, sondern welche Qualität des Empfindens durch eine Bewegung ausgelöst wird.

Themenkreise

Die ***Feldenkrais-Methode*** ist weltweit anerkannt und hat große Verbreitung gefunden. Menschen, die Systemen der *psychosomatischen* Körperarbeit, wie z.B. ***Hatha Yoga*** (siehe ***Drei wirksame Lockerungsübungen***) und ***Bioenergetik,*** folgen, können von den Erkenntnissen über die große Wirksamkeit extrem langsamer und weicher Bewegungsabläufe profitieren.

Achtung

Wie auch in der ***Bioenergetik*** sollte man die Methode von einem erfahrenen Lehrer vermittelt bekommen, um sie dann nutzbringend auch in Eigenregie ausführen zu können. Wir verzichten daher auf die Darstellung einer Einzelübung. Interessierten empfehlen wir die Teilnahme an einem ***Feldenkrais-Seminar***.

Literatur

Lesenswertes: Moshe Feldenkrais: *Bewußtheit durch Bewegung, Die Entdeckung des Selbstverständlichen;* Suhrkamp Taschenbuch • Moshe Feldenkrais: *Die Feldenkrais-Methode in Aktion*, Jungfermann Verlag • Thomas Kirschner: *Geist in Bewegung – Vier Lektionen der Feldenkrais-Methode*, Begleitheft und 2 Cassetten, Jungfermann Verlag • Yochanan Rywerant: *Die Feldenkrais-Methode*, Goldmann Taschenbuch • Aljosha A. Schwarz/Ronald P. Schweppe: *Feldenkrais easy*, Humboldt Taschenbuch.

Sehenswertes: Hrsg. Robert Schleip: *Die Feldenkrais-Methode der Funktionalen Integration – Videocassette*, Hermann Bauer Verlag.

Die typenbezogene Empfehlung:

Vom rein körperlichen Standpunkt aus betrachtet kann die ***Feldenkrais-Methode*** jedem Persönlichkeitstypus – ob jung oder alt – empfohlen werden, besonders wenn es um eine Verbesserung bei Bewegungseinschränkungen und die Erleichterung bei Schmerzen geht. Da die geistige Beweglichkeit, die Vorstellungskraft und die Konzentration gefördert werden, können gerade aktive Menschen, die Hochleistungen erbringen müssen, von der durch das ***Feldenkrais-Training*** erlangten Leichtigkeit und Effektivität profitieren. ***Moshe Feldenkrais*** sagte: *„Was mich interessiert, sind nicht bewegliche Körper, sondern bewegliche Gehirne."* Wer ein großes Bedürfnis nach schneller, kraftvoller Bewegung und körperlicher Herausforderung verspürt, wird sich in der ausschließlichen Beschäftigung mit der ***Feldenkrais-Methode*** auf Dauer wahrscheinlich langweilen; sie ist darum für viele Menschen erst ideal in Verbindung mit einem anderen Übungsweg (als Ergänzung).

36
Die Rekapitulation

Bedeutung & Herkunft

Der Begriff ***Rekapitulation*** bedeutet, sich *eine Entwicklung noch einmal vergegenwärtigen*. Dies ist eine elementare Praxis, die in vielen geistigen Traditionen als wichtig erachtet wird, um die Vergangenheit zu klären. Es ist ein therapeutischer Prozeß, der auch im ***Yoga*** bekannt ist unter dem Namen ***Pratiprasava*** (*Sanskrit-Bedeutung: Gegenströmung, Rückkehr in den Ursprung*). In den ***Yoga-Sutren*** des Weisen ***Patanjali*** wird dies als der einzige Weg angesehen, subtile, leidvolle Spannungen aufzulösen.

Die hier beschriebene Übung ist ein Verfahren der ***toltekischen Schamanen*** des alten Mexiko und stammt ursprünglich aus der Zeit vor der spanischen Eroberung des amerikanischen Kontinents. Die mexikanischen ***Seher*** hielten die ***Rekapitulation*** – wie auch ***Die Magischen Bewegungen*** (siehe ***Tensegrity***) – für das wirksamste Mittel zum Erlangen ***innerer Stille*** und des Wissens, das aus dieser Stille entspringt. Das ausgesprochen praktische Ziel war es, eine gesteigerte und flexiblere Wahrnehmung zu entwickeln und Energie anzusammeln. Dem ersten Anschein nach ist die ***Rekapitulation*** eine Methode, um die in zahllosen Episoden der Vergangenheit verlorengegangenen bzw. noch gebundenen Energien zurückzugewinnen.

Das Weltbild der ***toltekischen Schamanen*** kann nicht in Begriffen linearer Verstandeslogik erklärt werden. Ihre Beschreibung des eigentlichen Sinnes der ***Rekapitulation*** ist dem westlichen Verstand nicht leicht zugänglich, dennoch ist es notwendig, sie kurz darzustellen, da sonst die profane Seite dieser wirksamen Übung zu sehr in den Vordergrund gerückt würde. Jeder, der sich dieser Methode bedient, kann anschließend für sich selbst entscheiden, ob er das metaphorische Denken der *Schamanen* übernehmen kann, oder ob er die ***Rekapitulation*** als eine Art psychologische Selbsthilfetechnik anwenden möchte.

Zu ***Rekapitulieren*** bedeutete für die ***toltekischen Seher***, der unbegreiflichen Kraft des Universums, die allen Wesen von der Amöbe bis zum Menschen Lebensenergie geschenkt hat, ein bewußtes Abbild ihres gesamten Daseins anzubieten. Sie glaubten nämlich, daß die unpersönliche Kraft des Universums nur für eine kurze Lebensspanne allen Lebewesen Bewußtsein als Leihgabe mitgegeben habe. Im Moment des physischen Todes werden demnach alle Wesen gezwungen, das *Grundkapital* an geliehener Lebensenergie zusammen mit den persönlichen Erfahrungen des *Individuums* (den *Zinsen*) wieder an die unpersönliche Existenz abzugeben. Das angereicherte Bewußtsein wird vom *Schöpfer* wieder einverleibt. Weshalb dies so ist – dafür gibt es keine Erklärung. Die ***Seher*** sagen nur, daß dies ihre bestätigte Erfahrung ist, und daß das Leben, das nicht bewußt gelebt wurde, in der unpersönlichen Totalität ausgelöscht werden wird.

Themenkreise

Diese dem westlichen Leser fremdartig und mythologisch anmutenden Konzepte erinnern vom Inhalt her an die Lehre des ***Advaita Vedanta*** (siehe ***Wer bin ich?***) und den ***Buddhismus*** (siehe ***Vipassana***; ***Zen*** und ***Sutra-Rezitation***).

Bewußtsein, Aufmerksamkeit und *Gewahrsein* – diese Begriffe tauchen ebenso in allen beschriebenen ***Meditationen*** auf; sie sind die zentrale Achse, um die sich alles dreht.

Insofern ist auch das ***Opfer bewußten Erlebens*** an eine unergründliche, universelle Macht im Sinne der ***Schamanen*** zu verstehen, wenngleich die Beschreibung ein ganz andersgeartetes, magisches und geheimnisvolles Weltbild entstehen läßt. Sie sagen, daß es nur eine einzige Möglichkeit gibt, diesem Schicksal der Auslöschung zu entgehen: Indem man der unendlichen Kraft ein Duplikat bewußter Erfahrungen anbietet, das in der ***Rekapitulation*** angefertigt wird.

Die ***toltekischen Seher*** erklären, daß das gesamte Wesen in Energie umgewandelt wird, wenn der physische Tod eintritt. Aber eine besondere Art von Energie, die das Zeichen der Individualität trägt, wird bewahrt und darf die Schwelle des Todes unversehrt passieren. ***Rekapitulieren*** bedeutet im metaphysischen Sinne, der Schöpferkraft zu geben, wonach sie verlangt: .... nach den individuellen Erfahrungen aller lebenden Wesen. Demnach verlieren nur jene Wesen im Tod ihr Leben, deren Erfahrungen unbewußt und unreflektiert – wie Treibholz – vom Strom der Lebenszeit hinweggeschwemmt wurden. Es geschieht jedem, der sich blind von den Ereignissen bestimmen läßt. Die ***Rekapitulation*** wird verstanden als das Eintreten in einen evolutionären Prozeß des Bewußtseins. Durch sie wird eine größere Flexibilität im Umgang mit alten Erfahrungen durch das Wiedererleben nahezu aller Details einer gegebenen Situation der Vergangenheit gefördert. *Flexibilität* wird als eine unverzichtbare Voraussetzung erkannt, allen Widrigkeiten auf der Reise in die Unendlichkeit angemessen begegnen zu können.

Zur Vorbereitung auf diese Übung sind einige Arrangements erforderlich:

1. Das Aufstellen einer Liste mit allen Personen, denen du je im Leben begegnet bist.

Schon beim Aufstellen einer solchen Namensliste tauchen ganz automatisch viele Erinnerungen auf. Dabei stellt man oft mit Verwunderung fest, was man alles in seinem Leben erlebt hat und wem man schon begegnet ist. All dies wäre wahrscheinlich unwiderruflich verlorengegangen wie die zahllosen Traumgebilde der Nacht, hätte man sie nicht aufgeschrieben und reflektiert Auch wenn belanglose Details nutzlos erscheinen mögen, werden sie in der ***Rekapitulation*** ganz wertfrei als Träger von Energie angesehen.

Wenn Sie wollen, können Sie die Liste nach bestimmten Gesichtspunkten ordnen: Nach ***Ort***, ***Lebensphase***, ***Thematik***, ***Personengruppe***. Ihre ***sexuellen Begegnungen*** und ***Beziehungen mit Liebespartnern*** werden wahrscheinlich dabei im Vordergrund stehen, denn in intimen, gefühlsmäßig aufgeladenen Begegnungen ist die größte Energie enthalten, die dort meist gebunden bleibt.

2. Ein geeigneter Ort für das Ausführen der *Rekapitulation*.

Hierzu wird ein möglichst enger Raum empfohlen, dessen Wände auf den ***Energiekörper*** – die ***Aura*** – Druck ausüben, z.B. eine Holzkiste, eine enge Besenkammer oder ein leerer Kleiderschrank. Der Grund dafür ist, daß die Energie der Stimmungen und Erinnerungen der Vergangenheit an der Peripherie des *Energiekörpers* angesiedelt ist. Darum scheinen Ereignisse, obwohl sie noch in uns nachwirken, oft *weit weg* zu sein. Die Enge des Raumes erzeugt einen stärkeren Druck der Wände und damit eine größere ***Dichte des Wiedererlebens.*** Ist kein solcher Raum vorhanden, kannst du die Übung trotzdem ausführen!

Praxis

Setze dich mit aufgerichteter Wirbelsäule in den Schneidersitz oder den Fersensitz, so daß du 30 Minuten schmerzfrei sitzen kannst. Wähle ein Ereignis oder eine Person von deiner Liste und tauche in die Situation ein, als ob du dich tatsächlich jetzt mitten in ihr befindest. Richte auf jedes Detail, jede Anordnung von Gegenständen *am Ort des Geschehens* deine volle Aufmerksamkeit. Erinnere dich z.B. an das Muster der Tapete und die Beschaffenheit des Fußbodens, an Türen und Wände, Fenster und Möbelstücke, vergegenwärtige dir den Gesichtsausdruck der beteiligten Personen, erinnere dich an ihre Gestik und Mimik, achte auf Formen und Farben von Kleidungsstücken etc. – sieh alles, was in einem kurzen Augenblick wahrgenommen, aber wieder vergessen wurde. Gestatte dir, jetzt noch einmal bewußter und intensiver hinzusehen! Alles ist geladen mit Energie. Du wirst vieles vergessen haben, aber das Gehirn ist in der Lage, alle *unwichtigen* Informationen zu speichern, die nach dem Verständnis der ***schamanischen Seher*** eine wertvolle Nahrung für die Schöpferkraft des Universums sind.

Die eigentliche ***Rekapitulation*** eines vergangenen Ereignisses erfordert, daß in einer bestimmten Weise geatmet wird:

Bewege deinen Kopf ganz langsam mit der **Einatmung** von rechts nach links, während du alle Einzelheiten vor dem inneren Auge Revue passieren läßt. Atme so die mit einem bestimmten Gefühl verbundene Energie ein und löse sie von dem vergangenen Ereignis ab.

Während der **Ausatmung** bewegt sich der Kopf **ganz langsam** von links nach rechts, und alle unerwünschten Stimmungen und Gefühle, die unbewußt aus dieser Situation noch im Organismus verblieben waren (auch Energien von anderen Menschen, die versuchten, von dir in irgendeiner Weise Besitz zu ergreifen), werden dabei aus deinem System hinausgeworfen. Diese fächernde Bewegung des Kopfes in Verbindung mit der beschriebenen Atemweise kann so lange ausgeführt werden, bis du sicher bist, daß *die bearbeitete Situation* von ihrem emotionalen Gehalt *entleert* wurde. Der bewußte ausgeführte Akt der ***Rekapitulation*** ist ein Akt der Befreiung. Spüre es, und laß alle Gefühle und Empfindungen in diesem Moment zu!

„»Die Rekapitulation unseres Lebens endet niemals, ganz egal, wie gut wir es getan haben«, sagte Don Juan. »Der Grund, warum es normalen Menschen beim Träumen an Willenskraft fehlt, ist, daß sie niemals rekapituliert haben – und ihr Leben daher randvoll ist von schwer befrachteten Emotionen, Erinnerungen, Hoffnungen, Befürchtungen und so weiter. *Zauberer* hingegen sind aufgrund ihrer Rekapitulation relativ frei von befrachteten und bindenden Emotionen. Und wenn etwas sie aufhält, ... ist jedenfalls anzunehmen, daß es immer noch etwas Ungeklärtes bei ihnen gibt. (...) Rekapitulieren und Träumen gehen Hand in Hand. **Während wir unser Leben zurückspulen, werden wir immer leichter und unbeschwerter. (...) Die Rekapitulation setzt Energie frei, die sonst gefangen ist;** und ohne diese befreite Energie ist *Träumen* (gemeint ist *waches Träumen*) nicht möglich.« Carlos Castaneda: *Die Kunst des Träumens*, Fischer Verlag.

Lesenswertes: • Florinda Donner-Grau: *Traumwache*, Heyne Verlag • Taisha Abelar: *Die Zauberin*, Scherz Verlag • Carlos Castaneda: *Die Kunst des Pirschens*, *Die Kraft der Stille*, *Die Kunst des Träumens*, Fischer Verlag • Norbert Claßen: *Das Wissen der Tolteken*, Fischer Verlag • Philip G. Zimbardo: *Psychologie*, Springer Verlag.

Die typenbezogene Empfehlung:

Unabhängig von der speziellen Fixierung jeder der 6 Persönlichkeitsstrukturen kann die Klärung des Unterbewußten von Inhalten der Vergangenheit jedem Menschen

Perfektion Eifer Ruhe

ans Herz gelegt werden. Jeder kann auf seine Weise von dieser Übung profitieren.

Erste Hilfe

Eine Kurzbeschreibung der ***Rekapitulations-Übung*** finden Sie daher in der **Soforthilfe** ab Seite 70.

Raum für Notizen:

37
Kum Nye – „Selbstheilung durch Entspannung"

Bedeutung & Herkunft

Die alte tibetische Heilkunst des ***Kum Nye*** wurde von dem tibetischen Lama ***Tarthang Tulku,*** dem Begründer des *Nyingma-Instituts* in Berkeley (Kalifornien), in den 70iger Jahren in enger Zusammenarbeit mit westlichen Ärzten und Therapeuten weiterentwickelt. Es handelt sich dabei um eine Methode der ***Selbstheilung,*** deren wesentliches Element die ***Entspannung*** ist, die durch langsame, bewußte Bewegungen, Atemübungen, Selbstmassage und begleitende Meditationstechniken herbeigeführt wird. ***Kum Nye*** beherbergt viele Elemente aus der chinesischen Medizin (taoistische Meditationsmethoden, Akupressur-Techniken), der indischen ***Hatha Yoga****-Tradition* (Körper- und Atemübungen) und Anweisungen aus buddhistischen Schriften und Lehrbüchern der tibetischen Medizin. Die von ***Tarthang Tulku*** neu überarbeitete Version des traditionellen ***Kum Nye*** stammt aus einem mündlich überlieferten *System der Steuerung der feinstofflichen Energien* (*Nying-thig tsa-long*). Er brachte das gesammelte, alte Wissen – zusammen mit den Erkenntnissen seiner experimentellen Forschungen – erstmals in eine systematische, schriftliche Form, die besonders für westliche Menschen nutzbringend angewandt werden kann. Die Übungen sind einfach und leicht verständlich und können auch ohne Lehrer bedenkenlos praktiziert werden.

Kum bedeutet *Körper, Existenz, Verkörperung* und ***Nye*** bedeutet *Massage* oder *Wechselwirkung.* Damit ist hier aber nicht der sichtbare, physische Körper gemeint, sondern ein subtiler, höherentwickelter ***Gefühlskörper***, der durch die Übungen angeregt werden soll.

Das Besondere an ***Kum Nye*** ist – mehr noch als die große Vielfalt an integrierten Bewegungen, Körper- und Atemübungen und Selbstmassagetechniken aus chinesischen, indischen und tibetischen Medizinsystemen – die bestechende Subtilität dieses Übungsweges, dessen Praxis eher den Charakter einer ***„inneren Übung"*** hat.

Themenkreise

Sie schenkt ein tieferes Verständnis, das Bewegungsformen wie ***Hatha Yoga*** und ***Bioenergetik*** außerordentlich bereichern kann. Möglicherweise stammt dieses innere Wissen aus einer gemeinsamen Quelle, aus der auch ***T´ai Chi Chuan*** und die vielen Formen des ***Qi-Gong*** hervorgegangen sind. Einige der in diesem Buch behandelten Übungen aus verschiedenen Traditionen enthalten ebenfalls wesentliche Elemente, die auch im ***Kum Nye*** – leicht abgewandelt – verwendet werden (z.B. ***Das Kreisen des Lichtes, Drei wirksame Lockerungsübungen, Die Baumstellung, Tratak,*** einzelne Haltungen aus ***Der Gruß an die Sonne, Mantra-Meditation*** und ***Akupressur***).

In diesem Beitrag geht es uns nicht darum, eine besondere Übung vorzustellen, sondern die ***innere Haltung***, die beim ***Kum Nye*** im Vordergrund steht, als Herzstück einer jeden Übung hervorzuheben.

Wir möchten dazu weitgehend ***Tarthang Tulku*** selbst sprechen lassen und bitten Sie, den folgenden Text in Ruhe zu lesen und als einen entscheidenden Beitrag für alle Übungsabschnitte dieses Buches anzusehen:

Zitat

„Im System des ***Kum Nye*** gibt es zahlreiche Möglichkeiten, darunter sowohl Ruhe als auch Bewegung, um den Fluß der Gefühle und Energien anzuregen, die Körper und Geist integrieren. Wir beginnen mit der Entwicklung der Ruhe des Körpers, Atems und Geistes. Einfaches Stillsitzen und Entspannen gibt uns die Möglichkeit, Gefühle schätzen zu lernen, die wir üblicherweise nicht wahrnehmen können. (...) Um die Eigenschaften dieser Entspannung weiter zu erforschen, fügen wir dem Sitzen und Atmen eine Selbstmassage und die »Massage« durch Bewegungsübungen bei. Im allgemeinen meinen wir, daß Massage etwas ist, was mit uns getan wird, aber der Körper kann sich selbst massieren. Eine Massage kann unsere Gefühle und Empfindungen mit einschließen, unsere gesamte innere Struktur wie auch unsere äußere Form und Gestalt. Während der Massage durchdringen uns feine Gefühlsstimmungen oder Energien und besänftigen unser ganzes Sein. (...) Obwohl wir die Massage zunächst physisch anregen – durch Atmen, Drükken und Reiben des Körpers, durch gewisse langsame Bewegungen und durch das Erzeugen und Wiederauflösen von Spannungen – können wir später allein durch Gefühlsstimmungen massieren.“ Tarthang Tulku, *Selbstheilung durch Entspannung*, S. 18-19, Heyne Verlag

Tarthang Tulku besitzt die einzigartige Fähigkeit, mit Worten, die nüchtern und klar sind und doch poetisch anmuten, den Leser auf eine innere Qualität von geistiger Freiheit und Losgelöstheit hinzuweisen, die nicht nur für den Moment alle Zweifel aus dem Wege räumen kann. Er eröffnet auf einfache, überzeugende Weise einen Ausblick auf einen Zustand ekstatischer Offenheit und Weite und vermittelt das Gefühl, daß es auf dem Wege der Feinfühligkeit ausgesprochen leicht ist, schon durch die ganz alltäglichen Möglichkeiten von Körper und Geist im Leben Harmonie und Heilung zu erfahren.

Erkenntnis

Zitat

„Benutzen wir wirklich unsere Sinne, dann beginnt jeder Teil unseres Körpers vor Vitalität und Gesundheit zu pulsieren - geistig und gefühlsmäßig wachen wir völlig auf. Wir entdecken, daß wir in jedem Augenblick ekstatische Schönheit erfahren können, als ob wir ständig eine wunderbare Musik hören oder die schönsten Kunstwerke betrachten würden. Wir können uns sogar selbst heilen, denn diese Entspannung fördert eine Gefühlsstimmung, die als solche schon zu einer eigenständigen Massage wird und zu einem System der Selbststärkung, das noch weiter ausgedehnt und entwickelt werden kann. Das ist die eigentliche ***Kum-Nye-Massage***.“ S. 19

„Alle unsere Sinne dehnen sich auf subtile Weise aus, was unsere Freude noch vertieft. Betrachten wir etwas, dann konzentrieren wir uns sanft auf das Objekt, so daß die Form eine Art Gefühl in uns hervorruft. Wenn wir unsere Augen auf diese Weise gebrauchen, dann ermöglichen wir ein ekstatisches Zusammenspiel zwischen subtilen »inneren« und »äußeren« Energien. Dann wird Sehen zur Schau, zu einem ständigen Ausdruck lebendiger Ganzheit.

Essen wird zu einer Opfergabe an unsere Sinne. Wenn wir lernen, alle Gefühlsstimmungen des Schmeckens zu genießen und sie über den ganzen Körper und selbst jenseits seiner Grenzen zu verteilen, dann wird Essen zu einer echten Begegnung der Sinne mit ihrem Objekt und zu einem Freudenfest des Genießens. (...)

Atmen wir sanft, dann fühlen wir sogar noch mehr; Sanftheit vermischt sich mit Wärme, und unser ganzer Körper wird leicht und ruhig. Feinstoffliche Energien sowohl innerhalb als auch außerhalb des Körpers rufen Gefühle der Befriedigung und der Harmonie hervor. Wir werden eins mit diesen Gefühlen, untrennbar mit ihnen verbunden. Unsere Bewußtheit weitet sich aus und setzt viele Gedanken und Gefühle gleichzeitig in Beziehung zueinander und läßt sie länger anhalten. Wir entdecken die Freude des mühelosen Übens. Wir leben in einer Empfindung von Freiheit, in einer lebendigen Ganzheit. Es ist ein Gefühl, das sich ständig steigert.“ S. 20 - 21

Was wir in den Textbeiträgen **Disziplin und Losgelöstheit – ein Paradox** und **Was ist Bewußtheit?** anzudeuten versuchten, sagt ***Tarthang Tulku*** auf eine Weise, die den innersten Kern der Dinge trifft – es ist die unzerstörbare Grunderfahrung, die selbst inmitten von Chaos und Verwirrung niemals verlorengehen kann – sie wird im Alltagsleben einfach nur übersehen!

Lesenswertes: • Tarthang Tulku: *Selbstheilung durch Entspannung*, Heyne Verlag • Tarthang Tulku: *Offene Bewußtheit, Geschicktes Wirken – Arbeit erfolgreich meistern*, Dharma Publishing Deutschland • Tarthang Tulku: *Wege zum Gleichgewicht*, Sphinx Verlag.

Die typenbezogene Empfehlung:

Obwohl die einfachen und klaren Aussagen von ***Tarthang Tulku*** jedem Persönlichkeitstypus die Übungen des ***Kum Nye*** nahebringen können, ist die darin ausgedrückte Innerlichkeit dem ***Neugierigen***, dem ***Unzufriedenen*** und dem ***Stress-Typus*** wahrscheinlich doch nicht leicht zugänglich. Die große Anzahl an verschiedenen Übungen, die ähnlich wie beim ***Tensegrity*** oder ***Hatha Yoga*** erst im Gesamtverbund ihre volle Wirkung entfalten, wird am ehesten von nebenstehenden

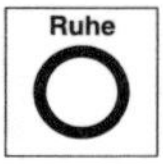

Persönlichkeitstypen optimal genutzt werden können.

38
Die „Riesenkörper“-Übung

Bedeutung & Herkunft

Die ***Riesenkörper-Übung*** ist Teil einer Serie von fünfunddreißig Visualisations- und Meditationsübungen, die ***Tarthang Tulku*** in seinem Buch ***„Raum, Zeit und Erkenntnis“*** beschreibt; sie soll die direkte Erfahrung einer Vision von ***Raum, Zeit*** und ***Wissen*** fördern.

Wie viele tibetische Lamas mußte auch ***Tarthang Tulku*** nach der chinesischen Invasion Tibets seine Heimat verlassen. 1963 erhielt er an der Sanskrit-Universität in Benares (Indien) einen Lehrauftrag für buddhistische Philosophie. Mit der Gründung des *Nyingma Instituts* in Berkeley (Kalifornien) schuf er zehn Jahre später in Amerika ein Forum, in dem westlich-naturwissenschaftliches Gedankengut und das gewaltige, geistige Erbe der tibetischen Tradition erforscht und auf einen gemeinsamen Urgrund zurückgeführt werden konnten.

Tarthang Tulku gilt heute zusammen mit *Fritjof Capra, Marilyn Ferguson, Ken Wilber, Karl H. Pribram* und *David Bohm* als einer der bedeutendsten Vertreter der *Philosophie der Wendezeit*.

Mit Hilfe wissenschaftlicher Untersuchungsmethoden wurde auf dem Gebiet der Quantenphysik festgestellt, daß im kleinsten *Baustein der Materie* (im Atom) unendlich groß anmutende Räume existieren – in der Relation vergleichbar mit den Entfernungen der Planeten zur Sonne. In Übereinstimmung damit führt ***Tarthang Tulku*** den Leser seines Arbeitsbuches ***Raum, Zeit und Erkenntnis*** Schritt für Schritt zu einem *gefühlten* ***Wissen***, das mehr ***Raum*** zur Entfaltung der geistigen Möglichkeiten eröffnet und das mehr ***Zeit*** für die Freude am Augenblick erscheinen läßt. Dies geschieht durch Imaginationsübungen und mit dem im *tibetischen Buddhismus* gebräuchlichen metaphysischen Denken, dessen stichhaltige Logik die Begrenzungen des linear denkenden Verstandes außer Kraft zu setzen vermag.

Erkenntnis

Wissenschaft und meditative Schau kommen zum gleichen Ergebnis: ***Raum*** und ***Zeit*** haben keine substantiell-materielle Grundlage. Beide sind kein greifbar festes Ding, doch ohne sie könnte nichts existieren. Ohne *Zeit* wären alle Erscheinungen für immer eingefroren – es gäbe keine dynamische Entwicklung.

Ohne *Raum* wäre kein Platz, an dem sich die Dinge zeigen könnten als das, was sie von Moment zu Moment sind. Materielle Gegenstände und organische Wesen (also auch der Mensch) sind – aus der ***Raum-Perspektive*** gesehen – selbst ein dynamischer Ausdruck des ***Großen Raumes.*** Während ***Großer Raum*** (ein Begriff ***Tarthang Tulkus***, der einen Raum ohne Grenzen andeuten soll) kleine lokale Räume in die Unendlichkeit projiziert, so wird aus der ***Zeit-Perspektive*** betrachtet, das In-Erscheinung-Treten der Dinge durch die ***Große Zeit*** hervorgebracht. Das klingt zunächst sehr philosophisch-abstrakt, doch ***Tarthang Tulku*** spricht über diese komplexen Zusammenhänge mit tänzerischer Anmut, die offensichtlich einer direkten, ursprünglichen und letztlich höchst einfachen Sicht entspringen:

Zitat

„Können wir sehen, ohne einengende Positionen einzunehmen, dann ist als innerstes Herz der Wirklichkeit eine wunderbare Vision verfügbar. Diese Vision kreist um RAUM, der ursprünglich friedvoll und offen ist. Diese Offenheit manifestiert sich als ein Zulassen vieler, verschiedener Sichtweisen, die alle im Raum hervorquellen, dahinfließen und einander begegnen. (...) In seinem Hervortreten ist alles Teil eines Balletts, das vom RAUM getanzt wird. Der Tanz ist grenzenlos, weitschwingend, ja unermeßlich. Jeder Tänzer springt auf, sondert sich ab und tritt wieder zurück, ohne jemals von der Offenheit des RAUMES getrennt zu sein."

„Jede Verwicklung, jedes Zusammentreffen ist ein tiefes und geheimnisvolles Spiel von zentraler Wichtigkeit, welches das nicht nachweisbare, mittelpunktlose Zentrum der Wirklichkeit markiert. Jede individuelle Anwesenheit ist dieses unbegrenzte, mittelpunktlose Zentrum ... RAUM." Tarthang Tulku: *Raum, Zeit und Erkenntnis*, S. 23, Scherz Verlag.

Worte sind wie zweidimensionale Abbilder der Wirklichkeit, die an übergeordnete Dimensionen konkret nicht heranreichen können. Dennoch wird hier zwischen den Zeilen ein weitherziger Geist sichtbar, der beschwingt und mit einfachen, allen

Menschen zutiefst vertrauten Erfahrungsbildern, eine Vision beschreibt, die offenbar das Ergebnis intensiver Meditationspraxis ist.

Bevor wir die Übung vorstellen, möchten wir noch einmal ***Tarthang Tulku*** zitieren, der die Anwesenheit von RAUM außerhalb und innerhalb jeder Erscheinungsform in Erinnerung ruft:

„Was immer wir tun, wohin wir auch gehen, was auf dieser übervölkerten Oberfläche von Interaktionen, die unsere Welt konstituieren, auch geschieht – da ist auch noch der Himmel. Der Himmel ist vielleicht das naheliegendste Beispiel für Raum, zudem jedoch ein sehr wichtiges Symbol. Ganz gleich wie verwickelt, beengt und angespannt unser Tun sein mag, der Himmel ist ebenfalls anwesend ... unmittelbar über allem.“

„Auch inner- oder unterhalb der undurchlässigen und harten Oberflächen, die uns und unsere Begegnungen definieren, ist Raum. Nicht greifbare, unermeßliche psychische Räume machen die Person aus, deren Körper wir als abgegrenzt und lokalisiert ansehen. Im Innern jedes Körpers oder Objekts sind makroskopische und mikroskopische Räume. Und alle Räume scheinen wiederum für die Anwesenheit von Objekten zugänglich zu sein. Die Gedanken sind »in« den Bewußtseinsräumen. Organe, Moleküle, Atome und subatomare Teilchen einerseits, Planeten, Sterne und Milchstraßen andererseits ... alle bewegen sie sich in ihren Räumen.“ S.27

Praxis

Setzen Sie sich aufrecht auf einen Stuhl oder in Meditationshaltung auf ein Kissen.

1. Stellen Sie sich einen Körper (männlich oder weiblich) vor, der so groß ist wie ein mehrstöckiges Haus. Halten Sie das Bild dieses ***Riesenkörpers*** vor ihrem geistigen Auge und visualisieren Sie im Detail seine Form und sein Aussehen. Sehen Sie jeden Tag von neuem diesen Körper (bleiben Sie bei *ihrem Modell*), und werden Sie immer präziser in jeder wahrgenommenen Einzelheit.
2. Sobald Sie ein stabiles Bild gewonnen haben, gehen Sie mit Ihrer Aufmerksamkeit näher an den ***Riesenkörper*** heran, so daß Sie wie mit einer Lupe kleine Ausschnitte der Gesamt-

oberfläche genauer betrachten können. Nehmen Sie nun Kontakt auf mit der Haut. Da Sie in Relation zu diesem *Riesen* sehr klein sind, gelingt es Ihnen sogar, durch die Poren der Haut ins Innere des ***Riesenkörpers*** zu gelangen. Erforschen Sie nun die inneren Räume, die Konturen und Oberflächen des Mund- und Rachenraumes, der Nase, der Ohren, der Speise- und Luftröhre, des Magens, der Lungen, des Herzens, der Gedärme und Organe, der Muskeln, der Blut- und Nervenbahnen und der Knochen. Lassen Sie sich dafür mindestens eine Woche Zeit. (Ein Anatomiebuch kann Sie in Ihrer Vorstellungskraft und bei einer möglichst naturgetreuen Visualisation inspirieren.)

3. Nehmen Sie sich nun einzelne Strukturen vor. Wenn Sie sich selbst winzig genug vorstellen, finden Sie auch hier wieder Öffnungen, um in kleinere Räume vorzudringen, von wo aus Sie Zellen beobachten können, die Gewebe und Flüssigkeiten bilden. Auf dieser Ebene entdecken Sie, daß der Körper in ständiger Bewegung ist. Nichts ist fest und undurchdringlich. Hier ist der Stoff äußerst lebendig. Kleinere Räume offenbaren ihren Inhalt, und auch diese Strukturen lassen sich weiter öffnen.

4. Nun dringen Sie vor zur Mikroebene. Gehen Sie durch die Wände der Zellen, der Moleküle und Atome hindurch, bis sie auf die subatomaren Teilchen stoßen. (Auch hier sind Abbildungen aus naturwissenschaftlichen Lehrbüchern hilfreich. Lassen Sie sich für Ihre Entdeckungsreise inspirieren!)

Diese Ebene ist unserer Beobachtung normalerweise nicht zugänglich und wird daher meist als *unbewußt* bezeichnet. Durch diese Übung jedoch bringen wir **fühlende Aufmerksamkeit** in einen Bereich, der bisher als *nicht-erkennbar* angesehen wurde. Das vorläufig fremdartig erscheinende Körperinnere und das reibungslose Funktionieren des gesamten Organismus führt zur fälschlichen Annahme, daß die innerkörperlichen Prozesse nach einem mechanistischen Modell ablaufen. Diese selbstbeschränkende, rigide Haltung wird hier aufgetaut.

Tip

Praxis

5. Tauchen Sie wieder in das Innere des ***Riesenkörpers*** ein und betrachten Sie die vielfältigen Strukturen, die durch be-

stimmte Oberflächen räumlich definiert werden. Lassen Sie nun die scheinbaren, jedoch (wie Sie sehen konnten) durchlässigen Begrenzungen *durchscheinend* werden. Bewegen Sie sich ungehindert durch *leuchtende Konturen* hindurch.

6. Nehmen Sie nun wieder eine Position außerhalb des ***Riesenkörpers*** ein und „durchschauen" Sie ihn als ein durchsichtiges Gebilde vieler, gleichzeitig existierender, leuchtender Konturen. Ihre innere Vision ist nun nicht mehr auf ein *Objekt* festgelegt, sondern bewegt sich frei und ungehindert durch Räume, deren Oberflächen selbst Raum sind. Diese Imaginationsübung macht sich die Erkenntnisse der Molekularbiologie und der Kernphysik zunutze und läßt eine neue Form von ***Wissen*** entstehen, die eine Art ***offenes Fühlen*** ermöglicht.
7. Gehen Sie nun in den ***Riesenkörper*** hinein und lassen Sie die unzähligen, netzartigen Linien zu einem einzigen durchscheinenden Leuchten werden. Die Eigenschaften der abgegrenzten Teilregionen des Körpers verschwinden und verwandeln sich in lebendig vibrierenden, vollkommen offenen RAUM.

Themenkreise

Dies führt zu der ***Erkenntnis,*** daß alle Dinge nichts als diese Weite und Offenheit von grenzenlosem RAUM sind. Dieser Raum ist nicht *tot und leer*. Das strahlende Leuchten der Konturen der *Materie* zeugt davon, daß alles ***Energie***, ***Licht***, ***Bewußtsein*** und ***Geist*** ist. (siehe dazu ***Eine Aura/Lichtkörperübung, Wer bin ich?*** und den Textbeitrag **Was ist Bewußtheit?**)

Zitat

Es gibt eine Legende aus dem *Mahabharata* (einem altindischen Epos), die von dem Gespräch zwischen dem König *Janaka* und dem jungen, verkrüppelten *Ashtavakra* handelt. Die berühmtesten Gelehrten waren zu einer Debatte geladen. Als *Ashtavakra* hereingewatschelt kam, lachten ihn alle aus. *Ashtavakra* lachte ebenso laut. Als der König ihn nach dem Grund seines Gelächters fragte, sagte er: „Alle diese verehrten Gäste sind nicht besser als Flickschuster, weil sie nicht über die äußere Hülle hinaussehen können. Sie können die Präsenz innerhalb des physischen Körpers nicht erkennen. Wenn der irdene Topf zerbricht, zerbricht dann auch der Raum innerhalb des Topfes? Wenn der Topf verformt ist, ist dann auch der Inhalt des Topfes verformt? Mein Körper mag deformiert sein, aber „Ich“ bin unendlich und grenzenlos.“ Nach Ramesh S. Balsekar: *Duett der Einheit*, J.KamphausenVerlag.

Lesenswertes: Tarthang Tulku: *Raum, Zeit und Erkenntnis*, Scherz Verlag • Larry Dossey: *Die Medizin von Raum und Zeit*; Sphinx Verlag • Amit Goswami: *Das bewußte Universum*, Lüchow Verlag • Ngakpa Chögyam: *Reise in den inneren Raum*, Jungfermann Verlag • Ngakpa Chögyam: *Der fünffarbige Regenbogen*, Hermann Bauer Verlag • Sogyal Rinpoche: *Das Tibetische Buch vom Leben und Sterben*, O.W. Barth Verlag • Lama Anagarika Govinda: *Lebendiger Buddhismus im Abendland*, Goldmann Verlag • Clemens Kuby/Ulli Olvedi: *Living Buddha*, Goldmann Verlag • Akong Rinpoche: *Den Tiger zähmen – Anleitung zur Selbstheilung aus der Weisheit Tibets*, Theseus Verlag • Chögyam Trungpa: *Spirituellen Materialismus durchschneiden*, Theseus Verlag • Chögyam Trungpa: *Das Buch vom meditativen Leben*, Scherz Verlag • Keith Dowman: *Der Flug des Garuda*, Theseus Verlag • Hrsg. Francesca Fremantle/Chögyam Trungpa: *Das Totenbuch der Tibeter*, Eugen Diederichs Verlag • Padmasambhava: *Der Führer auf dem Weg zur Wahrheit – Prophetische Unterweisungen des Guru Padmasambhava*, Arbor Verlag.

Die typenbezogene Empfehlung:

Die erfolgreiche Visualisierung des ***Riesenkörpers*** erfordert viel Geduld, Eifer und Präzision und kann besonders diesen beiden Typen empfohlen werden.

39
Akupressur & Meridiandehnungen

Bedeutung & Herkunft

Das auffällige Mißverhältnis von Kostenaufwand und Effektivität in der modernen westlichen Medizin hat dazu beigetragen, daß sich viele Menschen umorientieren und zur Selbsthilfe greifen. So gewinnen traditionelle Naturheilverfahren aus Indien, Tibet und China zunehmend an Popularität. Doch die ganzheitliche Ausrichtung, die einen Heilungs-Effekt ohne beeinträchtigende Nebenwirkungen anstrebt, wird von der Schulmedizin noch weitgehend ignoriert. Und dies obwohl immer deutlicher wird: Auch mit einem beispiellosen Aufwand und durch bisher unvorstellbare wissenschaftliche und technische Höchstleistungen scheint sich der allgemeine Gesundheitszustand nicht verbessern zu lassen. Herz- und Kreislauferkrankungen, Allergien und Autoimmunschwächen nehmen allgemein zu. Da ist es abzusehen, daß *Apparate-Medizin* und pharmazeutische Hilfsmittel bald unbezahlbar werden. Demgegenüber haben sich schon jetzt natürliche Methoden wie ***Fußreflexzonenmassage***, ***Shiatsu***, *T´ai Chi*, *Yoga*, *Qi-Gong* und ***Akupressur*** als relativ preiswerte und wirksame Hilfsmittel erwiesen. Private Krankenkassen haben dies erkannt und erstatten ihren Versicherten zumindest teilweise die Kosten für diese alternativen Gesundheitsmaßnahmen.

Der Westen hat in den letzten Jahrzehnten den unermeßlichen Wert vor allem der Heilmethoden der *traditionellen chinesischen Medizin* entdeckt, die in einer etwa 5000 Jahre währenden Kontinuität entwickelt wurden und die sich bis in die heutige Zeit in der Praxis bewährt haben. Die Wirksamkeit z.B. einer *Akupunktur-Behandlung* könnte nicht überzeugender demonstriert werden als durch einen chirurgischen Eingriff ohne Narkose, für den durch Nadelung bestimmter Punkte eine zeitweilige Schmerzunempfindlichkeit herbeigeführt wird. Die ***Akupressur***, eine ***Fingerdruckmassage***, folgt dem gleichen Wirkungsprinzip wie die *Akupunktur*: Beide Methoden behandeln identische *Aku-Punkte* und gehen von einer gemeinsamen, einheitlichen Erkenntnis des Ursprungs und der Heilung von Krankheiten aus.

Die traditionelle Lehre basiert auf einfachen Prinzipien, von denen wir zwei (stark vereinfacht) darlegen möchten: Das Funktionsmodell der ***Meridiane*** und das Grundprinzip der Lebenskraft ***Ki***.

Themenkreise

Ki gelangt als Atem und über die Nahrung in den Körper (*chin. = Atem, Hauch*; siehe dazu auch den Begriff ***Prana*** in ***Pranayama*** und ***Das Kreisen des Lichtes***). ***Ki*** ist die kosmische Kraft, die in allen Dingen wirkt. In unsere moderne Sprache übersetzt ist es eine *elektromagnetische Kraft*, die die Materie belebt und vor Auflösung und Zerfall bewahrt. ***Ki*** bestimmt die Interaktion der körperlich-seelisch-geistigen Kräfte und beeinflußt das Zusammenwirken aller Energien im Organismus. Eine Störung des Kreislaufs oder eine Unterversorgung mit dieser vitalen Energie kann Krankheit auslösen.

Bei der ***Akupressur*** und bei den ***Meridian-Dehnungen*** geht es darum, die Lebensenergie in Umlauf zu bringen und sie durch Aktivierung oder Beruhigung zu regulieren. Es gibt ***12 Haupt-Meridiane*** bzw. ***6 Meridianpaare***. Diese Aufteilung in Meridianpaare beruht auf der *YIN-YANG*-Regel. (*YIN = dunkel, Schattenseite, kalt; YANG = hell, Sonnenseite, warm*) Die Innenseite hat *YIN*-Charakter und die Außenseite hat *YANG*-Charakter. Diese Zuordnung geht zurück auf das Bild von einem chinesischen Reisbauern, der sich bei der Ernte bückt: Die Vorder- oder Innenseite ist der Erde zugewandt und liegt im Schatten (*YIN*), und die Rück- oder Außenseite ist dem Himmel zugewandt und wird von der Sonne (*YANG*) beschienen.

An der Innenseite einer Körperhälfte verlaufen **6 *YIN-Meridiane***. (In der anderen Hälfte verlaufen die gleichen Energiebahnen genau entsprechend).

Hand und Arm:

1. **Lungen-Meridian**
2. **Kreislauf-Sexus-Meridian**
3. **Herz-Meridian**

Fuß und Bein:

4. **Milz-Pankreas-Meridian**
5. **Leber-Meridian**
6. **Nieren-Meridian**

An der Außenseite einer Körperhälfte verlaufen entsprechend **6 *YANG-Meridiane:***

Hand und Arm:	Fuß und Bein:
1. **Dickdarm-Meridian**	4. **Magen-Meridian**
2. **Dreifacher Erwärmer-M.**	5. **Gallenblasen-Meridian**
3. **Dünndarm-Meridian**	6. **Blasen-Meridian**

Die ***Meridiane*** sind weitverzweigte Energiekanäle an der Oberfläche und in der Tiefe des Körpers, die die abgesteckten Funktionskreise der Organe markieren, nach denen sie benannt sind. Über diese Kanäle werden Informationen zwischen den verschiedenen vitalen Punkten an der Körperoberfläche und im Körperinneren ausgetauscht. Die Veränderung (Tonisierung und Ausgleich) der Energieströme kann besonders leicht an den Fingern und Zehen vorgenommen werden (dies sind die Anfangs- oder Endpunkte der ***Meridiane***).

Wenn Sie sich müde oder unkonzentriert fühlen, können Sie die beiden folgenden Übungen mehrmals am Tag ausführen:

Praxis

1. Das ***Kneifen des Nagelansatzes***: Nimm einen Finger nach dem anderen der linken Hand zwischen Daumen und Zeigefinger der rechten Hand und kneife die Seiten an dem Punkt, an dem der weiße *Halbmond* auf dem Nagelbett zu sehen ist. Beginne beim Daumen und kneife 10 Sekunden lang rhythmisch die Seiten. Dann wiederhole diese ***Akupressur*** in der gleichen Weise beim Zeigefinger, Mittelfinger, Ringfinger und beim kleinen Finger. Wechsele dann zur rechten Hand.
2. Das ***Ziehen aus dem Schraubstock:*** Lege alle vier Finger und den Daumen der rechten Hand um den Daumen der linken Hand herum und presse ihn wie in einem Schraubstock. Versuche nun den Daumen herauszuziehen. Umgreife die anderen Finger in der gleichen Weise und ziehe sie aus dem *Schraubstock* heraus. Dann wechsele über zur anderen Hand.

Tip

Auch viele Schulmediziner wenden heutzutage für den Funktionstest einzelner Organe alternative diagnostische Verfahren an, um Aufschlüsse über die Gesamtfunktionen des

Körpers zu erhalten. Z. B. bietet sich hierfür die *Iris-Diagnose* der Augen, die *Zungendiagnose,* die sogenannte *Aurikular-Diagnostik* des Ohres *und der Test der Reflexzonen der Füße und Hände* an. An diesen Stellen werden wichtige Steuer- und Regulationsmechanismen des Organismus reflektiert; ihre Merkmale spiegeln die Funktionslage der einzelnen Organe wider. So gibt es in der ***Akupunktur*** auch einen speziellen Bereich, der sich insbesondere der Behandlung von Störungen des Energieflusses mit Hilfe der ***Ohrakupunktur*** und ***-akupressur*** widmet. In vielen Arztpraxen findet man Schautafeln mit einer vergrößerten Abbildung eines Ohres, auf dem spezielle Reizpunkte eingezeichnet sind. Das Wissen, daß durch Stimulation eines Teiles das Ganze beeinflußt werden kann, können wir uns zunutze machen und ganz unspezifisch alle Reizpunkte des Ohres durch eine ***Akupressur-Übung*** anregen:

Bringe beide Hände hinter die Ohren, klappe die Ohrmuscheln nach vorne und streiche sie dann wieder fest gegen die Kopfseiten. *Bürste* sie auf diese Weise mehrmals langsam vor und zurück.

Dann nimm die Ohrläppchen zwischen Daumen und Zeigefinger und ziehe sie 5 - 10 Mal nach unten.

Fahre nun mit den Mittelfingern mehrere Male am spiralförmigen Kanal der Ohrmuscheln hin und her.

Stecke dann die kleinen Finger gekrümmt in die Ohröffnung hinein und ziehe sie in alle möglichen Richtungen nach oben, nach vorne, nach unten und nach hinten. (Achte darauf, daß die Fingernägel nicht zu lang sind.)

Zum Abschluß kannst du von hinten mit Daumen, Zeige- und Mittelfingern die Ohrmuscheln leicht zusammenknüllen und mehrere Male behutsam durchkneten.

Schließe sanft die Augen und spüre, wie sich die Wahrnehmung des Raumes um den Kopf herum verändert hat. Ein angenehmes Gefühl der Frische und Lebendigkeit im Innern des Kopfes bleibt noch eine Weile erhalten. Diese Übung kann ebenfalls nach Bedarf mehrere Male am Tag ausgeführt werden.

Dem gesunden Organismus steht immer eine konstante Energiemenge zur Verfügung. Im ausgeglichenen Zustand zirkuliert die Energie gleichmäßig und harmonisch durch die ***Meridiane*** des ganzen Körpers. Der Mensch hat dann das Gefühl, in der *Fülle seiner Energie* zu sein. Das ***Ki*** ist im Gleichgewicht. Da Energie nicht verloren geht, kommt es allerdings durch Verspannungen an bestimmten Punkten des Körpers zu einer Beeinträchtigung des freien Flusses der Energien. So kann sich Energie stauen, und es entsteht ein Gefühl übergroßer ***Fülle*** (ein Energie-Überdruck), während in anderen Bereichen ein Gefühl der ***Leere*** (ein Energiemangel) auftritt. Das Ungleichgewicht von ***Ki*** kann verschiedenartige Erkrankungen bedingen.

Achtung

Durch Einwirkung auf den Körper kann eine Verlagerung der Energie erreicht werden, was die energetische Ordnung im menschlichen Organismus positiv beeinflußt. Da die Ursachen einer Störung jedoch zumeist psychosomatischer Natur sind, ist es notwendig, die geistige Erkenntnis durch Meditation und/oder psychotherapeutische Maßnahmen zu unterstützen. Bitte sprechen Sie in jedem Fall mit ihrem behandelnden Arzt oder Heilpraktiker!

Eine der chinesischen ***Akupressur*** verwandte Berührungstherapie und ganzheitliche Massageform ist das japanische ***Shiatsu*** (*shi = Hand; atsu = Druck*). Zur täglichen Unterstützung der Selbstheilung durch ***Shiatsu-Massage*** werden die ***6 Meridiandehnungen*** empfohlen. Die Zusammenstellung dieser klassischen ***Asanas***, die auch aus dem ***Hatha Yoga*** bekannt sind, erfolgte nach den Gesichtspunkten der *YIN-YANG-Regel.* Durch jede der sechs Körperhaltungen wird der Energiefluß in jeweils einem ***Meridianpaar*** in einer anhaltenden Dehnung angeregt und harmonisiert:

Praxis

1. Lungen- (YIN) und Dickdarm-Meridian (YANG): Stelle die Füße auf Beckenbreite auseinander. Bringe die gestreckten Arme mit in Gebetshaltung gefalteten Händen hinter den Rücken. Richte die Zeigefinger auf und verhake die Daumen ineinander. Dann neige langsam den Oberkörper nach vorne zu den Beinen hin und strecke die Arme vom Körper weg nach oben. Der starke Zug dieser Dehnung stimuliert im besonderen

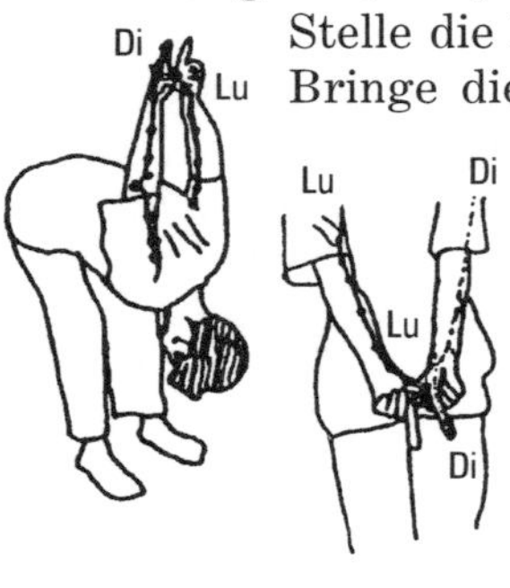

Maße den Verlauf des Lungen- und des Dickdarm-Meridians.

2. Milz-Pankreas (YIN) und Magen-Meridian (YANG): Setze dich auf die Fersen. (**Vorsicht** bei Krampfadern!) Falls notwendig, lege ein Kissen zur Polsterung unter die Fußrücken und/oder zwischen Fersen und Gesäß! Wenn es dir leicht fällt, setze dich zwischen die Fersen. Neige den Oberkörper **langsam** und **behutsam** nach hinten. Sobald Schmerzen in den Füßen, den Knien oder im Rücken auftauchen, komme langsam wieder hoch. Sollte der Rükken **mühelos** zum Boden sinken, kannst du auch die Arme auf dem Boden nach hinten ausstrecken. Der Zug der Dehnung regt vor allem diese beiden Meridiane an.

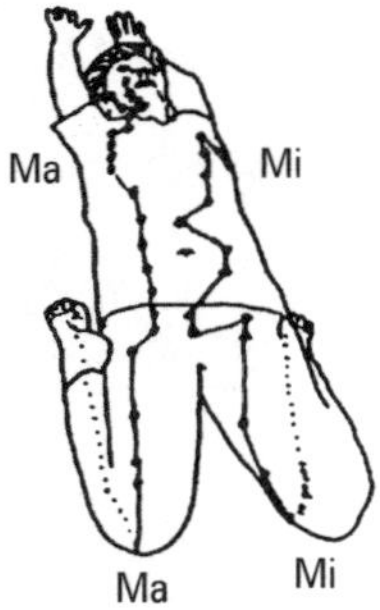

3. Herz- (YIN) und Dünndarm-Meridian (YANG): Sitze mit gespreizten Beinen aufrecht und laß die Fußsohlen sich einander berühren. Umgreife mit den Fingern der rechten Hand die Zehen des linken Fußes und mit den Fingern der linken Hand die Zehen des rechten Fußes. Neige den Oberkörper langsam nach vorne. Wenn die Dehnung mühelos geschieht, kannst du die Stirn zu den Füßen hin bewegen. Die Dehnungsspannung wirkt besonders auf den Herz- und den Dünndarm-Meridian.

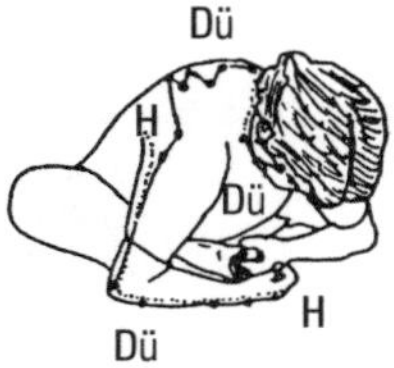

4. Nieren- (YIN) und Blasen-Meridian (YANG): Sitze mit ausgestreckten Beinen auf dem Boden und falte die Hände über dem Kopf. Drehe die Handflächen nach oben und neige langsam den Oberkörper nach vorne. Halte die Füße mit den Zehen aufgerichtet. Nimm dir Zeit für die Dehnung in der ganzen Rückseite (Waden, Kniekehlen, Rückseite der Oberschenkel, Gesäß, Rücken, Nacken und Hinterkopf). Wenn du nach einer Weile mühelos zu den Beinen sinken und die Hände bis zu den Füßen hin strecken kannst, lege die Fingerrücken der gefalteten Hände um die aufgestell-

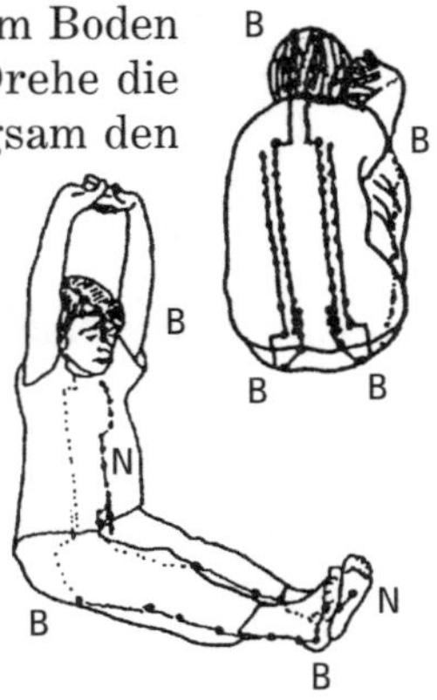

ten Fußsohlen herum. Diese Dehnung wirkt vor allem auf den Verlauf des Nieren- und Blasen-Meridians.

5. Kreislauf-Sexus- (YIN) und Dreifacher Erwärmer--Meridian (YANG): Sitze wie im Schneidersitz mit verschränkten Beinen. Lege die rechte Hand auf das linke Knie und die linke Hand auf das rechte Knie und beuge dich langsam nach vorne, soweit wie der Kopf mühelos zum Boden sinken kann. Dann lege die Hände um die Schultern herum, so als wolltest du dich selbst wärmen. Verharre eine Weile in dieser Haltung. Richte dich wieder auf und wechsele die Beinstellung und die Armhaltung. Beuge Dich wieder nach vorne und wiederhole den gleichen Ablauf. Hier werden ganz besonders die Meridiane angesprochen, die für einen harmonischen Kreislauf und die Regulierung der Körpertemperatur verantwortlich sind.

6. Leber- (YIN) und Gallenblasen-Meridian (YANG): Sitze auf dem Boden und spreize die gestreckten Beine so weit wie möglich auseinander. Falte die Hände über dem Kopf, drehe die Handflächen nach oben und neige langsam den Oberkörper nach vorne. Verharre eine Weile in dieser Dehnung. Neige nun den Oberkörper mit den gestreckten Armen entlang der Linie des Beines nach links. Gehe behutsam voran in der Dehnung der Seite. Komme dann zur Mitte und dehne dich in der gleichen Weise zur rechten Seite. Durch die Spreizung der Beine wird der Leber-Meridian und durch die Dehnung der Seiten wird der Gallenblasen-Meridian angeregt und harmonisiert.

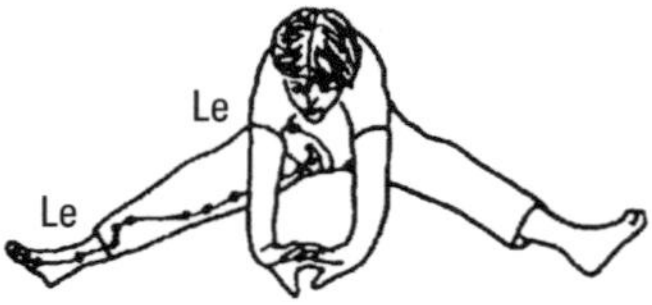

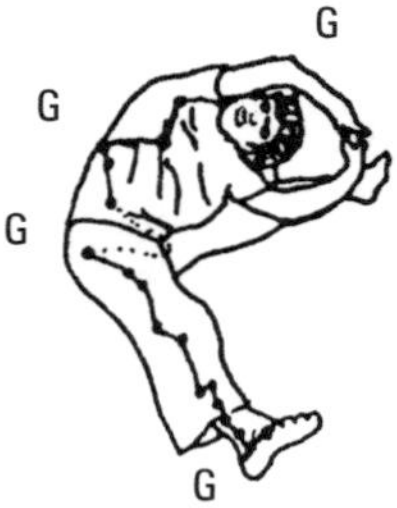

Zitat

„...die Akupressur ist auch durch die *subjektive* Erfahrung von Meistern gewachsen, die über eine so verfeinerte und sauber gestimmte innere Bewußtheit verfügten, daß sie die

Energiepunkte und Meridiane an sich und an anderen Menschen im wahrsten Sinne des Wortes *sehen* und fühlen konnten. Jeder Meister baute aus der Kombination verschiedener Ansätze seine eigene, individuelle Behandlungsmethode auf. So verbanden manche zum Beispiel bestimmte Atemmethoden mit *Mudras* (symbolhafte Geste der Hände in der Meditation), um gewisse Reizpunkte zu stimulieren." Michael Gach: „Aku-Yoga", Kösel Verlag.

Auch die bewußte Lenkung der Atemdruckwelle bewirkt eine Selbstmassage durch die Berührung von Reizpunkten im Körperinneren. Erinnern Sie sich beim Praktizieren aller Übungen deshalb bitte an die überragende Bedeutung der ***bewußten Atmung***! (Siehe dazu ***Drei wirksame Lockerungsübungen, Der Gruß an die Sonne, Viloma Pranayama, Vipassana, Die Dynamische Meditation, Das Kreisen des Lichtes, Bioenergetik, Zikhr, Übung zur Stärkung der Immunkraft, Rekapitulation, Kum Nye, Qi-Gong, Kung-Fu*** und ***T´ai Chi.***)

Themen-kreise

Lesenswertes: • Achim Eckert: *Tao der Medizin - Lehrbuch der Akupressur und Akupunktur,* Karl Haug Verlag • Jaques de Langre: *Do-in 2,* Edition Plejaden • Shizuto Masunaga: *Zen Shiatsu – Meridianübungen,* Siebenberg Verlag • Klaus Metzner: *Shiatsu. Heilsame Berührung*, Graefe & Unzer • Toru Namikoshi: *Das große Buch des Shiatsu,* Sphinx Verlag • Ohashi*: Shiatsu – die japanische Fingerdrucktherapie,* Hermann Bauer Verlag • Wilfried Rappenecker: *Yu Sen. Sprudelnder Quell. Shiatsu für Anfänger,* Felicitas Huebner Verlag • DAO Sonderheft: *Shiatsu*, Kolibri Verlags-GmbH • G. König/I.Wancura: *Praxis und Theorie der Neuen Chinesischen Akupunktur,* Verlag Wilhelm Maudrich.

Literatur

Die typenbezogene Empfehlung:

Bei regelmäßiger körperlicher Bewegung und Dehnung werden im Gehirn neue nervliche Verbindungen hergestellt. Darüber hinaus kann das Programm der ***6 Meridiandehnungen*** allen Persönlichkeitstypen empfohlen werden, da ***Akupressur*** und ***Shiatsu*** nicht vordergründig mit einer geistigen Anschauung verbunden sind. Die Harmonisierung des Energieflusses ist von rein pragmatischem Nutzen und darum für jeden Menschen erstrebenswert.

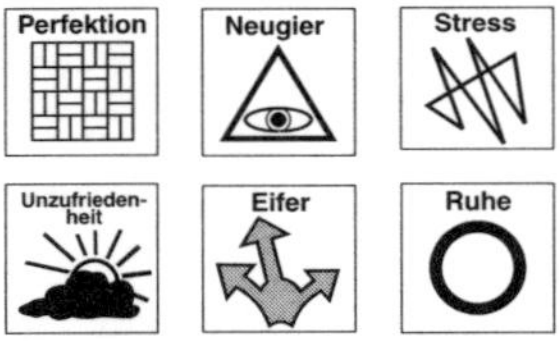

Ob alle sechs Typen gleichermaßen bereit sind, die nötige Geduld für eine regelmäßige Ausübung aufzubringen, bleibt letztlich die Entscheidung des Einzelnen. Die einfachen Übungen der ***Akupressur-Finger-*** und ***-Ohrmassage*** dürften auch für den ***Unzufriedenen***, den ***Stress-Typus*** und den ***Neugierigen*** ohne große Überwindung im Tagesverlauf leicht anzuwenden sein.

Eine kurze Beschreibung dieser drei Übungen finden Sie daher in der **Soforthilfe** ab Seite 72.

Raum für Notizen:

40
Qi-Gong, Kung-Fu & T´ai Chi

Bedeutung & Herkunft

Qi-Gong (oder *Chi Kung*), ***Kung-Fu*** und ***T´ai Chi*** sind alte chinesische Kultivationswege, die die Einheit von Körper und Geist und die Harmonisierung der Lebensenergie anstreben. ***Qi-Gong*** und ***T´ai Chi*** haben sich mittlerweile einen wichtigen Platz in der westlichen Gesundheitsbildung erobert. Der Begriff ***Gong*** oder ***Kung*** steht für *Arbeit, Methode* oder *Weg*. ***Qi-Gong*** ist sozusagen der Familienname oder Oberbegriff verschiedener geistiger Strömungen im Taoismus, im chinesischen Buddhismus und Konfuzianismus, die das ***Qi*** (oder ***Ki*** bzw. ***Chi*** = *Atem, Lebenshauch, kosmische Lebensenergie*) zu kultivieren suchen. Die Unterschiede der Richtungen sind in den Qualitäten von *YIN* (weiblich, innen, passiv) und *YANG* (männlich, außen, aktiv) begründet. Je nach Zweck oder Ausrichtung unterscheidet man mehrere Strömungen des ***Qi-Gong***:

Eine der im Westen bekanntesten Ausprägungen sind die Kampfkünste. Hervorzuheben ist das auf den buddhistischen Meister *Bodhidharma* zurückreichende ***Shaolin-Kung-Fu***, das ursprünglich als Training der Mönche für eine größere körperliche Präsenz und Geistesgegenwart eingesetzt wurde. Es zählt zu den kraftvollen ***Qi-Gong-Stilen***, deren aktive, nach außen gerichtete *YANG-Qualität* sich durch große Körperlichkeit in der Bewegung auszeichnet.

Die *YIN-Strömungen* sind weicher und *weiblicher* in dem Sinne, daß sie nach innen gerichtet sind. Sie zielen darauf hin, den Geist zu beruhigen, ihn empfänglicher zu machen und die innere Bewußtheit zu erweitern. Körperliche Ausgeglichenheit wird als willkommene Begleiterscheinung gerne angenommen, sie wird aber nicht als Ziel verfolgt. Zu ihnen zählt man buddhistische ***Qi-Gong-****Übungen* wie z. B. das *Falun Gong* von *Li Hongzhi*, einem populären chinesischen Meister. Konfuzianistische Übungswege, die auf ein kultiviertes und moralisches Verhalten Wert legen, werden ebenfalls den *YIN-Richtungen* zugeordnet.

Daneben gibt es taoistisch und buddhistisch orientierte ***Qi-Gong-Wege***, die sowohl der Kräftigung des Körpers als auch der Aktivierung des Geistes dienen und eine Mischung aus aktivem und passivem Stil (*YIN/YANG*) darstellen. Einige tendieren in die *YIN*-, andere in die *YANG-Richtung.* So gibt es bei dem im Westen als *Bewegungsmeditation* bekannt gewordenen und von vielen Menschen mit Begeisterung praktizierten ***T´ai Chi Ch'uan*** sowohl einen *harten Stil* (*YANG*), dessen Abfolge von langsam ausgeführten Bewegungen auch blitzschnell auf eine Kampf- oder Selbstverteidigungssituation angewandt werden können, als auch einen *weichen Stil* (*YIN*), bei dem es um das Lösen von Spannungen in einer frei fließenden Bewegungssequenz geht, durch die die ***Energiemeridiane*** gereinigt werden.

Allen genannten Richtungen ist ein Ziel gemeinsam: ***In die eigene Mitte kommen***. Die Bemühung zielt in jedem Fall auf die Ansammlung von Lebensenergie im Bereich des Unterbauchs (im *T´an T'ien* oder *Hara*). Einige Richtungen der großen Familie des ***Qi-Gong*** streben die Verlängerung des Lebens an durch das Kultivieren des *Goldenen Elixiers*. Das *Innere Elixier* ist die Kraft von Himmel und Erde, oder anders ausgedrückt die kosmische Lebensenergie. Sie wird durch Sammlung des Geistes in Verbindung mit der Atmung in einer rückläufigen Bewegung kultiviert. (Siehe dazu ***Das Kreisen des Lichtes***). In diesem inneren, alchemistischen Verfahren geht es um die Verbindung von drei Elementen:

Themenkreise

1. *Ching* – die Substanz, die in ihrem unsichtbaren Aspekt die ursprüngliche Kraft des Kosmos darstellt und in ihrem sichtbaren, äußeren Aspekt in materieller Form in der männlichen und weiblichen Sexualkraft liegt – in den Hoden beim Mann und in den Eierstöcken bei der Frau. (Siehe dazu ***Tantra***)
2. *Chi* – ist die feinstoffliche Kraft (***Prana***), die in der Atmung enthalten ist.
3. *Shien* – bezeichnet sowohl die bei der Geburt erworbene individuelle *Bewußtheit* als auch das *ungeborene*, verborgene, geistige *Bewußtsein*, das unzerstörbar ist. (Lesen Sie bitte dazu den Textbeitrag **Was ist Bewußtheit?** und ***Kum Nye*** und ***Zen***.)

Fingerzeig Information

In den Disziplinen des *Goldenen Elixiers* wird das *Licht des Herzens*, das *Bewußtsein*, mit der natürlichen auf- und absteigenden Bewegung des Atems in Einklang gebracht und läßt die ursprüngliche Sexualkraft im Körper zirkulieren. Durch diese meditative Technik im Sitzen oder in der Bewegung kann der Mensch über das Stadium seiner gewohnten Bewußtheit hinauswachsen und in einen höhergeistigen Erkenntniszustand gelangen.

Wir empfehlen allen Interessierten, bei der Auswahl des Lehrers, der ***Sportschule*** oder des ***Dojos*** (der Ort, an dem der *Weg* geübt wird) sorgfältig zu prüfen, ob das fundierte Wissen bei der Vermittlung der energetisch intensiven Übungen auch mit einem geistig-spirituellen Hintergrund verbunden ist. Dies gilt besonders für die Angebote aus dem breiten Spektrum der Kampfkünste. Wird dem Schüler nur eine rein sportlich angelegte Sichtweise vermittelt, kann dies der Tiefe dieser kraftvollen Erkenntniswege nicht gerecht werden!

Welch große Bedeutung die Ethik und eine spirituelle Lebensphilosophie in den vielen ***Qi-Gong-Wegen*** haben, illustrieren einige Spruchweisheiten von *Bruce Lee*, der für viele seiner Verehrer in der ganzen Welt als ein „*König des **Kung-Fu***" gilt.

„Das Wertvollste im Leben ist die Zeit. Leben heißt, mit der Zeit richtig umgehen."

„Geduld ist nicht passiv zu bewerten, im Gegenteil, sie ist die konzentrierte Stärke."

„Das wahrhafte Leben ist das Leben für den anderen".

„Ein Ziel ist nicht immer zum Erreichen da, oft dient es nur zum richtigen Zielen."

„Pessimismus stumpft die Werkzeuge ab, die Sie zum Erfolg führen. Optimismus ist der Glaube und die Hoffnung zugleich, der Sie zum Erfolg führt."

„Wenn Sie etwas für unmöglich halten, dann suchen Sie nach einer Möglichkeit!"

„Der Mensch macht sich selbst. Wenn es einen Gott gibt, steckt er in uns. Man bittet nicht Gott, einem Kraft zu verleihen, wohl aber hat man einen Gott nötig, um sich selbst zu erkennen. Man muß lernen, wie man unterliegt. Die meisten Menschen möchten zunächst lernen, wie man siegt. Doch wenn man lernt, was der Tod ist, überwindet man ihn. Morgen werden wir sterben und uns dadurch befreien lassen.“ Bruce Lee aus K.-B. Bockstahler/H.Velte: *Neues Bruce Lee Lexikon*, Sensei Sportb. Verl.

Lesenswertes: Ulli Olvedi: *Das Stille Qi Gong – Yi Qi Gong nach Meister Zhi-Chang Li*, O.W. Barth Verlag • James MacRitchie: *Qi Gong*, Fischer Taschenbuch Verlag • Li Ding/ Bambang Sutomo: *Taiji-Qigong in 28 Schritten*, China Internat. Book • Foen Tjoeng Lie: *Wissenswertes um Qi-Gong*, Kolibri Verlags-GmbH • Wolfgang Metzger/Peifang Zhou: *Taijiquan, Qigong*, BLV-Verlagsgesellschaft • DAO Sonderheft: *Qigong*; Kolibri Verlags-GmbH • Bruce Tegner: *Kung-Fu und Tai-Chi*, Falkenbücherei • Frieder Anders: *Tai Chi Chuan*, Econ Taschenbuchverlag • Chang Dsu Yao/Roberto Fassi: *Shaolin Kung Fu I.,II. & III.*, Falkenbücherei • Mantak Chia: *Tao Yoga – Eisenhemd Chi Kung*, Ansata Verlag • Richard Wilhelm/C.G.Jung: *Geheimnis der Goldenen Blüte*, Diederichs Gelbe Reihe • Anton Kielce: *Taoismus*, Wilhelm Heyne Verlag • *„Bruce Lee - Sein Leben und Kampf“*, Falken-Verlag.

Die typenbezogene Empfehlung:

Sowohl der ***eifrig Suchende*** als auch der ***Perfektionist*** werden aus ***Qi-Gong-****Übungssequenzen* (die wir in diesem Beitrag aus Platzgründen nicht beispielhaft erörtern können) großen Nutzen ziehen können. Die mitunter jahrhundertealten, überlieferten Bewegungsfolgen bieten die Gelegenheit, vorgegebene Präzision nachzuvollziehen und nach und nach in absichtsloser Übung zu transzendieren.

Der ***Ruhe-Typus*** erlebt in lautlos praktizierten, präzisen und fließenden Bewegungen die stille Mitte und das Vertrauen, sein *Selbst* loszulassen und eine transzendente Ebene berühren zu können.

Für den ***Unzufriedenen***, den ***Stress-Typus*** und den ***Neugierigen*** ist das Spektrum der Anwendungsmöglichkeiten groß – bei ihnen ist das Sich-Einlassen auf einen der Übungswege abhängig von ihrer Motivation.

41
Eine Gehirn-Synchronisierungsübung

Bedeutung & Herkunft

Durch die moderne Gehirnforschung entsteht ein neues Verständnis von den schier unendlichen Möglichkeiten des Geistes. Das *Gehirn* ist zwar nicht identisch mit dem *Geist,* doch beide bilden eine funktionelle Einheit. Die Art ihres Zusammenwirkens finden wir stark vereinfacht beschrieben in der Analogie des Verhältnisses von *Hardware* und *Software,* wenn man mangels eines besseren Vergleichs das Gehirn einmal als gigantischen *Bio-Computer* ansehen will: Ohne die hochkomplexe und für uns letztlich unergründliche Programmierung durch den *Geist* (*Software*) wäre das *Gehirn* nichts weiter als ein Klumpen dumpfer Materie (*Hardware*). Es ist also so, daß das plastische Material, das *Gehirn*, die unsichtbaren Impulse des Geistes verarbeitet und umsetzt. Seine außerordentliche Funktionsvielfalt läßt Wissenschaftler der unterschiedlichsten Disziplinen (Philosophie, Soziologie, Ethnologie, Biochemie, Medizin, Klangforschung, Linguistik, Quantenphysik, Neurophysiologie, Chronobiologie, Psychoneuroimmunologie, Endokrinologie, Psychologie, etc.) vermuten, daß die Kreativität, Geschwindigkeit, Präzision und Speicherfähigkeit des Gehirns bei weitem alles übertrifft, was auf dem Gebiet künstlicher Intelligenz entdeckt und experimentell nachvollzogen werden konnte. Man spricht vom *zerebralen Biocomputer,* dessen ca. 50 - 100 Milliarden *Neuronen* (Nervenzellen) untereinander unglaublich viele kreative Verknüpfungen herstellen können.

Nur ein winziger Bruchteil der innewohnenden Fähigkeiten des *Geist-Gehirn-Komplexes* wird ausgeschöpft. Aber immerhin hat die sogenannte ***Hemisphären-Forschung*** bisher schon aufzeigen können, daß ein Ausgleich des Potentials der beiden Gehirnhälften ein wichtiger Schritt zur Nutzung der weitgehend brachliegenden Gehirnkapazität ist. Einige wirksame Techniken sind entwickelt worden, die die funktionalen Unterschiede zwischen der rechten und der linken Seite überbrücken können.

Zitat

„Eine bildreiche, konkrete Sprache ist in der Regel Ausdruck der Tätigkeit des rechten Gehirns. Eine bildarme, abstrakte Sprache drückt mehr die linkshemisphärische Dominanz aus. Das Lesen von Gedichten verlangt eine hohe Aufmerksamkeit der rechten Hälfte, Mathematik dagegen eine entsprechende Aufmerksamkeit der linken Hälfte. Um nun den inneren Dialog hinsichtlich des Informationsflusses zu verbessern, ist eine gelenkte Aufmerksamkeit Voraussetzung. Eine bildhafte Visualisierung als Vorwegnahme auf die geplanten Tätigkeiten können einen Tag gut strukturieren. Zeitmanagement ist eine sehr taugliche linkshemisphärische Maßnahme, um gepaart mit kreativen Pausen den inneren Dialog zu ermöglichen. Die innere Stimme ist sozusagen wie das innere Auge eine Erscheinung des Austausches zwischen linker und rechter Gehirnhälfte, also der »Interhemisphärenkommunikation«. Da die linke mit Namen, Bezeichnungen, Formeln und Modellen zu tun hat, und die rechte mit Bildern, kann man sagen: Die linke »spricht«, die rechte »gestaltet«." Johannes Holler: *Das Neue Gehirn*, Verlag Bruno Martin.

Themenkreise

Das intuitive Wissen um die Bipolarität der menschlichen Fähigkeiten ist in vielen spirituellen Erkenntniswegen bekannt. Auch im ***Yoga*** geht es letztlich um diese *Synchronisation* – die ***Vereinigung*** *aller Gegensätze und Polaritäten*. In der Bezeichnung ***Hatha*** (siehe Abschnitt 2: ***Hatha Yoga***) ist die gleiche Bedeutung enthalten: ***Ha*** bedeutet *Sonne* und symbolisiert die männliche, aktive Kraft, das Wachbewußtsein und die Rationalität. Hier sind Sprache, Logik, Analyse und willentliche Steuerung von Bedeutung. (Rechte Körperhälfte/linke Gehirnhälfte) ***Tha*** bedeutet *Mond*. Es ist die weibliche, besinnliche Kraft, sie regiert die musisch-kreative Seite, die Intuition, das Unterbewußte, die Träume und Emotionen. (Linke Körperhälfte/rechte Gehirnhälfte)

Der Ausgleich dieser Kräfte wird durch Körperübungen und Atemregulierung (***Pranayama***) angestrebt. Im Idealfall bedeutet dies die Integration der beiden Körperhälften bzw. der beiden Gehirnhälften. Auch durch Übungen der Konzentration und durch Meditation kommt es häufig zur angestrebten Harmonisierung der Persönlichkeit.

Der moderne Mensch ist allerdings weniger denn je in der Lage, diese natürlichen Möglichkeiten zu nutzen, da seine Sinne durch andauernden Stress, Zeit- und Leistungsdruck überreizt sind.

Auf der anderen Seite sind technische Hilfsmittel zur Beeinflussung der Gehirntätigkeit auf dem Gebiet der modernen *Psycho-Akustik und -Optik* und des *Biofeedbacks,* die sogenannten ***Brain-Machines,*** entwickelt worden. Sie finden in den Reihen derjenigen Menschen Zuspruch, die ihre Entspannungspraxis durch optisch-akustische Stimulationsgeräte verstärken möchten. Wenn Sie sich eingehender über die vielfältigen Möglichkeiten informieren wollen, empfehlen wir Ihnen, in der Literaturangabe auf die Titel folgender Autoren zu achten: Michael Hutchison, Johannes Holler und A.u.E. Green.

Hier soll nun eine natürliche Methode der ***Gehirnsynchronisierung*** vorgestellt werden, die es Ihnen ohne Kostenaufwand ermöglicht, Ihr Gehirn zu trainieren, es bewußt umzuschalten von der rationalen Funktion (Sprache, Logik, Wachbewußtsein) zur intuitiven Funktion (Kreativität, Traum, Schlafbewußtsein), und die Ihnen hilft, beide Hälften in einem Zustand harmonischer Stille und wacher Meditation zu halten. Mit dieser Methode kann leicht und eindeutig festgestellt werden, welche Gehirnhälfte gerade dominant ist. Der Übung liegen die ***Magischen Tafeln von Chartres*** zugrunde. Es sind Farbtafeln, die im Fußboden der gotischen *Kathedrale von Chartres* gefunden wurden. Man vermutet, daß ihre Herkunft auf geheime, esoterische Vereinigungen mittelalterlicher Maurer und Steinmetze zurückzuführen ist, aus denen die Loge der *Freimaurer* hervorging. Diese Künstler, diese Meister ihres Handwerks, besaßen nicht nur ein herausragendes Fachwissen, sondern sie waren auch Hüter eines geheimen, esoterischen Wissens, einer *Magie der Formen und Farben.*

Praxis

Heften Sie die beiliegende Farbtafel (auf der folgenden Seite herausnehmbar) an die Wand und setzen Sie sich mit aufgerichteter Wirbelsäule auf Armeslänge entfernt vor die Abbildung. Mit Hilfe einer *Schieltechnik* der Augen entsteht die Illusion der Verdoppelung der zwei Teilbilder. Am Anfang ist es hilfreich,

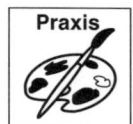

die Zeigefingerspitze auf halber Distanz zwischen der Abbildung und Ihren Augen anzuvisieren. Verschieben Sie nun den Zeigefinger, bis das linke und das rechte Teilbild in der Mitte vollkommen deckungsgleich sind. Zuerst waren durch das Schielen vier Teilbilder entstanden – nun sind es drei Bilder:

Farbiges Motiv auf beiliegender Farbtafel

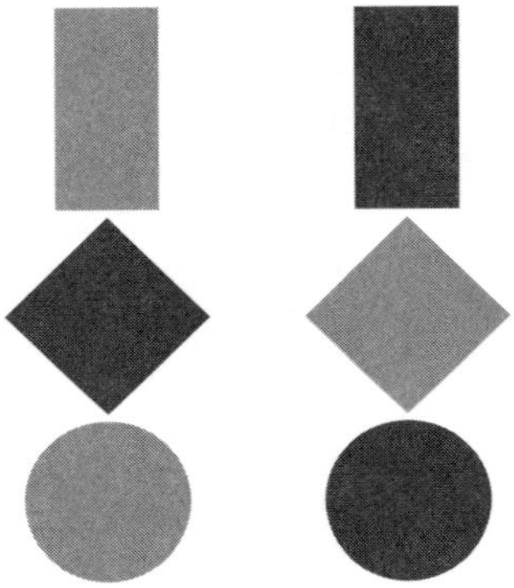

Das linke Bild – es besteht aus einem ***roten*** Rechteck, einem ***blauen*** Karo und einem ***roten*** Kreis.

Das rechte Bild – es besteht aus einem ***blauen*** Rechteck, einem ***roten*** Karo und einem ***blauen*** Kreis.

Das mittlere Bild – hier überlagern sich die ***Rot- und Blautöne***.

Wenn es Ihnen gelingt, das mittlere Bild einigermaßen konstant zu halten, dann können Sie den anvisierten Finger sinken lassen.

Im Schielen (über kreuz) sieht das linke Auge das rechte Teilbild und das rechte Auge das linke Teilbild. Das Sehen beider Teilbilder geschieht gleichzeitig.

Da die linke Körperhälfte (und auch das Auge) von der rechten Gehirnhälfte und die rechte Körperhälfte von der linken Gehirnhälfte gesteuert wird, läßt sich in dieser Übung leicht erkennen, welche Gehirnhälfte gerade aktiv ist.

Zum Beispiel: Wenn das mittlere Bild überwiegend ***Rot*** erscheint, dann weist dies darauf hin, daß das Sehen des rechten Auges (linke Gehirnhälfte) überwiegt, d.h. das *lineare, zeitorientierte, begriffliche Denken*, das *sprachliche* Erleben ist dominant.

Wenn das mittlere Bild überwiegend ***Blau*** erscheint, dann weist dies darauf hin, daß das Sehen des linken Auges (rechte Gehirnhälfte) überwiegt, d.h. das *bildhaft Imaginäre, raumorientierte, intuitive, emotionale* Erleben steht im Vordergrund.

Ist aber das mittlere Bild ***Violett***, dann sind beide Modalitäten des Erlebens gleichermaßen aktiv, d. h. sie befinden sich in einem entspannten Schwebezustand zwischen *Wachen* und *Schlafen*. Das Gehirn versucht zu Anfang noch zu entscheiden, ob das virtuelle Bild ***Rot*** oder ***Blau*** sein soll und springt daher von einem Farbton zum anderen hin und her. Die ***violette*** Farbe deutet schließlich darauf hin, daß das Gehirn sich beruhigt hat. Eine mentale Überaktivität und geistige Trägheit und Lethargie heben sich in diesem Zustand auf.

Zitat

„Bei den meisten Menschen dominiert in unserer heutigen Gesellschaft das linkshirnige Denken, während unsere rechte Gehirnhälfte eher in unseren Träumen und Phantasien zu Worte kommt. Im Alltag führt sie eher ein Schattendasein. Dies hindert viele Menschen daran, in einen meditativen Zustand überhaupt zu gelangen. Entweder die linke Gehirnhälfte weigert sich, für eine kurze Zeit die Führungsrolle abzutreten, Gedanken schießen einem durch den Kopf, man kann nicht abschalten, der gewünschte Entspannungseffekt der Meditation tritt nicht ein. Was auch vielen Menschen in solch einer Situation passieren kann: da während der Meditation im allgemeinen nicht viel Interessantes passiert, zieht sich die linke Gehirnhälfte mit ihrem zeitorientierten Denken, die immer auf »Action« aus ist, irgendwann völlig zurück und überläßt das ganze Feld ihrer Nachbarin. Der Effekt ist, daß der Mensch in der Regel einschläft. Auch hier hat er sein Ziel in der Meditation verfehlt."

Achtung

„Das gewohnte Zeitgefühl, das uns so rastlos macht, weil es den ganzen Tag minutiös in Termine einteilt, tritt etwas in den Hintergrund, um Platz zu machen für die Erfahrung des zeitlosen Raumes. Vergessen wir nicht – die rechte Gehirnhälfte spricht nicht, sie erlebt! All dies geschieht bei vollem Bewußtsein, denn so lange das magische Bild vor unserem Auge Bestand hat, haben wir die Garantie, daß auch die linke Gehirnhälfte voll bei der Sache ist. Sie hat nur für einige Zeit Redeverbot. Genau dies – so werden Sie uns sicher zustimmen – erwartet man im allgemeinen von einem fruchtbaren, meditativen Zustand. Es gibt unseres Wissens kein anderes Verfahren als die Tafeln von Chartres, mit dem die Gehirnsynchronisation und das Erreichen meditativer Zustände so schnell und so leicht möglich ist. Gleichzeitig ermöglicht uns der Biofeedback-Mechanismus der Tafeln jederzeit die volle Kontrolle über unsere Fortschritte – und so etwas lieben wir Europäer doch ganz besonders!" Grazyna Fosar & Franz Bludorf: *Reif für die Zukunft – Auf den Spuren des kosmischen Bewußtseins*, R.G.Fischer Verlag.

Tip

Nachdem Sie nun das Wirkungsprinzip dieser Technik des Sehens verstanden haben, können Sie farbige ***Mandalas*** oder die Linien eines ***Yantras*** (siehe unter ***Nada Yoga***), von dem Sie sich besonders angesprochen fühlen, in ein linkes und ein rechtes Bild aufteilen, z. B. ein mit der Spitze nach unten gerichtetes und ein nach oben gerichtetes Dreieck. Beide Elemente können Sie in der Übung dann zu diesem Symbol ✡ zusammenfügen.

Sie können auch zwei unterschiedlich gefärbte Kerzen (gelb und rot) in den Raum stellen und sie optisch zu einer dritten, zu einer orangefarbenen Kerze in der Mitte werden lassen.

Darüber hinaus läßt sich die ***Synchronisierung des Gehirns*** über den visuellen Weg noch ergänzen durch eine akustische Stimulierung synchronisierter *Alpha-*, *Theta-* und *Deltafrequenzen* über die *„Hemisphären-Synchronisation“* (*Hemi-Sync*) der *MEGABRAIN ZONES - CD´s.*

Wenn Sie Übungen dieser Art für 10 - 15 Minuten regelmäßig ausführen, werden Sie bei der Ausübung anderer Methoden, die in diesem Buch zusammengestellt sind, leichter in einen meditativen Zustand gelangen.

Literatur

Lesenswertes: • Grazyna Fosar & Franz Bludorf: *Reif für die Zukunft*, R.G.Fischer Verlag • Johannes Holler: *Das Neue Gehirn*, Verlag Bruno Martin • Ernst Pöppel: *Lust und Schmerz,* Severin und Siedler Verlag • Harish Johari: *Atem, Geist und Bewußtsein*, Sphinx Verlag • George Pennington: *Die Tafeln von Chartres*, Walter Verlag • George Pennington: *Der Weg über die Augen. Die spirituelle Dimension des magischen Sehens*, Jungfermann Verlag • Carlos Castaneda: *Der Ring der Kraft. Don Juan in den Städten*, Fischer Verlag • Michael Hutchison: *Megabrain - Geist und Maschine*, Sphinx Verlag • A.u.E. Green: *Biofeedback,* Hermann Bauer Verlag.

Hörenswertes: • Michael Hutchison: *MEGABRAIN ZONES I., II. & III.,* J.F.B. Bornhorst GmbH.

Die typenbezogene Empfehlung:

Diese drei Persönlichkeitstypen werden sich mit Leichtigkeit auf das Spiel mit den Augen einlassen können und dabei Ruhe und Ausgeglichenheit erfahren und Inspiration für ihre jeweiligen Interessen bekommen.

Auch der ***Ruhesuchende*** wird die ***Gehirn-Synchronisierungsübung*** als wirksame Vorbereitung für die Meditation schätzen.

Dem ***Unzufriedenen*** und dem ***Stress-Typus*** empfehlen wir, diese Methode nur dann auszuführen, wenn er/sie sich momentan schon in einem relativ entspannten Zustand befindet, da die *Schieltechnik* ansonsten eine Anstrengung für die Augen darstellen kann und eventuell sogar Kopfschmerzen hervorruft. Andere speziell für sie gekennzeichnete Übungen sollten dem besser vorausgehen!

Raum für Notizen:

42
Im Zentrum der 5 Sinne – eine Sensibilisierungsübung

Bedeutung & Herkunft

Im Alltag geschieht es leicht, daß wir von Ereignissen gefangengenommen werden und dabei nicht einmal bemerken, *daß da jemand ist*, der all das erlebt. Wir sehen Bilder, hören Töne und Geräusche, fühlen Berührungen, nehmen Düfte und den Geschmack der Speisen wahr, aber nur selten scheint eine wache Präsenz zu existieren, die sich erstaunt darüber zeigt, daß eine Welt des sinnlich Erfahrbaren überhaupt existiert. So rauscht alles mehr oder weniger an uns vorüber. Einer der beeindruckendsten Mystiker des 20. Jahrhunderts, ***G.I.Gurdjieff***, erklärte, daß sich der Mensch sogar im sogenannten Wachzustand in tiefstem Schlaf befindet. Seiner Erkenntnis zufolge existiert vorerst kein kristallisiertes *ICH*, sondern viele kleine *ich*, die ständig miteinander um die Vorherrschaft ringen, ... als ob der Hausherr in Ohnmacht gefallen ist oder krank im Bett liegt. Wenn ein Besucher an der Türe läutet, öffnet jedes Mal ein anderes Mitglied der Dienerschaft und behauptet, es sei der rechtmäßige Besitzer des Hauses. Die Diener haben unterschiedliche Namen: „Ich bin zornig - ich bin eifersüchtig - ich bin liebevoll – ich bin ängstlich – ich bin traurig – ich bin neidisch – ich bin gelangweilt usw. ....“ Die Gemütszustände wechseln ständig, doch das erlebende *ICH* inmitten der Erlebnisse weiß von all dem nichts.

Viele spirituelle Traditionen bemühen sich um das *Erwachen* des *wahren ICH*, um das Erkennen des *Sehenden* oder *Erlebenden*. Es wurden Übungen entwickelt, die auf der Einsicht basieren, daß die nach außen gerichtete Natur der ***Sinne*** den *Sehenden* an die *Außen*-Objekte bindet. Aber es kann auch nicht darum gehen, den Sinnen zu verbieten, Erfahrungen mit der Welt der Sinnesobjekte zu machen. Es dreht sich vielmehr um das Verstehen, wie das Gefangensein in der Welt der Dinge beendet werden kann, wie die Identifikation wieder zu lösen ist.

Zitat

„svavishaya-asamprayoge chittasya svarupa-anukara iva indriyanam pratyaharah."

„Wenn die Sinne sich von ihren Objekten zurückziehen und sozusagen in das Eigenwesen des Geistes eingehen, so heißt dieser Zustand das »Zurückhalten der Sinne« (*pratyahara*)."
Die Yoga-Sutren des Patanjali: *Sadhana Pada*, Sutra 54.

Das Bewußtsein des Menschen kreist ständig um einen *Magneten*, zu dem sich die Sinne hingezogen fühlen - es strebt nach außen zu den Klängen, den sich bewegenden Formen, den angenehmen Tastempfindungen, den wohlriechenden Düften und den Köstlichkeiten des Gaumens. In der achtlosen Wiederholung wächst das Begehren und kann sich zu Sucht und Abhängigkeit steigern. Dabei werden die Sinne zunehmend durch die Unbewußtheit der Routine an die Sinnesobjekte gebunden. ***Pratyahara*** – das *Zurückziehen der Sinne* – basiert deshalb auf einer Gegenbewegung, die in eine umfassendere Bewußtheit zurückführt.

Themenkreise

Diesen Ruhezustand des Geistes, der in allen Meditationen (siehe dazu ***Hatha Yoga, Zen*** und ***Vipassana***) angestrebt wird, hat der Weise ***Patanjali*** in den ***Yoga-Sutren*** folgendermaßen definiert: Die Sinne ruhen in der ursprünglichen Identität mit dem *reinen Gewahrsein*, und der Geist verharrt im Zustand der Bewußtheit seiner selbst (siehe ***Wer bin ich?***).

Eines der bekanntesten spirituellen Symbole, das den Menschen als *fünfpoliges Sinneswesen* darstellt, ist das *Pentagramm.* Im unbewußten Zustand sind die Sinne wie abgeschossene Pfeile, die nicht zu ihrem Ursprung zurückkehren – sie verlieren sich in der Welt der Objekte. Im *Pentagramm* hingegen kehren die Pfeile zurück und sind dadurch alle miteinander verbunden. So ist ein *Symbol der Einheit* entstanden. In diesem Sinne läßt sich auch das *Pentakel* (das von einem Kreis umgebene *Pentagramm*) im ***Tarot*** nicht nur als *Münze* (dem Symbol für das Materielle und das Element Erde) interpretieren, sondern in einem höheren Sinne als: ***Das Ruhen in der Mitte der fünf Sinne***.

Die Voraussetzung für ein *Zurückziehen* und den *Ruhezustand der Sinne* ist, jeden einzelnen der ***fünf Sinne*** vorher gesondert zu erfahren. Die folgende Übung ist daher in fünf Abschnitte unterteilt:

Praxis

Übung I:

A ***Sehen,*** B ***Hören,*** C ***Tasten,*** D ***Riechen*** und E ***Schmecken.***

A. Erlebe dich selbst für einige Minuten als ***Sehender*** – *sieh* und filtere alle Ereignisse **nur** durch die *Augen*. Mache dir ein klares Bild von den Formen und den Konturen der Dinge. Schaue etwas eindringlicher auf die Kurven, Linien und Winkel. Betrachte das Spiel von Licht und Schatten. Sieh die Menschen als ein wechselndes, farbiges Energiespiel. Verschaffe dir einen guten Überblick und lasse deine Vision zusammenhängend sein. Beobachte genau, wie sich die Perspektiven im Raum verändern, wenn du dich bewegst. Lasse den Blick schweifen. Stelle dir zwischendurch auch folgende Fragen: Wie spreche ich auf optische Reize an? Lasse ich mich durch Äußerlichkeiten leicht beeindrucken? (siehe dazu ***Der Schweifende Blick***, ***Die Aura/Lichtkörperübung***, ***Tratak – die Blickmeditation***).

B. Und nun achte darauf, wie sich *deine Welt* verändert, wenn du zum Erleben des ***Hörens*** überwechselst: *Höre* die Geräusche deiner Umgebung. Filtere alle Ereignisse **nur** durch die *Ohren*. Lausche nach innen und nach außen, lausche mit dem Herzen. Nimm die Stimmlagen der Klänge und die feinen Stimmungen der Worte wahr – auch der eigenen Stimme, während du sprichst oder singst. Begegne allen Dingen und Wesen über das *Hören*. (siehe dazu auch ***Mantra-Meditation & Nada Yoga, Die Vokalraumübung*** und ***Nada Brahma***).

C. Spüre nun, wie sich die Wahrnehmung *deiner Welt* wieder grundlegend verändert, wenn du alles nur mit dem ***Tastsinn*** und durch das *Fühlen* wahrnimmst: Spüre körperlich Nähe, Ferne, Enge, Weite, Druckempfindungen und Temperaturunterschiede. Lasse dich berühren durch die Welt der Formen. Spüre den Kontakt mit anderen Menschen und erlebe die Druck- und Spannungsqualität, die alle Situationen in besonderer Weise auszeichnet. Wie reagierst du jeweils auf die Berührung durch einen anderen Menschen? Ist dir ein enger Kontakt angenehm oder unangenehm? Frage dich auch, ob du dich leicht vom Schicksal anderer Menschen berühren läßt?

(siehe dazu auch ***Akupressur & Meridiandehnungen, Feldenkrais, Bioenergetik***, ***Hatha Yoga*** und ***Drei lockernde Bewegungen***).

D. Nun achte darauf, wie deine Wahrnehmung wieder eine vollkommen andere Qualität bekommt, wenn du ausschließlich das ***Sinnesorgan Nase*** benutzt und *deine Welt* **nur** durch ***Riechen*** und ***Atmen*** erkennst. Werde dir bewußt, ob du die Menschen in deiner Umgebung *riechen* kannst und wie dein Denken und Fühlen durch den spezifischen *Duft* der Ereignisse beeinflußt werden. Du kannst die Atmosphäre in einem Raum ebenso *erschnuppern* wie die Morgen- oder Abendluft im Garten. Ist deine Atmung dabei ruhig, gleichmäßig und subtil? Kannst du in der jeweiligen Atmosphäre frei atmen? (siehe dazu auch ***Verbundenes Atmen*** und ***Viloma Pranayama***).

E. Wechsele jetzt ganz und gar über zum ***Wahrnehmungsorgan Zunge*** und beobachte, wie du alles **nur** durch den ***Geschmackssinn*** wahrnimmst. Spüre dich selbst. Was für einen Geschmack hast du im Mundraum – ist er süß oder säuerlich? Kannst du dir vorstellen, daß bestimmte Begegnungen ein Gefühl der *Verbitterung* hinterlassen? Erlebst du Menschen und Situationen als *nach deinem Geschmack*? Betrachte deine Reaktion auf Situationen unter dem Gesichtspunkt von *Würze* (Angeregtsein, Schärfe, fade Langeweile, Entsetzen über *soviel Geschmacklosigkeit*). Welche Art von Nahrung nimmst du gewöhnlich zu dir und welche Geschmacksrichtung suchst du? Filtere *deine Welt* durch diesen speziellen Sinn und seine assoziierten Aspekte.

Erkenntnis

Mit dem ***Geschmackssinn*** verbindet das Kleinkind eine tiefe emotionale Erfahrung von Angenommensein oder Abgelehntwerden. Es wurde festgestellt, daß der *Geschmack* der Muttermilch Informationen über die jeweilige Stimmung der Mutter enthält. So ist der ***Geschmack*** für den Säugling die ursprünglichste Erfahrung von Liebe und wird damit zur allerersten Erkenntnismöglichkeit. Diese Sinnesfunktion (zusammen mit dem ***Riechen***, die beide eng miteinander verknüpft sind) ist emotional am stärksten besetzt. (siehe dazu auch ***Lachen und Weinen*** (***The Mystic Rose***) und ***Die Raucher-Meditation***).

Nun kannst du leichter erkennen, welche Art der ***Sinneswahrnehmung*** dir weniger und welche dir mehr vertraut ist. Diese Übung ist eine wunderbare Anregung, das bisher wenig benutzte Wahrnehmungssystem zu sensibilisieren und so alle verfügbaren Sinnesinformationen optimal auszuschöpfen. Der abrupte Wechsel von einer ***Sinnesmodalität*** zu einer anderen wirkt aufrüttelnd und weckt die Bewußtheit für das umfassendere Potential der Sinne. (Lese dazu bitte den Textbeitrag **Was ist Bewußtheit?**) Diese Übung eröffnet dir eine schärfere Beobachtungsgabe und hilft dir, dich leichter aus der Identifikation mit den Objekten zu lösen. Die innere Loslösung verhindert jedoch nicht, daß du dich gleichzeitig von allen Dingen berühren läßt.

Fingerzeig Information

In einem Sutra aus dem ***Vigyan Bhairav Tantra*** (siehe dazu auch ***Tantra***), den 112 Meditationsmethoden, die ***Shiva*** seiner Gemahlin ***Devi*** in einem Dialog übermittelte, wird die folgende Übung, die eine Synthese aus den vorhergegangenen fünf Abschnitten darstellt, in wenigen Worten beschrieben:

> „*Gesegnete! Wenn alle Sinne im Herzen aufgenommen sind, gehe in die Mitte des Lotos.*“

Das Zentrum des Gewahrseins kann sich beim Menschen an jedem beliebigen Punkt des Körpers kristallisieren: Ein gefühlsbetonter Mensch zeigt immer auf sein Herz, wenn er über seine Wahrnehmung berichtet. Wer geistorientiert und relativ sachlich wahrnimmt, hat eher das Empfinden, daß sich sein Zentrum im Kopfbereich befindet. Im *Zen-Buddhismus* und im *Taoismus* geht man davon aus, daß die eigentliche Mitte im Unterbauch liegt. Manche Meditierende haben ein so großes Maß an ganzkörperlicher Bewußtheit entwickelt, daß das Zentrum ihrer Wahrnehmung an allen Punkten des Körpers gleichzeitig sein kann.

Die gleichmäßige Entfaltung aller ***fünf Sinne*** – das andauernde Spüren – räumt hier jedoch dem Herzen einen besonderen Platz ein. In der oben zitierten Übung ist der *Lotos* ein Sinnbild für das Herz.

Übung II:

Praxis

Ob im Gehen, im Stehen, im Sitzen oder im Liegen – stimme dich ein auf einen Ort der Ruhe und der Klarheit im Zentrum des Brustraumes. Von da aus hast du einen Überblick nach allen Seiten hin – nach vorne, nach hinten, nach links und nach rechts , nach oben und nach unten. Breite deine *Fühler* aus und spüre, wie alle Fäden der Wahrnehmung im Herzen zusammenlaufen. Lasse jeden sinnlichen Reiz durch das Herz laufen. Fühle die zarte Vibration in der Brust. Am Anfang werden die Sinnesempfindungen vom ausschließlichen Sehen zum Hören, vom Riechen und Schmecken zum Tasten wechseln und in einer zeitlichen Abfolge nacheinander ablaufen. Wenn aber die Wachheit der Sinne wächst, entsteht ein Wahrnehmungsraum, in dem alles gleichzeitig geschieht. Dehne darum den Horizont des Riechens und Schmeckens, des Sehens und Hörens und des Fühlens immer weiter aus. Je mehr Raum du zuläßt, um so umfassender wird die Empfindung, bis sie wie aus einem Guß zu sein scheint. Spüre nun, wie diese ***eine Empfindung*** tief in das Zentrum des Herzens eindringt.

Erkenntnis

Wenn Sehen, Hören, Riechen, Schmecken und Fühlen zu einer Einheit werden, kann das Phänomen der *Synästhesie* (*Griechisch* für *Einheit* und *Sinneswahrnehmung*) auftreten. So erleben manche Menschen, daß Töne oder Worte farbig sind oder daß bestimmte Gerüche eigenartige Empfindungen auf der Haut hervorrufen. Viele Künstler, Dichter und Musiker berichten von dieser Form der erweiterten Sinneswahrnehmung – sie sehen oder riechen Töne, hören Bilder und schmecken Gefühle. *Ihre Welt* hat dadurch eine zusätzliche Dimension gewonnen.

Literatur

Lesenswertes: • Ernst Pöppel: *Grenzen des Bewußtseins – Über Wirklichkeit und Welterfahrung,* dtv-Sachbuch • Rocque Lobo: *Yoga – Sensibilitätstraining für Erwachsene,* Hueber-Holzmann Verlag • Rocque Lobo: *Ayurveda – Besser leben im Rhythmus der Zeit,* M&T Edition Astroterra • Grazyna Fosar/Franz Bludorf *Reif für die Zukunft,* R.G.Fischer Verlag • Bhagwan Shree Rajneesh: *Das Buch der Geheimnisse,* Wilhelm Heyne Verlag • Hrsg. v. Berufsverband Deutscher Yogalehrer: *Der Weg des Yoga – Handbuch für Übende und Lehrende,* Verlag Via Nova • P. Y. Deshpande: *Patanjali – Die Wurzeln des Yoga,* Otto Wilhelm Barth Verlag

Die typenbezogene Empfehlung:

Die grundlegende Aufgeschlossenheit des ***Neugierigen*** und des ***eifrig Suchenden*** gegenüber dem Neuen und Unbekannten kann beide Übungen zu einer anregenden Selbsterfahrung werden lassen.

Die ***2. Übung*** ist nebenstehenden Typen vorerst nicht zu empfehlen, da sie eine feinfühlige Stimmung erfordert. Die intensive Erfahrung des Wechsels von einer Sinnesmodalität zur anderen in der ***1. Übung*** kann für sie jedoch zu einem aufrüttelnden Erlebnis werden, bei dem sich Identifikationen aufzulösen beginnen.

Der ***Perfektionist***, der klare Unterscheidungen schätzt, wird sich von der ***1. Übung*** angesprochen fühlen, da sie seinem Bedürfnis nach Überschaubarkeit entspricht.

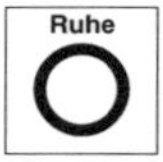

Der ***Ruhe-Typus*** wird eher die ***2. Übung*** bevorzugen, da sie ihn unterstützt, an einen *Ort* der Klarheit im Zentrum der fünf Sinne zu gelangen, wo die Fäden der Wahrnehmung zusammenlaufen.

Raum für Notizen:

43
Eine Vorbereitung zu wachem Träumen

Bedeutung & Herkunft

Der ***Traum*** ist die Pforte zum Unterbewußtsein. Sehr lange glaubte man im Westen, die Entdeckung des Unterbewußten und die methodische Erforschung der Träume seien Errungenschaften der *Psychoanalyse*, die Ende des 19. Jahrhunderts mit *Sigmund Freud* ihren Anfang nahm. Erstmals schien es ein wissenschaftlich fundiertes Verfahren zu geben, seelische Vorgänge (Träume, Phantasien, Wahnvorstellungen), die bis dahin kaum zugänglich waren, durch freie Assoziation zu untersuchen. Doch der ***Traum*** ist ein Zustand des *Bewußtseins*, der Mystiker, Dichter, Maler, Musiker und alle *Astronauten auf ihren Reisen durch die unendlichen inneren Räume* seit Urzeiten beschäftigt hat. Er liefert den Stoff für Märchen, Legenden und Mythen und erweckt Archetypen zum Leben. Was in den Geheimlehren der Schamanen und Weisen längst vertrautes Wissen ist, wird nun zunehmend für die Wissenschaft des Westens zu einem faszinierenden Studienobjekt.

In ***Träumen*** spricht die Seele. Doch das Geheimnis dieser Sprache wird mit der linearen Logik des wissenschaftlichen Denkens nie gelüftet werden können. Und es ist gut, daß das Endliche das Unendliche nicht begreifen kann, sonst würde alles, was dem Leben Farbe, Beschwingtheit, Freude, Kreativität und Inspiration verleiht, in der tristen Eintönigkeit des ordnenden und erklärenden Verstandes erstickt werden. Durch inspirierende *Träume* wurden bahnbrechende Erfindungen auf dem Gebiet der technologischen Entwicklung möglich. *Träume* tragen die Lösung vieler Probleme in sich – sie können therapeutisch wirken und Heilungen in Gang setzen. *Träume* begleiten den Menschen beim Übergang vom Diesseits zum Jenseits, und mitunter führen Visionen von kosmischem Ausmaß zu einer Erweckung des Bewußtseins.

Viele Menschen haben schon einmal das Phänomen des ***luziden Träumens*** (*Luzid = hell, durchsichtig; klar, verständlich*) erlebt: Dem Schlafenden wird im Traum ganz plötzlich bewußt, daß er träumt. Mitten im Traum *erwacht* er zu tiefer

Bewußtheit. Hier vollzieht sich die Umkehr der gewohnten *Wirklichkeit*. Die Mystiker sagen, die Welt sei ein Traum und der Mensch schlafe im Wachzustand. In dem Moment, in dem er sich des *Erlebenden* im Traum bewußt wird, ist der Traum wirklicher als alles, was er in der gewohnten Realität jemals erfahren hat. Wer einmal dieses *Erwachen* im Traum erlebt hat, dem drängen sich die grundlegenden Fragen des Lebens auf: Was ist wacher und lebendiger – Traum oder Realität? Ist Träumen nicht auch eine Wirklichkeit? Was gibt uns die Sicherheit, zu behaupten, *unsere Realität* sei wirklicher als ein Traum? Ist nicht die Vergangenheit, unser eigenes Leben, wenn wir nach zehn, zwanzig oder gar siebzig Jahren zurückblicken, wie ein Traum? Und wo befinden sich jetzt all die Ereignisse und Begegnungen, die Dramen, die für uns damals so real waren und uns so sehr beschäftigten?

Von dem taoistischen Weisen ***Chuang Tse*** aus dem vierten Jahrhundert v. Chr. ist uns eine Anekdote überliefert, die wahrscheinlich als Lehrstück für seine Schüler diente, um die starre Abgrenzung zwischen Traum und Realität und die illusionäre Sicherheit des rationalen Verstandes zu erschüttern: Eines Morgens saß er da – scheinbar betrübt. Auf die erstaunte Frage seiner Schüler, was denn geschehen sei, antwortete *Chuang Tse,* daß er geträumt habe, er sei ein wunderschöner Schmetterling. Nun aber, da er aufgewacht sei, frage er sich, wie er zweifelsfrei wissen könne, daß er nicht ein Schmetterling sei, der träumt, er sei der erwachte Chuang Tse.

Erkenntnis

Wenn die Wahrnehmungen unseres Wachzustandes genauso wenig *realistisch* zu sein scheinen wie die phantastische Welt der Träume, dann kann eine Lösung dieses Paradoxes nur darin liegen, herauszufinden, wer der *Schöpfer der Träume* ist und wie wir *Träume der Wirklichkeit* träumen können? Auch hier ist das Konzept *der Nabe und des Rades* (siehe ***Die Drehmeditation der Sufi-Derwische***) hilfreich, um die Richtung der Untersuchung nach der Frage der *Wirklichkeit* festzulegen. ***Osho*** hat in seinem Buch über die *Esoterische Psychologie* eine wahrhaft *erleuchtende* Darlegung des Verhältnisses von *Traum und Realität in den 7 Körpern* gegeben: Er spricht über die Realitäts- und Traumerfahrungen, die aufgrund der Identifikation mit den grobstofflichen und feinstofflichen Hüllen – dem *physischen, ätherischen, astralen, mentalen, spirituellen, kosmischen* und *nirvanischen Körper* – auftreten und die jeweils eine unterschiedliche Qualität besitzen. Zur Erläuterung benutzt er das Bild von einem *Rad und den Speichen*: Auf der physischen Ebene sind Traum und Realität so weit voneinander entfernt wie zwei Speichen an der Oberfläche eines Rades. Hier erscheinen Träume bizarr und irreal. Beim Zentrum des Rades – auf dem Weg zu den feinstofflicheren Körpern – nähern sich Traum und Realität einander zunehmend an. Demnach kann ein Mensch, der auf der mentalen Ebene verwirklicht ist, Träume träumen, die Wirklichkeit werden. Auf der Kosmischen Ebene gibt es keinen Träumer mehr – es existiert nur noch der kosmische Traum (oder Träume der kosmischen Einheit). Im Zentrum – der *nirvanischen* Ebene – fällt selbst die Unterscheidung zwischen Traum und Realität weg. *Osho* beschreibt in diesem Kapitel die Merkmale von Traum und Realität für jeden dieser *Körper* und legt äußerst anschaulich dar, welche Methoden der verschiedenen spirituellen Traditionen auf den jeweiligen Verwirklichungsebenen wirksam und insofern empfehlenswert sind.

Zwischen dem achten und zwölften Jahrhundert n. Chr. haben tibetische Meister hochentwickelte Techniken des ***Traum-Yoga*** praktiziert. Daraus entstand eine experimentell überprüfbare Wissenschaft des *Klarträumens*, die der verstorbenen Seele helfen soll, im ***Bardo*** (dem körperlosen Zwischenzustand, der im ***Tibetischen Totenbuch*** beschrieben wird), nicht von Verwirrung über illusorische Gebilde überwältigt zu werden, mit denen sie im Laufe ihres irdischen Lebens verhaftet war. Durch *klares Träumen* versucht der Meditierende, sich auf eine höhere Dimension des Erlebens im körperlosen Zustand vorzubereiten. Die tibetischen *Lamas* betonen, daß nach dem Tod des physischen Körpers alles genauso wirklich erscheint *wie im Leben* – nur siebenfach intensiver. Ein grundlegend positiv und optimistisch gestimmter Geist erlebt demzufolge eine *himmlische* Wirklichkeit, ein ängstlicher, zorniger, unkontrollierter, anhaftender Geist hingegen bestraft sich mit einer selbst kreierten *Hölle*, mit den eigenen unbewußten, mentalen Schöpfungen. Wer in den Momenten der Konfrontation mit der Wirklichkeit (wie wir sie im Augenblick des Todes erleben oder wie sie in existentiell bedrohlichen Situationen aufleuchtet) nicht den gewohnten Verhaltensmustern und Tendenzen ausgeliefert sein will, kann hier die Bedeutung einer vorhergehenden Läuterung durch konzentrative und meditative Übungen erkennen: Wenn z.B. in einem ***wachen, klaren Traum*** oder ***nach dem Tode*** eine gefährliche Situation entsteht, in der der *Träumer* oder *Erlebende* vor die Wahl gestellt ist, unter schwierigsten Umständen notwendige Hilfe zu leisten – oder sie zu unterlassen – wird er sich wohl kaum mehr in den sicheren Wachzustand flüchten können, denn die Situation erscheint *siebenmal intensiver* und daher zwingender. Subjektiv empfundene Schuld, Befriedigung oder Freude – was immer der Bewußtseinszustand der *Seele* sein mag – wird ihr demnach auf eindringlichste Weise widergespiegelt werden.

Im Bemühen um ***bewußtes Träumen*** geht es also nicht um eine Steigerung der Qualität sinnlicher oder *übersinnlicher* Erfahrung, sondern um das Freisein von inneren Bindungen. Wer nur die *Dauerhaftigkeit von Lust und Sinnlichkeit* sucht, wird zwangsläufig mit dem Thema *Vergänglichkeit* konfrontiert werden und muß erkennen, daß alles Leid auf Erden aus der Anhaftung der Sinne mit den Objekten der Erfahrung entsteht.

Fingerzeig Information

Die Suche im Zustand des ***Träumens*** gilt also dem, was unzerstörbar und daher einzig wirklich ist. ***Traum-Yoga*** ist eine Technik, die nur das Erwachen zum Ziel hat. Dabei geht es nicht um Veränderung oder Selbstverbesserung, sondern um eine *erleuchtende* Sicht, die frei von ablenkenden Ereignissen und Erinnerungen ist. (Lesen Sie bitte dazu den Textbeitrag **Was ist Bewußtheit?**)

Der Erfolg von vorbereitenden Übungen, die zum ***Aufwachen im Traum*** führen sollen, hängt ab von einer intensiven Motivation, einem Bestreben, sich tatsächlich aus dem Zustand des hilflosen Ausgeliefertseins beim Träumen zu befreien. Dazu bedarf es bei aller Entspanntheit und der inneren Haltung der Losgelöstheit einer klaren und von innerer Kraft getragenen *Absicht*.

„Absicht ist das Äquivalent zu Gurdjieffs Schwur für das Wesentliche und die Einstellung zum Leben, auf der Carlos Castanedas Lehrer Don Juan immer bestand. »Die Intention«

Zitat

ist ein Begriff, der durch ihn geprägt wurde. (...) Die zielgerichtete Absicht wird ein festes Verhalten. Dieser Gedanke wird als brennender Zweig in die tiefere Ordnung der Wirklichkeit geschickt. (...) Daraus kann man schließen, daß es Willen und *Willen* gibt. Vielleicht ist es leichter, den Willen als pure Energie zu sehen, und vielleicht ist eine der Hürden des Mystikers, Schamanen und unvorsichtigen Lesers ein grundlegendes Fehlen von Energie. Um überhaupt zu visualisieren und einen Schwur für das Wesentliche zu machen oder während des Schlafens bewußt zu werden, braucht man Energie." Malcolm Godwin: *Der Traum*, Verlag Knesebeck

Die Erinnerung an das Geträumte wirkt wie eine leuchtende Fackel, mit deren Hilfe Sie die Pforte zum Wiedereinstieg in das Reich der Träume leichter finden können. Deshalb:

Praxis

1. Führen Sie ein ***Traumtagebuch***, in dem Sie sofort nach dem Aufwachen jedes Fragment eines Traumes festhalten. Außerdem stimmen Sie sich durch einige Notizen auf das ein, was Sie als ***Traumbotschaft*** erwarten. Legen Sie Ihr Schreibmaterial oder ein Aufzeichnungsgerät (am besten ein handliches Diktiergerät), griffbereit neben das Bett, so daß Sie (wenn möglich, ohne eine andere Person zu stören) sofort auf das Band sprechen können, was in Ihnen noch an Bildern lebendig ist. Es empfiehlt sich folgende Unterteilung:

a) ***Tagesnotizen**:* Tragen Sie kurz und präzise (in Stichworten) oder ausführlich ein, was Sie am Tage erlebt, gedacht und gefühlt haben.

b) ***Ihr Anliegen**:* Vielleicht möchten Sie von Ihrem weisen ***Traum-Selbst*** eine Antwort auf eine Frage, Informationen, Ratschläge oder eine Handlungsanweisung zu einem bestimmten Problem. Bringen Sie das Für und Wider Ihrer Gedanken und Gefühle zu Papier. Fragen Sie sich, weshalb Sie die Information benötigen, und ob Sie bereit sind, eine Antwort anzunehmen.

c) ***Formulierung der Intention**:* Schreiben Sie eine Frage oder eine Bitte in GROSSBUCHSTABEN auf. Sie können auch den Befehl erteilen, dieses Mal im Traum aufzuwachen! Achten Sie darauf, unmißverständlich und so einfach wie möglich zu formulieren.

d) ***Intensive Ausrichtung der Intention***: Sorgen Sie für eine beruhigende Atmosphäre vor dem Einschlafen. Zünden Sie Räucherwerk oder eine Duftlampe an. (Schalten Sie jede Brandgefahr aus.) Der Duft von Rosmarin, Thymian und Lavendel als Essenz oder als Füllung im Kräuterkissen fördert einen ruhigen und natürlichen Schlaf. Meiden Sie Alkohol und Schlaftabletten und gehen Sie nicht zu spät zu Bett, da Übermüdung den Erfolg Ihrer nächtlichen Forschungsreisen beeinträchtigt. Sobald Sie das Licht gelöscht haben, wiederholen Sie mit ungeteilter Aufmerksamkeit und voller Gefühl Ihre FRAGE, BITTE oder Ihren BEFEHL bis zur letzten Sekunde vor dem Hinübergleiten in den Schlafzustand........

e) ***Die Traum-Aufzeichnung***: Halten Sie eine Zeile frei für einen ***Titel***, mit dem Sie in wenigen Worten anschließend Ihren Traum charakterisieren. Schreiben Sie (oder diktieren Sie in ein Aufzeichnungsgerät) nach dem Aufwachen ohne zu zögern, was als erstes in Ihrer Erinnerung auftaucht. Kleine, scheinbar unbedeutende Fragmente sind wie Magnete, die Traumereignisse festhalten können, bevor sie sich *wieder in Luft auflösen*. Wenn Sie genügend Zeit haben, halten Sie auch alle flüchtigen Assoziationen zum Inhalt der Traumelemente fest. Solange der Fluß der Assoziationen anhält, schreiben Sie, ohne sich selbst zu zensieren bzw. sprechen Sie ohne den Anspruch, druckreif zu formulieren. Versuchen Sie nicht, beim Aufschreiben (oder Sprechen) eine bestimmte Logik zu entdekken! Interpretieren können Sie die Gesamtheit des Traumes anschließend. Sie werden verwundert sein, wieviel tiefer Sinn in den bizarren, widersprüchlichen, oft *unmöglichen* Traumbegebenheiten verborgen liegt!

f) ***Auswertung:*** Betrachten Sie nun den größeren Zusammenhang zwischen Ihrer Frage oder Bitte und den Tagesnotizen. Hier können Sie wiederkehrende Themen erkennen.

2. Die beharrliche Beschäftigung mit der Auswertung der Trauminhalte wird im Laufe der Zeit das Unterbewußte erhellen, und die Träume werden zunehmend klarer. Nun können Sie übergehen zu wirkungsvollen Methoden, um ***luzides Träumen*** (leuchtende Klarträume) zu erwecken. ***Stephen La Berge***, einer der bekanntesten Schlaf- und Traumforscher der Univer-

sität von Stanford empfiehlt als wirkungsvollste Methode ***MILD*** (*Mnemonic Induction of Lucid Dreams*),was soviel bedeutet wie *eine Eselsbrücke für das Auslösen klarer Träume*. Es wirkt auf ähnliche Weise wie ein Knoten im Taschentuch, der an etwas erinnern soll, oder wie die Entschlossenheit, zu einem bestimmten Zeitpunkt aufzuwachen. Die Methode besteht aus dem einfachen Satz: ***Wenn ich das nächste Mal träume, will ich erkennen, daß ich träume***. Es wird allerdings wenig nützen, wenn dies nur geistesabwesend ausgesprochen wird - man muß es wirklich wollen! Wenn Sie in der Nacht aufwachen, stellen Sie sich zusammen mit diesem Satz vor, daß Sie in den vorherigen Traum erneut eintauchen und sich selbst beim Träumen zusehen! Wiederholen Sie dieses Verfahren immer wieder.

3. Eine ähnlich wirksame Technik wurde ***Carlos Castaneda*** von ***Don Juan*** empfohlen: Als *Eselsbrücke* dienen hier die Hände. Schauen Sie so oft wie möglich am Tage Ihre Handflächen an. Schließen Sie ab und zu die Augen und visualisieren Sie sie. Dieser Eindruck wird irgendwann im Traumzustand zum Auslöser einer Erinnerung. Auch hier erteilen Sie sich vor dem Einschlafen den Befehl, daß Sie im Traum Ihre Hände sehen und aufwachen werden. *Don Juan* sagt, daß der Erfolg der ausgesandten Absicht abhängig ist vom Maß an persönlicher Kraft oder Energie. (Ein bewährtes Verfahren, um mehr Energie zu erlangen, wurde in ***Die Rekapitulation*** beschrieben.)

4. Für ***Atisha***, den großen Lehrer der ***Tonglen-Übung*** (siehe ***Tonglen – die Herzmeditation***) bestand offensichtlich kein großer Unterschied zwischen Imagination, Traum und Wirklichkeit. In der *Herzmeditation* geschieht allein über die Vorstellung des *Einatmens von Schmerz und Leid* und des *Ausatmens von weißem, strahlenden Licht* eine wirksame Transformation. Von ***Atisha*** ist ebenfalls eine der machtvollsten Vorbereitungsübungen für klares Träumen bekannt, die in folgendem *Sutra* beschrieben wird:

Denke, daß alle Phänomene wie ein Traum sind.

Wer die Erscheinungen der Welt und die Gedanken, Bilder und Vorstellungen im Geiste als traumhafte Gebilde ansieht, entwickelt ein intensives Empfinden oder eine Intuition für die

Wirklichkeit des *Sehenden.* (Achten Sie bitte auch hier wieder auf die zahlreichen Parallelen zu ***Vipassana, Tonglen, Nada Yoga, Wer bin ich?, Die Drehmeditation, Eine Aura / Lichtkörperübung, Die Riesenkörper-Übung, Im Zentrum der fünf Sinne*** und ***Zen***). Wer tagsüber häufig denkt und fühlt, daß das Leben wie ein Traum ist, wird diesen inneren Abstand auch zunehmend in die Realität des Träumens hinübertragen und dort manifestieren.

Literatur

Lesenswertes: • Malcolm Godwin: *Der Traum*, Verlag Knesebeck • Namkhai Norbu: *Traum-Yoga*, O.W.Barth Verlag • Carlos Castaneda: *Reise nach Ixtlan, Die Kunst des Träumens*, Fischer Verlag • Sogyal Rinpoche: *Das Tibetische Buch vom Leben und Sterben*, O.W.Barth Verlag • Grazyna Fosar/Franz Bludorf: *Reif für die Zukunft*, R.G.Fischer Verlag • Gayle Delaney: *Lebe Deine Träume*, Ullstein Verlag • Ann Faraday: *Deine Träume. Schlüssel zur Selbsterkenntnis*, Fischer Taschenbuch Verlag • Osho: *Esoterische Psychologie*, Osho Verlag • Bhagwan Shree Rajneesh: *Das Buch der Geheimnisse*, Heyne Verlag • Werner Zurfluh: *Die Quellen der Nacht*, Ansata Verlag • Robert A. Monroe: *Der zweite Körper*, Goldmann Verlag.

Die typenbezogene Empfehlung:

Achtung

Als ein Mittel zur Selbsterkenntnis ist die Auseinandersetzung mit den Träumen jedermann zu empfehlen. Die Bereitschaft, sich auch ungewöhnlichen Erfahrungen zu öffnen, erfordert Mut. Unvorsichtigen und instabilen Menschen ist deshalb vorerst von den genannten Methoden für ***klares Träumen*** abzuraten. Für den ***Unzufriedenen***, den ***Neugierigen*** und den ***Stress-Typus*** sind sie weniger geeignet. Sollte die Arbeit mit dem ***Traumtagebuch*** Sie unerwartet in verwirrende und ängstigende Träume versetzen, brechen Sie die Versuche damit sofort ab und praktizieren Sie statt dessen Übungen, die Sie körperlich zentrieren.

Perfektion Eifer Ruhe

Die nebenstehenden Persönlichkeitstypen, können mit Erdverbundenheit und Humor aus den beschriebenen Übungen den größten Nutzen ziehen.

44
Tantra

Bedeutung & Herkunft

Seit Anfang der 70iger Jahre ist die Lehre des ***Tantra*** immer bekannter geworden. Viele haben darin eine ideale Verbindung des *Weltlichen* mit dem *spirituellen Bewußtsein* entdeckt. Für die christliche Kirche und ihre Gläubigen war eine Verschmelzung von Spiritualität und sexueller Ekstase bis vor kurzem undenkbar. Noch heute erfüllt die *Sexualität* nach Auffassung der meisten Religionen weitgehend einen biologischen Zweck – den der Fortpflanzung. Daß die schöpferische Energie des *Sexus* auch Träger höchster Geisteskräfte ist, wird von ihnen zumeist ignoriert.

Sowohl dem Staat als auch der Kirche war diese zügellose Urkraft schon immer verdächtig, und das nicht nur, weil sie eine fortwährende Bedrohung der gerade vorherrschenden Moral darstellt. Die Tabuisierung der Sexualität konnte allerdings nie das Wissen völlig verdrängen, daß alle Lebensformen ihr Dasein der bipolaren, männlich-weiblichen Urenergie verdanken, die in jedem Schöpfungsakt ihre Einheit sucht. Im ***Tantra*** wird die zunehmende Verfeinerung dieses kreativen Prozesses *vom Sex zum kosmischen Bewußtsein* in Ritualen der Bewußtwerdung angestrebt.

Doch *Sex* ist nur einer von vielen Aspekten dieses praxisorientierten Weges! Bei der Verschmelzung von scheinbaren Gegensätzen – heilig und profan, Lust und Verzicht, weltlich und geistig, Ausschweifung und Kontrolle, weiblich und männlich – im Spiel des Lebens ist ***Tantra*** ein Weg der Mitte.

Aber unabhängig von seinem geistigen Hintergrund setzt ***Tantra*** zunächst einmal ein wertvolles und notwendiges Gegengewicht zur restriktiven, zuweilen noch sehr puritanischen Haltung der Kirche gegenüber der Sexualität. Allgemein ist das Bedürfnis nach einer tabufreien Erforschung der Sinne so groß, daß schon viele Menschen auf einem geistig-spirituellen Weg erkannten, wie inneres Wachstum in einer Stagnation endet, wenn natürliche Bedürfnisse verdrängt werden. ***Tantra*** ist eine wichtige Hilfe, bisher Ungelebtes zu integrieren.

Der Mehrzahl der Menschen bleibt allerdings neben der Sicherung des Überlebens weder die Zeit noch das Geld, die ***tantrische*** Lebenshaltung in Selbsterfahrungsgruppen kennenzulernen und die intimsten Bereiche ihrer Selbst in einem vorbereiteten und geschützten Rahmen mit Gleichgesinnten zu erkunden. Ihre Sehnsucht nach wirklichem Wissen, nach eigener Erfahrung, nach sinnlicher und geistiger Befriedigung findet deshalb zumeist keine Erfüllung: Als ein schaler Ersatz bleibt ihnen das, was die Sensationsmedien (in Talkshows, Männer- und Frauenmagazinen, Boulevardblättern etc.) liefern. Die trivialistisch aufbereiteten Informationen zu Sexualität und *befreiter Sinnlichkeit* sind aber keine wirkliche Hilfe, denn sie schüren permanent die Frustration und tragen zu immer mehr Verunsicherung bei, auch wenn dies oft auf den ersten Blick nicht so aussehen mag. Der Geist der Unterdrückung ist nur subtiler geworden, auch wenn es in Mode gekommen ist, Pornographie und exhibitionistische Zurschaustellungen in aller Öffentlichkeit zu bejubeln. Solche Entwicklungen sind insofern verständlich, als sie nichts anderes als der unbewußte Versuch sind, ein jahrhundertelang gestörtes Gleichgewicht mit allen Mitteln wiederherzustellen. Verdrängte Triebkräfte, die sich nie gesund entfalten konnten, suchen darin ein Ventil, doch der betroffene Mensch bleibt letztlich ratlos.

Das große Interesse an ***Tantra*** als einem Erkenntnisweg, der zu höchster sinnlicher Erlebnisfähigkeit und Kreativität führt, entspricht dem Bedürfnis nach Freude, nicht nur am Sex, sondern am Zusammenspiel aller sinnlichen Fähigkeiten, und dies frei von Scham und Schuldgefühl und jenseits von verkrampftem Exhibitionismus und narzißtischer Selbstliebe.

Ursprünglich ist ***Tantra*** eine Geisteshaltung, die die Überwindung der dualistischen Vorstellung anstrebt, daß die körperlichen Sinne und der Geist einen Gegensatz bilden. Aber ***Tantra*** ist keine Philosophie, sondern ein Weg der vollkommenen Bewußtwerdung, es ist eine Methode, in der die Totalität der bewußten, sinnlichen Erfahrung in einen Zustand des Freiseins von Gebundenheit führt. Man könnte sagen, daß die ***tantrische*** Praxis eine Möglichkeit ist, die Erkenntnis des ***Advaita Vedanta*** (siehe ***Wer bin ich?***) ganz konkret – hautnah – erfahrbar zu machen und so über ein rein philosophisches Verständnis der *Nicht-Dualität* hinauszugehen.

Themenkreise

Der Begriff ***Tantra*** wird unterschiedlich übersetzt und ist daher sehr vielschichtig. Die Sanskritwurzel wird zum einen als *Gewebe, Faden, Kette* (aus dem Weberhandwerk entlehnt) übersetzt und deutet auf ein *Ritual*, eine *Methode* hin, mit der zahllose Energiefäden (Strömungen in der Persönlichkeit) zu einem kunstvollen, einheitlichen Gewebe vereinigt werden. Zum anderen bedeutet ***Tan*** = *ausbreiten, fortsetzen, vermehren* und ***tra*** = *Werkzeug* – das Werkzeug eines andauernden Prozesses, in dem die Erkenntnis ausgedehnt und vermehrt wird.

Seit dem 5. Jahrhundert n. Chr. ist der ***Tantrismus*** als geistige Strömung innerhalb des *Hinduismus* hervorgetreten. In der *Yogalehre* wurde vor allem das System des ***Hatha Yoga*** von den praxisorientierten Texten des ***Tantra*** beeinflußt. Alle Texte, die zeitlich nach den heiligen Schriften der Hindus – den *Veden* und *Upanishaden* – entstanden sind, werden als ***Tantras*** bezeichnet, mitunter auch als die *fünften Vedas* oder die angemessenen Schriften für das *Kali Yuga*, das *degenerierte Zeitalter*. Nach der Prophezeiung dieser Schriften ist der heutige Mensch schwach und dem Sinnesgenuß verfallen. Daher muß *Gift* als *Medizin* eingesetzt werden und der Genuß, der die Sinne gefangennimmt, muß als Mittel der Befreiung dienen.

Als Ursymbol der ***tantrischen*** Lehre gilt *Ardhanarishwar* – eine Darstellung der Gottheit, die halb Mann, halb Frau ist. Die Abbildung symbolisiert sowohl die Dualität als auch die Einheit von ***Shiva-Shakti*** (***Purusha-Prakriti***).

Zitat

„Inmitten der Traumgebilde des manifesten Universums, in der Dualität des Bewußtseins, ist es unmöglich, zwischen dem Absoluten und dem manifesten Universum – Shiva und Shakti – zu unterscheiden. (...) Obwohl sie getrennt und verschieden erscheinen, ist das Erstaunlichste dieser Einheit des Manifesten und des Unmanifesten, daß ihre Liebe füreinander so tief ist, daß sie nicht einmal versehentlich ihre innewohnende Wesensgleichheit aufgeben, während sie sich ihrer intensiven, gegenseitigen Verbundenheit erfreuen. (...)Diese beiden (Shiva und Shakti) haben ein Kind gezeugt, so groß wie dieses Universum, doch sie wachen stets darüber, daß kein Gefühl der Zweiheit ihre Liebe befleckt. Sie sind der Garant, daß das Entstehen des Universums nicht als dritte, von ihnen getrennte, Wesenheit stattfindet, und daß die ursprüngliche Einheit sich auf ewig fortsetzt. (...)

Shiva und Shakti sind so untrennbar miteinander verwoben, daß weder sie noch er ohne den anderen existieren kann. Es ist unmöglich, die Liebe, die sie füreinander hegen, zu beschreiben. Ihre Beziehung ist so innig, daß man beide sogar im Atom und in den subatomaren Partikeln antreffen kann. Keiner von beiden besitzt eine unabhängige Existenz und könnte nicht einmal einen Grashalm in der Abwesenheit des anderen hervorbringen.“ Auszug aus Jnaneshwars *Amritanubhava* – Ramesh S. Balsekar: *Experience of Immortality*, Chetana Ltd.; Übersetzung: K.P. Michel.

Dieses Zitat beschreibt, aus welcher erhabenen, kosmischen Sicht die Lehre des ***Tantra*** entstanden ist. Auch im *tibetischen Buddhismus* konnte die Einheit von Weisheit und Methode, Philosophie und Praxis, Ruhe und Dynamik, himmlischer Leere und Fülle der Erscheinungswelt nicht treffender dargestellt werden als durch Bilder oder Statuen der geschlechtlichen Vereinigung von männlichen Gottheiten und ihren weiblichen Weisheitsgefährtinnen. Auf die Unterschiede zwischen *hinduistischem* und *buddhistischem* ***Tantra*** können wir hier aus Platzgründen leider nicht eingehen. Selbst eine vereinfachte Kurzdarstellung sowohl der geistigen Tragweite als auch der praxisorientierten Fragen des ***Tantra-Weges*** ist uns in dieser Kürze nicht möglich. Wir verweisen darum auf die umfangreiche Literatur zu diesem Thema.

Was allerdings die in diesem Buch bisher dargestellten praktischen Übungen angeht, möchten wir das mehrfach zitierte Werk des ***„Vigyan Bhairav Tantra“*** hervorheben. Es heißt, daß alle nur denkbaren Methoden zur Bewußtwerdung und zum

Erwachen in diesem ***Tantra*** enthalten sind. Es ist auch bekannt als die *112 Meditationsmethoden* ***Shivas,*** die er seiner geliebten Gefährtin ***Devi*** (*Shakti*) in einem Frage/Antwort-Dialog übermittelt. Es ist ein Gespräch zwischen Lehrer und Schüler und gleichzeitig der Dialog eines liebenden Paares. Hier ist weder Nähe noch Distanz – eine ideale Voraussetzung, transzendentes Wissen zu übermitteln. Wie es der Name andeutet (*Vigyana = Bewußtsein; Bhairava = der jenseitige Zustand; Tantra = Technik, Methode*), ist es ein Weg, durch unmittelbare Erfahrung und durch bewußtes Handeln über den gewöhnlichen, dualistischen Zustand des Bewußtseins hinauszugehen. Dieses ***Tantra*** enthält viele kurz gefaßte, aber sehr wirksame Techniken, die auf experimenteller Basis helfen, alle wichtigen Fragen des Lebens zu beantworten. Voraussetzung ist natürlich, daß die Übenden sich total darauf einlassen.

Erkenntnis

In dieser Totalität des Erlebens, in der der *Handelnde* und die *Handlung* miteinander verschmelzen, wird der Zustand der liebenden Vereinigung, die ***Shiva*** und ***Shakti*** verkörpern, erlangt. Die Sehnsucht nach der *sexuellen Vereinigung* ist eigentlich nichts anderes als die Sehnsucht nach Einheit, nach einem Zustand ohne Trennung. Wenn in inniger Liebe der *Erlebende* und das *Erleben*, das *Unmanifeste* und das *Manifeste* ausgelöscht sind, sich auflösen und verschmelzen, dann ist die Zweiheit aufgehoben – dann ist nur *Einheit*. Es geht im ***Tantra*** also nicht, wie oft fälschlicherweise aus Unkenntnis angenommen wird, vorrangig um sexuelle Erfahrung, sondern um die Totalität des Erlebens in allen Dingen des alltäglichen Lebens! Die Botschaft des ***Tantra*** ist: Lebe das Leben so total und so bewußt wie möglich – jeder winzige Augenblick ist kostbar! In diesem Sinne kann jeder Anlaß zu einer Erfahrung ***tantrischer*** *Einheit* werden. So sagt ***Shiva*** in einem *Sutra* zu ***Shakti***:

> Schließe die Türen deiner Sinne, wenn du das Krabbeln einer Ameise spürst. Dann.

Dann! .....Die Zentrierung der Sinne, die hierbei entsteht, bringt den *Erlebenden* unmittelbar in den Augenblick - und Meditation ereignet sich von selbst! Viele dieser Methoden rechnet man in Indien dem *weißen Tantra* oder dem *rechtshändigen Pfad* zu. Das *rote Tantra* oder der *linkshändige Pfad* strebt die gleiche Transzendenz an, allerdings durch die rituelle Vereinigung von Mann und Frau. Dem muß jedoch zumeist eine langjährige Vorbereitung in Form einer körperlichen und mentalen Selbstreinigung vorausgehen.

Zitat

„Es vergehen Jahre – zehn oder zwölf Jahre lang war er Vegetarier. Er hat mit keiner Frau geschlafen, keinen Alkohol getrunken und auch keine Drogen genommen. Dann plötzlich nach zwölf, fünfzehn oder gar zwanzig Jahren erlaubt ihm nun der Meister, sich dem Sex hinzugeben – und zwar soll er einer Frau mit solcher Hochachtung begegnen, daß sie für ihn fast zur Göttin wird; es ist keine sinnliche Lust. Der Mann, der sich der Frau hingibt, muß sie verehren und sich vor ihr verneigen. Wenn auch nur das geringste sexuelle Begehren in ihm entsteht, ist er dazu unfähig und noch nicht dafür bereit.“ Bhagwan Shree Rajneesh: *Yoga – the Alpha & the Omega*, Vol. V, Rajneesh Foundation; Übersetzung: K. P. Michel

Weniger streng und ritualistisch können Menschen des Westens in ***Tantra-*** oder ***Tao-Yoga-Gruppen*** durch Übungen zur Verfeinerung der Sinne, durch bewußte Atmung und konzentrierte Lenkung subtiler Energieströme lernen, den Liebesakt zu vertiefen. Die genitale Vereinigung von Mann und Frau über einen längeren Zeitraum hinweg läßt beide Partner eine tiefe Harmonisierung erfahren, wobei die Auflösung emotionaler und körperlicher Blockierungen ganz von selbst geschehen kann. **Das Verschmelzen der feinstofflichen Energien in einer ruhigen, körperlichen Vereinigung ohne Orgasmusfixierung kann tiefe Glücksgefühle und eine überströmende Liebe für den anderen Menschen auslösen.** Viele Menschen sehnen sich nach dieser Erfahrung – mehr als nach allem anderen, was das Leben auf dieser Welt bieten kann.

Die Motive der Menschen, die ***tantrische*** Erfahrungen im weitesten Sinne suchen, sind unterschiedlich. Nicht jeder möchte die *große Erleuchtung* erlangen, und nicht alle Liebenden sind innerlich bereit, sich in der Liebe aufzulösen. In jedem Fall ist der spielerische Umgang mit der eigenen Sinnlichkeit ein wichtiger Schritt zur Selbsterkenntnis, ein notwendiges Element der Selbstachtung und ein Ausdruck der Lebensfreude.

Themenkreise

Unterstützend wirken Übungen, die einerseits Sanftheit, Offenheit und Hingabe fördern, insbesondere ***Nadabrahma, Tonglen – die Herzmeditation,*** die ***Mantra-Meditation,*** das ***Kreisen des Lichtes, Latihan, Inneres Lächeln*** und ***Reiki***.

Andererseits ist auch die belebende und energetisierende Wirkung von Methoden wie ***Akupressur & Meridiandehnungen, Hatha Yoga, Pranayama*** und ***Massage*** sehr hilfreich.

Meditationen wie ***Vipassana, Zen*** und ***Tratak*** – gemeinsam mit dem Partner – schaffen für die ***Tantra-Praxis*** einen günstigen Rahmen der Stille.

Partner-Übung

Lesenswertes: Nik Douglas/Penny Slinger: *Das große Buch des Tantra*, Sphinx Verlag • Arthur Avalon: *Shakti und Shakta*, O.W. Barth Verlag • Harish Johari: *Wege zum Tantra*, Hermann Bauer Verlag • Chögyam Trungpa: *Feuer trinken, Erde atmen, Das Buch vom meditativen Leben*, rororo-Sachbuch • Günter Nitschke: *The Silent Orgasm*, Taschen Verlag • Ngakpa Chögyam: *Der fünffarbige Regenbogen*, Hermann Bauer Verlag • H. V. Guenther: *Tantra als Lebensanschauung*, Econ Taschenbuchverlag • Osho: *Tantra, Spiritualität und Sex, Die tantrische Vision, Tantrische Transformation, Tantra – die höchste Einsicht, Vom Sex zum kosmischen Bewußtsein*, Osho Verlag • Klassiker der Esoterik: *Das Tantra der Befreiung – Vijnana Bhairava Tantra*, Verlag Bruno Martin • Bhagwan Shree Rajneesh: *Das Buch der Geheimnisse*, Heyne Verlag • Bhagwan Shree Rajneesh: *The Book of the Secrets*, Five Volumes, Rajneesh Foundation • Lama Thubten Yeshe: *Wege zur Glückseligkeit – Einführung in Tantra*, Diamant Verlag • Jolan Chang: *Das Tao der Liebe*, Rowohlt Verlag • Mantak Chia: *Tao Yoga der Liebe*, Ansata Verlag • Sunito M. Plesse/Bijo St. Clair: *Feuer der Sinnlichkeit – Licht des Herzens*, Jeunesse Verlagsanstalt • Margo Anand: *Magie des Tantra*, Ullstein Verlag • Connection special: *Tantra 97*, Connection Medien • A. Lowen: *Liebe, Sex und dein Herz*, Koesel Verlag

Literatur

Die typenbezogene Empfehlung:

Der Geist des ***Tantra*** ist so weit und so offen, daß er allen Menschen, unabhängig von persönlichen Fixierungen, Wege aus dem Gefühl des Getrenntseins, der Vereinzelung und der Isolation weisen und körperliche, emotionale und geistige Bewußtheit schenken kann. Das Feld der Möglichkeiten für tiefe Erfahrungen ist so groß, daß uns Empfehlungen vermessen und sinnlos erscheinen.

45
Zen

Bedeutung & Herkunft

Zen ist die japanische Variante der buddhistischen Übung der Achtsamkeit, und ***Zazen*** ist die ***Meditation des Sitzens***. Es ist das Sich-Sammeln des eigenen Wesens und die Rückkehr zur ursprünglichen Stille und Klarheit des Geistes. Durch das reine Sitzen in Stille lösen sich in der Übung des ***Zen*** Gedanken und Konzepte auf. Wie es der Titel eines bekannten Buches ausdrückt, ist der wahre ***Zen-Geist*** ein ***Anfänger-Geist***. So befindet sich selbst der Meister – ebenso wie der Anfänger – im (wachen) Zustand des *Noch-Nicht-Wissens*, offen und empfänglich, frei von vorgegebenen Meinungen und Vorurteilen. ***Zen*** ist der Geist des absichtslosen Forschens. Beim stillen ***Sitzen*** und in den Handlungen des Alltags *weiß* der ***Zen-Buddhist*** nichts mehr von *Buddhismus*, denn es geht ihm primär nur darum, beständig im Bewußtsein des Unaussprechlichen und Undenkbaren zu leben und dabei mit sich selbst ganz und gar identisch zu sein. Dies ist das angestrebte Ideal des ***Zen***. Eine weltanschauliche Zugehörigkeit ist insofern nicht von Bedeutung.

Als sich die buddhistische Lehre Indiens zu Beginn des ersten Jahrtausends auch in China ausbreitete, wandelte sich der altindische *Sanskrit-Begriff* für Meditation ***Dhyana*** in ***Ch´an.*** 1100 Jahre später berührte der meditative Geist des ***Ch´an*** die Menschen in Japan – ihre Bezeichnung dafür war ***Zen***.

Themenkreise

Die *buddhistische Meditation der Achtsamkeit* (siehe auch ***Vipassana***) bekam in der Begegnung mit dem *Taoismus* Chinas eine neue, erweiterte Qualität: Der geistige Überbau altindischer Philosophie und buddhistischer Gelehrsamkeit wurde nun noch durchdrungen von dem Wissen um die Rhythmen des natürlichen Wandels und von der Direktheit der einfachen Naturerfahrung der in Abgeschiedenheit lebenden Mönche und Nonnen in ihren einsamen Bergklöstern.

Als ***Bodhidharma*** – er gilt als der *28. Patriarch* oder Linienhalter nach ***Buddha*** – im 5. Jahrhundert nach China kam, existierten dort buddhistische Mönchsgemeinschaften bereits seit ungefähr 500 Jahren. Doch die Geschichte des ***Zen*** ist vor allem mit der Gestalt dieses großen Erleuchteten verbunden, wahrscheinlich, weil ***Bodhidharmas*** Lehre kompromißlos einfach, unvergleichlich und entschieden kraftvoller war als die Lehren all seiner Zeitgenossen. (Die Legende berichtet, daß er neun Jahre lang vor einer Felswand saß.) In einer Lehrrede sagte er: „Zen ist, die eigene Natur zu sehen ... An nichts zu denken, ist Zen ... Alles, was du tust, ist Zen".

Diese einzigartige Erkenntnis, die bis heute lebendig geblieben ist, betrachtet Meditation nicht nur als ein Mittel zur Klärung des Geistes. Darüber hinaus ist es vielmehr ein *Seinszustand*, frei von Zielen und Zwecken. Für ***Bodhidharma*** und seine Nachfolger unterscheidet sich ***Zen*** in absolut nichts von *diesem Augenblick*. Was auch nur um Haaresbreite vom *Unmittelbaren* abweicht, ist dieser Erkenntnis zufolge nicht das wahre ***Zen***. Die Disziplin des ***Sitzens*** in ***Zazen*** hebt sich daher nicht aus dem normalen Alltagsleben heraus. Das ganz einfache, stille ***Sitzen*** ist eine außerordentlich machtvolle Methode, nicht nur um den ruhelosen Geist zu sammeln, sondern um das *Augenblicksbewußtsein* gerade auch in den alltäglichen Handlungen möglichst lückenlos beibehalten zu können. Neben dem ***Sitzen***, dem ***Zazen***, sind ***Samu*** (die Disziplin der täglich notwendigen Arbeiten wie Putzen, Kochen, dem Bestellen der Felder usw.) und die vorgeschriebene ***Zeremonie*** (*Verbeugungen, Niederwerfungen,* ***Sutra-Rezitation)*** – ebenso wichtige Handlungen, die der Entwicklung der Aufmerksamkeit auf dem Weg dienen.

Die Lehre der chinesischen ***Ch´an-Meister*** wurde schließlich im 12. Jahrhundert in Japan als ***Zen*** populär. Die urtümliche Kraft, die das Handeln im Jetzt betont, kam dem dort herrschenden kriegerischen Geist der *Samurai-Kaste* sehr entgegen. Die eigentümliche Kultur Japans prägte ***Zen*** nachhaltig und verlieh ihm seinen unverwechselbaren Charakter.

Im Gegenzug hat ***Zen*** das weite Feld der Künste maßgeblich beeinflußt. Die konsequente Praxis des ***Nur Sitzens*** läßt *Stille* und *Leerheit* in Erscheinung treten. Dies bewirkt ganz natürlich eine Reduziertheit in der Wahl der Mittel und Gegenstände, um die Sinne zu größerer Wachheit herauszufordern. Dies hat eine unvergleichliche Ästhetik hervorgebracht, die u.a. in der Malerei, dem Blumenstecken (*Ikebana*), der Kunst der Kalligraphie, dem Bogenschießen und dem Schwertkampf wiederzufinden ist. Hinter der ungezwungenen, fast zufällig erscheinenden Anordnung der *Form* steht das Bewußtsein der *Leerheit*. In dieser Klarheit erscheinen alle Dinge in ihrem eigenen Licht.

Zitat

„Meister Deshimaru sagte: »Sich auf die Haltung konzentrieren, auf die Haltung konzentriert sein bedeutet, durch jede Faser des Körpers zu verstehen, daß die Phänomene des Denkens nichts als Leerheit sind.«

Regen existiert und ist dennoch Leerheit, Form existiert und ist dennoch Leerheit. Auf die Haltung konzentriert sein bedeutet, dies durch jede Faser des Körpers zu verstehen, dessen inne zu werden. Durch jede Faser unseres Körpers zu verstehen bedeutet, daß unsere Bewußtheit Haltung und Atmung durchdringt, ... damit wie aus einem Guß ist. Auf die Haltung konzentrieren geschieht dadurch, daß sich unser Bewußtsein der rechten Spannung der Muskulatur anschließt, hineinfließt und mit der Bewegung der Atmung zusammenfließt.“ Ludger Tenryu Tenbreul: *Zen Informationen Nr. 33,34/93*, Zen-Vereinigung Deutschland e.V.

In der jahrhundertealten Überlieferung des ***Zen*** konnten viele verschiedene Schulen entstehen, jedoch sind einige Linien mangels geeigneter Nachfolger ausgestorben. Heute existieren zwei Hauptschulen: Die ***Rinzai-Schule*** und die ***Soto-Schule***. In beiden Richtungen ist ***Sitzen*** die Grundübung. Die ***Rinzai-Schule*** verfolgt zudem noch die innere Auseinandersetzung mit dem ***Koan*** – einem paradoxen Rätsel, das über den Weg des linearen Denkens nicht gelöst werden kann. Die intensive ***Koan-Praxis*** führt den Übenden schließlich zur Erkenntnis jenseits aller Gegensätze. Wenn sich das Denken erschöpft hat, sind alle Dinge genauso, wie sie sind. Diese Sicht erscheint nur, wenn der ***Zen-Übende*** in dem Zustand verharren kann, der *vor dem Denken* liegt. In der ***Soto-Schule*** wird dies angestrebt durch ***Shikantaza*** – ***Nur Sitzen*** oder ***Aus ganzem Herzen Sitzen***. Das klingt zunächst sehr einfach. Jedoch zeigt sich bald, daß dieses alles andere ausschließende *„Nur“ nicht getan* werden kann....

Das bloße ***Sitzen*** in Stille erscheint zu Anfang unmöglich. Zahllose Gedanken, Ideen und Bilder tauchen auf – Familie,

Partner, Bekannte, Freunde und Feinde – die ganze Vergangenheit *sitzt* mit uns. Solange der Strom der fiktiven Bilder noch anhält und wir uns im inneren Dialog und mit den *erträumten* Begegnungen verlieren, ist es kein ***Nur Sitzen***, kein ***alleiniges Sitzen***.

Im ***Zazen*** bedeutet ***Nur Sitzen,*** Körper und Geist loszulassen. Gedanken kommen und gehen und werden als *substanzlos* – als *leer* – erkannt. In der anhaltenden Praxis des ***Sitzens*** wächst das intuitive Verstehen durch den Körper, daß *„Form Leerheit ist und Leerheit Form ist“* (Kernaussage des Hannya Haramitta Shingyo – des Herz-Sutras), ... daß die Dinge weitaus mehr sind, als sie zu sein scheinen, daß sie von grenzenlosem Raum erfüllt sind.

Die innere Haltung der Achtsamkeit beginnt mit dem Betreten des Raumes. Das *Dojo* – den Ort der Übung des Weges – betritt man gewöhnlich mit dem linken Fuß zuerst und verläßt ihn mit dem rechten Fuß. Diese kleinen Rituale dienen der Bewußtheit. Der ***Zen-Übende*** verneigt sich mit aneinandergelegten Handflächen vor der Anwesenheit des weiten Raumes, (vor den Mit-Übenden) und vor seinem ***Zafu*** – dem Sitzkissen. In der ***Rinzai-Schule*** sitzt er zur Mitte des Raumes hingewandt, der Blick ruht einen Meter entfernt auf dem Boden; in der ***Soto-Schule*** schaut er auf die weiße Wand.

Das Sitzkissen (*Zafu*) sollte die richtige Höhe haben, damit die Knie fest den Boden berühren. Die innere Ausrichtung soll das Gefühl vermitteln, daß die Wirbelsäule nach oben *wächst* wie ein Stab. Der übrige Körper ist wie eine über den Stab geworfene Decke, die zu allen Seiten locker und entspannt herunterfällt. So ist die Haltung stabil und gleichzeitig weich und anpassungsfähig.

Die Hände werden vor dem ***Hara*** – zwei bis drei Zentimeter unterhalb des Nabels – zusammengeführt, so daß der leere Raum, den die Zeigefinger und Daumen umschließen, *die Form eines Auges der Bewußtheit* erhält. Die linke Hand liegt in der rechten Hand. Achte darauf, daß sich die Haltung der Hände verändern kann – wenn du schläfrig wirst, fällt das Gewölbe der Daumen in sich zusammen, wenn du in der Konzentration angespannt bist, drücken die Daumen zu fest gegeneinander und gehen wie die Schenkel eines spitzen Dreiecks nach oben.

Halte den Kopf gerade, die Ohren in der Linie der Schultern und die Nase in der Linie des Nabels. Das Kinn wird etwas hereingezogen, so daß der Nacken gut gestreckt ist. Besinne dich nun auf den weichen, geräuschlosen Atemstrom, der durch die Nase geht. Im ***Zen*** liegt der Schwerpunkt auf der langen, ruhigen Ausatmung: Lasse die Energie und das Bewußtsein mit jeder Ausatmung in den Unterbauch sinken und sich dort sammeln. Der Blick ist leicht gesenkt und fixiert keinen besonderen Punkt. Er ruht auf der Schwelle zwischen Innen und Außen; die Augen sind weder geöffnet noch geschlossen. Gib dich mit Feingefühl ganz der Haltung und der Atmung hin.

Wenn die Knie schmerzen sollten und du die Haltung unbedingt verändern mußt, dann gib vorher und anschließend durch eine kleine Verbeugung zu erkennen, daß es keine unbewußte Reflexhandlung war.

Störungen und Irritationen, z.B. Geräusche, Lärm von außen, das Jucken der Nase oder eines anderen Körperteiles, das Kribbeln einer Ameise etc., bieten dir aber auch eine gute Gelegenheit, still zu halten und genau zu beobachten, was da eigentlich geschieht...... Wenn du die Situation mit ungeteilter Aufmerksamkeit wahrnimmst, wird es leicht, dich innerlich davon zu lösen.

Anfänger

Beginne am Anfang deine Atemzüge zu zählen: Atme ein, und während der langsamen, tiefen Ausatmung sage innerlich E I N S. Versuche mit den nächsten Atemzügen in dieser Weise bis Z E H N zu gelangen und beginne anschließend wieder bei E I N S. Wenn du mehrere Zählzyklen unabgelenkt und ohne den kontinuierlichen Faden der Bewußtheit zu verlieren zuendeführen kannst, bist du bereit, dich in der objektlosen Konzentration des ***Shikantaza*** zu üben.

Zitat

„In Zazen gibt es keine besondere Wahrheit, keine besondere Erleuchtung. Zazen – sich in der Mitte des wahren Selbst dieses gegenwärtigen Momentes niederlassen, das ist die ganze Sache. In Zazen, in der Zen-Praxis brauchen wir nicht über

Wahrheit zu streiten: es gibt keine besondere. Es gibt aber unsere Existenz hier und jetzt. Es gibt den gegenwärtigen Atemzug, das ist wichtig. Wenn wir uns auf den gegenwärtigen Atemzug konzentrieren, ist die große Erde, der weite Himmel darin eingeschlossen; nichts ist ausgeschlossen." Ludger Tenryu Tenbreul: *Kusen – Verschiedene Texte Nr. 11.*

Die ***Zen-Übung „Nur Sitzen***" ist der letzte Abschnitt dieses Buches, der als praktischer Übungsweg bezeichnet werden kann. Während der vorhergehende Übungsweg – ***Tantra*** – Menschen anspricht, die die Einheit überwiegend im Aspekt der *Form* suchen, ... für die die sinnenbetonte Begegnung in Liebe und die *Fülle* des Lebens von größter Bedeutung sind, ist ***Zen*** attraktiv für Menschen, die das Tor zur Einheit im Gegenpol der *Leerheit* suchen. Vielen Menschen mag dieser Weg karg und freudlos erscheinen. Das trifft aber nur dann zu, wenn die *Fülle* noch nicht gelebt wurde. ***Zen*** *ist darum kein empfehlenswerter Weg für Weltflüchtige oder Beziehungsmüde.*

Gruppen-Übung

Auch im ***Zen*** ist die *Gemeinschaft* (die ***Sangha***) von großer Bedeutung. Das gemeinsame Praktizieren bietet einen starken Rückhalt für die Sammlung des Einzelnen. Indem sich die Mitglieder einer Übungsgruppe in den rituellen Handlungen aufeinander einstimmen, wird die entstehende Energie erheblich intensiviert und die Aufmerksamkeit des Einzelnen merklich gesteigert. Momente der Unbewußtheit treten dabei deutlicher zutage. Wenn die Fähigkeit entwickelt wurde, auch mit sich alleine in Harmonie zu sein, werden schließlich auch befriedigende Beziehungen möglich.

Dem erfüllten Menschen kann die Erweiterung seiner Erfahrungsmöglichkeiten mittels raffinierter sinnlicher und technologisch unterstützter Reize keine wirkliche Bereicherung des Erlebens mehr bieten. Er wird sich eher vom überspannten, hastigen Getriebe der Welt zurückziehen, denn die Selbstzerstörung und die Vernichtung der Umwelt durch die Zwänge einer modernen Massengesellschaft werden immer offensichtlicher. Ihm erscheint die Stille und das Alleinsein in der Natur als eine der elementarsten Erfahrungen überhaupt. Tiefe Ehrfurcht und Dankbarkeit gegenüber den Gaben der Natur – das Aufatmen in reiner Luft und an klaren Gewässern, die stille Betrachtung der Pflanzen, Bäume und Steine, das Aufgehen in Formen und Farben – erweist sich als eine der wichtigsten Verbindungsmöglichkeiten mit den Quellen innerer Kraft.

Wer die Möglichkeit hat, ***Zen*** inmitten der Natur zu erfahren und sich mit den beruhigenden und zentrierenden Einflüssen einer von Menschenhand unangetasteten Landschaft zu verbinden, der sollte diese ursprüngliche Form der Zwiesprache mit der Erde, den Flüssen und Bergen, den Wolken, dem Wind und dem Himmel so oft wie möglich suchen.

Ein wirkliches Bewußtsein für die Notwendigkeit des Schutzes und der Erhaltung der Natur, die angesichts der zunehmenden Umweltkatastrophen und der rücksichtslosen Zerstörung durch den Menschen immer zwingender wird, kann nur entstehen, wenn der Mensch anfängt zu ***sehen*** und zu ***fühlen***, was ihm dieser Planet bedeutet......

Literatur

Lesenswertes: • Huang Po: *Der Geist des Zen*, O.W. Barth Verlag • Hrsg. Norman Waddell: *Die Zen-Lehre vom Ungeborenen – Leben und Lehre des großen japanischen Zen-Meisters Bankei Eitaku*, O.W. Barth Verlag • Shigetsu Sasaki Sokei-an: *Der sechste Patriarch kommt nach Manhattan*, Verlag Theseus • Seung Sahn: *Buddha steht Kopf*, J. Kamphausen Verlag • Hrsg. Red Pine: *Bodhidharmas Lehre des Zen*, Theseus Verlag • Taisen Deshimaru: *Die Lehren des Meister Dogen*, Diederichs Gelbe Reihe • Shunryu Suzuki Roshi: *Zen-Geist. Anfänger-Geist*, Theseus Verlag • Dainin Katagiri Roshi: *Rückkehr zur Stille*, Theseus Verlag • Hugo M. Enomiya-Lasalle: *Mein Weg zum Zen*, Koesel Verlag • Hugo M. Enomiya-Lasalle: *Zen und christliche Mystik*, Aurum Verlag • Eugen Herrigel: *Zen in der Kunst des Bogenschießens*, O.W. Barth Verlag • Hrsg. Soko Morinaga Roshi: *Hui Neng. Das Sutra des sechsten Patriarchen*, O.W. Barth Verlag • Charlotte Joko Beck: *Zen im Alltag*, Droemersche Verlagsanstalt • Toni Packer: *Mit ganz neuen Augen sehen*, Aurum Verlag • Douglas Harding: *Zen und die Wiederentdeckung des Offensichtlichen*, Sphinx Verlag • Hrsg. Philip Kapleau: *Die drei Pfeiler des Zen*, O.W. Barth Verlag • Osho: *Das Zen-Manifest*, Osho Verlag • Bhagwan Shree Rajneesh: *Dogen – The Zen Master; This. This.*

A Thousand Times This, The Great Zen Master Ta Hui, A Rebel Book • Heinrich Dumoulin: *Geschichte des Zen-Buddhismus I. Indien und China und II. Japan,* A. Francke Verlag • Erich Fromm: *Zen-Buddhismus und Psychoanalyse,* Suhrkamp Verlag • Hrsg. Michael S. Diener: *Das Lexikon des Zen,* O.W. Barth Verlag.

Schnellübersicht: QuickEssenz-Karte (J. .Kamphausen Verlag): *Meditation – Weg zur inneren Ruhe*

Die typenbezogene Empfehlung:

Der Weg des Zen erfordert die regelmäßige Praxis des ***Sitzens*** in Losgelöstheit, relativ frei von Erwartungshaltungen. Die Erfahrung des ***Nur Sitzens*** ist zwar für jeden Menschen heilsam, erfahrungsgemäß werden sich aber nur der ***Ruhe-Typus*** und der ***eifrig Suchende*** in kontinuierlicher Weise dieser Disziplin zuwenden.

Raum für Notizen:

46
Dein Wille geschehe!

„Dein Reich komme, ***Dein Wille geschehe****,*
wie im Himmel, also auch auf Erden."

Diese Worte aus dem *Vaterunser* (*Matth.6, Lukas 11*), dem *christlichen Glaubensbekenntnis*, sind den meisten Menschen unseres Kulturkreises bekannt. Sie sind ein Ausdruck des Vertrauens und der Hingabe an eine Kraft, die offensichtlich weitaus größer ist als die Summe der Energie aller lebenden Wesen. Vielleicht ist es der machtvollste geistige *Weg* überhaupt, da er von vornherein nicht auf das begrenzte Kräftepotential des Einzelnen baut, sondern sich mit der Ganzheit des Universums verbindet. Bezeichnend ist, daß am Ende aller Bemühungen, am Gipfelpunkt eines jeden Übungsweges, sich schließlich „***Dein Wille geschehe!***" als höchste Erkenntnis spontan ereignet. Sie kann jedoch nicht gedanklich produziert werden, sie läßt sich nicht herbeiführen.

Aus voller Überzeugung und von Herzen sagen zu können: „***Dein Wille geschehe***", ist nur aus der Gewißheit der Einheit aller Dinge möglich. Für einen Menschen, der am Sinn der Existenz zweifelt und sich abgetrennt und isoliert fühlt, sind es vielleicht nur leere Worte, die sogar Unwillen hervorrufen können.

Was ist ***Gottes Wille***? Selbst erleuchtete Lehrer können dieses Mysterium nicht erklären:

„Wir wissen einfach nicht, wer (oder was) wir sind, warum wir hier sind, wo wir uns befinden oder was es mit diesem Leben – oder dem Universum – auf sich hat. Die meisten der ewig wiederkehrenden Fragen bleiben unbeantwortet. Wir mögen in der Lage sein, die Welt zu beschreiben, und sogar versuchsweise verstehen, **wie** einige Prozesse funktionieren, aber wir haben keinen Anhaltspunkt, **warum** die Dinge so sind, wie sie sind oder warum sie überhaupt existieren. Was ist Feuer? Sie können mir etwas über Oxydation erzählen, aber das sagt mir überhaupt nichts!

Wir können erklären, wie das Atemsystem arbeitet, aber wer kann etwas über das Mysterium des Atems sagen? Selbst wenn wir glauben, wir verstünden die Evolution der menschlichen Spezies, wissen wir immer noch nicht, wo sie als nächstes hinführt oder warum sie sich überhaupt entwickelte. Obwohl viele spirituelle Schulen den Anspruch erheben, uns zum Selbst zu geleiten, können wir uns selbst unmöglicherweise vollständig erkennen – es ist nicht möglich, die genaue Natur der Schachtel zu verstehen, wenn du dich innen drin befindest."
Ramesh S. Balsekar: „Menschliche Gebundenheit und Freiheit", Lüchow Verl.

Der ***Wille Gottes*** ist mit Sicherheit etwas, das der begrenzte Verstand des Menschen niemals ergründen kann. Die noch immer anzutreffende kindliche Vorstellung von einem *persönlichen Gott* mit menschlichen Merkmalen und Eigenschaften unterstreicht diese Aussage. Die unendliche Schöpferkraft, mit der die Mystiker vieler Jahrhunderte eins zu werden suchten, konnte nie mit Worten beschrieben werden – sie ist und bleibt immer größer als alles, was jemals erkannt wurde. Erfinder, Dichter und Komponisten, die großen Inspirierten, sind in ihrer Hingabe an das Leben von einem Geist erfüllt, der unergründlich ist.

In der *kabbalistischen* Tradition durfte der Name Gottes – ***Jahwe*** – nicht ausgesprochen werden, denn für das Überpersönliche kann es eigentlich keine adäquate Bezeichnung geben. Das hebräische Wort ***Jahwe*** wird ***J-H-W-H*** geschrieben und steht für die 4 Elemente ERDE – WASSER – FEUER – LUFT. Sie sind die sichtbaren Attribute Gottes – der Körper oder das Kleid des Göttlichen. Die Seele Gottes aber ist unsichtbar. ***„Dein Wille geschehe"*** bedeutet in diesem Sinne, sich der ursprünglichen Kraft der Elemente anzuvertrauen und zu wissen, daß wir uns immer schon in der Einheit mit den Elementen befinden. *In der Einheit sein* heißt nicht, daß der Lauf der Dinge nicht mehr verändert werden könne – es hat nichts mit der fatalistischen Ergebenheit zu tun, die glaubt, daß ein ferner Gott alles bestimmt. ***„Dein Wille geschehe"*** ist nicht die resignierte Haltung, die keinen Einfluß mehr ausüben will und sich vom Werk der Schöpfung zurückzieht. Doch bedarf es sicherlich eines großen Vertrauens, sich der übergeordneten Intelligenz der kosmischen Urkraft zu öffnen und sie uneingeschränkt wirken zu lassen.

Erkenntnis

*„**Dein Wille geschehe**“* ist der Ausdruck des Wissens, daß dieses Universum voller Überfluß und nicht *gegen mich* ist. Wenn die Existenz ein Ziel oder einen Zweck verfolgen sollte, kann man vielleicht sagen, daß sie in sich den Sinn trägt, sich auszudehnen und zu wachsen. Und nur in dem Bewußtsein der Einheit kann dann der Wohlstand, das Wohlergehen des Menschen, mitwachsen. Es ist also eine sehr positive Aussage und bedeutet: Ich bin niemals abgeschnitten von dieser großen Intelligenz, die die Ausdehnung des Universums möglich macht.

Wenn es einen kosmischen Willen gibt, der dieses Leben aufrecht erhält, dann ist das Loslassen des engen, begrenzten Wollens die einzig sinnvolle Haltung, um die ursprüngliche Einheit wiederzufinden. Alle Methoden des ***Yoga*** führen hin zu dem Erkennen der selbstgesetzten Grenzen und ihrer Auflösung. Auf dem Weg des ***Tantra*** ist diese Haltung des Loslassens die Grundvoraussetzung, um *Hingabe* leben zu können. Aber es kann nur von selbst geschehen und nicht getan werden!

Achtung

Das ist das Dilemma für den *Gläubigen*, der innerlich zerrissen ist vom Zweifel am Sinn dieser Existenz und dennoch im vorgegebenen Gebet sagt *„**Dein Wille geschehe**“* – ohne es wirklich zu fühlen. Doch solange der Zweifel da ist, bleiben diese Worte letztlich wirkungslos und sind deshalb sinnlos, denn sie erzeugen eher ein Gefühl von Hilflosigkeit und Frustration. Im *Zeitalter der Vernunft* ist der pragmatische Ansatz wertvoller denn je: Der Mensch muß aus sich heraus alle vorhandenen Fähigkeiten ausprobieren und experimentieren, um sein Potential – seine Eigenheiten und Stärken – zu erkennen: Als Frau sollte der Mensch den Mut aufbringen, nach eigener Maßgabe und in eigener Identität zu leben. Als Mann muß er erkennen, daß Hingabe keine Schwäche ist, sondern daß in ihr die wahre Stärke liegt.

Sich hingeben, bedeutet nicht, sich klein machen. Um höhere Führung zu bitten, bedeutet nicht, Verantwortung abzugeben, die Hände in den Schoß zu legen und tatenlos auf erbetene Wunder zu hoffen. Der ***Prophet Mohammed*** antwortete auf die Frage nach dem rechten Verhältnis von menschlicher Verantwortung und Gottvertrauen: „Bevor du zum Gebet gehst, binde erst Dein Kamel an!“

Das Nachsinnen über „***Dein Wille geschehe***“ wirft die uralten Fragen auf: Gibt es einen Gott, einen Sinn, eine Ordnung mitten im Chaos oder nicht? Gibt es einen freien Willen oder ist alles vorherbestimmt?

Zitat

„Man könnte fragen, wie es möglich ist, daß etwas oder jemand vorausblickend genau vorhersagen kann, ob eine geplante Reise stattfinden wird oder nicht, wenn es wahr ist, daß du vollkommen frei bist, es dir auch anders zu überlegen. Doch die einfache Lösung dieses Paradoxes erweist sich als nichts anderes als der meßbare Unterschied zwischen der zur Aktivität drängenden Sichtweise des freien Willens und dem Schicksal.

Stell dir vor, daß irgendwo ein hungriger junger Hund wählen muß, ob er sich linkerhand einem Teller getrockneter Fischgräten, die eine Katze übriggelassen hat, oder rechterhand einer Schüssel seiner Lieblings-Hamburger zuwenden soll. Natürlich hat der kleine Hund den freien Willen, aber er braucht nur einmal zu schnüffeln, und schon ist die Entscheidung für ihn getroffen. Der entscheidende Punkt ist der, daß er frei ist, das **zu tun,** was er möchte, doch ist er auch wirklich frei, zu wünschen, was er will?

Sein freier Wille und sein Schicksal verhalten sich etwa wie ein flaches, zweidimensionales Bild zu einem räumlichen dreidimensionalen Modell des gleichen Gegenstandes. Ramesh S. Balsekar: *Anmerkungen zu Wissenschaft und Nicht-Dualität,* Lüchow Verl.

Letztlich tun wir nichts aus uns selbst heraus, sondern es wird getan, genauso wie wir nicht atmen, sondern „geatmet“ werden. Und die allerbesten Ereignisse und Wandlungen geschahen bei genauerer Betrachtung doch (fast) immer überraschend, unerwartet, ohne unser direktes Zutun – „ohne uns“ und trotz all unserer Widerstände. Wie es *Friedrich Schillers* Gedicht *Die Glocke* illustriert:

„Von der Stirne heiß, rinnen muß der Schweiß –
Soll das Werk den Meister loben –
doch der Segen kommt von oben!“

Der ***höhere Wille*** bestimmt, daß wir suchen und uns um Vollendung bemühen. Geburt und Tod sind letztlich nicht in unserer Hand, doch es ist augenscheinlich, daß der Existenz ein ***Wille***, ein Drang zum Leben, innewohnt. Und die freudige Antwort unserer Sinne auf eine vollendete Erscheinung – sei es in Form einer wunderschönen Blüte und ihres Duftes, eines architektonischen Kunstwerks, eines Gemäldes, eines Lächelns, eines Regenbogens, eines Theaterstückes oder einer einfachen Melodie –, zeigt uns eindeutig den Sinn: Die gesamte Schöpfung ***will*** sich zu einer größeren Harmonie hin entfalten.

Tod und Vergehen sind schmerzliche, aber notwendige Ablösungen von Vergangenem, die die weitere Entfaltung dieses Weges zu größerer Fülle erst möglich machen. Schicksalsschläge wie eine schwere Krankheit oder der unerwartete Verlust eines geliebten Menschen sind die schwierigste Prüfung für das Verstehen der Einheit. Ratlosigkeit, Verwirrung und Entsetzen sind gewöhnlich die *natürlichen*, instinktgemäßen Reaktionen, doch wer auch hier aus tiefstem Herzen ***„Dein Wille geschehe“*** sagen kann, wird vielleicht erst später einmal den tieferen Sinn aus einer umfassenderen Sicht heraus verstehen können. So konnte ein Dichter aus der Zeit des *Dritten Reiches* (1939) – ***Rudolf Alexander Schröder*** – sagen:

> „Es mag sein, die Welt ist alt; Missetat und Mißgestalt sind in ihr gemeine Plagen.
>
> Schau dir´s an und stehe fest. Nur wer sich nicht schrecken läßt, darf die Krone tragen.“

Sicherlich tragen alle Übungen und Übungswege zu diesem Verständnis bei. Jeder Schritt, den wir *aus eigener Kraft* unternehmen, bringt uns dem näher. Doch an diesem Punkt können wir vielleicht erkennen, daß alle *Praxis* – ohne die *Gnade* eines höheren Willens – beschränkt bleiben muß. Menschen, die alles versucht und jede nur erdenkliche Methode ausprobiert haben, geraten irgendwann an eine Grenze, wo der persönliche Wille losgelassen werden muß. Hier (oder auch schon früher) mag ein Meister oder vollendeter, spiritueller Lehrer erscheinen, der die Irrwege und Fallen kennt, und der aus eigener Erfahrung wertvolle Inspiration und für viele Etappen des Weges unterstützende Impulse geben kann. Jede geistige Tradition hat ihre Pioniere und Wegbereiter, die den Suchenden ermutigen und ihm Orientierung geben können beim Sprung in den weiten, unbekannten Raum der Seele.

Prüfen Sie sorgfältig, welcher Führung Sie sich anvertrauen wollen! Jeder Lehrer kann Ihnen nur soviel Wissen und Klarheit vermitteln, wie er selbst für sich verwirklicht hat.

Und jeder wahre Meister zeichnet sich dadurch aus, daß er seinen Schülern nichts als vollkommene Freiheit gibt!

Anstelle einer **typenbezogenen Empfehlung** können wir hier nur darauf hinweisen, daß ausnahmslos jeder Mensch jederzeit die Möglichkeit hat, sich einem höheren Willen und einer göttlich inspirierten Führung anzuvertrauen, wobei es unwichtig ist, welchen Namen man ihr gibt – Gott, Existenz, Wirklichkeit oder Bewußtsein.

Literatur

Lesenswertes: • Hrsg. vom Verlag Dem Wahren-Schönen-Guten: *Das unpersönliche Leben* • Hrsg. Verlag Bruno Martin: *Avadhuta Gita - Gesang eines Erleuchteten* • Wei Wu Wei: *Die einfache Erkenntnis*, Verlag Bruno Martin • Sri Nisargadatta Maharaj: *ICH BIN*, J. Kamphausen Verlag • Bhagwan Shree Rajneesh: *Mojud – The Man with the Inexplicable Life*, Ansu Publishing Company • Ken Carey: *Sternen Botschaft I & II*, Ch. Falk Verlag • Erika Albrecht: *Im ewigen Jetzt – Erfahrung lebendiger Eckhart-Mystik*, *Meister Eckharts sieben Grade des schauenden Lebens – Ein Weg der Gotteserfahrung*, N.F. Weitz Verlag • Ramesh S. Balsekar: *Duett der Einheit*, J. Kamphausen Verlag • Ramesh S. Balsekar: *Die Eine Wahrheit*, Verlag Alf Lüchow • Osho: *Der Höhepunkt des Lebens - Osho über den Tod*, Osho Verlag • Angelus Silesius: *Der cherubinische Wandersmann*, Diogenes Verlag.

Die folgenden drei Abschnitte sollen die bisher vorgestellten ***Übungen und Übungswege*** *mit Hinweisen auf bekannte* ***Methoden*** *und* ***Hilfsmittel*** *abrunden. Es sind populäre und beliebte Formen der Selbsthilfe, der Heilung und der Freizeitgestaltung. Mit der (alphabetischen) Aufzählung und Kurzbeschreibung von jeweils* ***7 Beispielen*** *möchten wir die LeserInnen auf weitere Möglichkeiten der* ***Soforthilfe*** *hinweisen. Die von uns getroffene Auswahl soll weder eine Wertung (wegen Nichterwähnung anderer Wege) darstellen noch einen Anspruch auf Vollständigkeit erheben. Aus Platzgründen haben wir uns hier auf max. drei Literaturhinweise beschränkt.*

47
Sieben bekannte Wege der Harmonisierung

1. Das Autogene Training

Bedeutung & Herkunft

Das ***Autogene Training*** wurde von ***Prof. J. H. Schultz*** entwickelt. Es ist eine Therapie der konzentrativen Selbstentspannung, die die Fähigkeit des Menschen zur Selbsthypnose (Autosuggestion) nutzt, um Erschöpfungszustände, nervliche Überreizung und Stress zu überwinden und zu tiefer Ausgeglichenheit zu gelangen. Es handelt sich dabei um 6 Standardübungen, die mit Hilfe verbaler Formeln stufenweise eine progressive Muskelentspannung hervorrufen und willentlich nicht beeinflußbare, nervliche und hormonelle Umschaltungen bewirken. Das ***Autogene Training*** wird seit den 40iger Jahren im medizinisch-psychologischen Bereich angewandt und konnte für viele Menschen eine Erleichterung und Verbesserung der individuellen Lebensumstände herbeiführen. So können Schmerzen gelindert und Heilungsprozesse beschleunigt werden. In Verbindung mit gezielt angewendeten, autosuggestiven Mentalsätzen des *Positiven Denkens* und Visualisationen ermöglicht diese Art der passiven Konzentration den leichteren Einstieg in meditative Übungen.

Literatur

Lesenswertes: • J.H.Schultz: *Übungsheft für das Autogene Training,* Georg Thieme Verlag • Gisela Eberlein: *Gesund durch Autogenes Training,* Econ Verlag • Ilse Müller: *Bewußter Leben durch Autogenes Training,* Rowohlt Verlag.

Schnellübersicht: QuickEssenz-Karte (J.Kamphausen Verlag): *Autogenes Training – Konzentrative Selbstentspannung*

2. Ayurveda

Bedeutung & Herkunft

Ayurveda, die altindische Lehre vom *Wissen* (*Veda*) um den *Zusammenhalt des Lebens* (*Ayus*) oder des „*Wissens vom langen Leben*" erfreut sich als wirksames, die Lebenskräfte unterstützendes Naturheilverfahren immer größerer Beliebtheit. Es birgt den gesammelten medizinischen und psychosomatischen Erkenntnisschatz Indiens in sich, der weit in die vorchristliche Zeit zurückreicht. ***Ayurveda*** berücksichtigt die individuelle Konstitution und die Lebensumstände des Menschen. Die ***ayurvedische*** Diagnose beruht auf einer detaillierten Analyse sinnlicher Merkmale, die den *Elementen Erde, Wasser, Feuer, Luft* und *Raum* – die ursprünglichste Form grob- und feinstofflicher Manifestation – zugeordnet werden. ***Ayurveda*** bietet ein einfaches, wirksames Modell der Erkenntnis der Wechselwirkungen von Körper, Geist und Seele in Verbindung mit den Einflüssen der Umwelt. Seine uralte Kenntnis der Heilpflanzen und das Wissen der differenzierten Wirkungsweise von Substanzen ist weitreichend. Entsprechend reichhaltig ist auch das Angebot an therapeutischen Maßnahmen wie Massagen und Reinigungsprozeduren und wertvollen, hygienischen Empfehlungen, die einen Gleichgewichtszustand der psychosomatischen Konstitution des Menschen anstreben.

Literatur

Lesenswertes: • Chandrasekhar G. Thakkur: *Das ist Ayurveda,* Hermann Bauer Verlag • Birgit Heyn: *Die sanfte Kraft der indischen Naturheilkunde,* Scherz Verlag • Vasant Lad: *Das Ayurveda Heilbuch,* Edition Shangrila.

Schnellübersicht: QuickEssenz-Karte (J. Kamphausen Verlag): *Ayurveda – ein Leben in natürlichen Rhythmen*

3. Die Fünf Tibeter

Bedeutung & Herkunft

Die Bezeichnung ***Die Fünf Tibeter*** steht für ein einfaches und wirksames Programm der Energetisierung, das seit Jahren bekannt und beliebt ist. Diese Kombination von fünf einfachen, wenig zeitaufwendigen Übungen (die zum Teil auch aus dem *Hatha Yoga* bekannt sind) ist für viele Menschen zum Anreiz geworden, täglich ein regelmäßiges Übungsprogramm durchzuführen. Das Geniale an den ***Fünf Tibetern***, deren angeblich *tibetischer Ursprung* den führenden Vertretern der *tibetischen* Tradition allerdings nicht bekannt zu sein scheint, ist der Umstand, daß die Übungen anregen und kräftigen und leicht zu erlernen sind. Darüber hinaus fühlt sich kaum jemand von diesen fünf Übungen überfordert. Die Anzahl kann (vorzugsweise in 7er-Schritten) beliebig gesteigert werden. In ihrer Wirkung ergänzen die Übungen einander, und das Energiesystem wird dadurch reguliert und ins Gleichgewicht gebracht.

Wie bei allen bisher besprochenen Übungswegen gilt auch hier, daß erst **gesteigerte Aufmerksamkeit** jeder Methode ihre Wirksamkeit verleiht. Ohne Bewußtheit, Sensibilität und in die Tiefe gehende Intention bleibt jedes Übungssystem zwangsläufig auf dem Niveau von Fitness-Übungen.

Literatur

Lesenswertes: • Peter Kelder: *Die Fünf Tibeter*, Integral Verlag.

Sehenswertes: • Hrsg. Brigitte Streubel – Videocassette: *Die Fünf Tibeter in Aktion*

4. Kinesiologie

Bedeutung & Herkunft

Die ***Kinesiologie*** ist eine Bewegungslehre, die die Körpersprache und die nonverbale Kommunikation untersucht. Über die Muskelfunktionen läßt sich der Einfluß der Gedanken, vergangener Erfahrungen und äußerer Gegebenheiten (z.B. im Bereich Nahrung und Bekleidung) auf den Menschen erkennen. Mit Hilfe bestimmter Muskeltests kann der Körper wichtige Antworten geben und so wertvolle Einsichten zu vielen Fragen des alltäglichen Lebens vermitteln. Durch das ***kinesiologische*** Verfahren können blockierte Energien freigesetzt werden, nachdem störende Faktoren durch den Muskeltest herausgefunden und behoben wurden. Die Grundlagen der

Kinesiologie sind leicht erlernbar und können im Alltag vielfältig zur Verbesserung der Gesundheit und des Wohlbefindens eingesetzt werden.

Literatur

Lesenswertes: Dr. John Diamond: „Der *Körper lügt nicht, Die heilende Kraft der Emotionen,* Verlag für Angewandte Kinesiologie • Dietrich Klinghardt*: Lehrbuch der Psycho-Kinesiologie,* Hermann Bauer Verlag • Kim da Silva/Do-Ri Rydl: *Kinesiologie,* Droemersche V.A..

5. Ein Kurs in Wundern

Bedeutung & Herkunft

Die beiden Psychologen - *Helen Schucman* und *William Thetford* nannten ihr im Jahre 1965 auf medialem Wege empfangenes, dreibändiges Werk ***Ein Kurs in Wundern***. Dieser ***Kurs*** ist eine Erinnerung an die Existenz Gottes und handelt auf dieser Grundlage von der Notwendigkeit, Schuldgefühle loszulassen und anderen Menschen zu vergeben. ***Ein Kurs in Wundern*** hat seit seiner Veröffentlichung im Jahre 1976 sehr zu einem liebevolleren zwischenmenschlichen Umgang beigetragen. Viele Therapeuten, Psychologen und Ärzte haben die Erkenntnisse und Prinzipien der seelischen Heilung in diesem Kurs in ihre praktische Arbeit integriert.

Der Kurs umfaßt in seinen drei Bänden einen *Text*, ein *Arbeitsbuch* zum Text sowie ein *Handbuch für Lehrer*. Das *Arbeitsbuch* enthält für jeden Tag des Jahres eine Lektion.

Ein Kurs in Wundern zeichnet sich aus durch die leicht nachvollziehbare Verbindung von Psychologie und Spiritualität und ist insofern ein inspirierender Weg zur Selbsterkenntnis.

Literatur

Lesenswertes: • Deutsche Ausgabe*: Ein Kurs in Wundern,* Greuth Hof Verlag • Kenneth Wapnick: *Betrachtungen über Ein Kurs in Wundern,* Foundation for *A Course in Miracles* • Gerald G. Jampolsky: *Minikurs*; Greuth Hof Verlag.

6. Positives Denken

Bedeutung & Herkunft

Der Begriff des ***Positiven Denkens*** wurde durch *Norman Vincent Peale* und *Joseph Murphy* bekannt gemacht. Sie erkannten sowohl den negativen als auch den positiven Einfluß des Denkens auf die menschlichen Gewohnheiten und die Gestaltung des Lebens. Das ***Positive Denken*** entwickelte sich zu einem System der praktischen Lebenshilfe, das vielen Menschen eine erste wirkungsvolle Methode bietet, die Suggestionskraft und die Macht des Geistes zu nutzen, um sich von einengenden und selbstbegrenzenden Prägungen der Vergangenheit zu lösen und so eine Öffnung für neue positive Bewußtseinsinhalte zu ermöglichen.

Die bekanntesten Vertreter des ***Positiven Denkens*** sind neben den obengenannten *Prentice Mulford, Dane Rudhyar, Catherine Ponder, Louise L. Hay, Shakti Gawain, Ralph Tegtmeier, Erhard Freitag* und *Oscar Schellbach.*

Ganz allgemein ist ***Positives Denken*** in jedem Fall einer *negativen* Betrachtung der Umstände des Lebens vorzuziehen. Im Lichte der klassischen Meditationssysteme, die weit über den Dualismus von *positiv* und *negativ* hinausgehen, wird das ***Positive Denken*** als ein vorab klärendes Stadium der Entwicklung angesehen, dessen großer Wert darin liegt, einschränkende Glaubenssätze zu überwinden als Voraussetzung für einen Zustand der meditativen Leere oder Stille.

Lesenswertes: • Stuart Wilde: *Affirmationen*, Sphinx Verlag • René Egli: *Das LOL^{2}A-Prinzip* Edition d´Olt • Louise L. Hay: *Liebe Deinen Körper,* Lüchow Verlag.

Schnellübersicht: QuickEssenz-Karte (J. Kamphausen Verlag): *Schlüssel zur Gesundheit – Anleitung zur Aktivierung Ihrer Selbstheilungskräfte.*

7. Reiki

Bedeutung & Herkunft

Ende des letzten Jahrhunderts wurde ***Reiki*** in Japan von *Dr. Mikao Usui* wiederentdeckt. Es ist ein uralter Heilungsweg, dessen Wurzeln im buddhistisch geprägten *Qi-Gong* vermutet werden. Nach Jahren der Geheimhaltung fand ***Reiki*** über Hawaii und Amerika seinen Weg nach Europa. Seit Ende der 80iger Jahre hat ***Reiki*** - der Weg der *Universellen Lebensenergie* - einen festen Platz im Leben von Millionen von Menschen gewonnen. Die Einfachheit und die direkte Wirkung in der Anwendung der *Universellen Lebensenergie* (*Reiki*) durch das Auflegen der Hände auf den Körper macht dieses Heilungs- und spirituelle Wachstumssystem auch für Kinder, ältere Menschen und Kranke überzeugend und leicht nutzbar. Die buddhistische Annahme, daß es *kein Selbst* gibt, das heilt, sondern daß die ***Reikikraft*** (*Universelle Lebensenergie*) im Einklang mit dem göttlichen Willen grenzenlos fließt, beseitigt von Anfang an die Hemmschwelle, daß ein Behandelnder ein qualifizierter *Heiler* sein müsse.

Die ***Reikikraft*** fließt unstrukturiert und sucht den direktesten Weg zu einer optimalen Harmonisierung. Zum besseren Verständnis und zur leichten Anwendung für die *Reiki-Schüler* wird ***Reiki*** in mehreren Graden gelehrt. Durch einen von ***Mikao Usui*** überlieferten Einweihungsritus entsteht eine Öffnung in Körper und Geist des *Reiki-Schülers* und somit eine Einstimmung auf Herz und Geist des Reiki.

Während ***Reiki*** in seinen Anfängen überwiegend als ein System der körperlich-emotionalen und mentalen Heilung angesehen wurde, zeigen sich von Jahr zu Jahr immer deutlicher die Grundzüge eines geistigen Erkenntnisweges. ***Reiki** ist nicht nur eine Form des Heilens, sondern auch ein Weg der Meditation und der Selbsterkenntnis!*

Literatur

Lesenswertes: • Wolfgang Distel/Wolfgang Wellmann: *Das Herz des Reiki, Der Geist des Reiki, Die Praxis des Reiki,* Goldmann Verlag • Frank Arjava Petter: *Das Reiki Feuer,* Windpferd Verlag • Paula Horan: *Die Reiki Kraft,* Windpferd Verlag.

Schnellübersicht: QuickEssenz-Karte (J. Kamphausen Verlag): *Reiki – Entspannung, Vitalisierung & Heilung durch Handauflegen*

48
Sieben bewußtseinsfördernde Methoden

1. Feng Shui

Bedeutung & Herkunft

Der chinesische Begriff für ***Feng Shui*** setzt sich aus den Schriftzeichen für *Wind* und *Wasser* zusammen. Das natürliche Energiepotential dieser in Bewegung befindlichen Elemente ist ein Ausdruck der Lebensenergie *Chi, Ki* oder *Prana*. Der harmonische, ungestörte Fluß der Kräfte des Menschen und die Balance der natürlichen Energien in seiner jeweiligen Umgebung sind von großer Bedeutung für das Wohlbefinden und die Gesundheit, für angewandte Kreativität und beruflichen Erfolg. ***Feng Shui*** ist die jahrtausendealte chinesische Kunst, das Energieniveau von Räumen, Gebäuden und Landschaften anzuheben und zu verstärken. Ihre Prinzipien werden in zunehmendem Maße auch in der Architektur des Westens berücksichtigt. Auch durch die entsprechende Gestaltung des Wohnraumes oder des Arbeitsplatzes läßt sich *Chi* in optimaler Weise lenken und damit die Lebensqualität entscheidend verbessern. Da Außenwelt und Innenwelt letztlich nicht getrennt sind, kann ein vorteilhaft gestalteter Raum – im Großen wie im Kleinen – in diesem Sinne auch eine *Heilung des Innenlebens* bewirken.

Literatur

Lesenswertes: • Sarah Rossbach: *Feng-Shui,* Knaur Verlag • Lam Kam Chuen: *Das Feng Shui Handbuch,* Joy Verlag • Derek Walters: *Die Kunst des Wohnens. Feng Shui,* O.W. Barth Verlag.

Schnellübersicht: QuickEssenz-Karte (J.Kamphausen Verlag): *Feng Shui bringt Harmonie in Ihr Leben.*

2. I Ging

Bedeutung & Herkunft

Die Lebensweisheit des ältesten chinesischen Buches ***I Ging*** **–** *„Das Buch der* Wandlungen" soll schon ca. 3000 Jahre v. Chr. verfaßt worden sein. Es hat in seiner Eigenschaft als Orakelbuch in bildhaft verschlüsselter Form zahllosen Menschen richtungsweisende Antworten gegeben, in welcher Weise sich die Gegenwart – die Ausgangssituation des Fragestellers – tendenziell *„wandeln“* kann. *C.G.Jung*, der im ***I Ging*** einen Weg zu den *Archetypen* des *Kollektiven Unterbewußten* sah, erkannte die tiefe Weisheit der orakelhaften Deutungen als Ausdruck des Prinzips der *Synchronizität*. Dieses beschreibt den tieferen Zusammenhang und Sinn der zeitlichen Übereinstimmung von psychischen Erlebnissen und äußeren Ereignissen. Demnach ist beim Werfen der *Orakel-Münzen* (oder beim Ziehen der *Schafgarbenstengel*) des ***I Ging*** die kosmische Qualität des Augenblickes mit ihren möglichen Auswirkungen auf die Zukunft in den sich wandelnden *Yin-Yang*-Linien des *Hexagrammes* abgebildet.

Wenn sich die Menschen in alten Zeiten vor einem scheinbar unlösbaren Problem sahen, begaben sie sich erst einmal für drei Tage in die Einsamkeit und meditierten. Damit erzeugten sie eine *Dichte des Augenblickes*. Wer in dieser Intensität des Bewußtseins das Orakel befragte, erhielt einen entsprechend klaren und aussagekräftigen Hinweis. Künstler und Staatsmänner des alten China wußten dies und ließen sich in großen Dingen vom ***I Ging*** leiten.

Literatur

Lesenswertes: • Anagarika Govinda: *Die innere Struktur des I Ging,* Aurum Verlag • Richard Wilhelm: *I Ging,* Eugen Diederichs Verlag; Hrsg. John Blofeld: *I Ging. Das Buch der Wandlung,* O.W. Barth Verlag.

3. Ikebana

Bedeutung & Herkunft

„Die Kunst des Blumenssteckens“ – ***Ikebana*** (oder ***Kado*** – *der Blumenweg*) spiegelt die feinsinnige und zarte Kultur Japans wider. Das in einem Zustand meditativer Sammlung entstandene Arrangement von Blumen und Zweigen in Vasen und Schalen ist der kreative Ausdruck individuell empfundener Schönheit und Anmut. Ihre asymmetrischen Formen versinnbildlichen die Gesamtheit der Schöpfung: Ein Zweig des Gestecks soll zur Erde zeigen, ein Zweig deutet zum Himmel und ein Zweig stellt den Menschen als Mitte zwischen Himmel und Erde dar.

Die *Kunst des Blumensteckens* ist aber nur ein vordergründiges Mittel, an der Schönheit natürlicher Formen ein ästhetisches Vergnügen zu finden. In Japan – insbesondere auf dem Weg des *Zen* – wird die *Form* als Ausdruck von *Leerheit* angesehen. ***Ikebana*** erweckt durch das Arrangement der *Form* die Wahrnehmung für die Weite und Offenheit des *Raumes. Zen-Praktizierende* schätzen diese Kunst als bewußtseinsfördernde Methode sehr.

Literatur

Lesenswertes: • Ayako Graefe: *Das Ikebana-Buch,* Eugen Ulmer Verlag • Suzue Rother-Nakaya: *Ikebana. Eine Einführung in die japanische Blumenkunst,* AT Verlag • Erika Schwalm: *Ikebana,* Falkenbücherei.

4. Kalligraphie

Bedeutung & Herkunft

Der Begriff ***Kalligraphie*** kommt aus dem *Griechischen* und bedeutet *Schönschrift.* Die Ästhetik der Schrift beruht auf dem Element der Gleichförmigkeit, wobei der individuelle Ausdruck des ***Kalligraphen*** der Schrift zur Besonderheit verhilft. Die Kunst der ***Kalligraphie*** ist uns besonders aus China und Japan bekannt. Auch die *islamische* Kultur hat eine auf der Schönschrift basierende Kunst hervorgebracht, die sehr ausdrucksstark ist. Die klassische Form der ***Kalligraphie*** – schwarze Tusche auf weißem Reispapier – ist in Japan lange Zeit ein Luxus der höheren Stände gewesen, zumal das Schreiben bis zum Ende des 19.Jahrhunderts kaum im Volk verbreitet war.

In Verbindung mit dem Geist des *Zen* wurde die ***Kalligraphie*** (*jap.* ***Shodo***) zu einer meditativen Handlung, die sehr intensiv auf den Punkt innerer Sammlung hindeutet. Viele *Zen-Meister* gaben dem *Augenblicksbewußtsein* sichtbaren Ausdruck durch einen spontanen, kraftvollen Pinselstrich. Der Grad der inneren Harmonie ist für das wache Auge im Symbol eines vollendet runden Kreises erkennbar. Ähnlich wie in der *Teezeremonie* kann auf diesem Wege eine Sensibilität für das Unmittelbare und die Nicht-Wiederholbarkeit des Augenblikkes entstehen.

Literatur

Lesenswertes: • Rong Fang Cao/Klaus Dieter Hartig: *Chinesische Kalligraphie - Mit Tusche und Pinsel. Anleitungen und Vorlagen,* Augustus Vlg. im Weltbild • Guo Bonan: *Einführung in die chinesische Kalligraphie,* China International Books • Edoardo Fazzioli: *Understanding Chinese Characters – A beginner´s guide to the Chinese language,* William Collins Sons & Co..

5. Origami

Bedeutung & Herkunft

Geschicklichkeit, Ausdauer, Konzentration und Freude am Detail sind Voraussetzungen, um es in der japanischen *Kunst des Papierfaltens* – ***Origami*** – weit zu bringen. Die überlieferten Formen bieten dem Anfänger in ihrer ansprechenden Einfachheit eine gute Gelegenheit zur inneren Sammlung, sie können aber auch im Grad der Kompliziertheit noch weiter gesteigert und verfeinert werden. ***Origami*** ist nicht nur eine schöne Methode, um Kinder sinnvoll zu beschäftigen (und ruhig zu stellen), sondern um auf unspektakuläre Weise *Bewußtsein* zu vertiefen. Die feinmotorische Fingerarbeit des *Papierfaltens* regt nachweislich die Ausschüttung von *Neurotransmittern* (*Botenstoffen des Gehirns*) an:

„*Dopamin* ist einer der wichtigsten persönlichkeitsprägenden Botenstoffe unseres Gehirns: Für die feinabgestimmte Fingerarbeit eines Pianisten ist *Dopamin* ebenso zuständig wie für die grazil koordinierten Bewegungen einer Ballettänzerin. Der Neurotransmitter kann die Gedanken in einem Maße beflügeln, daß sie zu überschießenden Phantasien führen. Bei hoher Dopaminkonzentration lebt man wie im Traum: Kinder und Kreative kennen diesen Zustand. (...) Sie warten auf eine Inspiration? Wer sich nicht mehr konzentrieren kann und eine neue Idee herbeisehnt, sollte nicht länger warten, sondern sich beispielsweise ans Klavier setzen ...". Johannes Holler: „Ergänzende Mentaltips" aus „Iß Dich klüger – Das praktische Handbuch für die optimale Gehirnernährung", Umschau Verlag.

Alle die Feinmotorik beanspruchenden Tätigkeiten wie Klavierspielen, Feinstickereien, *Makramee*-Knüpfen und auch ***Origami*** führen dazu, daß größere Mengen von *Dopamin* freigesetzt werden. *Altmodische* Fertigkeiten und Geschicklichkeiten aus Großmutters Zeiten sind darum neben der Freude am kreativen Ablauf auch durchaus ernstzunehmende Hausmittel, um innere Ruhe, Konzentrationskraft und Ausgeglichenheit in der Hektik unserer Zeit wiederzufinden und zu bewahren.

Literatur

Lesenswertes: • Keiji Kitamura: *Die Origami Schatztruhe*, Frech Verlag • Pham Dinh Tuyen: *Klassisches Origami*, Falbenbücherei • Masahiro Chatani: *Kunstwerke aus Papier. Origami*, Orell Füssli Verlag.

6. Tarot

Bedeutung & Herkunft

Das Handlesen und das Kartenlegen sind die Hauptformen der überlieferten Wahrsage- und Orakelkunst. Das Kartenspiel ***Tarot*** (sprich: Tarõ), dessen Ursprung in dunkler Vergangenheit verborgen ist, wurde in Europa im 14. Jahrhundert bekannt. Anfang des 19. Jahrhunderts wurde die Symbolik der Karten mit der Geheimlehre der *Kabbala* – der jüdisch-mystischen *Überlieferung* – in Verbindung gebracht und von Gemeinschaften wie den Rosenkreuzern, Freimaurern und dem Orden der *Golden Dawn* als Einweihungslehre in das *Große Spiel des Lebens* genutzt. In den symbolhaften Darstellungen der Karten sind sowohl die Gesetzesmäßigkeiten der weltlichen als auch der spirituellen Entwicklung abgebildet. Sie bieten eine praktische Psychologie und eine Lebensphilosophie, die dem Suchenden Möglichkeiten der Befreiung aus Leid und Verwirrung und einen Weg zu höherem Wissen aufzeigen. In den 56 Karten der *Kleinen Arkana* werden der Entwicklungsweg und die Aufgaben des Menschen widergespiegelt. Die 22 Karten der *Großen Arkana* symbolisieren *Archetypen* (*Urbilder des Kosmischen Unbewußten*), Bewußtseinszustände oder Stadien der Einweihung, die über das Modell des *kabbalistischen Lebensbaumes* (*Sephirot*) entschlüsselt werden können.

Neben den überlieferten, klassischen Versionen sind seit Beginn der 80iger Jahre mit dem Anwachsen des Interesses an der Mystik neuere ***Tarot-Spiele*** mit entsprechenden Begleitbüchern entstanden.

Tarot ist eine inspirierende Methode, um auf anschauliche Weise über das ausgelegte Kartenbild oder einzeln gezogene Karten einen tieferen Zugang zur eigenen Intuition und, ähnlich wie auch im *I Ging*, Hinweise zur Klärung bestimmter Fragen zu erlangen.

Literatur

Lesenswertes: • Arthur Edward Waite: *Der Bilderschlüssel zum Tarot*, Urania Verlag • Hans-Dieter Leuenberger: *Schule des Tarot -Band I - III*, Hermann Bauer Verlag • Ma Deva Padma: *Osho Zen Tarot. Buch und 79 Karten*, Urania Verlag.

Schnellübersicht: QuickEssenz-Karte (J. Kamphausen Verlag): *Der Tarot Schlüssel – Rat bei Lebens- und Entscheidungsfragen.*

7. Die Teezeremonie

Bedeutung & Herkunft

Chado (der *Teeweg*) ist ein Bestandteil der Kultur Japans. ***Die Zeremonie*** ist eine nach strengen Regeln gestaltete Form der Zubereitung, der Darreichung und des Genießens von Tee. Der traditionelle Ablauf der ***Teezeremonie*** ist in Japan nach wie vor sehr populär. Er dient der Sammlung und stellt eine Form der *Meditation-in-der-Handlung* dar. In westlichen Ländern wird die ***Teezeremonie*** im Rahmen von *Zen-Sesshins* (wiederholte Sitzperioden, die sich über einen Tag oder mehrere Tage erstrecken) praktiziert.

Die Erfahrung eines Bewußtseinskontinuums während exakt vorgegebener *Handlungen* (auch langsame, bewußte Bewegungsabläufe des *T´ai Chi* oder *Tensegrity* können diese Erfahrung von ungebrochener Aufmerksamkeit vermitteln) sind eine wertvolle Schulung für *Bewußtheit im Alltag*. Diese kann übertragen werden auf jeden Aspekt des Lebens, z.B. die Zubereitung und die Einnahme von Mahlzeiten. So dienen bestimmte Rituale des *Zen* der Überwindung der alltäglichen Unbewußtheit in allen Handlungen des Lebens. Die ***Teezeremonie*** ist eine besonders ästhetische Form, die ähnlich wie der *Blumenweg* die Verfeinerung der Sinne anspricht und vom Reflex zur Bewußtheit führt.

Literatur

Lesenswertes: • Franziska Ehmcke: *Der japanische Tee-Weg. Bewußtseinsschulung und Gesamtkunstwerk,* Dumont Buchverlag • Daisetz Taitaro Suzuki*: Zen und die Kultur Japans,* O.W. Barth Verlag.

49
Sieben bekannte Hilfsmittel

1. Aurasoma

Bedeutung & Herkunft

Aurasoma ist eine neue, ganzheitliche Therapie, die die heilenden Komponenten *Farbe, Duft, Heilkräuter* und *Edelstein-Energie* miteinander kombiniert, um das Energiefeld des Menschen – die ***Aura*** – zu harmonisieren. Der Begriff ***Soma*** (*griechisch = Körper*) meint hier die *feinstofflichen Hüllen* des Körpers. Von 1984 an gewann die ***Aurasoma-Farbtherapie***, die von der erblindeten, seherisch begabten Engländerin ***Vicky Wall*** entwickelt wurde, zunehmend eine begeisterte Anhängerschaft. Auf medialem Weg empfing die ehemalige Apothekerin nach und nach die Rezepturen für über 90 verschiedene *Balance-Öle*, sowie verschiedene *Pomander* und *Meister-Quintessenzen*. Sie werden je nach Erfordernis auf bestimmte, den Farben der ***Aura*** entsprechende Körperstellen aufgetragen, eingeatmet oder in die Aura eingefächelt.

Allein die stille Betrachtung der zweifarbigen ***Aurasoma-Balance-Öl-****Flaschen* wirkt durch die Brillanz der Farben im Sinne einer *Farbtherapie* harmonisierend. Der Öl-Anteil und der wäßrige Anteil bilden zwei unterschiedliche, farbliche Bereiche. Unter Anleitung von ausgebildeten Beratern werden vier Flaschen ausgewählt. Die geschüttelte und vermischte, wohlriechende Emulsion wird auf die entsprechenden Körperbereiche aufgetragen. Dies bewirkt laut Bestätigung vieler Anwender eine Revitalisierung und Wiederherstellung des inneren Gleichgewichts.

Die farbigen *Pomander* und die sogenannten *Meister-Quintessenzen*, die ebenfalls spezielle Mischungen aus Kräuteressenzen, Duftstoffen und Edelsteinsubstanzen sind, werden nur in die ***Aura*** eingefächelt.

Zur Unterstützung der Visualisationsfähigkeit feinstofflicher Bereiche, wie z. B. der *Chakren*, ist die Verwendung von ***Aurasoma*** sehr zu empfehlen.

Literatur

Lesenswertes: • Vicky Wall: *Das Wunder der Farbheilung*, Verlag H.-J. Maurer • Irene Dalichow/Mike Booth: *Aura-Soma*, Knaur Verlag.

2. Bachblüten

Bedeutung & Herkunft

Die ***Bachblütentherapie*** wurde nach ihrem Entdecker, dem englischen Arzt ***Dr. Edward Bach*** benannt, der Anfang der 30iger Jahre erkannt hatte, daß alle Krankheiten psychosomatischer Natur sind, d.h. daß ihre Ursache in einem psychischen Ungleichgewicht zu suchen ist. Schon vor der Entwicklung der *Blütentherapie* arbeitete er als erfolgreicher Wissenschaftler, Arzt und Homöopath. Experimente führten ihn zur sogenannten *Sonnenmethode*, mit deren Hilfe er durch Sonnenkraft die Energie von 38 wildwachsenden Pflanzen auf Wasser übertragen konnte. In diesen Pflanzen sah ***Edward Bach*** die grundlegenden *archetypischen Seelenkonzepte* oder *Energie-Potentiale* enthalten. Die Ursachen zahlloser körperlicher Krankheiten ordnete er dem gestörten Gleichgewicht dieser 38 Seelen-Potentiale zu und fand entsprechend für jeden Gemütszustand, für jedes Leiden, die zugehörige Blütenessenz.

Ähnlich wie in der *Homöopathie* wird die geeignete ***Bachblüte*** im Gespräch oder durch eine Art ***Bachblüten-Tarot*** (mit Hilfe von 38 Karten) intuitiv ermittelt. Die Einnahme einzelner oder kombinierter Blütenessenzen erfolgt in der Regel in Tropfenform (4 x 4 Tropfen über den Tag verteilt). Die Wirkungsweise liegt im feinstofflichen Bereich und ist, außer durch die positive Rückmeldung des Klienten, nicht nachweisbar. Die Heilkraft wird als energetische Information in der Molekularstruktur des Blütenessenz-Wassers gespeichert und auf diesem Wege auf den Patienten übertragen. ***Bachblüten*** geben Impulse zur Veränderung, indem sie die Schwingungsfrequenz der Energien erhöhen. Sie haben sich u.a. bei der Überwindung von Hemmungen, Angst aber auch beim Einsatz gegen körperliche Beschwerden bewährt. Die ***Bachblütentherapie*** läßt sich mit vielen Methoden der Bewußtseinsarbeit und der Selbsterkenntnis verbinden und ist als Unterstützung sehr empfehlenswert, zumal die Veränderungen sanft geschehen.

Literatur

Lesenswertes: • Edward Bach: *Blumen, die durch die Seele heilen*, Hugendubel Verlag • Mechthild Scheffer: *Das neue Bach-Blüten-Buch*, Hermann Bauer Verlag • Dietmar Krämer: *Neue Therapien mit Bachblüten*, Ansata Verlag.

Schnellübersicht: QuickEssenz-Karte (J.Kamphausen Verlag): *Bachblüten Schlüssel – Blütenessenzen – Ihre Helfer zu mehr Gesundheit und Selbsterkenntnis.*

3. Edelsteine und Kristalle

Bedeutung & Herkunft

Seit Urzeiten wurden ***Edelsteine*** nicht nur als Schmuck verwendet, sondern sie dienten vielen Menschen auch zur Heilung, zur Harmonisierung und zur Unterstützung der spirituellen Entwicklung. Das Betrachten der oftmals atemberaubend schönen Formen und Farben von ***Edelsteinen, Kristallen*** und ***Mineralien*** ist eine Freude für das Auge und berührt das Herz. Den verschiedenartigen Steinen wurden zu allen Zeiten bestimmte Wirkungen und Kräfte nachgesagt. Dies wurde mehrfach durch Visionen von *seherisch* Begabten (z.B. *Hildegard von Bingen*) bestätigt. ***Edelsteine*** und ***Kristalle*** wirken aufgrund ihrer chemischen Zusammensetzung, ihrer elektromagnetischen Schwingung, der Frequenz der Farbe und der Lichtbündelung durch ihre kristalline Struktur. Die Art der Transparenz, seine Größe und die Härte verleihen dem Stein seine *Charaktereigenschaften*. Darüber hinaus sind die Schwingungen der Farben in Resonanz mit den *Chakren*. ***Edelsteine*** und ***Kristalle*** wirken über das Gesetz der Analogie auf assoziativ zugeordnete Bereiche von Körper und Geist des Trägers oder Betrachters. Die Geschenke der Erde für den Menschen finden vielfache Verwendung bei der Harmonisierung von Räumen, zur qualitativen Aufbereitung des Pflanzengießwassers und Trinkwassers, beim Ausgleich der Energiezentren des Körpers, zur Steigerung der Lebenskraft, in der Edelstein-Kosmetik, bei der Kristallakupunktur und als Unterstützung der Meditationspraxis. Schamanen benutzten sie in Heilritualen und als wirksamen Schutz in Form von Amuletten und Talismanen. Wahrsagerinnen und Wahrsager schauten mit Hilfe von Kristallkugeln in die Zukunft.

Die den Edelsteinen nachgesagten Kräfte sollten jedoch nicht überbewertet werden. Der subtile Einfluß verstärkt sich wie bei anderen natürlichen Heilmitteln **in dem Maße, wie die Sensibilität und Bewußtheit des Anwenders wächst.** Ihre Wirkung ist als sanfte Unterstützung in jedem Fall zu empfehlen.

Literatur

Lesenswertes: • *Das große Lexikon der Heilsteine, Düfte und Kräuter;* Methusalem Verlags-Gesellschaft mbH. • Daya Sarai Chocron: *Heilen mit Edelsteinen,* Hugendubel Verlag • Dr. Gottfried Hertzka*: Die Edelsteinmedizin der heiligen Hildegard,* Hermann Bauer Verlag.

Schnellübersicht: QuickEssenz-Karte (J. Kamphausen Verlag): *Der Edelstein Schlüssel – 74 Helfer für Gesundheit und Wohlbefinden.*

4. Farben

Bedeutung & Herkunft

Bei den alten Kulturvölkern existierte ein Wissen um die Bedeutung der ***Farben***. Auch wenn ihre spezielle Zuordnung sich von einer Kultur zur anderen manchmal unterschied, gab es doch Übereinstimmungen dahingehend, welche ***Farben*** als *warm, anregend, kalt* oder *beruhigend* empfunden wurden. In jüngerer Zeit formulierte *Johann Wolfgang v. Goethe* eine viel beachtete ***Farbenlehre***, deren Grundlagen hinsichtlich der energetischen Wirkungen der ***Farben*** auch heute noch in der ***Farbtherapie*** (***Colortherapie*** oder ***Chromotherapie***) Anwendung finden.

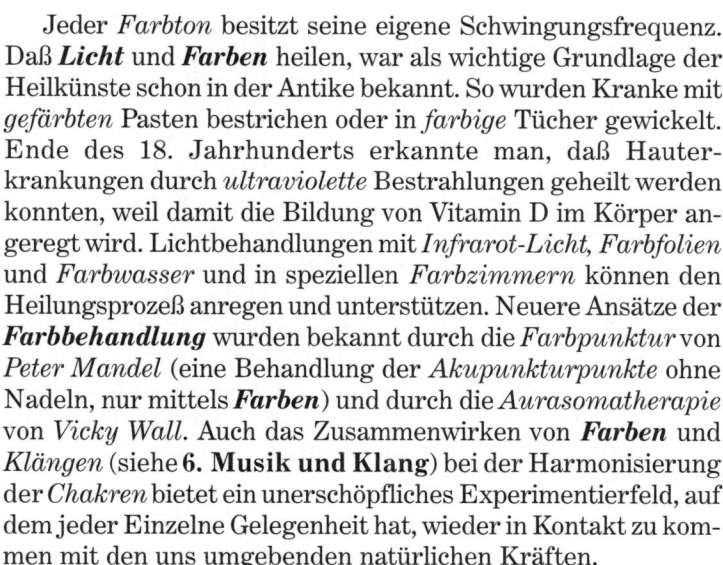

Jeder *Farbton* besitzt seine eigene Schwingungsfrequenz. Daß ***Licht*** und ***Farben*** heilen, war als wichtige Grundlage der Heilkünste schon in der Antike bekannt. So wurden Kranke mit *gefärbten* Pasten bestrichen oder in *farbige* Tücher gewickelt. Ende des 18. Jahrhunderts erkannte man, daß Hauterkrankungen durch *ultraviolette* Bestrahlungen geheilt werden konnten, weil damit die Bildung von Vitamin D im Körper angeregt wird. Lichtbehandlungen mit *Infrarot-Licht, Farbfolien* und *Farbwasser* und in speziellen *Farbzimmern* können den Heilungsprozeß anregen und unterstützen. Neuere Ansätze der ***Farbbehandlung*** wurden bekannt durch die *Farbpunktur* von *Peter Mandel* (eine Behandlung der *Akupunkturpunkte* ohne Nadeln, nur mittels ***Farben***) und durch die *Aurasomatherapie* von *Vicky Wall*. Auch das Zusammenwirken von ***Farben*** und *Klängen* (siehe **6. Musik und Klang**) bei der Harmonisierung der *Chakren* bietet ein unerschöpfliches Experimentierfeld, auf dem jeder Einzelne Gelegenheit hat, wieder in Kontakt zu kommen mit den uns umgebenden natürlichen Kräften.

Das Visualisieren von ***Farben*** ist ein machtvolles Mittel zur Beeinflussung unserer Stimmungen und zur Harmonisierung der Energien und ein weiterer wertvoller Mosaikstein, um den meditativen Zustand des Geistes zu verwirklichen.

Literatur

Lesenswertes: • Johann Wolfgang von Goethe: *Farbenlehre*, Verlag Freies Geistesleben • Christa Muths: *Farbtherapie*, Wilhelm Heyne Verlag • Peter Mandel/Birgit Henneges: *Die Therapie mit Licht und Klang,* Knaur Verlag.

5. Homöopathie

Bedeutung & Herkunft

Ende des 18. Jahrhunderts entdeckte ***Samuel Hahnemann*** die ***Homöopathie*** – ein Heilverfahren, das auf der Ähnlichkeitsregel basiert, die besagt: „Ähnliches wird durch Ähnliches geheilt." (*Lateinisch = Similia similibus curantur*). Dem liegt die Erkenntnis zugrunde, daß ein Wirkstoff in kleiner Dosierung diejenige Krankheit heilen kann, die er beim gesunden Menschen in hohen Dosen hervorruft. Ähnlich wie bei einer Schutzimpfung werden die körpereigenen Abwehrkräfte angeregt und das Immunsystem stimuliert. In jahrelangen Selbstversuchen beobachtete ***Dr. Hahnemann*** die Wirkungsmerkmale von mehreren hundert hochgradig verdünnten Substanzen und beschrieb die besonderen Symptome, die für bestimmte Krankheitsbilder typisch sind. Er erkannte, daß die Verabreichung von potenzierten (entsprechend verdünnten) Arzneisubstanzen die (ähnlichen) Symptome des Kranken neutralisieren und so die Lebenskraft des Patienten wiederherstellen kann. Seine wichtige Entdeckung war, daß die Kraft eines ***homöopathischen*** Heilmittels nicht in der Materie der Substanz, sondern in der *Information des Ähnlichkeitsmusters* liegt, die auf den Energiekörper des Menschen einwirkt. Die Wirkung - die *Potenz* – ist um so größer, je mehr die ursprüngliche Substanz verdünnt wird. Darum gibt es in der ***Homöopathie*** sehr hohe *Potenzen*, bei denen man eigentlich davon ausgehen muß, daß kein Molekül des ursprünglichen Wirkstoffes mehr in der Arznei vorhanden ist.

Das *holographische Modell* eröffnet nun die Möglichkeit zur Beantwortung der Frage, weshalb die Urinformation in einer ***homöopathischen*** *Hochpotenz* immer noch vorhanden ist: Das besondere Herstellungsverfahren von ***homöopathischen*** Mitteln geschieht entweder durch langes Zermahlen von harten oder durch langes Schütteln von flüssigen Substanzen. Es wird vermutet, daß dabei ein *holographisches* Abbild der Information des Ganzen in jedem Teil entsteht.

Wenn die Auswahl einer passenden *Bachblütenessenz* durchaus mit Hilfe der eigenen Intuition geschehen kann, so empfehlen wir für die Anwendung der ***Homöopathie*** unbedingt die Konsultation eines erfahrenen ***Homöopathen***. (Falsche *Globuli* können unangenehme Wirkungen auslösen.)

In vielen Fällen hat sich die ***Homöopathie*** (besonders in Verbindung mit dem Verstehen der eigenen Seelenmuster durch eine *astrologische* Analyse) als hilfreich erwiesen, innere Sperrmechanismen zu überwinden, die einer größeren Selbsterkenntnis im Wege stehen können.

Literatur

Lesenswertes: • Samuel Hahnemann: *Organon der Heilkunst,* Haug Verlag • Georgos Vithoulkas: *Die wissenschaftliche Homöopathie – Theorie und Praxis naturgesetzlichen Heilens,* Burgdorf Verlag • Wolfgang Döbereiner: *Astrologisch-homöopathische Erfahrungsbilder zur Diagnose und Therapie von Erkrankungen. 2 Bände,* Wolfgang Döbereiner Verlag.

6. Musik und Klang

Bedeutung & Herkunft

Klang ist die subtilste Erscheinungsform und erweist sich als eines der wirksamsten Mittel, in der Meditation einen Raum der Stille zu erfahren. Das Lauschen auf die sich ausbreitenden Schwingungen einer tibetischen *Klangschale* oder der im *Zen-Dojo* angeschlagenen Glocke geleitet die Aufmerksamkeit in einen äußerst verfeinerten Bereich des Hörens und Wahrnehmens – dorthin, wo sich die *Form* in der *Leerheit* verliert. Dort entsteht auch alle ***Musik***, die als eine der genialsten und schönsten Errungenschaften der Menschheit zeitlos im Innersten berührt. Aus der Stille, aus dem Nichts taucht ein Urmeer des Klanges auf, dem die Schöpfer der ***Klänge*** ihre unendlich vielfältigen Kompositionen entleihen. Sie verzaubern den Hörer mit heilsamen Melodien, sie erfrischen ihn mit kraftvollen Harmonien – mit den herrlichsten Gebilden aus Klang.

Die Musik in ihrem Wandel von Zeit und Zeitgeschmack ist ein großes Feld des kreativen Ausdrucks, dem keine Grenzen gesetzt sind. Es müssen keine erhabenen Werke sein – schon das Singen in der Badewanne oder bei der Hausarbeit besitzt die Kraft, den Menschen zu erfrischen, denn durch die entstehenden Vibrationen massiert das Singen die inneren Organe und hat auch insofern einen gesundheitserhaltenden Wert. Allzu leicht können wir demgegenüber bei andauernder Geräuschberieselung (dazu zählt als Hintergrundkulisse auch belanglose Musik) vergessen, welcher tiefen Ruhe und Harmonie ***Klang*** und ***Musik*** entspringen.....

Vermeiden Sie deshalb gewohnte Ablenkungen wie ein im Hintergrund dudelndes Radio oder ein ununterbrochen plärrender Fernsehapparat. Achten Sie statt dessen mehr auf die Stille als Kontrast zu geräuschvoller Ablenkung und Hektik im Alltag.

Die meisten Dinge in unserer Zeit sind wort- und bedeutungsorientiert und halten den auf Objekte fixierten Geist in Vergangenheit und Zukunft gefangen. ***Musik*** und ***Klänge*** hingegen, sofern man ihnen aufmerksam lauscht, haben über das ästhetische Vergnügen hinaus einen großen kommunikativen und therapeutischen Wert, indem sie das Bewußtsein zum unmittelbar sinnlichen Erleben hinwenden .... und zurück zur Stille führen. – Dem Klang lauschen und sich in der Musik auflösen (als Hörender und Musizierender), schafft in uns einen Raum von Freiheit – der Stille lauschen gibt uns innere Ruhe und Frieden.

Literatur

Lesenswertes: Hrsg. Hilarion G. Petzold: *Heilende Klänge – Der Gong in Therapie, Meditation und Sound Healing,* Jungfermann Verlag • Ingo Steinbach: *Die Klangtherapie,* Verlag Bruno Martin • John Diamond: *Lebensenergie in der Musik,* Verlag für Angewandte Kinesiologie.

7. Öle und Düfte

Bedeutung & Herkunft

Ätherische Öle, Räucherwerk und vielerlei ***Duftstoffe*** sind zu allen Zeiten für Körper, Geist und Seele anregende, beruhigende und ausgleichende Mittel gewesen, die sowohl im alltäglichen Leben zur Pflege der Gesundheit und zur Entspannung genutzt werden als auch im religiösen Leben zur Öffnung und Erweiterung der Sinneswahrnehmung Anwendung finden. ***Düfte*** und ***Räucherwerk*** spielen in den religiösen Riten der meisten Völker eine große Rolle, denn dieses feinsinnige Medium bietet sich vorzüglich als Mittler zur Welt des Übersinnlichen und Unsichtbaren an.

Das Abbrennen von *Weihrauch* als Opfergabe an das Göttliche ist in der katholischen Kirche ein jahrhundertealter Brauch. Schamanen nutzten die Räucherung mit *Salbei*, um Orte zu reinigen und von unguten Einflüssen zu befreien. Bei den Zusammenkünften der *Sufis* – der Mystiker des Islam – sind *Lavendel, Rose, Bergamotte, Ylang-Ylang* und *Vetiver* sehr beliebt, um bestimmte Gefühlsqualitäten zu verstärken. Jeder ***Duft*** ist Träger einer Botschaft, einer Information für Körper, Geist und Seele.

Ätherische Öle werden verdünnt über die Haut verteilt und ihr ***Duft*** wird feindosiert über die Nase aufgenommen. Das Stammhirn verarbeitet unzensiert die Information und beeinflußt über den Weg der *Hormone* die Stimmung des Menschen. Der *Geruchssinn* ist entwicklungsgeschichtlich die älteste Sinnesmodalität – mit ihm sind unendlich viele Erinnerungs- und Gedächtnisfähigkeiten verbunden. ***Öle und Düfte*** steigern das körperliche Wohlbefinden, stärken die Selbstheilungskräfte und regen die geistige Konzentration an.

Das Anzünden eines *Räucherstäbchens* zur privaten Besinnung oder für die gemeinsame Meditation in einer Gruppe ist mehr als ein hohles Ritual, denn es ist ein Ruf zur Erweckung der Sinne und hilft zum Auftakt der Meditation, die Aufmerksamkeit zu zentrieren.

Literatur

Lesenswertes: • Erich Keller: *Das Handbuch der ätherischen Öle,* Goldmann Verlag • Patricia Davis: *Aromatherapie von A - Z,* Knaur Verlag • S. Fischer-Rizzi: *Himmlische Düfte,* Hugendubel Verlag.

Schnellübersicht: QuickEssenz-Karte (J. Kamphausen Verlag): *Der Aroma Schlüssel – Der Zauber der Düfte für Gesundheit, Entspannung und Harmonie.*

3. Nachwort zum Übungsteil

Es ist verständlich, daß wir nicht sämtliche Methoden der Aktivierung, Harmonisierung und Entspannung behandeln konnten. Da es erforderlich war, eine Auswahl zu treffen, gaben wir bei der Zusammenstellung dieses ***Handbuches ganzheitlicher Methoden*** nur den Übungen den Vorrang, die ohne Hilfestellung von Trainern oder Lehrern praktiziert werden können. So haben wir z.B. darauf verzichtet, körperlich-geistige Techniken aufzunehmen, die nur mit Hilfe eines Partners oder in einer Gruppe erlernt und ausgeübt werden können (der *Avatar-Prozeß*, das *Tibetan Pulsing*, die *Cranio-Sacral-Methode* usw.). Auch bei der Erstellung von Literaturangaben war es notwendig, daß wir uns beschränken. Wir bitten in diesem Zusammenhang die Vertreter und Anhänger der betreffenden Übungswege, die in diesem Buch keine Erwähnung finden konnten, um Verständnis.

Sicherlich gibt es noch einige wirkungsvolle Übungen, die uns nicht bekannt sind. Wir möchten an dieser Stelle die Leserinnen und Leser bitten, Vorschläge zu weiteren wertvollen Beiträgen dem Verlag mitzuteilen. Wir freuen uns über jede Anregung.

Abschließend erscheinen uns noch einige Anmerkungen zum gegenwärtigen Bild der *Spiritualität* in der Gesellschaft angebracht: In den letzten Jahren erregten geplante und erfolgte Massenselbstmorde vorgeblich *spiritueller* Gruppen einiges Aufsehen. Die geheuchelte Betroffenheit der Sensationspresse konnte jedoch nicht darüber hinwegtäuschen, daß die reißerischen Schlagzeilen nur der Absicht entspringen, beim Leser die Faszination des Morbiden zu schüren und dies zum Zwecke des Profits auszunutzen. Dabei ist die unverhohlene Häme der Kommentare zum Thema *Esoterik* an sich augenfällig, mit der Menschen, die in der Meditation Kraft schöpfen, pauschal mit Lebensmüden und Schwachsinnigen gleichgesetzt werden („Esoterik – Der sanfte Wahn"). Die generelle Verunglimpfung spirituell Suchender (außerhalb der etablierten Kirchen) und die Verächtlichmachung der Bemühungen vieler ernsthafter Menschen wird nicht selten durch schlecht recherchierte Berichte auf der Basis lückenhafter Informationen in den Medien vorangetrieben. Dabei kennen einige Kritiker, die vor einer *New-Age-Erleuchtungssucht* warnen, die Bedeutung von Meditation und den theoretischen und praktischen Gehalt von Spiritualität vermutlich nur vom Hörensagen, denn häufig werden noch nicht einmal die gängigen Grundbegriffe richtig buchstabiert. Bei der seit Jahren zu beobachtenden Stimmungsmache seitens der politischen Parteien und der Kirchen gegen Persönlichkeitsbildung und Sinnsuche, die man sogar durch *Lebensbewältigungshilfegesetze* zu reglementieren sucht, würde es uns nicht verwundern, wenn Vertreter von Politik und Kirche behaupteten, das Lesen dieses Buches und das Praktizieren der Übungen sei gefährlich, da einige der in diesem Buch enthaltenen Übungen auch in sogenannten *Psycho-Sekten* praktiziert werden können.

Viele offene Fragen zu diesem kontroversen Thema sind in wenigen Sätzen nicht zufriedenstellend zu beantworten. Dennoch möchten wir Sie bitten, einige Überlegungen mit uns nachzuvollziehen:

Wir leben in einer Welt, in der alle Erscheinungen ausnahmslos dualistischen Charakters sind. Es gibt *links* und *rechts, plus* und *minus*, die Vorder- und die Rückseite einer Münze, Licht und Schatten, für und wider – die Existenz ist auf jeder Manifestationsebene bipolar. Das heißt: Energie kann zum Positiven wie zum Negativen verwendet werden.

Diese Tatsache ist so banal, daß es müßig erscheint, sie zu erwähnen. Kein vernünftig denkender Mensch würde *Energie* abschaffen wollen, nur weil die Möglichkeit des Mißbrauchs grundsätzlich in jedem Moment gegeben ist. Die Medien schüren die Angst vor der „Gefahr" der Beeinflussung durch Gruppen und Gemeinschaften, die einer gesellschaftlich (noch) nicht sanktionierten Weltanschauung folgen. Die Möglichkeiten der Abhängigkeit in sogenannten *Jugend-Sekten* werden groß herausgestellt. Aber wer spürt einmal der entscheidenden Frage tiefer nach, wie es eigentlich dazu kommt, daß Menschen soviel Schmerz in sich tragen, daß sie sich betäuben müssen und in ihrer Halt- und Orientierungslosigkeit in vielerlei Abhängigkeiten hineingeraten?

Es ist ein allgemeinmenschliches Phänomen, daß Personen, die in ihren Werten und Normen verunsichert sind, Anteilnahme, Bestätigung und oft auch konkrete Führung suchen. Dabei können sie (das muß nicht zwangsläufig so sein!) in jedem Verein, in jeder Religion, in jeder Zweckgemeinschaft in eine Position der Schwäche geraten, die sie manipulierbar werden läßt.

An der Wurzel aller Formen der Abhängigkeit liegt die ***Angst*** – es ist die Angst vor Schmerz und Verlust und vor vielerlei Unannehmlichkeiten. ***Angst ist das Problem schlechthin***. Wem es nicht gelingt, im Alltag die eigenen Ängste zu erkennen und gezielt anzugehen, wird von einer Abhängigkeit in die nächste fallen. Dabei spielt es keine Rolle, ob der Mensch der Beeinflussung der Medien, der Werbung, einem Sekten-Führer, dem Machtpolitiker, dem Wirtschaftsboß oder dem repressiven Weltbild eines Priesters erliegt.

Immer mehr Menschen gehen auf die Suche nach einem tieferen Sinn und sehr viele von ihnen tragen die Gewißheit in sich, daß die Zeit der Unmündigkeit und dabei besonders auch die Abhängigkeit von *Autoritäten und Experten der Psyche* vorbei ist. **Auf der Suche nach Selbsterkenntnis ist niemand mehr auf esoterische Zirkel, Kirchen oder spirituelle Insider-Gruppen angewiesen.** Schon die große Anzahl an praktischen Hilfsmitteln, die in diesem Buch beschrieben wurden, ist ein überzeugender Beweis dafür, wie groß für jeden Menschen die Möglichkeiten sind, in sich selbst Stabilität und Orientierung zu finden.

Etikettierende Bezeichnungen wie *esoterisch* oder *spirituell* und Glaubensbilder und Weltanschauungen, um sich daran festzuklammern, sind bedeutungslos. Wer glaubt, ein Dogma zu brauchen, kann sich entsprechend binden, aber letztlich ist es eine Begrenzung, die einen offenen, forschenden Geist behindert (oder ihn unter Umständen erst herausfordert).

Als pragmatisch orientierte Menschen sind wir an konkreten Ergebnissen interessiert und stellen daher (besonders in der Übungspraxis) die u.E. wesentlichen Fragen: **Funktioniert es oder funktioniert es nicht? Wie wirkt es und was wird sich verändern? Und für wen ist es von Nutzen?**

Für den pragmatischen Ansatz ist das Kreuzfeuer der Meinungen *für und wider das Sektenwesen* ohne Bedeutung, da die körperlich-geistigen Werkzeuge dieses Buches dem Menschen Hilfe bieten, zu seiner ursprünglichen Autonomie und Selbstbestimmung zurückzufinden. **Nur darum kann es gehen: ..... Frei werden von Fremdbestimmung und statt dessen die eigene Intuition entfalten!**

Eine Idee, die nicht praktisch angewandt werden kann, hat für uns keinen großen Wert. Wir beschäftigen uns deshalb nicht so sehr mit Glauben, Wissen oder Zweifel, sondern mit dem Handeln. Was wir beschreiben, haben wir an uns selbst ausprobiert; wir haben experimentiert und viele Erfahrungen anderer Menschen assimiliert. Wir haben auch erkannt, daß es uns guttut, von Zeit zu Zeit das Erprobte und Bewährte wieder loszulassen und freiwillig liebgewordene Gewohnheiten zu verändern, um nicht der Gefahr zu erliegen, in ritualisierten Abläufen zu erstarren.

Bezogen auf die Anwendung der Übungen möchten wir Ihnen nahelegen, die Angebote zu testen und selbst zu schauen, welche Übungen Ihre Bedürfnisse tatsächlich befriedigen. Nehmen Sie sich zu Anfang nur eine einzige Methode vor und lassen Sie sich Zeit damit, ihre spezifische Qualität auszukosten und ihre Wirkung in den unterschiedlichsten Situationen zu reflektieren. Später – wenn Sie damit vertraut und sicher geworden sind – können Sie Ihr Übungsfeld erweitern und andere Methoden ergänzend hinzunehmen. Seien Sie kreativ. Einige Beispiele möchten wir anführen, wie in der Kombination von verschiedenen Übungen die Integration Ihrer sinnlichen Fähigkeiten aussehen kann:

■ Während eines Spazierganges können Sie den ***Verbundenen Atem*** üben und mit dem ***Kreisen des Lichtes*** verbinden. Mit *vier kurzen Atemzügen* lassen Sie *das Licht der Aufmerksamkeit* die Rückseite emporsteigen. Bei einer *langen Ausatmung* können Sie die Energie an der Vorderseite des Körpers im Geiste herabgleiten lassen. Wenn Sie innerlich gut konzentriert sind, können Sie darauf achten, die Augen zunächst ganz still zu halten wie beim ***Tratak.*** Anschließend lassen Sie nun ganz langsam und kontinuierlich ***den Blick schweifen***.

Wenn Sie in der ***Meditation*** *mit einem* ***Mantra*** genügend innere Ruhe und Klarheit gefunden haben, verbinden Sie das Intonieren einer Klangsilbe mit der beschriebenen Übung ***Viloma Pranayama*** und der ***Chakra-Meditation***. Projizieren Sie das *Mantra* mit jeder kurzen *Unterteilung der Einatmung* mitten in den Wirkungsbereich eines *Chakras.*

Üben Sie ***Tonglen – die Herzmeditation*** beim Einkauf im Supermarkt in einer etwas anderen Version, nämlich in Verbindung mit der ***Rekapitulation***, allerdings ohne die Kopfdrehung: Vergegenwärtigen Sie sich, daß alles, was Sie in diesem Moment wahrnehmen – die Regale, die Waren und Konsumartikel, die Kunden und die VerkäuferInnen – mehr oder weniger *verfestigte Energie* sind. Atmen Sie die Energie der Farben und Formen in Ihr Herz. Destillieren Sie die Essenz heraus, und atmen Sie alle Gebundenheit und Verhaftung mit den Erscheinungen aus.

Konstruieren Sie keine künstlichen Verbindungen. Die Abläufe sollten sich harmonisch ineinander fügen, und alles sollte natürlich, leicht und einfach sein!

Auch wenn Sie die vorangegangenen ***49 Abschnitte*** nur gelesen haben sollten, wird Sie vielleicht der eine oder andere Vorschlag zur Übungspraxis berührt haben; oder Sie mögen durch eines der Zitate der Menschen, die der Masse unserer Zeitgenossen im Geiste vorausgeeilt sind, zur Selbstbesinnung angeregt worden sein. Greifen Sie solche Impulse auf und folgen Sie ihnen..... Warten Sie nicht auf äußere Anstöße, die erst in Form von Schicksalsschlägen oder Erkrankungen den Wunsch nach Veränderung wecken! Erschaffen Sie aber auch keine Idealversion von sich selbst, um dem konstruierten Bild eines *perfekten* Menschen zu entsprechen. Bleiben Sie locker und gelöst.

Wir wünschen den Leserinnen und Lesern einen Zugang zu den tieferen Dimensionen ihres Wesens aus reiner Lebensfreude heraus und in Dankbarkeit für jeden neuen Tag!

Raum für Notizen:

~ Teil IV ~

TEXTBEITRÄGE

1.
VORBEMERKUNG

Wir haben für Sie eine Reihe von Texten zusammengestellt, die alle miteinander verwoben sind durch das gemeinsame Thema *Ganzheit und Heilung*.

Klarheit des Bewußtseins, Konzentrationskraft und eine heitere Stimmung von Gelassenheit sind gleichzeitig Weg und Ziel einer jeden Übungspraxis. Diese erstrebenswerten Zustände stehen nicht erst am Ende eines langen, mühsamen Weges, sondern sind selbst schon mit jedem Schritt Belohnung für unser Bemühen um Aufmerksamkeit und Entspannung.

Allzu leicht wird vergessen, daß unablässige Ziel- und Zweckorientiertheit letztlich nur in die Irre führen kann. Wer unbewußt dem gewohnten Muster des Leistungsdenkens verfällt und das Wesentliche beim Üben, den Geist der Absichtslosigkeit, vergißt, verliert die Qualität des Spielerischen und damit den Spaß an der Freude. Und dies kann gar nicht oft genug betont werden, ... nämlich, daß das Üben selbst Spaß macht, daß es unmittelbar Lebensfreude und Lebensqualität schenkt!

Diese einfachen, allgemeingültigen Wahrheiten müßten tatsächlich auf jeder Seite in Leuchtschrift geschrieben stehen, aber das geht schon aus Platzgründen nicht. Und Sie – liebe Leserin, lieber Leser – wären von diesen Wiederholungen nur gelangweilt. So haben wir das auf der vorhergehenden Seite abgebildete Fingerzeig-Symbol überall dort in den Übungsbeschreibungen an den Rand gesetzt, wo es uns sinnvoll erscheint, auf weiterführende Informationen hinzuweisen, die in den Textbeiträgen das tiefere Verständnis für die allgemeine Wirkungsweise einer Übungsmethode bereichern können.

Da die Leser dieses Buches sehr wahrscheinlich aus recht unterschiedlichen Lebensbereichen kommen, sind unsere Erklärungen zu den Übungen und Hinweise zu spirituellen Wegen zwar hilfreich, aber sicher nicht erschöpfend oder vollständig, auch wenn wir uns bemühen, möglichst viele Standpunkte, Sichtweisen und Perspektiven einzunehmen. Nach bestem Vermögen möchten wir in diesen Textbeiträgen ein breites Spektrum an interessierten Menschen ansprechen und ihnen verschiedene Ebenen des Verstehens aus unserer Sicht anbieten.

So sind die Textbeiträge gedacht für ...

- Menschen, die einfache, aber wirksame Übungen zum Einbeziehen in den alltäglichen Ablauf suchen und die auch generell verstehen möchten, wie und warum Übungen wirken. Darüber hinaus mag bei größerer Vertrautheit im Verlaufe einer Praxis auch ein Interesse für bestimmte Aspekte eines geistigen Weges entstehen.

- Anfänger, die nach kurzem Üben ins Stocken geraten sind und nun der Frage nachspüren wollen, was die Ursachen dafür sein könnten. Oft geschieht es, daß der Suchende das Gefühl hat, zu stagnieren, weil er nicht mehr klar erkennen kann, welche Schwierigkeiten die Weiterführung dieses Weges behindern. Wenn der bisher eingeschlagene Pfad zur Sackgasse zu werden droht, ist es erforderlich, eine neue Richtung einzuschlagen, in der aber die Ergebnisse der vorangegangenen Bemühungen nicht wieder zunichte gemacht werden. Es geht also darum zu lernen, in flexibler, intuitiv kreativer Weise auf Bisherigem aufzubauen.

- Erfahrene Suchende, die schon längere Zeit einer Übungspraxis nachgehen und sich auch über andere Ansätze zur Selbsterkenntnis informieren möchten.

- Leser, die sich für den praktischen Teil zunächst nicht besonders interessieren, wohl aber für die Lebensanschauung, die die Autoren dazu veranlaßt hat, dieses **Handbuch ganzheitlicher Methoden** zu schreiben.

In langjähriger Erfahrung mit den unterschiedlichsten Methoden ist ein Verständnis für mögliche Anfangsschwierigkeiten beim Üben herangereift; dabei rückt immer wieder ein Problem in den Mittelpunkt, dessen Lösung tatsächlich von zentraler Bedeutung ist: ***Wenn ich erkannt habe, daß ich unbedingt etwas für mich tun muß – weshalb handele ich nicht danach?***

Einmal getroffene Entscheidungen sollten auch konsequent in die Tat umgesetzt werden, aber dazu bedarf es eines großen

Quantums an Energie. (Wenn ich zu wenig Energie habe, kann ich zwar große Pläne schmieden, aber sie werden nur im denkenden Verstand verbleiben und sich nicht konkret materialisieren können). Viele Übungen haben den Sinn, diese notwendige Energie zu erzeugen. Doch sie müssen ***regelmäßig*** praktiziert werden! Erfahrungsgemäß läßt nach kurzer Zeit der anfängliche Eifer aber wieder nach. Dann geschieht gewöhnlich Folgendes:

Die Übung wird

- entweder ganz aufgegeben
- oder mit einer unterschwelligen Verbissenheit – ohne innere Überzeugung – weiterpraktiziert.

Wir hoffen, Ihnen mit den folgenden Textbeiträgen genügend Anregungen zu geben, daß Sie sowohl die eine als auch die andere Möglichkeit umgehen können.

Jeder Mensch hat mehr oder weniger mit einer naturbedingten Trägheit zu kämpfen. So geschieht es häufig, daß gute Vorsätze zur Veränderung schädlicher Gewohnheiten oder die Entscheidung, z.B. ein Fitness-Programm konsequent durchzuhalten, dennoch am nächsten Tage wieder verworfen werden. Auch sind viele Menschen müde, Erfolgsversprechungen nachzugehen und schließlich doch enttäuscht zu werden. Und so enden oft sehr schnell alle weiteren Versuche, die Lebensweise zu ändern.

Hier ist es wichtig, zu akzeptieren, daß es keine Abkürzungswege in der inneren Entwicklung geben kann. Die Natur selbst lehrt uns auf anschauliche Weise, daß die Samen im Verborgenen reifen müssen und daß ein Baum erst zu seiner ihm bestimmten Zeit Früchte trägt.

Was können wir also tun?!

Zweifellos haben wir die Möglichkeit, Geschick und Fertigkeiten zu entwickeln, um intelligente Lösungen für jede Situation zu finden. Alles, was wir brauchen, ist das Vertrauen und das Wissen, *daß es für jede Krankheit die richtige Arznei gibt.* Sobald ein Minimum an Verstehen existiert, wie und weshalb die *Medizin* wirkt, wäre es unsinnig, auf ihre Einnahme zu verzichten! Das heißt: Überlegen Sie nicht zu lange hin und her, sondern fangen Sie einfach mit dem Üben an!

Es liegt in der Natur des Verstandes, alles anzuzweifeln. Sogar eine wirksame Übung wird nach kurzer Zeit schon wieder in Frage gestellt! So tauchen unversehens viele grundlegende Fragen zur Bedeutung von *Regelmäßigkeit* und *Disziplin, Entspannung* und *Bewußtheit*, zu Themen wie *spirituelles Leben in dieser Gesellschaft* und *New Age* etc. auf, auf die wir in den folgenden Kapiteln eingehen wollen. In den Textbeiträgen liefern wir überzeugende und aufbauende Argumente, denen der Verstand nichts entgegenhalten kann; er lebt in Theorien und tut alles Erdenkliche, um jeden pragmatischen Ansatz zur Transformation zu verhindern. Darum sollen diese Texte den zweifelnden, kritischen Verstand in einer Weise zufrieden stellen, daß er keinerlei Drang mehr verspürt, eine Entwicklung in Richtung *Wohlbefinden, Klarheit, mehr Energie* und *innerer Harmonie* zu stören.

2. Disziplin und Losgelöstheit – ein Paradox?

Der Begriff *Disziplin* ist für viele Menschen mit Negativ-Assoziationen behaftet, obwohl er im ursprünglichen Sinne nichts anderes bedeutet als *etwas lernen über eine Sache.*

Unter *Losgelöstheit* können sich dagegen nur wenige etwas Konkretes vorstellen: „Von allem losgelöst zu sein – ist das überhaupt möglich? Und wie soll die notwendige Arbeit verrichtet werden, wenn ich losgelöst über den Dingen schwebe?!“ Dies ist zumeist die erste Reaktion auf die Empfehlung der *Losgelöstheit.*

Beide Begriffe – *Disziplin und Losgelöstheit* – scheinen einander nicht freundlich gesinnt zu sein. Um diese verwirrende Situation im Hinblick auf die Übungspraxis aufzulösen, möchten wir einige klärende Überlegungen zu diesem Paradox anstellen, die helfen, die scheinbaren Gegensätze als wertvolle, wechselseitige Ergänzungen zu erkennen.

Das Wort *Disziplin* riecht hierzulande nach gewaltiger Anstrengung. Wir möchten statt dessen anregen, darunter eher ein spielerisches Lernen zu verstehen. Aus unserer Sicht bedeutet *Disziplin* nicht, starr, stur und verbissen etwas einzuüben, was uns von außen aufgezwungen wurde. Vielmehr möchten wir vermitteln, daß es sich lohnt, eine Übung mit Freude zu praktizieren, durch die wir mehr Energie, mehr Klarheit und tiefere Entspannung erfahren können.

Wir tun hier etwas ***für uns selbst***, das in jeder Hinsicht unser Leben bereichern und lebenswerter machen wird! Diese Art von Disziplin ist keine lustlose, als Zwang empfundene Anspannung – vielmehr erleben wir jeden Moment des Übens als etwas Erfüllendes. *Disziplin* kann also durchaus eine Qualität von Losgelöstheit bekommen – das muß kein Widerspruch sein!

Es ist verständlich, daß Menschen unter schwer erträglichen Bedingungen, in einem emotionalen Klima von Angst und Mißtrauen, unter permanentem Zeit- und Leistungsdruck, schwerlich *losgelöst* sein können. Trotzdem halten wir es für möglich, nach den Freiräumen des Alltags zu suchen und eine innere Haltung der *Losgelöstheit* zu kultivieren.

An Beispielen aus dem ganz gewöhnlichen Alltagsleben kann dies am ehesten deutlich werden:

Die meisten berufstätigen Menschen jüngeren Alters sind – besonders wenn sie Kinder haben, als alleinerziehende Mütter (oder auch Väter) – in einen minutiös geplanten Tagesablauf hineingepreßt. Oft kann diese Planung nicht reibungslos umgesetzt werden, und es kommt für die betroffenen Personen zu kräftemäßiger Überforderung. – Wie soll also ein im Alltag überbeanspruchter Mensch inmitten von Hektik und Stress noch überschüssige Energie für Entspannungs- oder gar Konzentrationsübungen aufbringen? So lautet einer der häufigsten Einwände.

Zweifellos ist beim müden und abgespannten Menschen die Wahrnehmungsfähigkeit der Sinne derart eingeschränkt, daß die Möglichkeiten, sich zu regenerieren und zu stabilisieren, vielfach gar nicht mehr erkannt werden können. Die wichtigsten Fragen lauten also:

- Wie (und wo) kann ich abschalten?
- Welche Bedingungen kann ich jetzt schaffen, um wieder klar sehen zu können?
- Wie müßte ich meine Zeit sinnvollerweise umorganisieren, um dringend benötigte Freiräume für Entspannung und Regeneration der Lebenskräfte zu erschaffen?

An diesem Punkt gilt es klar zu erkennen, **daß es tatsächlich nur zwei Alternativen gibt**:

1. Für Menschen, die unter der Last der Anforderungen ihres Alltages zusammenzubrechen drohen, wird auch eine kurze Verschnaufpause – ein Urlaub oder eine Krankschreibung – keine grundlegende Veränderung zum Positiven bewirken, wenn sie diese Zeit nicht für sich nutzen, d.h. sich eine passende Übungsdisziplin aneignen. Die Haltung des resignierten Mitschwimmens im Strom des gewohnten Ablaufes muß sich verändern, sonst sind sogenannte Werte wie ein *hoher Lebensstandard* und die *Freiheit des Individuums* nur eine Illusion inmitten der Fülle der Konsumangebote.

2. Die andere, von uns bevorzugte, Möglichkeit ist es zu erkennen, **daß jeder Moment des Tages kostbar ist** und konstruktiv genutzt werden kann. Die Zeit beispielsweise, die im Bus, in der Bahn oder im Auto auf dem Weg zur Arbeit allzu oft mit sorgenvollen Grübeleien sinnlos vergeudet wird, könnte ausgefüllt werden mit einer Atemmethode, die gleichzeitig entspannt, die Energie spendet und uns mit uns selbst ins Reine bringt. Am Arbeitsplatz und zu Hause werden wir dann sehr viel effektiver und freudiger notwendige Aufgaben erfüllen können. Es ist so einfach, wie es klingt: Wenn wir abwägen, ob wir uns aus Bequemlichkeit und Gewohnheit mit einem kraftraubenden, letztlich fruchtlosen Lebensverlauf abfinden möchten oder lieber unser kreatives Potential optimal ausschöpfen wollen, dann gibt es am Ende **nur einen Weg**!

Ganz allgemein kann man sagen, daß sich der Erfolg eines geistigen Weges letztlich erst im Alltagsleben zeigt, „*mitten auf dem Marktplatz*“, wie es in alten Texten des *Zen-Buddhismus* beschrieben wird. Wir möchten sogar behaupten, daß der Alltag mit seinen zahllosen Erfordernissen an Disziplin im Berufsleben oder im Haushalt eine machtvolle, noch vielfach unentdeckte Grundlage einer Übungspraxis ist. Die allermeisten Berufstätigen mit Kindern müssen Tag für Tag ein hohes Maß an Disziplin aufbringen, und dies ist für sie eine Selbstverständlichkeit! Sie werden uns zustimmen, daß hier ein natürliches Übungsfeld existiert. Die wenigsten werden allerdings dabei die innere Haltung der Losgelöstheit als leicht erreichbar ansehen.

Gerade der Lösung des Paradoxes in dieser Richtung nachzuspüren, ist von größter Wichtigkeit, um einen positiven Impuls für den Beginn und die Fortführung einer Übungspraxis zu bekommen.

Vielfältige Formen der Disziplin, die nicht unbedingt mit Einengung und Unterordnung verbunden sind (wie zum Beispiel die *Körperpflege, Ordnung schaffen im Haushalt* usw.), sind uns allen vertraut. Hier können wir anknüpfen und auf dieser Art der *Disziplin* aufbauen. Doch wie sieht es dabei mit der *Losgelöstheit* aus?

Der zweite Schritt liegt darin zu erkennen, daß, ganz allgemein gesehen, keinem Menschen eine andere Wahl bleibt, als ***mit Freude*** zu üben, denn nichts ist sonst noch in der Lage, unser Leben auf eine höhere Ebene der Erfüllung zu heben! Was kann ein Leben ohne Freude schon für einen Sinn haben?!

Wenn wir tatsächlich einer positiv-kraftvollen Ausrichtung unseres Lebens zustimmen, ist die Frage nicht mehr, ob regelmäßige Übung im Alltagsleben überhaupt möglich ist oder nicht – **sie ist ganz einfach notwendig!** Wer das anzweifeln will, sollte dieses Buch jetzt besser beiseite legen, denn es ist absolut sinnlos, Hoffnungen und Erwartungen an halbherzige Entschlüsse zu knüpfen!

Liebe Leserin, lieber Leser, wir möchten Ihnen hiermit sagen, daß es ganz einfach ist, einer *Disziplin* zu folgen, denn Sie opfern nicht Ihre Zeit, wenn Sie bestimmte Übungen ausführen! Im Gegenteil – es ist ein kostbares Geschenk, das Sie sich selbst machen. In der wachsenden Klarheit Ihres Bewußtseins werden Sie entdecken, wieviel erfüllte Zeit und wieviel wohltuender Raum Sie umgibt!

Im Laufe der Zeit erkennen Menschen aus allen gesellschaftlichen Schichten und unterschiedlichster Weltanschauung immer deutlicher, daß eine *Regelmäßigkeit des Übens* die Lebensqualität erhöht und den Alltag erleichtert, während das Verharren in erschöpfter Resignation eine Talfahrt ohne Ende ist. Das ist keine Frage der religiösen Überzeugung und des Glaubens. Das ist pragmatisch – es geht darum zu erkennen, was funktioniert und was nicht!

Disziplin ist kein notwendiges Übel, sondern eine freudvolle Angelegenheit, die das Leben erst lebenswert macht. Diese innere Haltung vereinigt die zwei scheinbaren Gegensätze von *Losgelöstheit* und *Disziplin*.

3. Was ist Entspannung?

Gleich zu Anfang dieses Buches ist aus praktischen Gründen von *Techniken der Entspannung* die Rede. Im Rahmen dieser Textbeiträge ist es nun jedoch angebracht, mit einem weitverbreiteten Mißverständnis aufzuräumen: ***Entspannung ist keine Technik***. Sie kann *nicht getan* werden – es liegt in ihrer Natur, sich wie von selbst zu ereignen, so wie ein Blatt vom Baume federleicht und langsam zu Boden schwebt.

Das Große Handbuch ganzheitlicher Methoden bietet Übungen und Techniken der Entspannung nur aus dem Grunde, weil es den meisten Menschen nicht möglich ist, zu sagen: „Wenn ich jetzt die Augen schließe, sinke ich ganz einfach hinein in eine tiefe Entspannung."

Entspannung ist lediglich ein anderes Wort für *totale Stille* oder *völlige Sammlung*. Keiner dieser Zustände kann jemals willentlich erzeugt werden. Wir kennen allenfalls einige Schleichwege, um uns leise und behutsam an den spannungsfreien Zustand heranzupirschen. Unter bestimmten Voraussetzungen ist dann Entspannung als spontanes und natürliches Geschehen möglich.

Um uns dahin zu geleiten, brauchen wir Hilfen – kleine Tricks, um die Fixierungen unserer Aufmerksamkeit auf dieses und jenes zu lösen.

Bei genauerer Untersuchung erweisen sich diese Fixierungen, die im Ausrichten des Brennpunktes unserer Aufmerksamkeit entstehen, als Formen der Anspannung. Sie äußern sich im **Greifen** nach Menschen, nach nützlichen oder schönen Gegenständen und im **Festhalten** an *meinen* Gedanken und Ideen. Solange die Objekte unserer Wahrnehmung angenehmer Natur sind – wenn wir *für* etwas sind -, bemerken wir noch nicht, daß sich geringfügige Verengungen oder Kontraktionen im Feld des Gewahrseins bilden. Im ersten Moment des Aufwachens am Morgen ist unser Blick noch defokussiert – also noch nicht auf ein Ziel ausgerichtet - und somit vollkommen entspannt. Sobald wir aber wieder anfangen zu überlegen, wer wir sind und was die Objekte um uns herum bedeuten, fokussiert sich unsere Wahrnehmung und greift nach den Erscheinungen. Die natürliche Folge davon ist ein generelles Anwachsen des Spannungspotentials im Körper und im Geiste.

Sind wir darüber hinaus noch *gegen* etwas und lehnen wir Menschen, Situationen und Gegenstände ab, wird offensichtlich, daß hier ein Zustand von mehr oder weniger schmerzhafter Angespanntheit vorliegt.

Für oder *dagegen* zu sein ist uns allen so vertraut, daß die entstandene Spannung nicht weiter hinterfragt wird – wir sehen sie vielmehr als natürlich an. Der Mensch der westlichen – aber in zunehmendem Maße auch der fernöstlichen - Welt hat aufgehört, die Ursachen der alltäglichen Angespanntheit zu erforschen!

Babys und Kleinkinder erinnern uns zuweilen noch an die längst vergessene Stimmung unbeschwerten, spannungslosen Seins und können uns für einen Moment still werden und allen Zeit- und Leistungsdruck vergessen lassen. Die Freude und Ergriffenheit über das Wunder neugeborenen Lebens beruht zum großen Teil auf dem intuitiven Erkennen, daß jedes Baby den naturgegebenen Zustand der Entspannung in seiner ursprünglichsten Form in sich trägt.

In einer Welt, in der Zielorientierung und Nützlichkeitsdenken vorherrschen, wird diese Gelöstheit allerdings bald schon nicht mehr erkannt. Die Hilflosigkeit des Säuglings wird zwar als nicht zu vermeidender Entwicklungsschritt akzeptiert, da das grenzenlose, ozeanische Entspannungsgefühl des Kleinkindes aber der Außenwelt keinen offensichtlichen Nutzen bringt, betrachtet die Gesellschaft den Zustand der Entspannung unbewußt als überflüssiges Nichts-Tun.

Das Kleinkind lernt also beizeiten anhand von subtilen Zeichen der Ablehnung, das Fühlen zu unterdrücken und den Ausdruck von Emotionen einzuengen, um seinen innersten Kern zu schützen. Im Laufe der Entwicklung bildet sich als Folge davon auf der Körperebene ein enger Schutzring um den Herz-, Solarplexus- und Genitalbereich, der sich bei jeder Gefahr, jeder Bedrohung, jedem – auch geistigen – Angriff (Kritik) zusammenzieht. Irgendwann entsteht daraus der sogenannte *Charakterpanzer*, den Körpertherapeuten in Form von muskulären Verspannungen sehr leicht an der Haltung eines Menschen ablesen können.

Aber nicht nur im körperlichen und emotionalen Bereich haben sich begrenzende Muster gebildet. Jeder Gedanke, der gedacht wird, erzeugt für kurze Zeit eine Verengung im mentalen Feld. Und: Wenn wir über lange Zeit immer die gleichen Gedanken denken, entsteht ein charakteristisches Muster, das als mehr oder weniger starre Überzeugung, als liberales oder vielleicht fanatisches Weltbild bezeichnet wird. Hier spätestens wird deutlich, daß eine lebenslange, verengende Prägung nicht so einfach durch den guten Vorsatz zur Entspannung außer Kraft gesetzt werden kann. Das zu verstehen ist sehr wichtig!

An den Reaktionen auf den in den beginnenden 80iger Jahren in Mode gekommenen Ausspruch „*Ganz entspannt im Hier und Jetzt*" läßt sich das Dilemma erkennen: Der ernsthafte, sorgengeplagte Mensch meint zu wissen, wie *unmöglich* es ist, sich aus dem Geflecht gesellschaftlicher und persönlicher Bindungen herauszulösen, und deshalb lächelt er abwertend über diese neureligiöse Naivität.

Für den jugendlich eifrigen Idealisten hingegen ist *die Entspannung im Hier und Jetzt* erst einmal ein lockerer Spruch, der seine positive Geisteshaltung („*Gut drauf sein*") hervorkehrt.

Beide verkörpern eine innere Haltung, die am Wesentlichen der Entspannung vorbeigeht – der eine glaubt, es sei zu schwer, der andere glaubt, es sei kinderleicht. Tiefe Entspannung ist aber ein sehr feiner Punkt des Erlebens, der weder durch Anstrengung noch durch oberflächlich entspanntes Nichts-Tun erreicht werden kann. Es geht dabei vielmehr um ein tiefes Verstehen unserer inneren Haltung im Alltag, was nur durch ***mehr Aufmerksamkeit*** zutage gefördert werden kann.

Was geschieht nun unter Stress, in belastenden Spannungssituationen? Häufig erleben wir dabei den Impuls, uns schützen zu müssen. So kann es an einigen Punkten des Körpers zu Verspannungen kommen, wenn es nicht gelingt, die eigenen Kräfte richtig einzuschätzen.

Der Mensch versucht, Stabilität zu entwickeln, um Belastungen standzuhalten, aber der Einsatz seiner Kräfte – die Antwort der Muskulatur auf die jeweilige Situation – ist nicht immer angemessen. Darum ist es wichtig zu lernen, *Kraft* mit *Weichheit* und *Flexibilität* zu paaren und in Übereinstimmung zu bringen. Um in einer Körperübung – oder auch ganz allgemein im täglichen Leben – zur tieferen Entspannung zu gelangen, muß der angemessene Einsatz von Kraft in jedem Moment mit Wachheit und Sensibilität beobachtet werden.

Die einfache Gesetzmäßigkeit, der energetische Prozesse im Körper unterliegen, ist es, das Leben im Inneren des Leibes zu schützen, das reibungslose Funktionieren des Organismus zu fördern und den ungehinderten Lebensfluß zu gewährleisten. Aus dieser Sicht sind Verspannungen zu verstehen als ein im Zustand momentaner Unbewußtheit erfolgter, automatischer Schutzreflex, als Körper und Geist gerade nicht in der Lage waren zu differenzieren, ob eine Bedrohung für den Lebensfluß tatsächlich vorhanden war oder nicht.

Zum Beispiel: Ich bin ganz in das Lesen dieses Buches vertieft und bin mir der Haltung des Körpers gerade nicht bewußt. Plötzlich ist hinter mir ein lautes Geräusch. Vor Schreck ziehe ich die Schultern hoch und drehe den Kopf so heftig zur Seite, daß sich Hals, Schultern und Rücken verkrampfen.

Zu Verspannungen und Verkrampfungen kommt es immer dann, wenn der Mensch unter Stress und Belastung steht und dabei in ein Muster der ***Zusammenziehung*** und der ***Angst*** gerät.

Ängste können sehr subtil sein, oftmals unterhalb der Schwelle der bewußten Wahrnehmung. So geschieht der Schritt in die Verspannung unbemerkt. Auch ein Zuviel an Energie – wenn der Körper überflutet wird von starken Wellen der Erregung – kann so bedrohlich erscheinen, daß sich alles unwillkürlich zusammenzieht (z. B. Orgasmusangst, Angst vor Entgrenzung der Persönlichkeit).

Die grundlegende Angst besteht darin, ***Schmerz*** zu erleiden. Auch ***Verunsicherung*** ist eine Form von Schmerz. Sie tritt ein, wenn für einen Augenblick die Kontinuität einer klaren Wahrnehmung gestört ist. Darauf folgt automatisch der ***Schutzreflex*** der *Kontraktion*; dieser geschieht nicht in einer zeitlichen Abfolge wie in einer Ursache/Wirkungskette, sondern alles erscheint gleichzeitig: Schmerz, Angst, Zusammenziehung, Unbewußtheit – dies sind alles verschiedene Aspekte ein- und derselben Angelegenheit.

Der Grund für diesen Wirkungszusammenhang ist einleuchtend: **Angenehme Empfindungen werden gesucht - unangenehme Empfindungen werden gemieden**. *Suchen* und *Vermeiden* sind beides Spannungszustände, und im letztendlichen Sinne bedeuten sie Schmerz. Und das Paradoxe ist, daß wir dem Schmerz des Suchens und Vermeidens durch Nicht-Sehen-Wollen und Flucht in die Unbewußtheit nicht wirklich entgehen können – er wirkt dennoch weiter im Verborgenen.

Die Sensibilisierung für diesen Automatismus und die entsprechenden Schutzmechanismen ist der einzig wirksame Weg, den Zustand der Verspannung zu lösen und umzuwandeln. Eine tiefe Einsicht in diese Prozesse ist vonnöten – nicht nur vom Verstand her, sondern unmittelbar und körperlich fühlbar. Einfache Bewegungsabläufe, die extrem langsam wie in Zeitlupe ausgeführt werden, bieten sich dazu an.

Lesen Sie in diesem Zusammenhang ***Drei wirksame Lokkerungsübungen, Feldenkrais, T´ai Chi, Qi-Gong, Latihan*** oder ***Der Schweifende Blick***.

Bewährte Übungswege

Aufmerksamkeit ist das Schlüsselwort, das sich wie ein roter Faden durch dieses Buch zieht, denn die eigentliche Wirksamkeit aller beschriebenen Übungen – sei es für eine tiefere Entspannung, sei es für mehr Energie, größere Konzentrationskraft oder Beweglichkeit – beruht auf Empfindungsfähigkeit, Einfühlungsvermögen und wacher, sensibler Beobachtung. Dies sind aber nur Umschreibungen für ***Bewußtheit*** und ***Aufmerksamkeit***.

Schnelle, unkoordinierte, hektische Bewegungen stoßen jedes Mal auf den Widerstand der Muskulatur und wirken einer Lockerung entgegen. Langsame Bewegungen hingegen sind wie ein Versuch, die Muskeln zu überreden, ihre Schutzhaltung aufzugeben. Bewegungen, die dem Muster der Vermeidung von Schmerz folgen, treffen besonders die empfindlichen, vitalen Stellen unseres Körpers, ... da, wo wir instinktiv unser Leben zu schützen suchen. Die Hintergründe für Verspannungen sind oft sehr komplex und nicht immer offensichtlich. Die folgenden Beispiele zeichnen daher nur ein generelles, aber typisches Bild der Bereiche, die am häufigsten in Mitleidenschaft gezogen werden:

1. **Hals und Schultern (Trapezmuskulatur)**

Mit einer reflexhaften Bewegung – dem Hochziehen der Schultern – sollen die Sinnesorgane im Kopf, das Gehirn als zentrale Schaltstelle physiologischer und emotionaler Prozesse und die Blut- und Nervenbahnen, die im Hals auf engem Raum parallel verlaufen, geschützt werden. Schnelle, heftige, mechanische Kopfdrehungen in Gefahrensituationen sollen der Orientierung und dem Schutz des Lebens im allgemeinen dienen.

2. **Rücken und Becken (Breiter Rückenmuskel, Gesäß- und Beckenbodenmuskulatur)**

Der automatische Reflex, der in diesen Muskelbereichen zu Verspannungen führen kann, will das Herz, die Organe im Bauch- und Brustraum, den Solarplexus und die Ausscheidungs- und Geschlechtsorgane in einer nach innen gekrümmten Haltung (Fötushaltung) schützen. Verspannungen, die durch emotionale Verwirrung ausgelöst werden, schlagen sich über die Kontraktion des Solarplexus (Sonnengeflecht) und Kardialplexus (Herznervengeflecht) in den umliegenden Organen und Muskelpartien nieder.

3. **Wirbelsäule und innere Muskulatur (Autochthone Muskeln – Zusammenhalt der Wirbelkörper und Stabilisierung)**

Die reflexartige Kontraktion dieser inneren Muskeln soll dem Schutz des zentralen Nervensystems und aller seitlich austretenden Nerven dienen, die wie zahllose Äste und Zweige eines Baumes alle Bereiche des Körpers versorgen. Eine daraus resultierende Inflexibilität und innere Starrheit hat möglicherweise den Sinn, Bewegungen zu verhindern, die Schmerz im Innern hervorrufen können.

Ganz allgemein stellt sich für jeden Persönlichkeits-Typus die gleiche Frage: Wie finde ich zurück zu tiefer Entspannung, zu innerer Ausgeglichenheit, zu Ruhe und Klarheit der Empfindungen? Bestimmte Körperübungen lassen sehr schnell erkennen, welche Bereiche verspannt sind. Bei genauer Beobachtung können wir auch die für uns ***typische innere Haltung*** entdecken, mit der wir gewöhnlich auf Druck und Spannung reagieren:

- Kämpfen wir gewohnheitsmäßig dagegen an?
- Leisten wir Widerstand?
- Oder können wir uns nach einigen Sekunden in eine gelassene, beobachtende, passive Haltung begeben?
- Sind wir im Prinzip rezeptiv gestimmt – können wir die Dinge annehmen?

Spannungen lassen sich erst auflösen, nachdem sie präzise lokalisiert wurden. Es ist erforderlich klar wahrzunehmen, wie sie sich tatsächlich anfühlen. Entscheidend ist dabei das ***Annehmen*** – ohne Wertung im Sinne von *gut* oder *schlecht*!

Nach einer körperlich anstrengenden Übung sind der Kreislauf, das Nervensystem und der gesamte Organismus gewöhnlich stark angeregt. Wir können beobachten, daß einiges in Bewegung geraten ist ..... Es ist vergleichbar mit einem Wassertümpel, dessen Schlamm vom Grund her aufgewühlt wurde. Keine noch so große Bemühung wird die Sicht klären können - der Wasserspiegel würde nur noch aufgewühlter und trüber werden. So bleibt nichts anderes übrig, als zu warten und stillzuhalten: Der *Schlamm* braucht seine Zeit, um zurückzusinken; damit verschwindet die Trübung des Wassers – und im übertragenen Sinne des Bewußtseins – von selbst. Der Spiegel des Bewußtseins wird schließlich klar, wenn alles zur Ruhe gekommen ist.

Das bedeutet, daß der Körper für einige Zeit in völliger Bewegungslosigkeit verharren muß. Geben Sie den Reflexen, dem Wunsch nach einem Ausweichen nicht nach! Die Bewegungen des Blutes und die nervlichen Erregungen finden dann keine Unterstützung mehr, sondern kommen langsam zur Ruhe. Die innerkörperlichen Bewegungen rufen Schwankungen hervor, die sich natürlich auf das Bewußtsein auswirken, die das Denken und die Gefühlsregungen beeinflussen. Allmählich können Sie aber durch bloßes Stillhalten inneren Abstand dazu gewinnen. Wenn Sie darüber hinaus auch im Geiste innehalten und den Gedanken und Vorstellungen keine Nahrung mehr geben, wird das ruhende, beobachtende Bewußtsein von selbst in Erscheinung treten!

Tiefe Entspannung ist möglich, wenn Sie ***keinen Widerstand*** mehr leisten gegen Gefühle und Empfindungen, die sie vielleicht im ersten Moment als unangenehm erlebt haben. Beobachten Sie den feinen Übergang von der Spannung zur Entspannung und versuchen Sie, sich der feinen Nuancen im Empfinden bewußter zu werden.

Wenn der Atem frei und ungehindert strömt, stellen Sie sich vor, daß alle freigesetzten Spannungen in den Strom der Ausatmung fließen und hinweggeschwemmt werden. Jede Übung hilft, die latente Unruhe und die Spannungen im Körper und im Geiste klarer wahrzunehmen.

Heben Sie die Spannung mit der Einatmung ins Bewußtsein und befreien Sie sich wieder davon mit der nächsten Ausatmung. Der bewußte Atem ist dabei der wichtige Schlüssel zur Entspannung: Im ***Annehmen, in der Einatmung*** ist keine Anspannung erkennbar. Und im ***Loslassen, in der Ausatmung*** ist dies ganz offensichtlich.

Nachdem Sie dieses Kapitel über *Entspannung* gelesen haben, können Sie aus dem gewonnenen Verständnis heraus besser beurteilen, mit welcher inneren Haltung Sie die erwählten Übungen ausführen. Bleiben Sie in einer Haltung der ***Gelassenheit*** und der ***Gelöstheit***! Lassen Sie ***Aufmerksamkeit*** zum Kernpunkt einer jeden Übung werden!

4.
WAS IST BEWUSSTHEIT?

„Soweit ich das beurteilen kann, sehe ich alles – mehr ist mir nicht bekannt.“ Ein paradoxes Rätsel

Es gibt keinen Menschen, für den dieser Ausspruch nicht zutreffend wäre: Selbst ein *vollendeter* Mensch kann nicht mit unumstößlicher Sicherheit wissen, wie groß oder weit sein Bewußtsein ist. Tatsächlich glaubt jeder, daß das, was er gerade mit Hilfe seiner fünf Sinne oder auch durch übersinnliche Wahrnehmung erkennen kann, *alles* sei, was es gibt. Mehr ist ihm in der Tat nicht bekannt, denn das Unbekannte ist grenzenlos.....

Die Sinne sind feine Instrumente, durch die uns *die Welt da draußen* nahegebracht wird. Als ein Geschenk der Natur erfüllen sie die wichtige Aufgabe, die Umwelt in uns abzubilden, eine Wechselbeziehung mit diesem höchstpersönlichen Bild herzustellen und das eigene Verhalten zu steuern. Informationen von außen und aus dem Inneren des Körpers werden übermittelt, die von unschätzbarem Wert sind. Ohne sie könnten wir uns im alltäglichen Leben nicht zurechtfinden.

Wenn wir von Freunden ein Geschenk erhalten, freuen wir uns darüber und überprüfen nicht gleich mit kritischem Blick, ob es einen möglichen Makel hat. Darum scheint es fast vermessen zu fragen, wie groß die Reichweite der Sinne wirklich ist?

Ihre Wahrnehmungsvielfalt erscheint uns unendlich, denn sie übermitteln uns zahllose Formen der Bewußtheit. Doch bei genauerer Betrachtung können wir erkennen, daß die Sinne auch dazu da sind, grenzenloses, undifferenziertes Bewußtsein zu fokussieren und einzugrenzen. Die jeweilige Reichweite einer Sinneswahrnehmung läßt einen überschaubaren Raum und einen verschiebbaren Horizont entstehen. Der Horizont des Sehens, Hörens, Tastens, Riechens und Schmeckens kann sich ausdehnen, wenn es gelingt, die Sinne zu verfeinern. Verengt sich jedoch der Fokus der Wahrnehmung wie die Linse einer Kamera, dann bewegt sich der Mensch dementsprechend auch nur innerhalb seiner selbstgesetzten Grenzen (wie *mit Scheuklappen*). Der körperlich-geistige Horizont verliert seine Weite.

Weite und Enge der Bewußtheit verändern sich ständig. Sie sind also relativ. Man könnte sagen, daß wir uns alle in einer Schachtel befinden, die gerade so groß ist wie der Wahrnehmungsraum, den unsere Sinne zu erreichen bzw. zu umfassen vermögen. Über den Rand der Schachtel hinauszuschauen, erweitert diesen Raum, doch am Ende befinden wir uns wieder in einer Schachtel der ***Bewußtheit***, die nur ein wenig größer ist als die vorherige. Ob es darüber hinaus ein unbegrenztes ***Bewußtsein*** gibt ?... – Die Beantwortung dieser Frage müssen wir vorerst einmal hintenan stellen.

Wie Sie schon bemerkt haben werden, bedienen wir uns wechselweise der Begriffe *Bewußtheit* und *Bewußtsein*. Damit möchten wir differenzieren zwischen der mehr oder minder ausgeprägten Wahrnehmung, der relativen *Bewußtheit*, und dem reinen *Bewußtsein*, das durch die Inhalte der Wahrnehmung (und die jeweilige Weite oder Enge des Fokus der Sinne) nicht beeinträchtigt wird.

Auf der relativen Ebene gibt es im psychosomatischen Organismus des Menschen zwei Arten des Erlebens – die Sinneswahrnehmung und den Denkvorgang. Wie intensiv oder wie klar unsere Sinneswahrnehmung ist, hängt entscheidend davon ab, in welchem Ausmaß das Denken die Wahrnehmung überlagert. **Das Denken beeinflußt die Weite bzw. die Enge der Wahrnehmung!**

Da unsere Sinneswahrnehmung selektiv ist, sind Sehen, Tasten, Riechen und Schmecken im Hintergrund, wenn wir nur hören. Konzentrieren wir uns auf das Riechen und Schmecken, sind Hören, Sehen und Tasten zum großen Teil ausgeblendet.

Das Denken wird manchmal als *sechster Sinn* bezeichnet. Auch hier wird das Selektive der Sinne sichtbar: Denken wir gerade, so sind wir weniger im Fühlen und Wahrnehmen. Wenn wir ganz intensiv fühlen und auf sinnliche Wahrnehmung ausgerichtet sind, existiert in dem Augenblick kein Raum für gedankliche Reflexion. Denken erfolgt erst als Reaktion auf das Fühlen und Wahrnehmen und hat darum als *sechster Sinn* eine Sonderfunktion: Dieser besondere *Sinn* ordnet, klassifiziert und stellt nachträglich eine Übersicht über das Wahrgenommene her. Diese Funktion ermöglicht jedoch keine so direkte Auseinandersetzung mit dem Unmittelbaren, wie es unseren fünf Sinnen möglich ist.

Die Erkenntnis der selektiven Funktionsweise der Sinne schenkt uns eine wesentliche Einsicht: **Wenn wir denken, dann sehen wir nicht! Wenn wir bewußt sehen, dann denken wir nicht!**

Das Denken steht also als aktiver, *analysierender Sinn* dem eher passiven Wahrnehmungsapparat der Sinne gegenüber und hat in bestimmten Momenten, ähnlich einem Computerprogramm, eine nützliche Funktion. Wenn es aber nicht mehr benötigt wird, sollte man es abschalten können. Doch gewöhnlich verselbständigt es sich und überlagert unsere ursprünglich klare Wahrnehmung in einschränkender Weise. Die *Bewußtheit* wird zumindest vorübergehend getrübt.

Wann immer wir uns ganz bewußt über die Sinne ausrichten, wird zwangsläufig der innere Dialog abgeschaltet, weil in diesen Momenten dem Denken keine Zeit eingeräumt wird, sich zu entfalten (Siehe dazu alle Übungen in **Teil III**, die eine intensive Konzentration hervorrufen, so wie ***Tratak*, *Spiegelmeditation*, *Vrkshasana – die Baumstellung*, *der Gruß an die Sonne*, *Latihan*, *der Schweifende Blick*** oder ***Tensegrity***). Wollen wir anschließend wieder denken, reflektieren und analysieren, brauchen wir nur unsere Intention ein wenig aus der sinnlichen Wahrnehmung herausnehmen. Mit diesem Verstehen der Funktionsweise des menschlichen Geistes stehen uns die beiden Arten des Erlebens – Denken und Fühlen – jederzeit zur freien Verfügung.

Bewährte Übungswege

Wir haben also gesehen, daß ein *Bewußtsein*, das die Dinge wahrnimmt, wie sie gerade erscheinen, durch Interferenz (hemmende Überlagerung) des Denkens verzerrt werden kann und so zu einer mehr oder minder klaren *Bewußtheit* wird. Abgesehen davon, daß der Inhalt der Gedanken selbst (z. B. negatives, haßerfülltes Denken) in die Irre führt, beeinflussen auch klare, positive, freudvolle Gedanken ganz subtil das *Bewußtsein* in störender Weise. Auch ruhige Wellen können die spiegelgleiche Oberfläche eines Teiches trüben. *Positives Denken* ist ganz gewiß dem negativen Denken vorzuziehen. Es ist eine kraftvolle

Methode, energieraubenden Gedanken etwas Adäquates entgegenzusetzen (siehe ***Positives Denkenen***); langfristig jedoch erscheinen selbst *positive* Gedanken dem Menschen, der innere Stille sucht, wie störende Geräusche. (Aus einem bestimmten Blickwinkel heraus könnte man sogar sagen, daß sie eine schwerwiegendere Behinderung darstellen als *negative* Gedanken, weil ihre innewohnende Begrenztheit schwerer zu erkennen ist. Insofern ist die ***Methode des positiven Denkens*** aus der Sicht der Meditation nur begrenzt empfehlenswert.) Selbst wenn im Idealfall die Bewegung des Denkens ruhiggestellt ist, bleibt noch die Frage bestehen, ob die Sinne von Natur aus klare Informationsübermittler sein können.

Zitat

Ob die Wirklichkeit eines gegebenen Momentes überhaupt wahrgenommen werden kann, soll folgendes Zitat beantworten: „Wir wissen nicht, was die wahre Natur des Augenblickes ist, aber wir können zumindest sagen, daß er zu schnell ist, um von den Sinnen und dem begrifflichen Denken erfaßt zu werden. Bis wir das JETZT bemerken, ist es längst schon vorüber! Rein physiologisch gesehen sind der Sinneswahrnehmung durch die Struktur des Nervensystems Grenzen gesetzt. Dies wird von ***Ernst Pöppel*** (Lehrstuhl für Medizinische Psychologie in München) anhand von Experimenten deutlich gemacht: Die Reizleitungsgeschwindigkeit der Informationen von den verschiedenen Sinnesrezeptoren zum Gehirn ist unterschiedlich – es existiert für jeden der fünf Sinne eine spezielle, zeitliche Verzögerung der Wahrnehmung. Anhand eines Experimentes wurde dieser Frage nachgegangen: Wenn in einem extrem kurzen Abstand zwei sinnliche Reize aufeinanderfolgen, ab wann kann der Mensch sie als ungleichzeitig, d.h. nacheinander wahrnehmen?

Das Ergebnis lautete: Ab durchschnittlich 5 Tausendstel Sekunden kann eine Versuchsperson, deren Sinne *normal* funktionieren, wahrnehmen, daß es sich tatsächlich um zwei Töne handelt. Davor verschwimmen zeitlich ungleiche Reize in einem Gefühl der *Gegenwart*. Das bedeutet, daß *der Moment* immer schon vorüber ist, wenn wir ihn wahrnehmen. Somit kann die unmittelbare Gegenwart von den Sinnen niemals direkt erkannt werden! Die Sinne sind Mittler der Wahrnehmung – Überbringer der Wirklichkeit – und sind daher mehr oder weniger mo-

difizierend tätig. Das heißt, sie bremsen und verfärben auch die Wahrnehmung. Es sind Pforten, die eine Annäherung an die Realität ermöglichen, doch für die direkte Schau oder *das Eins-Sein* sind ihre übermittelnden Fähigkeiten nicht ausreichend."
K.P. M.:„Der Schweifende Blick"

Wir können also nicht wissen, wie umfassend unser *Bewußtsein* wirklich ist oder wie weit wir bewußtseinsmäßig *schon vorangekommen sind*, da unsere Sinne und unser Denken uns nur den Ausblick bzw. die Einblicke gestatten, die unserer momentanen Entwicklung entsprechen. Wir können uns einbilden, viel zu wissen und wahrzunehmen, doch gemessen an der Unendlichkeit dessen, was wir alles noch nicht bewußt erlebt haben, mag es sich wie ein winziges Staubkörnchen ausnehmen. Was in jedem Fall als Möglichkeit verbleibt, ist, die Wahrnehmung weiter auszudehnen und zu verfeinern und damit mehr Raum in unserer *Bewußtheit* zuzulassen.

Wir haben die Freiheit, uns für oder gegen die Bemühung, die Disziplin des Übens, zu entscheiden. Es liegt in unserer Hand, *Bewußtheit* durch Übung zu erweitern. Allein dieses *Mehr an Bewußtheit*, an Möglichkeiten erfüllter Wahrnehmung, ist schon Lohn genug für alle Mühe.

Aber die Vorstellung, mühevoll eine nie endende Leiter der *Bewußtheit* emporzusteigen und nirgendwo anzukommen, hat etwas Ermüdendes an sich. Denn worin liegt letztlich der Sinn einer immer wieder neu erscheinenden Begrenztheit und relativ bleibender Bewußtheitsräume?

An diesem Punkt der Erörterung angelangt, können wir uns nun einem umfassenderen Verständnis von ***Bewußtsein*** annähern: Es ist mehrfach angedeutet worden, daß da eine enge Beziehung besteht zwischen dem Grad der ***Bewußtheit*** und der Weite von Räumen. ***Bewußtheit*** kann nur so weit reichen, wie der ihr entsprechende **Raum**, der wahrgenommen werden kann. Wenn ich ganz und gar mit meinem Körper und dem kleinen Raum, den seine Bedürfnisse einnehmen, identifiziert bin, sind die Grenzen der Wahrnehmung meiner Welt entsprechend festgeschrieben. Aber die Sinne können jederzeit ausgedehnt werden. Auch da bleiben wir immer noch gefangen in einem Raum, der nur etwas größer geworden ist. Die Idee des Fortschreitens in der *Bewußtseinserweiterung* erweist sich somit als eine Sackgasse.

Der Ausweg ist jedoch ganz einfach: Wir müssen nur aus den Grenzen des linear ausgerichteten Denkens herausspringen! Denken stellt immer eine Beziehung her zwischen beliebigen Punkten in Zeit und Raum. (Wenn ich mir etwas wünsche, was in diesem Moment nicht vorhanden ist, muß ich im Geiste einen Raum, eine Distanz von HIER nach DORT, erschaffen. Um diesen **Raum** zu überbrücken und das anvisierte Ziel zu erreichen, benötige ich **Zeit**. Jedes Verlangen, das im Denken seinen Ausdruck findet, erschafft zwangsweise ein Bezugssystem in Zeit und Raum, dem ich mich alsdann unterwerfen muß.)

Das subtilste und trügerischste Geflecht eines solchen Raum-Zeit-Gewebes entsteht durch die *Vorstellung der Bewußtseinserweiterung*. Sie lautet: „Ich bin vom ursprünglichen Bewußtsein abgetrennt und muß mich bemühen, *Bewußtheit* soweit auszudehnen, daß ich schließlich mit der Grenzenlosigkeit eins werde ..." Um dieses aussichtslose Unterfangen zu stoppen, ist es erforderlich, **aus dem linearen Denken herauszuspringen**. Es bedeutet im übertragenen Sinne, Raum nicht mehr als eine Kammer mit definierten Wänden anzusehen, und im buchstäblichen Sinne die Idee loszulassen, *Bewußtsein* könne mit den Begriffen des Verstandes definiert werden! Im *Buddhismus* wird dies durch die Metapher vom *grenzenlos blauen Himmel und den Wolken* veranschaulicht. Buddhistische Meister der Meditation haben erkannt, daß die Ausrichtung des Blickes auf die Wolken die Illusion eines begrenzten Himmels erzeugt. In anderen Worten beruht das subjektive Gefühl der Begrenztheit immer auf einer Identifikation mit der Welt der Erscheinungsformen.In einem Liedtext heißt es treffend: „Über den Wolken muß die Freiheit wohl grenzenlos sein!" So jedenfalls erscheinen aus der Vogelperspektive die Wolken und der Himmel in der richtigen Relation. Und wenn es auch aufgrund des mangelnden Abstandes nur so aussah, so können die Wolken den Himmel doch niemals verdecken!

Dieses Bild beschreibt das Verhältnis zwischen den Inhalten des Geistes, dem ***Verstand*** (den *Wolken*), und ihrem Urgrund, dem ***reinen Bewußtsein*** (dem *blauen Himmel*). Es ist lediglich die Identifikation mit dem Gebäude aus Gedanken und Vorstellungen, die uns gefühlsmäßig begrenzt. Wir sehen geistige Konstrukte gewöhnlich als etwas Festes und Unveränderliches an und nicht als Traumgebilde aus Schall und Rauch. (Schon die wortreiche Beschreibung eines erdachten Ereignisses kann uns etwas als real vorgaukeln.)

Um die Verstrickung mit dem Denken zu lösen, genügt schon ein Quäntchen Intuition des ursprünglichen *Bewußtseins*, das selbst von den finstersten Wolken des Verstandes absolut unberührt bleibt.

Wir können davon ausgehen: Je mehr Raum im *Bewußtsein* erkannt wird, desto weiter und umfassender wird die Perspektive. Wir gewinnen an Großzügigkeit und Weitblick und öffnen uns für das Unbekannte. Das bedeutet für die Übungspraxis:

- **Führen Sie alle Übungen im *Bewußtsein unendlichen Raumes* aus!**
- **Fragen Sie sich, wie weit kann ich den Horizont des Hörens, Sehens, Fühlens, Riechens und Schmeckens ausdehnen?**

Es geht um das Bewußtsein einer größeren Einheit und Verbundenheit. Das Wort ***Bewußtsein*** wirkt auf viele Menschen kühl und unpersönlich, aber was ist *Bewußtsein der Einheit*, *Bewußtsein grenzenloser Verbundenheit* oder *Bewußtsein des wahren Selbst* anderes als ein weiterer Ausdruck für ***Liebe***?!

Wir könnten noch einen weiteren Textbeitrag beifügen unter dem Titel **Was ist Liebe?**, doch alles, was wir über ***Bewußtheit*** oder ***Bewußtsein*** gesagt haben, können Sie übertragen auf ***bedingte Liebe*** und ***unbedingte Liebe***. Liebe ist eine Frage des Bewußtseins und der aufmerksamen Zuwendung. Sie spaltet sich nicht ab und flüchtet nicht ins Unbewußte! Der grenzenlose Raum des *Bewußtseins* ist ein Aspekt *umfassender Liebe*.

Es gibt viele Wege, die zur EINHEIT führen. Jeder suchende Mensch sieht seinen individuellen und unverwechselbaren Weg (der gleichzeitig das Ziel ist) vor sich. Aber als kurze Beschreibung wählt der eine das Wort BEWUSSTSEIN und ein anderer das Wort LIEBE.

Unsere Auswahl an Übungen der unterschiedlichsten Traditionen berücksichtigt diese Verschiedenheit der Bedürfnisse des suchenden Menschen. Deshalb finden Sie hier auch Übun-

Bewährte Übungswege

gen, die auf dem Weg des Herzens entwickelt wurden, z.B. ***Tonglen – die Herzmeditation, Zikhr, Beten*** **und** ***Sutra-Rezitation***.

5.
WAS IST HEILUNG?

Wenn wir im Rahmen dieses Übungsbuches von *Heilung* sprechen, dann ist damit weniger der medizinische Genesungsprozeß gemeint, wie etwa das Abheilen einer Entzündung, das Zusammenwachsen eines gebrochenen Armes oder das Auskurieren eines Geschwürs. Wir möchten hier vielmehr auf den Zusammenhang zwischen ***Heil-Sein*** und ***Ganz-Sein*** hinweisen. Heilung ist mehr als die Genesung des kranken physischen Körpers, wobei die Befreiung von körperlichem Schmerz und Leiden hier mit einbezogen ist. Der Begriff der *ganzheitlichen Heilung* hat schon lange in unsere Umgangssprache Eingang gefunden. Damit ist auch ein neues, umfassenderes Verständnis von *Gesundheit* entstanden, das in den Reihen der Vertreter eines ganzheitlichen Bewußtseins unterschiedliche Auslegungen kennt. Uns geht es – wie diesen – um eine Erweiterung der schulmedizinischen Definition von *Gesundheit*, die laut ***WHO*** (*Weltgesundheitsorganisation*) folgendermaßen lautet: „Gesundheit ist ein Zustand vollkommenen körperlichen, seelischen und sozialen Wohlbefindens.“ Das ist zwar mehr als nur die Abwesenheit von Krankheit und Gebrechen, aber so gut die Formulierung klingen mag, ist sie doch eine etwas verschwommene Aussage, – denn was ist schon *vollkommen*? Will man der Logik folgen, gibt es am Ende keinen einzigen gesunden Menschen, da kaum eine Person von sich behaupten kann, sich auf allen drei Ebenen (körperlich, seelisch, sozial) vollkommen wohlzufühlen.

Wohlbefinden hat etwas mit dem subjektiven Empfinden des Menschen zu tun; so sind Gesundheit und Krankheit relativ. Eine Person kann sich ein Bein gebrochen haben, muß sich aber deshalb nicht krank fühlen. Eine andere Person ist laut ärztlichem Befund kerngesund – ihr fehlt nichts – und doch fühlt sie sich unwohl und krank.

Wo will man die Grenze zwischen *Gesund-Sein* und *Krank-Sein* ziehen? Da es kein objektives Kriterium zu geben scheint, sollte das Verständnis von Gesundheit und Heilung erweitert werden. Vielleicht hat echtes Gesund-Sein die Qualität eines verfeinerten Empfindungsvermögens und innerer Flexibilität und vermag gut zwischen beiden Seinszuständen (*Krank-Sein* und *Gesund-Sein*) auszubalancieren. (siehe dazu auch das Thema ***Gleichgewicht*** in der Übungsbeschreibung ***Die Baumstellung – Vrkshasana***.)

Bewährte Übungswege

Manchmal dient Kranksein sogar der Weiterentwicklung. Bei Kindern kann man beispielsweise beobachten, daß sie nach dem Durchleben der üblichen Kinderkrankheiten verändert und gereifter wirken. Es scheint so, als sei die *Krankheit* notwendig gewesen, um Kräfte für das körperlich-seelische Wachstum zu mobilisieren.

Innerhalb einer größeren, ganzheitlichen Ordnung bekommt Krankheit eine tiefere als die bisher allgemein gebräuchliche Bedeutung. Doch als unvereinbarer Gegensatz zu Gesundheit entsteht sie nur dann, wenn der Organismus nicht mehr in der Lage ist, Abwehrkräfte zu entwickeln. *Ein Gesunder wird nicht krank, wenn seine Abwehr rechtzeitig gestärkt wird,* sagen die alten Chinesen und legen zusätzlich zu einer gesunden Ernährung und körperlichen Ertüchtigung großen Wert darauf, daß Denken und Fühlen in Harmonie sind!

Die chinesische und tibetische Medizin und die altindischen Erfahrungswissenschaften des Yoga und des Ayurveda lehren schon seit vielen Jahrhunderten, daß die meisten Erkrankungen *psychosomatischer* Natur sind, d.h. Körper und Geist beeinflussen einander. Daher ist es so wichtig, durch geeignete Übungen sowohl den Körper beweglich zu halten und zu kräftigen, als auch den Geist zu klären und ihn in eine gelöste, heitere Stimmung zu versetzen!

Zur Bedeutung von *Heilung* und *Ganzheit* können wir vom Yoga sehr viel lernen. Die Definition lautet: **Wenn das bewußte Selbst im Körper fest gegründet ist, nennt man dies Gesundheit.**

Demnach wäre der Nährboden für Krankheit schon gelegt, wenn sich das Bewußtsein vom Gefühl körperlicher Gegenwart entfernt und in Gedanken und Vorstellungen verweilt, die vom

Unmittelbaren getrennt sind und mit dem Geschehen im **Hier** und **Jetzt** nichts zu tun haben. Das heißt, daß Gesundheit mehr oder weniger bedroht ist, wenn ich mich im Geiste anderswo befinde als **im augenblicklichen Sein**. Angefüllt mit Tagträumen und Zukunftsprojektionen, zwanghaft beschäftigt mit erinnerten oder erdachten Ereignissen in der Vergangenheit oder der Zukunft funktioniert der Körper nur noch wie ein Automat und verrichtet notwendige Handlungen rein mechanisch, z.B. beim Autofahren, wenn ich lenke, schalte, bremse, das Gaspedal oder die Kupplung trete, während ich in Gedanken ganz woanders bin ....

Dies ist ein Zustand der Spaltung, denn Körper und Geist sind nicht eins, sondern weit voneinander entfernt. Nachdenken über etwas anderes als das unmittelbar Gegebene erzeugt eine Trennung, die allgemein als *normaler* (weil bekannter und anerkannter) *Zustand* angesehen wird, denn es läßt sich immerhin damit leben. Diese Sicht ändert sich vielleicht erst dann, wenn das innere Ungleichgewicht und der latente Schmerz der Gespaltenheit zum auslösenden Faktor für eine Krankheit wird und dadurch ins Bewußtsein dringt.

Yoga stellt in diesem Zusammenhang einen sehr hohen Anspruch, der tatsächlich zur Wurzel von Sorge, Kummer, Schmerz, Krankheit und Leid vordringt: ***Stetes Bemühen um intensive Bewußtheit der eigenen Körperlichkeit*** ist von Moment zu Moment notwendig, um eine stabile Grundlage für ein allgemeines Gesundsein zu schaffen! Dieser Grundsatz scheint uns von elementarer Bedeutung zu sein. Sie werden ihn darum zwischen den Zeilen hinter jeder Aussage, hinter jeder Übungsbeschreibung wiederentdecken können.

Im vorhergehenden Kapitel **Was ist Bewußtheit?** wird beschrieben, wie das Denken die Wahrnehmung der Sinne beeinflussen und damit die Bewußtheit verzerren kann. Daraus entstehen Probleme, die alle auf Fehleinschätzung der eigenen Grenzen und Möglichkeiten und falscher Interpretation der Beziehung zur Umwelt beruhen.

In seinem Buch „Die heilende Kraft der Emotionen" sagt ***Dr. John Diamond***: „Krankheiten fliegen uns nicht von irgendwoher zu. Sie beginnen auf der Ebene der Energie und wachsen sich dann allmählich aus." Und „Alles, was wir im Laufe der Jahre eingeatmet, gegessen, getan oder unterlassen, **gedacht** oder **verdrängt** haben, gipfelt schließlich in der Krankheit. Wir müssen erkennen, daß sie die Folge unseres Tuns ist, und uns keineswegs rein zufällig wie ein Dachziegel beim Spazierengehen auf den Kopf fällt.“

Die Auflösung des scheinbaren Gegensatzes, der in der gewohnten Gegenüberstellung der Begriffe *Gesundheit* und *Krankheit* entsteht, erfordert also eine umfassendere Sichtweise. Sie ist unseres Erachtens nach nur aus dem Blickwinkel der *ganzheitlichen Heilung* heraus möglich.

Aber dieser Ansatz ist durchaus nicht neu. So sagte der romantische Dichter ***Novalis***: „Krankheit ist ein musikalisches Problem.“ Diese poetisch anmutende Aussage können wir verstehen, wenn wir Musik als harmonische und Krankheit als disharmonische Schwingung ansehen.

Die Kernphysiker versichern uns, daß alle Dinge und Wesen Formen von Energie und somit *Schwingungen* sind. Ein Felsbrocken schwingt in einer anderen Frequenz als eine Pflanze, ein Tier oder ein Mensch. Klänge, Geräusche und Farben – alle Sinneseindrücke – beeinflussen den Gemütszustand und die Gedanken, weil alles Schwingung ist. Emotionen sind ebenso Schwingungen. Haß und Angst haben im Vergleich zu Freude und Liebe eine niedrigere Schwingungsfrequenz. In Resonanz damit können wir also in harmonische oder disharmonische Zustände geraten. Hier zeigt sich die Notwendigkeit, eine sinnvolle Auswahl dessen zu treffen, womit wir uns umgeben, und der Übungen, die wir praktizieren. (z.B. ***Beten, Herz-Meditation, Inneres Lächeln, Aurasoma, Bachblüten***)

Bewährte Übungswege

Selbst das unscheinbarste Element unserer Umgebung hat einen Einfluß auf unsere Wahrnehmung und unsere Stimmung. Die Welt der Energie – das Feld der Schwingungen – befindet sich ununterbrochen in Veränderung und kann sehr leicht geformt werden. So wirken bestimmte Übungen, die mit Klangerzeugung arbeiten, besonders intensiv im Sinne einer ganzheitlichen Heilung. Die Schwingungen eines *Mantras* können Stimmungen und Gefühle anheben und Disharmonie und krankmachende Situationen neutralisieren. (Beachten Sie bitte die Abschnitte ***Chakra-Meditation***, ***Sutra-Rezitation*** oder ***Mantra-Meditation & Nada Yoga***).

Bewährte Übungswege

Alle Übungsmethoden haben den Sinn, *Gleichgewicht* herzustellen und damit die ursprüngliche Ausgeglichenheit des *Bewußtseins* hervorzubringen. Findet der Mensch auf diese Weise Ruhe und Klarheit, kann wirkliche Heilung – sofern sie im Einklang mit den universellen Gesetzesmäßigkeiten steht – gar nicht ausbleiben! Dies gilt für Erkrankungen der Psyche genauso wie für *rein somatische* Erkrankungen.

Im Bewußtsein dieser Ganzheit und der Verbundenheit aller Erscheinungen mag Ihnen – liebe Leserin, lieber Leser – auch deutlich werden, daß alle Textbereiche wie durch einen gemeinsamen Faden miteinander verknüpft sind. ***Entspannung***, ***Disziplin und Losgelöstheit***, ***Heilung*** und ***Bewußtheit*** sind nur verschiedene Nuancen der Annäherung, nur unterschiedliche Ansätze zur Selbsterkenntnis. Diese Themen sind wie die Facetten eines kostbaren Brillianten, und jede einzelne Übung wirkt wie das Polieren, um diesen Schatz (im Innern) noch mehr zum Leuchten zu bringen!

6.
SPIRITUALITÄT UND GESELLSCHAFT

Die Erfahrung von Krankheit und Schmerz bleibt keinem Menschen erspart. Wir erinnern uns mehr oder weniger alle an Situationen, in denen der Schmerz so unerträglich war, daß wir bereit gewesen wären, alles dafür zu geben, um wieder schmerzfrei und unbeschwert leben zu können. In diesen Momenten stellt der Mensch die Frage nach dem Sinn des Leidens: „Warum muß ich diese Schmerzen ertragen?"

Mitten im größten Schmerz zeigt sich, wie ich wirklich bin. Die Intensität dieser Erfahrung ruft ein weites Spektrum schlummernder Fragen wach:

- Wie sieht meine Vorstellungswelt aus?
- Welche Art von Gedankenmustern kommt jetzt zum Vorschein?
- Wie schnell resigniere ich oder wieviel innere Stärke trage ich in mir?

- Sehe ich mich als alleingelassenes, hilfloses Opfer oder fühle ich mich getragen von einer größeren Kraft?
- Bin ich verbittert oder optimistisch?
- Wie groß ist mein Wille zum Leben?
- Welche Beweggründe bestimmen mein Handeln?
- Was wünsche ich mir in meinem Leben am allermeisten?

Häufig erleben Menschen während einer langwierigen Erkrankung, nach einer heftigen Schmerzattacke oder einem schweren Schicksalsschlag, wie sich längst verloren geglaubte, religiöse Empfindungen regen. Es mag sein, daß die Erfahrung des eigenen Leides den Menschen auf dem Höhepunkt der Qual in Berührung bringt mit einem tiefen Mitgefühl für andere Wesen, die sich in ähnlicher oder noch schlimmerer Situation befinden. Gerade in einer extremen Lage leuchtet oft ein Verstehen für das Unausweichliche des Augenblickes auf – der Schatten, die notwendige Kehrseite, wird plötzlich als untrennbarer Teil des Lichtes erkannt. Im Kontrast zum Leiden gewinnt Freude nun eine tiefere Bedeutung und wird nicht mehr nur als selbstverständlich angesehen. Paradoxerweise kann durch Schmerz ein Vertrauen in den Sinn der Existenz, in das Leben an sich, entstehen. Wer einmal das rätselhafte Wirken des *Schicksals* verspürt hat, wer von Krankheit, Tod und Leid *hautnah* berührt wurde, wer in sich selbst gelegentlich die Abgründe des Lebens erfahren hat, ist Menschen gegenüber aufgeschlossener, die aus begrenzenden Umständen ausbrechen wollen und auf der Suche sind nach neuen, erfüllteren Lebensformen. Echte Toleranz ist großzügig und ruht in dem tiefempfundenen Wissen, daß das Leben in all seinen Ausdrucksformen unendlich geheimnisvoll ist.

Sind die gewohnten Rituale der Innerlichkeit in der Kirche – die Einkehr im Gebet und die bekannte Liturgie – gesellschaftlich noch akzeptiert, werden *spirituell ausgerichtete Menschen* jedoch belächelt. Wenn sie sich gar offen zur *Esoterik-Szene* bekennen, laufen sie Gefahr, als skurrile Eigenbrötler oder im Extremfall als gefährliche Außenseiter angesehen zu werden. Manche trifft – nicht immer zu Unrecht – der Vorwurf, sie seien labil und unfähig, sich konstruktiv *in die Gesell-*

schaft einzufügen, sie seien *unsoziale Egoisten*, die nichts für andere tun. „Seitdem du in den Rausch deiner Selbstverwirklichung eingetaucht bist, kümmerst du dich nur noch um deine Nabelschau!" – so oder ähnlich lauten die Kommentare, die manchmal sogar den wunden Punkt treffen können: Viele Menschen flüchten vor den mannigfaltigen Schmerzen des Lebens (nicht nur körperlicher Art) mit Hilfe von Psychopharmaka, Drogen, Alkohol und Nikotin. Manche suchen Trost und Ablenkung in Trancezuständen oder eben auch in geistig-spirituellen Aktivitäten aller Art.

Vielfach mögen die ironischen Spitzen und der Sarkasmus, die das heile Weltbild der *Esoteriker* angreifen und in Frage stellen, berechtigt sein. Jedoch sei auch deutlich gesagt, daß Vorurteile und diffamierende Äußerungen häufig von den Menschen kommen, die bis zuletzt der Idee anhängen, sie selbst hätten nicht den geringsten Grund, etwas in ihrem Leben zu verändern. Die Verächtlichmachung des Spirituellen als weltfremde Spinnerei ist oftmals ein Ausdruck der Angst vor der eigenen Unbeholfenheit im Umgang mit sich selbst. Es existiert eine Art Analphabetismus in Bezug auf die eigenen Gefühle, Gedanken und Vorstellungen. Hinter der Angst steht die Ahnung, eines Tages schonungslos konfrontiert zu werden mit all dem, was bisher aus dem Bewußtsein verdrängt wurde.

Schon die abwertend gemeinten Bezeichnungen *spirituell* und *esoterisch* als Charakterisierung anderer genügen oft, um die Aufmerksamkeit wirkungsvoll von sich selbst abzulenken. In unserer Gesellschaft ist die Einstellung vorherrschend, daß Probleme und Mißstände auf widrige äußere Umstände zurückzuführen sind und daß in aller Regel andere Menschen dafür die Verantwortung zu tragen haben. Kaum jemand scheint die simple Logik zu begreifen, daß sich nichts verändern wird, wenn alle darauf warten, daß andere den ersten Schritt tun.

Seit Jahrtausenden haben Menschen vergeblich versucht, die Gesellschaft zu verändern. Es ist ihnen nicht gelungen, weil es keine *Gesellschaft* gibt, sondern nur Millionen und Abermillionen schicksalhaft verbundener Individuen, die mit der notwendigen Veränderung nicht bei sich selbst anfangen wollen, sondern die Politiker verantwortlich machen, die schlechte Wirtschaftslage, die unzulängliche Erziehung oder den *feindseligen* Nachbarn.

Wer damit beginnt, auch nur eine einzige Übung der Konzentration oder der Harmonisierung zu praktizieren, zeigt den Willen und die Bereitschaft zu wirklicher Veränderung. Er mag sich dabei wenig um *große Politik* kümmern, und doch hat jede Handlung im Alltag eine politische Wirkung auf das unmittelbare Umfeld. Wer Neid, Mißgunst, Eifersucht, Arroganz und alle möglichen Ausdrucksformen der Selbstbezogenheit überwindet und statt dessen Mitgefühl, Freude, Hilfsbereitschaft und Zufriedenheit ausstrahlt, dient den Mitmenschen als unaufdringliches Beispiel. Ganz spontan, doch wirkungsvoll, verwandelt sich Feindseligkeit in Zuneigung und Symphatie.

Es ist offensichtlich, daß sich Menschen von Natur aus um den populärsten Pol innerhalb einer Gemeinschaft versammeln. Wer eine optimistische, freudige Ausstrahlung besitzt, wird bewundert, man orientiert sich an ihm, seine Ausstrahlung färbt auf andere ab. Im großen Feld der Einheit existiert nichts isoliert und unabhängig voneinander – so beeinflussen alle Teile des Ganzen einander unaufhörlich.

Es ist daher einleuchtend: **Die Ausübung einer Disziplin, die der Selbsterkenntis dient, ist eine der wirksamsten politischen Handlungen.**

Die entscheidenden und richtungsweisenden Impulse, die die Welt verändert haben, gingen immer von einzelnen Philosophen, Wissenschaftlern, Künstlern, Dichtern und Mystikern aus, und Menschen wie z.B. *Mahatma Gandhi*, *Michail Gorbatschow* oder *Richard v. Weizsäcker*, die mehr Menschlichkeit ins politische Leben gebracht haben, besaßen offensichtlich ein hohes Maß an spiritueller Einsicht, die sie durch eine sensible und bewußte Lebensführung erworben haben dürften.

In der abendländisch-christlichen Tradition ist leider wenig Platz für eine tiefgreifende, spirituell-geistige Erziehung, die das gesellschaftliche Leben durchdringen könnte. Da wird gerade noch aus alter Gewohnheit die abgeschiedene Klostergemeinschaft am äußersten Rande der Gesellschaft geduldet. Doch auch in früheren Zeiten fand man den wahrhaft spirituellen Geist eher bei den Freidenkern und Außenseitern, den Mystikern, die von den orthodoxen Kirchen vielfach in abscheulicher Weise als Ketzer verfolgt wurden.

In buddhistischen Ländern wie in Thailand und Burma ist

es ein Bestandteil des ganz normalen, gesellschaftlichen Werdeganges, daß junge Männer für eine gewisse Zeit das Leben eines buddhistischen Mönches führen, um ethische Normen wie Mitgefühl und Gleichmut zu lernen und dann anschließend das Erlernte gewinnbringend in das gesellschaftliche Leben einzubringen.

Es ist allerhöchste Zeit, umzudenken und Spiritualität vom Heiligenschein ihrer nicht mehr zeitgemäßen Entrücktheit und von ihrer Weltfremdheit zu befreien. Eine spirituell ausgerichtete Lebensweise verlangt nicht, den Rest des Lebens in Enthaltsamkeit oder als Einsiedlermönch fernab der Gesellschaft zu verbringen. Auch ein Rückzug in alternative Landkommunen oder sektenhafte Vereinigungen ist nicht erforderlich. Die wahre Erkenntnisreise spielt sich im Innern ab. Alle äußeren Wege, Stationen und Phasen der Entwicklung sind nur der spiegelgleiche Ausdruck eines momentan wichtigen Themas, das der Einzelne bearbeiten möchte, um größere Klarheit darüber zu gewinnen, was für den Lebensweg förderlich ist bzw. was sich auf seine Entwicklung hemmend auswirken könnte.

Das Leben ist so reich an unzähligen Lern- und Erfahrungsmöglichkeiten – sie sollten nicht durch Regeln, Gesetze und Dogmen erstickt und abgetötet werden! Dem Anspruch der demokratischen Verfassung gemäß ist die *Unverletzlichkeit der Würde und die Freiheit des Einzelnen* zu gewährleisten. So muß auch dem *Aussteiger* und den *Alternativen* das Recht zugestanden werden, unmittelbar durch Experiment und Erfahrung erkennen zu können, welche der eigenen Entscheidungen das Wachstum und die Harmonie fördern und welche sich nachteilig auswirken. Bewußte Erfahrung ist das natürliche Regulativ im Leben, d.h. alle Menschen lernen nur durch Fehler, durch Versuch und Irrtum. Wenn die Entscheidung, einen bestimmten Weg einzuschlagen, Schmerz und Leid hervorruft, erscheint es widersinnig, ewig den gleichen Weg zu gehen! Und doch geschieht dies immer wieder, weil der Mut fehlt, durch bewußten Gebrauch aller Sinne zu lernen!

Wir möchten mit diesem Buch dazu ermuntern, entschlußfreudiger zu sein und die Angst vor möglichen Fehlentscheidungen zu überwinden. Bewußtes Erleben, auch des Schmerzes, ist der beste Weg, von falschen Vorstellungen über „Gut“ und *Schlecht* geheilt zu werden!

Spiritualität in unserer Zeit hat nichts mehr mit Glaubensbildern zu tun, sondern ist sehr pragmatisch: Es heißt nicht mehr, „du darfst kein Fleisch essen, weil es unmoralisch und ungesund ist.“, sondern „wenn du Fleisch essen willst, dann ***tue es sehr langsam*** und ***sehr bewußt***!“ Die Erfahrung, ein Stück Fleisch bewußt durchzukauen oder den Rauch einer Zigarette bewußt zu inhalieren (siehe ***Raucher-Meditation***), wird den wenigsten Menschen noch einen Genuß bereiten, weil die entsprechenden Sinne – Schmecken und Riechen – dazu da sind, aufzuzeigen, was angenehm und was unangenehm ist. Das ist dann keine Frage der Lebensphilosophie mehr. Das Leben ist sehr einfach und unkompliziert, wenn das Denken wieder in seinen ursprünglichen Zuständigkeitsbereich verwiesen wird und die direkte sinnliche Erfahrung mehr in den Vordergrund rückt (siehe **Was ist Bewußtheit?**).

Bewährte Übungswege

Den Apfel vom Baum der Erkenntnis zu essen bedeutet, aufgrund eigener Erfahrungen zu entscheiden, was *für mich* gut ist und was nicht. Das Leben breitet zahllose Wege vor uns aus – viele davon gehen in die Irre, einige davon in die richtige Richtung. Bevor wir sie nicht mit Umsicht und Feingefühl erforschen, können wir nicht wissen, wo sie tatsächlich hinführen. Was also benötigt wird, sind Wachheit und Aufmerksamkeit, um die Signale von Wohlsein und Unwohlsein richtig deuten zu können.

Eine Übungspraxis, die größere Sensibilität, Wachheit und Geistesgegenwart erzeugt, sollte gerade im Interesse all derer liegen, die sich mit *dieser Gesellschaft* verbunden fühlen. Psychologen, Ärzte, Mitarbeiter im Sozialwesen und der Gesundheitsvorsorge und nicht zuletzt auch Politiker könnten erkennen, daß eine spirituelle Übungspraxis, sei es durch Meditation, Konzentration, Visualisation oder Tiefenentspannung, nicht lebens- und gesellschaftsfeindlich wirkt, sondern eine Verbesserung der allgemeinen Lebensqualität anstrebt. Die Aktivierung brachliegender geistiger Resourcen stellt in jedem Fall für die Gesellschaft einen großen Gewinn dar. Entscheidend ist also, ob der Einzelne dies erkennen und nutzen kann, und ob die führenden Kräfte in *dieser Gesellschaft* bereit sind, die geistige Evolution zu fördern!

7.
„NEW AGE" – EINE KRITIK

Es ist nicht nur ein natürliches Bedürfnis, sondern auch eine Notwendigkeit, sich in der Unendlichkeit von Raum und Zeit zu orientieren. Dazu bedarf es allgemein anerkannter Maßstäbe, um zeitlich und räumlich die Welt der Erscheinungen beschreiben zu können. Der menschliche Verstand setzt bestimmte Maße und Werte fest und bringt damit etwas Ordnung in das unüberschaubare Meer von Fakten und Informationen. Für alles, was wahrnehmbar ist, findet er Begriffe und Symbolbilder, mit deren Hilfe viele Philosophen über den Sinn des Ganzen nachgedacht haben. So sind allmählich komplexe Theorien entstanden, die zahllosen Weltanschauungen und religiösen Glaubensbildern als Erklärung dienen. Jede einzelne Anschauung mag in sich selbst schlüssig erscheinen, aber in der Gegenüberstellung widersprechen sie sich häufig oder stehen einander sogar feindselig gegenüber. Und hier taucht nun das Problem auf: Wer hat Recht? Wo entsteht die Verwirrung und wie kann sie *geheilt* werden? Worin liegt die Lösung dieses Dilemmas?

Am Versuch, die sinnliche Wahrnehmung der Welt gedanklich und konzeptuell zu ordnen und zu interpretieren, ist an sich nichts auszusetzen, sind doch Reflexion und tiefgründige Betrachtung wertvolle Funktionen des lebendigen Geistes, der dem Menschen von Natur aus eigen ist. Eine betont intellektuelle Sichtweise der Dinge ist jedoch unzureichend und von daher problematisch, da sie nur ein Abbild der Welt in *unseren Köpfen* erzeugt. Im alltäglichen Ablauf ist es uns zumeist nicht bewußt, daß das mentale Bild nicht das Gleiche ist wie die unmittelbar sinnliche Erfahrung. So können Konzepte – oft sogar wissenschaftlich bestätigt – auf tückische Weise vom eigentlichen Leben im Augenblick ablenken. Wie berauschend spekulative Höhenflüge des Geistes auch sein mögen, so führen sie doch nicht selten zu einer Verblendung, die nur schwer zu durchschauen ist. Eines dieser Konzepte ist der Begriff des ***New Age*** und die damit verbundene Vorstellung von einer ***Wendezeit***, in der sich das menschliche Bewußtsein radikal verändern wird.

Die Idee vom ***Neuen Zeitalter*** in Verbindung mit dem Sternbild ***Wassermann*** beruht auf astronomischen Fakten. Durch Beobachtung lernte der Mensch, überschaubare Zeiträume zu erkennen, in denen die zyklische Wiederkehr von Ereignissen stattfindet. Sonnen- und Mondzyklen markieren Tag, Monat und Jahr. Größere Zeiträume aber, die ein Menschenleben überdauern und die der Einzelne nicht mehr überblicken kann, wie zum Beispiel ein Jahrtausend, bekommen dann schon eher mythischen Charakter. Die Astronomie und darauf aufbauend auch die Astrologie berichten über Zeitzyklen von etwas mehr als zweitausendeinhundert Jahren. Die letzte Wende vom kriegerisch-zornigen *Zeitalter des Widder* zum *Zeitalter der Fische* fand kurz vor Christi Geburt statt.

Wieder einmal befindet sich die Menschheit an der Schwelle zu einem neuen Zeitalter. Aber die Astrologen sind sich nicht einig und legen den Beginn des *Wassermann-Zeitalters* in einen Zeitraum zwischen 1950 und 2050. Es heißt jedoch übereinstimmend, daß die Ereignisse der letzten dreißig Jahre vor der Zeitenwende einen beschleunigten Wandel widerspiegeln sollen. Ob die Zeit danach wieder friedvoller und ausgeglichener dahinströmen wird, ist fraglich. Aber sicher scheint dagegen zu sein, daß sich die rapiden Veränderungen, die durch den hohen technologischen Entwicklungsstand und den grenzenlos anmutenden Daten- und Informationsfluß vorangetrieben werden, keinen Deut um Bezeichnungen wie ***Endzeit***, ***Wendezeit***, ***Wassermann-Zeitalter*** oder ***Goldenes Zeitalter*** scheren.

Zu allen Zeiten haben die Menschen das Gefühl gehabt, daß so etwas wie eine *Endzeit* angebrochen ist, denn tatsächlich markiert **jeder Augenblick** mehr oder weniger spürbar das Ende einer vorangegangenen Phase. Dahinter liegt das Unbekannte – das *neue Zeitalter*. Der nächste Moment ist absolut unvorhersagbar, selbst wenn es so scheinen mag, daß Prognosen über Entwicklungstendenzen zu einem hohen Prozentsatz eintreffen können. Ihre generelle Unzuverlässigkeit kann jedoch am Beispiel der Wettervorhersagen ersichtlich werden. Und die ***Chaos-Theorie*** bietet dazu eine Erklärung an: Scheinbar unbedeutende Ursachen wie die Flügelschläge eines Schmetterlingsschwarmes auf der anderen Seite der Erde können Kettenreaktionen von Ursache und Wirkung in Gang setzen, die hier bei uns beispielsweise zu einem Unwetter führen.

Aus den bisher bekannten Zusammenhängen ist dies aber nicht ablesbar, und die tieferliegenden Gründe sind nicht bekannt. Trotz all unseres *Wissens* bleibt die Zukunft nach wie vor unbekannt!

Und im Nachhinein hat sich erwiesen, daß keine einzige der vielen, bisher prophezeiten *Endzeit-Katastrophen* eingetroffen ist (ganz zur Enttäuschung so mancher religiöser Eiferer). Den Anzeichen nach könnte man allerdings annehmen, daß sich die apokalyptische Vision der Johannes-Offenbarung, die ein Anwachsen von Seuchen, Kriegen, Hungersnöten und todbringenden Katastrophen voraussagt, im Anfangsstadium schon bewahrheitet hat. Aber selbst wenn das Schicksal von Jahrtausenden in groben Zügen vorgezeichnet sein sollte, sind weder düstere noch hoffnungsvolle Spekulationen von Nutzen, denn beide trüben den klaren Blick für das, was der Moment erfordert!

Vielen begeisterten Anhängern der ***New Age-Idee*** vom *globalen, spirituellen Erwachen*, die seit über einem Jahrzehnt die Gemüter geisteswissenschaftlich und spirituell orientierter Menschen erregt, bedeuten die hochgehaltenen Werte *geistiger Unabhängigkeit und des bewußten Lebens im Hier und Jetzt* zweifellos sehr viel – davon zeugt das beeindruckende Engagement. Wenn es ihnen ernst damit ist, wird es ihr vorrangigstes Bestreben sein, jeden Augenblick so wach und aufmerksam wie möglich zu leben, um aus der unmittelbaren Erkenntnis aktueller Notwendigkeit heraus handeln zu können. Dann würde es für viele offensichtlich, daß das Schwelgen im Rausch der Vorstellung, am Beginn einer neuen Ära zu stehen, nur eine Träumerei ist, die dem Ego schmeichelt, und letztlich vergeudete Zeit ist.

Die charakteristischen Merkmale, die das *Wassermann-Zeitalter* von der vorhergegangenen Ordnung des *Fische-Zeitalters* unterscheiden, sind Individualität, Gleichberechtigung auf allen Ebenen, Menschenfreundlichkeit und die Loslösung von hierarchischen Strukturen durch neue Formen der Kommunikation. Ob allerdings „*Der Wasserträger*" (die Symbolfigur des astrologischen Zeichens *Wassermann*) die Schale der Lebenskraft und der geistigen Energie in den nächsten zweitausend Jahren über die gesamte Menschheit ausgießen wird und somit jeder Einzelne, ob er will oder nicht, zu einem höheren

Bewußtseinsstand emporgehoben wird, darf bezweifelt werden. Die Probleme, die durch menschliche Gier, Haß und Neid entstehen, konnten bisher noch nicht wie durch Magie von unseren Schultern genommen werden. Ein solches Hinwegzaubern von selbstgeschaffenen Schwierigkeiten und Leiden wird auch in Zukunft wohl kaum zu erwarten sein. Denn das würde der Idee der geistigen Unabhängigkeit und der freien, individuellen Entfaltung durch Eigenerkenntnis widersprechen.

Es mag sein, daß die Dynamik der Entwicklung im nächsten Jahrtausend bisher wenig gereifte Qualitäten ins Bewußtsein der Allgemeinheit rücken wird; doch Mystiker und spirituelle Sucher der Vergangenheit – oft ihrer Zeit weit voraus - haben sich wenig um generelle Geistesströmungen gekümmert. Sie fanden das Potential menschlich-göttlicher Eigenschaften am Berührungspunkt von ***Zeit*** und ***Ewigkeit***. Das *Symbol des Kreuzes* stellt auf treffende Weise die innige Ausrichtung des Bewußtseins auf den ***Jetzt-Punkt*** dar, der zu allen Zeiten gegenwärtig ist. Hierin wird der Zeitstrom - Vergangenheit, Gegenwart, Zukunft – sinnbildlich durch die horizontale Achse ausgedrückt. Aber in jedem winzigen Augenblick ist auch der Zugang zur zeitlosen Dimension, dem ***ewigen Jetzt***, möglich – dies deutet die vertikale Achse an. Schon lange vor der Kreuzigung Christi wurde dieses Symbol in esoterischen Geistesschulen benutzt, aber es hatte eine andere Bedeutung als die *Erlösung durch das stellvertretende Leiden Jesu:* Es ging um die Bedeutung intensivster Konzentration auf den lebendigen Augenblick. Auch in diesem Kapitel möchten wir den gleichen Grundgedanken zum Ausdruck bringen, der das Anliegen des gesamten Buches ist. Wir sagen Ihnen, liebe Leserin, lieber Leser, auf unsere Weise: Geben Sie sich nicht damit zufrieden, nur die ***Speisekarte der New-Age-Esoterik*** zu studieren und sich an der Beschreibung köstlicher Menüs zu ergötzen! Fangen Sie statt dessen an, Ihre Lieblingsmahlzeiten selbst zuzubereiten und genießen sie diese körperlich-sinnlich – und nicht nur in der Vorstellung!

Anders ausgedrückt heißt das: Experimentieren Sie mit den Übungen dieses Buches, aber nicht mit allen gleichzeitig! Vermischen Sie nicht zuviel miteinander. Kombinationen bieten sich gelegentlich an und können sich spontan ergeben, aber seien Sie nicht gierig! Wie nach einer zu üppigen Mahlzeit kann es sonst zu Verdauungsbeschwerden kommen. Um in dieser Analogie zu bleiben – kosten Sie lieber eine einzige Mahlzeit *pur*, und seien Sie total in der Intensität Ihres Erlebens, unbeeinträchtigt von zu vielen verschiedenen Geschmacksrichtungen. Eine oder auch zwei Übungen können zu Ihrem *Leibgericht* werden – dies wird mit Sicherheit Ihr Leben verändern!

Wenn es eines der positiven Merkmale des Wassermann-Zeitalters ist, daß das lange Zeit geheimgehaltene Wissen der ***Esoterik*** nun praktisch jedem Interessierten zugänglich wird, so liegt der eigentliche Wert darin, daß die Zeit der Abgeschiedenheit der spirituellen Traditionen vorbei ist. Dem Zen-Mönch oder der christlichen Nonne können die Klostermauern nicht mehr als Schutz dienen vor andersartigem Gedankengut. Wenn das Verstehen durchsickert, daß die anderen Religionen ebenso gültige Wege zum gleichen Ziel hin beschreiten, wird ein neues selbstkritisches Hinterfragen der eigenen und auch der Überzeugungen anderer einsetzen.

In einer Gesellschaft, in der Informationen freier als je zuvor zugänglich sind, ist es schwerer geworden, auf Versprechen von Scharlatanen hereinzufallen oder in den Fängen zweifelhafter Sekten zu enden. Information und Austausch mit anderen sind jederzeit möglich, und jeder kann durch eigene Erfahrung mit Hilfe des vorgestellten, breiten Spektrums bewährter Methoden der Konzentration und Meditation seinen momentanen Standpunkt und seine Situation überprüfen.

Die Inflation der Angebote auf dem *Markt der neuen Spiritualität* mag für den Neuling unter den spirituell Suchenden verwirrend sein, aber diese neue Vielfalt hat auch etwas Gutes: Sie fordert die Unterscheidungskraft der betroffenen Sucher heraus! Nur eine sorgfältige Auslese durch das Experiment kann Licht und Klarheit ins Labyrinth der Methoden, Glaubensrichtungen und Wege bringen. Und das ist eine zeitlos subjektive Angelegenheit. ***Gautama Buddha*** hat vor 2500 Jahren in der ***Kalama Sutra*** folgenden Hinweis gegeben:

> „Glaube nicht an die Macht von Traditionen,
>
> auch wenn sie über viele Generationen hinweg
>
> und an vielen Orten in Ehren gehalten wurden.
>
> Glaube an nichts, nur weil viele Leute davon sprechen.

Glaube nicht an die Weisheiten aus alter Zeit.
Glaube nicht, daß deine eigenen Vorstellungen
dir von einem Gott eingegeben wurden.
Glaube nichts, was nur auf der Autorität
deiner Lehrer und Priester basiert.

Glaube das, was du durch Nachforschungen
selbst geprüft und für richtig befunden hast
und was gut ist für dich und andere."

Diese Worte vermitteln den Eindruck, als hätte Buddha die spirituelle Verwirrung der Welt des ausgehenden zwanzigsten Jahrhunderts, die von den räumlichen Entfernungen her *kleiner*, aber von der Informationsschwemme unübersichtlicher geworden ist, vorausgesehen. Die alten, bewährten Methoden bewahren ihre Kraft und Gültigkeit zweifellos auch im ***Neuen Zeitalter***. Sicher ist aber auch, daß sich mehr Menschen als je zuvor auf einen Weg der Suche begeben. Da sie in ihrer psychologischen Struktur sehr viel komplizierter geworden sind als es die Menschen in früheren Zeiten waren, bedarf es vieler verschiedener Angebote, um klarer und vor allem auch wieder einfacher zu werden.

Die Art von Einfachheit, die wir Ihnen in diesem Buch ans Herz legen möchten, mag in vieler Hinsicht weniger attraktiv erscheinen als die außerordentliche Heiligkeit strahlender *aufgestiegener Meister*. Aber denken Sie bitte darüber nach, was es für einen Sinn macht, *andersartige* oder *höhere* Bewußtseinszustände anzustreben, bevor überhaupt die Möglichkeiten des ganz normalen Bewußtseins ausgeschöpft wurden?! Es erscheint gekünstelt und verdreht, die Aufmerksamkeit ausschließlich dem *Channeling-Medium* oder dem *Guru* zu schenken, aber nicht zu wissen, wie und wo man seine Schuhe vor der Tür des Meditationsraumes abgestellt hat. Sich mit hohen, spirituellen Lehren von anderen Sternenwelten zu befassen, aber die Blumen, die Bäume, den Himmel und die Wolken nicht wahrzunehmen, ist letztlich eine Flucht vor der Wirklichkeit und hat dann mit Spiritualität wenig zu tun.

Nichts ist vorrangiger und naheliegender, als das eigene Bewußtsein zu untersuchen! Was im Hier und Jetzt in Erscheinung tritt, ist spannender als alles, was sich eine ausufernde Phantasie in der Zeit ausmalen kann.

Wer sich selbst durch Meditation ergründet und dabei die Unzerstörbarkeit seines innersten Wesens erahnt, verliert gewiß sehr viel von einer unnatürlichen Angst vor dem Tode. Viele Verdrängungs- und Fluchtmechanismen werden überflüssig und lösen sich auf. Aller Wahrscheinlichkeit nach schwindet auch das Interesse an Errettung und Erlösung durch höhere Wesen oder Außerirdische, die im letzten Moment im Ufo erscheinen, um ihre gläubige Gemeinde zu evakuieren!

Der Augenblick ist alles, was existiert, und da er *Moment für Moment* immer wieder vollkommen neu und einzigartig ist, kann ein wirkliches Bewußtsein des Augenblickes nur das Gewahrsein **einer kontinuierlichen Abfolge von zahllosen Jetzt-Momenten** sein, die wie leuchtende Perlen auf einer Kette aneinandergereiht sind. – Wir sollten daher nicht zuviel über das ***Neue Zeitalter*** nachdenken, sonst vergessen wir allmählich, daß diese Perlen einen natürlichen Glanz ausstrahlen. Es wäre absurd, soviel kostbare Energie in einer nutzlosen Suche nach etwas zu vergeuden, das längst schon da ist!

8.
AUSBLICK

Einige Menschen fühlen sich schon von früher Jugend an zu Gemeinschaften wie den *Rosenkreuzern, Theosophen* und *Anthroposophen* oder *freichristlichen Gemeinden* hingezogen. Wie die großen etablierten Religionen bilden diese Gemeinschaften in sich geschlossene, homogene Glaubenssysteme. Viele ihrer Mitglieder können ein Leben lang von deren geistigen Inhalten erfüllt sein. So erscheint das Weltbild der eigenen Gemeinschaft als vollendet, und es gibt zumeist keinen Anlaß, nach anderen geistigen Lehren Ausschau zu halten.

Wer für sich schon einen spirituellen Hintergrund, seine ***religio***, auf deutsch *Rückbesinnung*, gefunden hat, tut grundsätzlich gut daran, beim einmal gewählten Weg zu bleiben. Warum aber sollten religiös ausgerichtete Menschen unterschiedlichster Konfessionen sich nicht auch rein informativ für andere Glaubenswege interessieren, selbst wenn sie in ihren Gebräuchen einander fremd erscheinen? Offenheit und Toleranz gegenüber anderen sind allen Suchenden, die sich ein friedvolles, menschliches Miteinander ersehnen, ein dringendes Bedürfnis. Die großen Religionsgründer – sei es der *Prophet Mohammed, Jesus Christus, Buddha* oder *Krishna* – betonten übereinstimmend die große Bedeutung von gegenseitigem Verständnis und allumfassendem Mitgefühl.

Dem Wunsch nach Achtung vor der Freiheit des Andersdenkenden entspringt auch unsere Anregung, sich im Laufe der Zeit zumindest einen groben Überblick über andere spirituelle Wege zu verschaffen. Die Bekanntschaft mit fremden Sichtweisen und eine ethnische, kulturelle und geistige Vielfalt kann für jeden Weg sehr befruchtend sein. Wir möchten dabei aber nicht für eine Vermischung traditionsbedingter Eigenheiten plädieren, sondern für einen offenen, unsektiererischen Geist, der die Menschheit als einen großen, umfassenden Organismus begreift. Das heißt, daß jede geistige oder spirituelle Strömung ihre eigene unverwechselbare Identität behalten und auf dieser Grundlage mit den anderen harmonisch im Sinne einer übergeordneten Einheit zusammenwirken sollte.

Mit diesem ***Ausblick*** wollen wir zum Schluß unseres Wegweisers durch das Reich ganzheitlicher Methoden eine umfassendere Sichtweise anregen, die großzügig genug ist, sowohl das Althergebrachte in den sinnsuchenden, religiösen Strömungen unseres Kulturkreises als auch das sogenannte fremdartig Exotische anderer spiritueller Richtungen zu beherbergen.

Damit entsprechen wir auch unserem Anliegen, eine ***Orientierungshilfe für jedermann*** anzubieten. Wir sind der Auffassung, daß eine gesunde menschliche Gemeinschaft sich auszeichnet durch einen starken, inneren Zusammenhalt, der in der Fähigkeit zum Tragen kommt, auch wenig geliebte oder gering geachtete Elemente zu integrieren. Dieser Zusammenhalt zeigt sich in der Art von Menschlichkeit, die *Jesus Christus* lebte, als er die Grenzen des alten Glaubens sprengte und die Türen öffnete für diejenigen, die sich am Rande der Gesellschaft bewegten.

Der Beginn eines neuen Jahrtausends rückt in greifbare Nähe, und es ist nicht zu übersehen, wie viele Hoffnungen und Ängste mit diesem Zeitpunkt verbunden sind. In welche Richtung sich unsere Welt und die Menschheit entwickeln wird, steht vollkommen offen. Es wird immer deutlicher: Jeder einzelne trägt eine Mitverantwortung und wird darauf achten müssen, wie er in jedem Moment sein Leben gestaltet und welche Ziele er verfolgt.

In Übereinstimmung zu kommen mit diesem grenzenlosen Leben, das uns umgibt und durchdringt, eins zu sein mit den ungeahnten Möglichkeiten, die wir in uns tragen, ist vielleicht der umfassende Sinn all unserer kurzfristigen Ziele! Das bitten wir die Leser dieses **Buches mit dem Titel „Die eigenen Stärken entwickeln“** nicht zu vergessen, denn wir dürfen bei aller Zweckorientiertheit des modernen Lebens diesen größeren Zusammenhang – die Einheit mit einem unvorstellbar großen Universum – nicht aus den Augen verlieren.

Danksagung

Wir haben dieses Buch in tiefer Dankbarkeit unseren Lehrern und Meistern gewidmet – für alles, was wir bisher erfahren, lernen und verstehen durften. Im Sinne des *Tao Te King* verzichten wir bewußt darauf, die vortrefflichen Lehrer mit Namen zu nennen:

> Bei den besten Lehren bleibt das Wirken des Meisters verborgen.
>
> Bei den zweitbesten preist man den Meister.
>
> Schlimmer ist es, wenn man ihn fürchtet.
>
> Sind die größten Lektionen gelernt, werden die Leute sagen:
>
> „Es geschah ganz von selbst."

Bezogen auf die Arbeit an diesem Buch danken wir der namenlosen inneren Führung, die immer spürbar war und die bewirkte, daß dieses Buch entstehen konnte.

Weiter gilt unser Dank all denen, die uns in Liebe und Freundschaft zugeneigt sind und die mitgeholfen haben, dieses Buch in die nun vorliegende Form zu bringen:

Unseren Eltern – Erika und Will, Hildegard und Heinz

Abhi M. Birkner, Daniel und Angela Michel

Mohan und Ashad Schulte, Waltraud Ubben, Sahar Chr. Neckel, Horst Schad

Devi Brandstädter, Daniela Vierck, Juni Magret Hauschildt

Ekkehart Sachse, Martin Heitz, Dr. Johannes Pohly

Inge Lahr, Gisela Klapproth, Dr. Wilfried Dörstel, Susanne Kahn-Ackermann, Christian Herzbach, Bernd Wolschke

Unseren Yoga- und Reiki-Schülern, die uns viel gelehrt haben.

~ V ~

ANHANG

Themen-
kreise

1. Verzeichnis übergeordneter Themenkreise und nach Persönlichkeitstypen geordnete Übersicht

A. THEMENBEZOGENE ÜBERSICHT:

Alle unter ihrem jeweiligen Themenkreis aufgeführte Übungen sind in einer Reihenfolge geordnet: Die Übung, die an erster Stelle genannt ist, zeichnet sich dadurch aus, daß sie sich für alle Persönlichkeitstypen eignet. Deshalb finden Sie sie auch in der **Soforthilfe**.

Die Übung, die am Ende der Reihenfolge aufgeführt ist, entspricht eher dem speziellen Bedürfnis eines einzigen Persönlichkeitstypus.

1. Atem und Stimme:

2. Haltung, Bewegung und körperbezogene Atmung:

3. Ausdruck:

4. Sehen:

5. Visualisation, Kontemplation, Meditation:

B. PERSÖNLICHKEITSBEZOGENE ÜBERSICHT:

Hier werden jedem Persönlichkeitstyp die Übungen zugeordnet, die für ihn besonders geeignet sind. Die Reihenfolge der Persönlichkeitstypen läßt erkennen, wie häufig verschiedene Übungen empfohlen wurden, z. B. sind für den Typus des ***eifrig Suchenden*** mehr Übungen verzeichnet als für die anderen. Die Reihenfolge der Aufzählung der einzelnen Übungen ist Ausdruck einer Gewichtung.

Der eifrig Suchende:

Der Gruß an die Sonne
Die Dynamische Meditation
Tonglen – die Herzmeditation
Drei wirksame Lockerungsübungen
Verbundenes Atmen
Tensegrity
Hatha Yoga
Akupressur & Meridiandehnungen
Die Baumstellung (Vrkshasana)
Übung zur Stärkung der Immunkraft
Viloma Pranayama – eine Yoga-Atemübung
Die Vokalraumübung
Die Rekapitulation
Bioenergetik
Nadabrahma – der Klang der Schöpfung
Die Mentastik-Übung nach M. Trager
Die Kundalini-Meditation
Mantra-Meditation & Nada Yoga
Nataraj – die Tanz-Meditation
Das Kreisen des Lichtes
Die Augen-Reinigungsübung
Tratak – die Blickmeditation
Im Zentrum der 5 Sinne – eine Sensibilisierungsübung

Eine Gehirn-Sensibilisierungsübung
Die Sutra-Rezitation
Vipassana – die Atembeobachtung
Die Feldenkrais-Methode
Qi-Gong, Kung-fu & T´ai Chi
Kum Nye – „Selbstheilung durch Entspannung“
Die Chakra-Meditation
Eine Aura / Lichtkörper-Übung
Grimassen schneiden (Soforthilfe)
Die Spiegelmeditation
Devavani – „In Engelszungen reden“
Beten
Lachen und Weinen (The Mystic Rose)
Eine Vorbereitung zu wachem Träumen
Die Raucher-Meditation
Die Dreh-Meditation der Sufi-Derwische
Latihan – die Meditation des Nicht-Tuns
Der Schweifende Blick
Die „Riesenkörper“-Übung
Zen
Wer bin ich? – Eine Übung der „Selbst“-Erkenntnis
Zikhr – das Erinnern der Namen Gottes

Der Perfektionist:

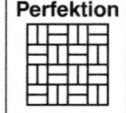

Perfektion

Drei wirksame Lockerungsübungen
Verbundenes Atmen
Tensegrity
Hatha Yoga
Der Gruß an die Sonne
Die Dynamische Meditation
Tonglen – die Herzmeditation

Akupressur & Meridiandehnungen
Die Baumstellung (Vrkshasana)
Übung zur Stärkung der Immunkraft
Viloma Pranayama – eine Yoga-Atemübung
Die Vokalraumübung
Die Rekapitulation
Bioenergetik
Nadabrahma – der Klang der Schöpfung
Die Mentastik-Übung nach M. Trager
Die Kundalini-Meditation
Mantra-Meditation & Nada Yoga
Nataraj – die Tanz-Meditation
Das Kreisen des Lichtes
Die Augen-Reinigungsübung
Tratak – die Blickmeditation
Im Zentrum der 5 Sinne – eine Sensibilisierungsübung
Eine Gehirn-Sensibilisierungsübung
Die Sutra-Rezitation
Vipassana – die Atembeobachtung
Die Feldenkrais-Methode
Qi-Gong, Kung-fu & T´ai Chi
Kum Nye – „Selbstheilung durch Entspannung“
Die Chakra-Meditation
Eine Aura / Lichtkörper-Übung
Grimassen schneiden (Soforthilfe)
Die Spiegelmeditation
Devavani – „In Engelszungen reden“
Beten
Lachen und Weinen (The Mystic Rose)
Eine Vorbereitung zu wachem Träumen
Die Raucher-Meditation
Die Dreh-Meditation der Sufi-Derwische

Der Neugierige:

Neugier

Der Gruß an die Sonne
Die Dynamische Meditation
Tonglen – die Herzmeditation
Drei wirksame Lockerungsübungen
Verbundenes Atmen
Tensegrity
Hatha Yoga
Akupressur & Meridiandehnungen
Die Baumstellung (Vrkshasana)
Übung zur Stärkung der Immunkraft
Viloma Pranayama – eine Yoga-Atemübung
Die Vokalraumübung
Die Rekapitulation
Bioenergetik
Die Mentastik-Übung nach M. Trager
Die Kundalini-Meditation
Mantra-Meditation & Nada Yoga
Nataraj – die Tanz-Meditation
Das Kreisen des Lichtes
Die Augen-Reinigungsübung
Tratak – die Blickmeditation
Im Zentrum der 5 Sinne – eine Sensibilisierungsübung
Eine Gehirn-Sensibilisierungsübung
Die Feldenkrais-Methode
Grimassen schneiden (Soforthilfe)
Die Spiegelmeditation
Lachen und Weinen (The Mystic Rose)
Die Raucher-Meditation
Die Dreh-Meditation der Sufi-Derwische

Der Ruhe-Suchende:

Ruhe

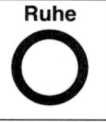

Latihan – die Meditation des Nicht-Tuns
Der Schweifende Blick
Die „Riesenkörper"-Übung
Drei wirksame Lockerungsübungen
Verbundenes Atmen
Zen
Wer bin ich? – Eine „Selbst"-Erkenntnisübung
Vipassana – die Atembeobachtung
Viloma Pranayama – eine Yoga-Atemübung
Die Vokalraumübung
Die Rekapitulation
Nadabrahma – der Klang der Schöpfung
Mantra-Meditation & Nada Yoga
Das Kreisen des Lichtes
Im Zentrum der 5 Sinne – eine Sensibilisierungsübung
Eine Gehirn-Sensibilisierungsübung
Kum Nye – „Selbstheilung durch Entspannung"
Eine Aura / Lichtkörper-Übung
Die Mentastik-Übung
Die Feldenkrais-Methode
Devavani – „In Engelszungen reden"
Beten
Eine Vorbereitung zu wachem Träumen
Der Gruß an die Sonne
Die Dynamische Meditation
Tonglen – die Herzmeditation
Tensegrity
Akupressur & Meridiandehnungen
Übung zur Stärkung der Immunkraft
Bioenergetik
Die Kundalini-Meditation

Nataraj – die Tanz-Meditation
Die Sutra-Rezitation
Qi-Gong, Kung-fu & T´ai Chi
Die Dreh-Meditation der Sufi-Derwische

Der Unzufriedene:

Der Gruß an die Sonne
Die Dynamische Meditation
Tonglen – die Herzmeditation
Drei wirksame Lockerungsübungen
Verbundenes Atmen
Tensegrity
Hatha Yoga
Akupressur & Meridiandehnungen
Die Baumstellung (Vrkshasana)
Übung zur Stärkung der Immunkraft
Viloma Pranayama – eine Yoga-Atemübung
Die Vokalraumübung
Die Rekapitulation
Bioenergetik
Die Mentastik-Übung nach M. Trager
Die Kundalini-Meditation
Mantra-Meditation & Nada Yoga
Die Augen-Reinigungsübung
Grimassen schneiden (Soforthilfe)
Lachen und Weinen (The Mystic Rose)
Die Raucher-Meditation

Der Stress-Typus:

Die Dynamische Meditation
Drei wirksame Lockerungsübungen
Verbundenes Atmen
Der Gruß an die Sonne
Tensegrity
Hatha Yoga
Tonglen – die Herzmeditation
Akupressur & Meridiandehnungen
Die Baumstellung (Vrkshasana)
Übung zur Stärkung der Immunkraft
Viloma Pranayama – eine Yoga-Atemübung
Die Vokalraumübung
Die Rekapitulation
Bioenergetik
Die Mentastik-Übung nach M. Trager
Die Kundalini-Meditation
Mantra-Meditation & Nada Yoga
Die Augen-Reinigungsübung
Die Feldenkrais-Methode
Kum Nye – „Selbstheilung durch Entspannung"
Grimassen schneiden (Soforthilfe)
Devavani – „In Engelszungen reden"
Die Raucher-Meditation

2.
KURZBESCHREIBUNG ALLER SYMBOLE

Ihren Weg zum gesuchten Thema finden Sie schnell auf den ersten Seiten Ihres **Handbuches bewährter Methoden**: Schauen Sie ins **INHALTSVERZEICHNIS** auf Seite 8 oder ins **alphabetisch geordnete SUCHWORT-REGISTER (Stichwortverzeichnis)** ab Seite 444.

Informieren Sie sich im Kapitel **„Wer sucht was?“** ab Seite 78 über **sechs Persönlichkeitstypen**, ihre Bedürfnisse und Zielsetzungen. Führen Sie auch den **Auswahltest** im Kapitel **„Wer bin ich – wie bin ich?“** ab Seite 88 aus. So können Sie die Suche auf Themenbereiche eingrenzen, die für Sie tatsächlich in Frage kommen. In einer oder auch in mehreren dieser sechs Typenbeschreibungen werden Sie sich in ihrer speziellen Bedürfnislage wiedererkennen. Wir haben folgende **Persönlichkeitssymbole** verwendet:

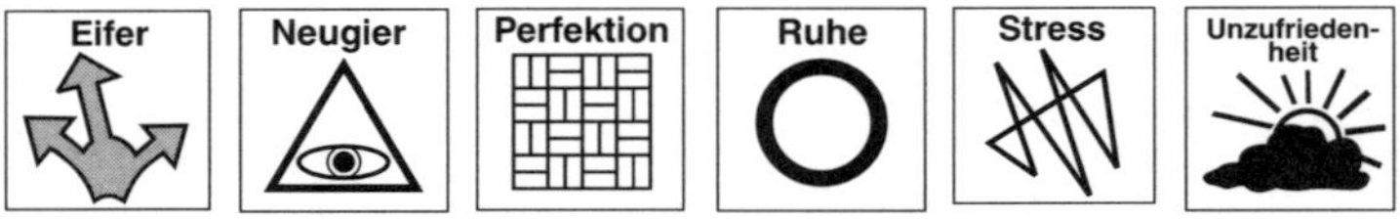

Zusätzlich zum alphabetischen Suchwortregister (Stichwortverzeichnis) finden Sie ab Seite 430 eine Auflistung von Übungen unter **übergeordneten Sammelbegriffen**. Zum einen sind die Übungen nach bestimmten *Themen* sortiert, zum anderen können Sie schnell erkennen, welche Übungen für einen bestimmten *Persönlichkeitstypus* am besten geeignet sind.

Dieses Symbol weist aber auch darauf hin, daß Sie vom aktuellen Ausgangspunkt aus einen kurzen Blick auf alle verwandten Themen werfen können. Hier finden Sie **Querverweise zu umfassenden Themenbereichen**. Das Verständnis für Ihre Problemlage kann sich erweitern, indem Sie alternative Übungen entdecken, die Ihnen noch geeigneter erscheinen.

Nach dem **Vorwort** und der **Einleitung** finden Sie in der **Soforthilfe** ab Seite 22 wirksame Beruhigungs- und Entspannungstechniken und Zentrierungsübungen für jedermann, um akute Probleme unmittelbar und gezielt angehen zu können.

Dieses Symbol dient als Hinweis, nach einer speziellen Methode im Fundus der von uns zusammengestellten **49 Abschnitte zu bewährten Übungen und Übungswegen** zu suchen.

Sie erhalten eine kurze Einführung zur **Geschichte** und einige Hinweise zur **Bedeutung** der Übung. Gelegentlich ist dem noch eine Bemerkung zur **Tradition** und der bisherigen Praxis beigefügt.

Hier wird eine *Körperübung*, eine *Methode der Konzentration* oder der körperlich-geistigen *Entspannung* beschrieben. (Sofern es sich um einen äußerlich sichtbaren Ablauf handelt, wird die **Übungsanleitung** durch Bilder, Zeichnungen oder Diagramme illustriert.)

Dieses Symbol warnt Sie vor einer *Gefahren-Situation* oder kündigt einen **wichtigen Hinweis** an, denn einige Übungen müssen mit einer bestimmten inneren Haltung und äußerst exakt ausgeführt werden, um eine wohltuende Wirkung zu entfalten. Andere Übungen sollten unter bestimmten Voraussetzungen auf keinen Fall ausprobiert werden – daher ist dieses Symbol besonders zu beachten!

Wir haben dieses Symbol für den **Anfänger** nur in wichtigen Fällen als eine besondere Hervorhebung eingesetzt, die wir zu beachten bitten! – Die Bezeichnung *Anfänger* trifft zu, wenn eine Person eine Übung zum allerersten Male ausprobiert oder sie noch nicht öfter als 5 - 10 Mal ausgeführt hat. Der Grad der Vertrautheit wächst bei regelmäßiger Übung. **Generell empfehlen wir, eine Methode 21 Tage lang auszutesten**, um be-

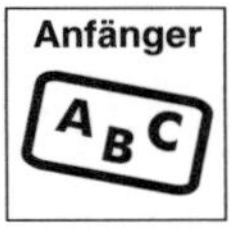

urteilen zu können, ob die Übung wirklich für einen selbst geeignet ist. Das innewohnende Kraftpotential offenbart sich oft erst nach einigen Wochen.

Die **Fingerzeig**-Symbole legen Ihnen nahe, zum besseren Verständnis der jeweiligen Übung die **Textbeiträge** ab Seite 386 zu lesen. Diese bieten Ihnen wertvolle Hintergrundinformationen, um Tiefe, Sinn und Wirkung einer Übung umfassender zu verstehen.

Das Symbol **Erkenntnis** oder **Tip** möchte über praktische Anleitungen hinaus weiterführende Inspiration anregen. Dem Kontext entsprechend zeigt das Symbol entweder eine „Erkenntnis" an oder bietet einen praktischen Hinweis („Tip"), wie die betreffende Übung in spezieller Weise wirkungsvoll eingesetzt werden kann.

Nachdem Sie eine Methode als besonders hilfreich und wirkungsvoll erfahren haben, möchten Sie sich vielleicht noch eingehender informieren! Zum jeweiligen Thema finden Sie hier **Literaturempfehlungen** und zuweilen Hinweise auf **Audio-** oder **Videokassetten**. Zu einigen Themen empfehlen wir – sofern vorhanden – **QuickEssenz-Karten im Taschenformat** (J.KamphausenVerlag) mit Handlungsanleitungen und den wesentlichsten Informationen zu Übungen und Methoden.

Hier können Sie – sozusagen direkt von der Quelle – durch die Worte der Lehrer, die eine Übung entwickelt oder sie jahrelang praktiziert haben, zusätzliche **Einsicht** in das Wesen der Methode gewinnen. Es erleichtert den Einstieg und löst anfängliche Schwellenängste auf, wenn *von qualifizierter Seite* der Kern der Übung beschrieben wird.

Dieses Symbol weist darauf hin, daß die Übung – **gemeinsam** praktiziert – eine stärkere Wirkung entfalten kann. Darüber hinaus entwickelt sich ein intensiveres Gefühl der Gemeinsamkeit und der Verbundenheit.

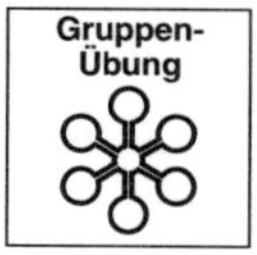

Dieses Symbol erscheint immer dann, wenn eine Methode sich speziell als **Partnerübung** eignet.

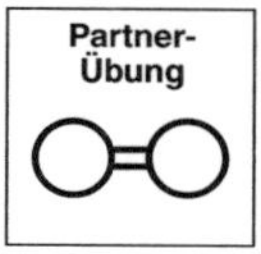

3.
SUCHWORTREGISTER

Wir haben darauf verzichtet, in diesem Index Begriffe wie *Atmung, Aufmerksamkeit, Bewußtheit, Bewußtsein, Einheit, Emotion, Energie, Entspannung, Gefühl, Meditation, Sinnesempfindung, Wahrnehmung, Wachheit etc.* aufzuführen, da sie das zentrale Thema dieses Buches bilden und in den abschließenden Textbereichen hinreichend erläutert werden. – Die nachfolgenden Begriffe erscheinen jeweils in unterschiedlichen Sinnzusammenhängen. Je nach Kontext können bestimmte Bezeichnungen mitunter entgegengesetzte Bedeutungen annehmen; die Vielschichtigkeit eines Begriffes kann hier in seiner ganzen Bandbreite ersichtlich werden, z. B. der Begriff des *Denkens* oder des *Willens*. Oder: Unter dem Stichwort *Schmerz* finden Sie viele wichtige Hinweise zum rechten Umgang mit dem Phänomen des Schmerzes.

Y

Z